実証から学ぶ
国際経済

清田耕造
神事直人

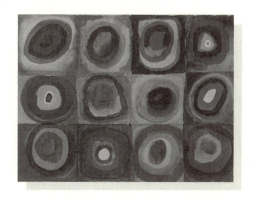

有斐閣

はしがき

　今日の私たちの生活が外国との貿易や投資なしに成り立たないことはいうまでもありません。その一方で，外国との貿易や投資を完全に自由化することに関しては，賛否両論があります。たとえば，2013 年に当時の安倍晋三首相が環太平洋経済連携協定（TPP）への参加を表明し，大きな議論を巻き起こしたことは，多くの方の記憶に新しいでしょう。それでは，このような協定の締結が日本経済にどのような影響を及ぼしうるのか，私たちはどの程度理解しているのでしょうか。そもそも，貿易や投資は私たちの生活とどのように結び付いているのでしょうか。また，日本と外国との貿易には，どのような要因が影響しているのでしょうか。

　1817 年，英国の経済学者デービッド・リカードは，国際経済学で重要とされる比較優位と呼ばれる概念をその著書で提示しました。比較優位の考え方の誕生が国際経済学の原点だとすれば，2017 年は国際経済学という学問が誕生してからちょうど 200 年にあたります。もちろん，物理学をはじめとする多くの自然科学や，哲学や数学といった歴史ある学問と比べると，200 年という時間は必ずしも長いとはいえません。それでも，200 年にわたる研究の積み重ねを通じて，国際的な経済活動についてさまざまな事実が明らかにされてきました。逆に，読者の中には，200 年の歴史を持った学問であれば研究課題が残されていないのではないかと考える方もいらっしゃるかもしれません。しかし，国際経済学は現在も発展を続けており，第 3 章で紹介するように，2000 年代に入ってから大きな変革が生まれています。

　意外に思われる方もいらっしゃるかもしれませんが，国際経済学では，他の社会科学や自然科学と同様に，科学的手法に基づく緻密な研究が行われています。具体的には，経済のメカニズムを記述した理論モデルが構築され，その妥当性がデータと統計的な手法を駆使した実証分析によって検証されてきました。また，既存の理論モデルでは説明できない事実が実証分析によって示され，それが新たな理論モデルを構築するきっかけとなってきました。このように，これまで国際経済学は理論分析と実証分析が車の両輪となって研究が発展してきたのです。

　とくに，パーソナル・コンピュータの計算能力とインターネットの環境が向

上した 1990 年代半ば以降，貿易や投資と企業を結び付ける新しい事実が次々と提示され，実証分析の重要性に対する認識も飛躍的に高まりました。最近の国際経済学の研究における実証分析の重要性を示す一例として，2017 年 9 月にイタリアのフィレンツェで開催された国際貿易に関する国際研究集会では，300 以上の研究報告のうち何らかの実証分析を含む研究報告が実に全体の 8 割以上を占めていました。

　しかし，大学生や社会人の皆さんがこうした実証分析の知見に触れる機会は必ずしも多くはないようです。また，仮に大学で国際経済学を学んだ人であっても，多くの人は理論モデルの理解に大半の時間を費やしたのではないでしょうか。まして，国際経済の問題を自分自身でデータを用いて分析したという方は，ごく少数に限られるかもしれません。その大きな理由の 1 つとして，国際経済学の実証分析の知見や手法を詳しく説明した書籍がほとんどないことが考えられます。実は，日本では以前から国際経済学に関する研究が活発に行われており，世界的に著名な国際経済学者も少なくありません。しかし，日本ではどちらかというと理論的な研究が活発に行われてきたこともあり，これまでに出版されてきた国際経済学の教科書の多くは理論モデルの説明が中心でした。

　先にも述べたように，国際経済学における実証分析の重要性はこれまでになく高まっています。一方，パーソナル・コンピュータの性能の向上やインターネットの普及から，分析に取り組むハードルそのものは低くなっています。そうはいっても，国際経済学の理論と現実のデータを結び付ける作業は労力を伴うものです。しかし，私たち筆者のこれまでの経験から申し上げると，実証分析には理論を学ぶ以上に面白い側面があることも事実です。とくに，実証分析を通じて，標準的な教科書で学んだ理論が現実と適合する瞬間を目にすると，感動を覚えることも少なくありません。このような面白さを伝えたいと考えたのが，本書の出発点です。

　本書は，主に大学や大学院における国際経済学や国際貿易論，あるいは国際経済に関する演習等の授業で，教科書または参考書として利用されることを想定して執筆されています。また，国際経済に関心をお持ちの社会人の皆さんにも手に取っていただけるよう配慮したつもりです。本書の内容を理解する上では，経済学や統計学，計量経済学についてある程度の予備知識を必要としますが，必ずしも最初から順番に読んでいただく必要はありません。ある程度の予

備知識を持たれている方であれば，興味・関心を持たれた章のみを読んでいただいても問題ないでしょう。

さらに，それぞれの章の内容について理解を深めていただくために，各章末にはいくつかの練習問題を用意しました。各章の内容の理解度を確認する問題や，発展的な問題，あるいは実際にデータを使って自分で計算をしてみる問題などが含まれています。実証分析への足掛かりをつかむために，ご活用いただければ幸いです。

なお，序章でも説明していますように，本書は実証分析を中心に解説することを目的としているため，理論モデルに関する説明は最低限に抑えています。理論モデルの詳細に関心を持たれた方は，標準的な国際経済学の教科書をご参照いただきたいです。また，紙幅の関係もあり，さまざまな国際的な経済活動のうち，本書では物品とサービスの貿易および企業の海外直接投資を主な対象としています。おカネの国際的な取引である国際金融については本書の対象外となっていることにご注意ください。

私たち筆者が本書の執筆を決意してからこれまで，実に3年以上の時間を費やしました。多岐にわたる国際経済学のトピックの中からどのトピックを取り上げるか，それぞれのトピックについて紹介すべき重要な研究は何か，またそれらの研究をどのように紹介するか，といったことについて，時間をかけて検討してきました。東京や京都で打ち合わせを積み重ねただけでなく，ときには国内外の学会の合間に打ち合わせを行い，内容を吟味し，本書を作り上げてきました。また，全章とも筆者2人が原稿の内容を相互に細かくチェックし，何度も推敲を重ねました。時間や能力，紙幅などさまざまな制約の中で執筆しましたが，筆者らが意図した書籍となるよう最大限の努力をしたつもりです。本書をきっかけとして，1人でも多くの方に国際経済学の研究を志していただけるようでしたら，私たちにとって望外の喜びです。

ただし，本書は筆者2人の力のみで完成したものではありません。本書の執筆にあたっては，多くの皆様にご協力を頂きました。伊藤萬里氏（青山学院大学），遠藤正寛氏（慶應義塾大学），川越吉孝氏（京都産業大学），木村福成氏（慶應義塾大学），田中鮎夢氏（中央大学），椋寛氏（学習院大学），蓬田守弘氏（上智大学）からは，草稿の段階で本書を改善するための有益なコメントを数多く頂戴しました。船窪行人氏には京都大学経済学部在学中に，本書で使っている図表作成の一部を手伝っていただきました。京都大学経済学部4回生の森雅

稀君と依田遼眞君には本書の校正を手伝っていただきました。有斐閣書籍編集第2部の渡部一樹氏と有斐閣に勤務されていた尾崎大輔氏には本書の構想当初から多くの助言やご意見をいただきました。また，筆者の1人の大学院時代の恩師であるブライアン・コープランド氏（ブリティッシュ・コロンビア大学）をはじめ，学界の多くの諸先輩方や研究者仲間の方々から教えていただいたことが本書の随所に生かされています。これらの皆様にこの場をお借りしてお礼を申し上げます。もちろん，本書に残るすべての誤りは，筆者2人に帰するものです。最後に，子供たちの健やかな成長を祈りつつ，日々の生活を支えてくれているそれぞれの妻に感謝し，はしがきを結ぶことにします。

2017年10月

清田　耕造

神事　直人

著者紹介

清田 耕造 (きよた こうぞう)

略　歴　慶應義塾大学経済学部卒業

慶應義塾大学大学院経済学研究科単位取得退学，慶應義塾大学博士（経済学）

横浜国立大学経営学部専任講師，助教授などを経て現職

現　職　慶應義塾大学産業研究所・大学院経済学研究科教授，経済産業研究所リサーチアソシエイト

主な著作　『拡大する直接投資と日本企業』（NTT 出版，2015 年），『日本の比較優位』（慶應義塾大学出版会，2016 年），"The Effect of Moving to a Territorial Tax System on Profit Repatriation: Evidence from Japan" (with M. Hasegawa, *Journal of Public Economics*, 2017), "International Productivity Gaps and the Export Status of Firms: Evidence from France and Japan" (with F. Bellone, T. Matsuura, P. Musso, and L. Nesta, *European Economic Review*, 2014), "A Many-cone World?" (*Journal of International Economics*, 2012).

神事 直人 (じんじ なおと)

略　歴　東北大学文学部社会学科卒業

ブリティッシュ・コロンビア大学大学院修了 (Ph. D. in Economics)

（財）国際開発センター研究員，一橋大学大学院経済学研究科専任講師，岡山大学経済学部助教授などを経て現職

現　職　京都大学大学院経済学研究科教授

主な著作　「環境と貿易」（有村俊秀ほか編著『環境経済学のフロンティア』日本評論社，2017 年，所収），「ミクロ・アプローチによる貿易と環境の分析」（照山博司ほか編『現代経済学の潮流 2016』東洋経済新報社，2016 年，所収），"Trade Patterns and International Technology Spillovers: Evidence from Patent Citations" (with X. Zhang and S. Harun, *Review of World Economics*, 2015), "International Trade and Terrestrial Open-access Renewable Resources in a Small Open Economy" (*Canadian Journal of Economics*, 2006), "Strategic Use of Recycled Content Standards under International Duopoly" (with K. Higashida, *Journal of Environmental Economics and Management*, 2006).

目　次

＊印の付いた節や項は発展的な内容を扱っています

は し が き　　i
著 者 紹 介　　v
本書の使い方　　xii

序　章　実証分析への招待 ——————————————— 1

1 国際経済学の役割とは？ ………………………………………… 1

2 国際貿易・直接投資はどのように変化してきたか？ ………………… 3

3 国際経済学の理論と実証はどのような関係にあるか？ ………………… 7

4 本書の位置づけ ……………………………………………… 10

5 本書の構成 …………………………………………………… 12

第1章　貿易の決定要因 ——————————————— 15

はじめに：日本の貿易を決める最も重要な要因は何か？　　15

1 産業間の貿易はどのように理論的に説明できるか？
　　——ヘクシャー＝オリーン・モデル ………………………… 16

　1.1 モデルの設定　　16

　1.2 ヘクシャー＝オリーンの定理　　19

　1.3 リプチンスキーの定理　　20

　1.4 要素価格均等化定理　　21

　1.5 ストルパー＝サミュエルソンの定理　　22

2 データはヘクシャー＝オリーンの定理を支持しているか？ …………… 23

　2.1 レオンティエフ・パラドックス　　23

　2.2 多数国・多数財・多数要素モデル　　25

　2.3 貿易収支不均衡とリーマーのテスト　　28

　2.4 日本に関する実証研究　　31

3 多数国のデータを生かしたテストの方法とは？ …………………… 33

　3.1 世界各国のデータを利用した分析　　33

　3.2 失われた貿易　　36

4 ヘクシャー＝オリーンの実証研究の最先端とは？＊ ………………… 38

　4.1 要素価格均等化とリプチンスキーの定理　　38

目　次　vii

4.2　リカード・モデルとヘクシャー＝オリーン・モデルの融合　41

お わ り に　42

補論：(1.3) 式の導出方法　43

第2章　産業内貿易 ————————————————————— 45

はじめに：なぜ同一財が2国間で相互に取引されるのか？　45

1　産業内貿易はどのように理論的に説明できるか？
　　——クルーグマン・モデル ……………………………………………… 47

1.1　クルーグマン・モデル　48

1.2　対称的な2国における貿易　52

1.3　貿易費用の導入と自国市場効果　53

2　データはクルーグマン・モデルを支持するか？ …………………… 54

2.1　ヘルプマンによる研究　54

2.2　ヘルプマンの研究の再検証　56

2.3　非 OECD 諸国も含めた再検証*　59

3　品質差による産業内貿易をいかに捉えるか？ …………………… 60

3.1　品質が異なる財の産業内貿易——垂直的産業内貿易　60

3.2　実証研究における品質差別化の計測　62

3.3　単位価値に基づく貿易パターンの判別方法　63

3.4　東アジアと欧州における域内の貿易パターンの分析　64

4　市場規模の効果は現実に観察されるか？
　　——貿易費用と自国市場効果 …………………………………………… 66

4.1　データは自国市場効果を示しているか？*　66

4.2　貿易費用の計測　72

　　Column 2.1　世界はフラット化しているのか？　74

お わ り に　75

補論1：寡占競争的な同質財産業における産業内貿易　77

補論2：伝統的貿易理論における産業内貿易　78

第3章　企業の生産性と海外展開 ————————————— 81

はじめに：輸出や海外展開を行うのはどのような企業か？　81

1　なぜ同じ産業内に輸出をする企業としない企業がいるのか？
　　——メリッツ・モデル …………………………………………………… 84

1.1　メリッツ・モデルの基本構造　85

1.2　外国市場への輸出　86

2　どのような企業が輸出しているのか？ …………………………… 89

2.1 輸出プレミアム　89

2.2 輸出企業と非輸出企業の生産性分布　90

2.3 自己選別仮説と輸出による学習仮説　92

3 貿易額はいかに分解できるか？——外延と内延‥‥‥‥‥‥‥‥‥‥ 93

3.1 メリッツ・モデルから見た貿易統計　93

3.2 輸出の外延と内延とは？　94

3.3 貿易の外延と内延はどの程度重要か？　95

4 直接投資や海外アウトソーシングを行う要因は何か？‥‥‥‥‥‥ 98

4.1 輸出か FDI か？　98

　　Column 3.1　フラグメンテーションと企業内貿易　102

4.2 FDI の立地選択を決める要因は何か？　104

　　Column 3.2　国際生産ネットワーク　106

4.3 FDI か海外アウトソーシングか？*　107

4.4 日本企業のアウトソーシングに関する実証研究　113

　　Column 3.3　付加価値貿易　116

お わ り に　117

補論：メリッツ・モデルにおける定常均衡の分析の概略　120

第**4**章　貿易の効果 ——————————————————— 121

はじめに：貿易はどのような利益や損失をもたらすか？　121

1 なぜ貿易は利益をもたらすか？‥‥‥‥‥‥‥‥‥‥‥‥‥‥‥ 123

1.1 交換の利益　123

1.2 特化の利益　124

1.3 財の多様性拡大から得られる消費の利益　125

1.4 生産要素の産業内再配分を通じた効率性改善による利益　126

2 貿易はどの程度の利益をもたらすか？——実証分析による知見‥‥‥ 126

2.1 幕末の日本が開国によって得た貿易利益はどの程度か？　126

2.2 財の多様化から得られる利益　128

2.3 生産要素の再配分による平均的な生産性の改善　130

3 貿易は国内の賃金格差を拡大させるか？‥‥‥‥‥‥‥‥‥‥‥ 133

　　Column 4.1　特殊要素モデル　134

3.1 技能労働者と単純労働者の賃金格差の要因　134

3.2 オフショアリングによる技能労働者の相対賃金の上昇*　136

3.3 賃金格差に対するオフショアリングと技能偏向的技術進歩の寄与
　　度　140

3.4 日本に関する実証研究　142

　　Column 4.2　米国の製造業が中国からの輸入拡大によって受けた影響　144

4 貿易の自由化は自然環境を破壊するのか？ ‥‥‥‥‥‥‥‥ 145

おわりに　147

補論：自然環境に対する貿易自由化の効果の分解　150

第5章　貿易政策の基礎 ——————————————— 153

はじめに：保護貿易はどのような影響を及ぼすのか？　153

Column 5.1　GATT/WTO　156

1 貿易政策にはどのような効果があるのか？ ‥‥‥‥‥‥‥‥ 157

1.1 関税の効果　157

1.2 輸入割当の効果　159

1.3 RTA の効果　160

Column 5.2　RTA　163

2 保護貿易の実態をどのように捉えるか？ ‥‥‥‥‥‥‥‥ 164

2.1 関　税　164

2.2 非関税障壁　169

3 貿易自由化は貿易を拡大するか？ ‥‥‥‥‥‥‥‥‥ 173

3.1 グラビティ・モデル　173

3.2 グラビティ・モデルに基づく実証研究　177

Column 5.3　グラビティ・モデルのフロンティア　178

4 貿易政策は経済厚生にどのような影響を及ぼすか？* ‥‥‥ 180

4.1 分析の枠組み——シミュレーション分析　180

4.2 シミュレーション分析の例　183

Column 5.4　需要関数の推定を通じた厚生分析　186

おわりに　186

第6章　貿易政策の応用 ——————————————— 189

はじめに：なぜ多くの国は貿易を保護しようとするのか？　189

1 経済厚生の最大化を目指さないことは合理的か？ ‥‥‥‥ 193

1.1 理論的背景　193

1.2 政治経済学の実証研究　195

Column 6.1　日本の農業と貿易政策　196

2 貿易の保護により，自国は常に損失を被るのか？ ‥‥‥‥ 197

2.1 理論的背景　197

2.2 交易条件効果の実証研究　201

3 貿易政策が自国に有利に働くのはどのようなときか？ ‥‥ 202

3.1 理論的背景　202

3.2 戦略的貿易政策の実証研究　　206

4 幼稚産業を保護することは正当化できるか？ ……………………… 208
    4.1 理論的背景　　208
    4.2 幼稚産業保護の実証研究　　210

5 ダンピングは問題か？ …………………………………………………… 212
    5.1 アンチ・ダンピングとは？　　212
    5.2 アンチ・ダンピングの実証研究　　214

おわりに　　216

第7章　貿易と経済成長，生産性向上 ———————————— 221

はじめに：自由貿易は経済成長や企業の生産性向上をもたらすか？　　221

1 貿易自由化によって経済は成長するか？ ……………………………… 223
    1.1 経済成長のモデル　　223
    1.2 R & D を組み込んだ内生的成長モデル*　　224
    1.3 貿易自由化によって経済成長率が上昇しない可能性*　　228

2 貿易開放度と経済成長の実証的知見は何か？ ……………………… 229
    2.1 貿易開放度の指標　　230
    2.2 分析上の技術的な問題*　　233
    2.3 貿易自由化が経済成長を押し上げる条件　　234

3 貿易は R & D 投資や技術投資を活発化させるか？* ……………… 236
    3.1 貿易自由化と個別事業所の生産性向上　　236
    3.2 貿易自由化と新技術導入　　241
    3.3 輸出と R & D・技術投資の相互関係　　245

4 知識や技術はどのように国際伝播するか？ ………………………… 247
    4.1 技術の国際伝播をどのようにして測るか？　　247
    4.2 技術はどの程度国際的に伝播するのか？　　252
    4.3 貿易と FDI を通じた技術の国際伝播　　253
       Column 7.1　移　民　　257

おわりに　　257

補論：内生的成長モデルにおける (7.3) 式の導出　　260

終　章　モデルの比較と実証分析の課題 ———————————— 263

1 どのモデルが優れているのか？ ……………………………………… 263
    1.1 現代版リカード・モデル——DFS モデルと EK モデル　　264
    1.2 主要モデルの比較　　266

2 国際経済学の実証分析における課題は何か？ ……………………… 269

2.1 因果関係の検証　269

2.2 データをめぐる問題　270

おわりに　272

付録　データ分析の基礎 ————————— 275

1 データ ·········· 275

1.1 国レベルのデータ　275

1.2 貿易データ　276

1.3 投入・産出のデータ　277

1.4 直接投資のデータ　278

2 回帰分析 ·········· 280

2.1 統計学の基礎知識　280

2.2 回帰分析とは？　282

2.3 最小二乗法　282

2.4 決定係数と t 値　283

2.5 回帰分析の仮定と内生性　285

2.6 重回帰分析　288

2.7 差の差推定　291

3 産業連関表 ·········· 293

3.1 産業連関表とは？　293

3.2 逆行列の意味　295

3.3 国際経済と産業連関表　297

4 生産性の計測 ·········· 299

4.1 全要素生産性　300

4.2 指数による方法　301

4.3 回帰分析による方法　303

ギリシャ文字の読み方　306

参考文献　307

索　引　321

　事項索引　321

　人名索引　327

本書の使い方

1. 各章の構成　各章は，はじめに，本文，**Column**，おわりに，練習問題で構成されています。「はじめに」で各章における基本的な「問い」を提示し，「おわりに」で問いに対する「答え」を掲載しています。

　また，発展的な内容を扱う箇所には，節や項の見出しにアスタリスク（＊）を付けました。内容が難しいと感じる読者は，初読の際には読み飛ばしても構いません。章の最後まで読み終えた後に，再度チャレンジしてください。

2. キーワード　重要な概念を説明している箇所を太字（ゴシック体）で表記しています。

3. Column　本文の内容に関連した興味深いテーマや専門的なトピックについて，より踏み込んで解説した **Column** を収録しています。

4. 練習問題　各章末に，本章の内容の確認問題や計算問題を収録しました。発展的な問題には＊を付けています。解答は，本書のサポートサイトに用意しています。

5. 補論　必要に応じて章末に補論を用意しています。補論では，本文の説明の補足や式の導出過程の詳しい解説などを行っています。補論は，あくまでも理解を深めるためのものですので，読み飛ばしても構いません。

6. 付録：データ分析の基礎　巻末に，実証分析に関係するデータや統計分析の基礎的な手法について解説した付録を収録しています。

7. 参考文献　巻末に，本文中で参照した文献一覧を掲載しています。

8. 索引　巻末に，キーワードを中心とした基本的なタームを引けるように，索引を精選して用意しています。より効果的な学習にご利用ください。

9. 本書のサポートサイト　練習問題で使用するデータセットや練習問題の解答を，本書のサポートサイトに掲載しています。

http://yuhikaku-nibu.txt-nifty.com/blog/2017/11/16517.html

序章
実証分析への招待

1 国際経済学の役割とは？

　国と国の経済問題を議論するとき，私たちの直感が必ずしもあてにならないことがあります。その典型的な例の1つに，2国間の貿易収支（輸出額から輸入額を差し引いたもの）の黒字や赤字の問題があげられます。特定の国との間の貿易関係において，貿易赤字が問題にされることがしばしばあります。しかし，たとえば日本と米国の貿易収支の問題は，今に始まったことではありません。今から50年前の1960年代後半，米国の日本に対する貿易収支が赤字になって以来，たびたび通商上の（国際貿易の）問題とされてきました。

　確かに，赤字と聞くと何か悪いことのように聞こえ，逆に黒字と聞くと何かよいことのように聞こえます。しかし，論理的に考えると，これは誤った考え方です。産業構造や資源の多寡が2国間で異なるなら，2国間の貿易収支が黒字や赤字になるのは自然だからです。図1は2016年の日本の貿易収支を相手国・地域別にまとめたものです。中国に続き，中東諸国のいわゆる産油国との間では大きな貿易赤字になっていることがわかります。天然資源の希少な日本は，天然資源を輸入して工業品を輸出するという貿易をしてきました。このため中東など天然資源豊富国との貿易収支は赤字になる傾向があります。だからといって，私たちはこれらの国との貿易を不公平だと感じるでしょうか。貿易赤字を減らすために，産油国に日本製品の輸入を要望したり，石油の輸入を制限したりすることを考えるでしょうか。答えは「いいえ」でしょう。

　図2はこの例を仮想的にA，B，Cの3つの国で示したものです。A国はB

図1 日本の国別貿易収支（2016年）

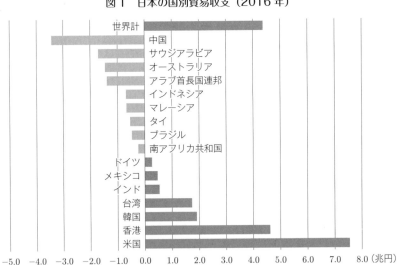

(注) 貿易収支にはサービス収支を含む。
(出所) 財務省『国際収支状況（地域別国際収支）』。

図2 仮想的な貿易の例

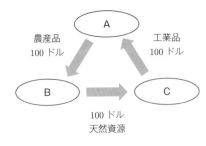

表1 数値例

A国	生産	消費	輸出	輸入
農産品	200	100	100	0
工業品	0	100	0	100
天然資源	100	100	0	0

B国	生産	消費	輸出	輸入
農産品	0	100	0	100
工業品	100	100	0	0
天然資源	200	100	100	0

C国	生産	消費	輸出	輸入
農産品	100	100	0	0
工業品	200	100	100	0
天然資源	0	100	0	100

国にに農産品を，B国はC国に天然資源を，そしてC国はA国に工業品をそれぞれ100ドル分輸出しています。このとき，A国はB国に対し100ドルの黒字ですが，C国に対しては100ドルの赤字です。同様に，B国はC国に対し黒字，A国に対し赤字，C国はA国に対し黒字，B国に対しては赤字となります。それぞれの国は貿易を行わないものについてはたとえば図2の表1の

ように自給自足できるとしましょう[1]。いずれの国も輸出と輸入は同額であり，一国全体で見た貿易収支はゼロとなっています。

このとき2国間で見ると，各国は相手によって貿易赤字，あるいは貿易黒字が生じます。しかし，経済全体としては各国の消費を満たすように貿易が行われており，自国に不足しているものを輸入し，逆に過剰なものを輸出することで，3つの国の生産と消費が一致していることがわかります。このとき，貿易収支赤字は，単に自国が不足しているものを豊富な国から輸入した結果生じているにすぎません。こうした視点で考えると，2国間の貿易収支の不均衡は通商上の問題とすべきではないことがわかります。

このように，一見問題視される貿易赤字も，論理的に考えるとそれが間違いであることがわかります。そして，このような誤解は貿易収支の問題に限りません。以下，本書で説明するように，比較優位や保護貿易など，国際経済の問題は論理と直感が反することがしばしば起こります。国際経済学はこのような国と国との経済問題を論じる上で，論理的に考えるための1つの視点を提供するものです。そして国際経済学には，直感がもたらす誤解を正してくれるという役割があるのです。

2 国際貿易・直接投資はどのように変化してきたか？

世界の貿易は急速に拡大してきました。図3は1980〜2015年の世界の人口，**実質国内総生産**（real gross domestic product：実質GDP），そして輸出を，1980年を1としたときの変化として表したものです[2]。

過去35年間に，世界の人口は約1.7倍になりました。同じ期間，実質GDPは2.7倍になっています。これは，平均的には人々が経済的により豊かになっていることを意味します。さらに，輸出は4.8倍になっていることがわかります。輸出の拡大は人口や経済の成長以上に急速であることを意味しています。

貿易が急速に拡大してきた背景には，各国が関税等の貿易障壁を引き下げて

---

1) ここで自給自足ができるということは，生産額と消費額が一致することを意味しています。生産額が消費額を上回る場合，その分は輸出（外国の消費）に回り，消費額が生産額を上回る場合，その分は輸入（外国の生産）で補います。

2) ここで実質値（real）とは，インフレーションやデフレーションといった価格の変動を取り除いた値であることを意味します。一方，価格の変動を取り除く前の値は名目値（nominal）と呼ばれます。

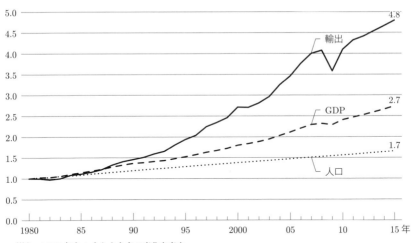

図3 世界の人口,GDP,輸出

(注) 1980年を1としたときの変化を表す。
(出所) 人口とGDP(2000年価格)は世界銀行(World Bank)の *World Development Indicators*。輸出(量)はWTOのTrade Statisticsより得た。

きたことがあります。第2次世界大戦後,世界の国々は関税と貿易に関する一般協定(General Agreement on Tariffs and Trade: GATT)とそれを引き継いで1995年に発足した世界貿易機関(World Trade Organization: WTO)を中心に多国間貿易自由化(multilateral trade liberalization)に取り組んできました。図4は1997～2010年の平均関税率の推移を見たものです。平均関税率の変化を所得水準別に見ると,全体的に低下傾向にありますが,とりわけ所得水準が高くない国々(中高所得国,中低所得国,低所得国)の関税が大きく引き下げられてきました。図中の太い実線で示した世界全体の平均関税率は,1997年には6.58%でしたが,2010年には3.83%にまで低下しました[3]。

---

3) 同じ指標ではなく,かつ対象国も異なるために単純な比較はできませんが,より長期的な平均関税率の統計をClemens and Williamson(2004)が示しています。彼らは,欧米の先進国や日本に加えて,インドや中国,ブラジル,フィリピン等の低所得国や中所得国を含む世界35カ国を対象に,関税収入額を輸入額で割った「関税負担率」と呼ばれる指標(詳しくは第5章第2.1項を参照してください)を用いて,1865～1996年という長期にわたる世界の平均的な関税率の変化を示しました。それによると,第1次世界大戦以前は12～17%程度の間を上昇傾向にあったことや,大戦間の1920～1932年頃には短期間に10%程度から25%程度にまで急激に跳ね上がったことなどがうかがえます。また,第2次世界大戦後から1970年代半ばまでは12～14%程度の間を推移していましたが,1970年代半ば以降に10%を下回る水準に低下しました。

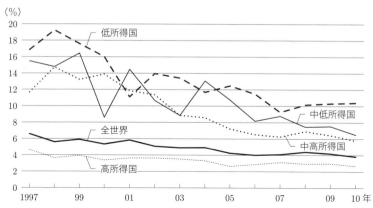

図4 平均関税率の推移

(注) 数値は最恵国待遇ベースの加重平均値。所得水準の分類は世界銀行の分類に基づく。高所得国は年1人当たりGDPが1万2476ドル以上の国，中高所得国は4036ドルから1万2475ドルの国，中低所得国は1026ドルから4035ドルの国，低所得国は1025ドル以下の国。
(出所) 世界銀行の *World Development Indicators*。

　また，WTOを中心とした多国間貿易自由化に加えて，近年は2国または少数国間で協定を結んで貿易を自由化する地域経済統合（regional economic integration）の動きが活発です。そうした協定は地域貿易協定（Regional Trade Agreement: RTA）と呼ばれます。RTAには，自由貿易協定（Free Trade Agreement: FTA）や関税同盟（Customs Union: CU），日本が積極的に結んでいる経済連携協定（Economic Partnership Agreement: EPA）などが含まれます。図5はWTOに報告されているRTAの数を年ごと，および累計でまとめたものです。この図を見ると，1990年代半ば頃からRTAの数が急速に拡大したことがわかります。2016年時点でその数は実に274にも上ります。

　また，近年は貿易だけでなく海外直接投資（foreign direct investment: FDI）も拡大しています。直接投資とはある国の企業が海外で現地法人を設立・拡大したり，既存の外国企業の株式の一定割合以上を取得したりして，その経営に参加するために行う国際資本移動を指します。図6は1985～2013年の経済協力開発機構（Organisation for Economic Co-operation and Development: OECD）加盟国による海外直接投資（すなわちOECD加盟各国の企業が他国の企業へ向けて行った直接投資）のストック額を示したものです[4]。図3と同様に，1985年を1としたときの変化として表しています。

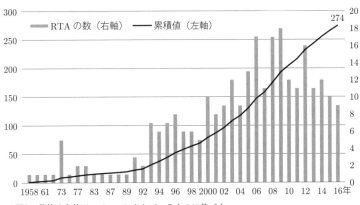

図5 世界の地域貿易協定の推移

(注) 数値は実効 (in force) されているものに基づく。
(出所) WTO の Regional Trade Agreement Database。

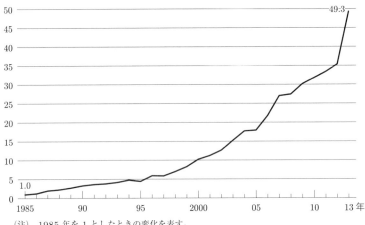

図6 OECD 加盟国の対外直接投資ストック額

(注) 1985 年を1としたときの変化を表す。
(出所) 国際貿易投資研究所の国際直接投資マトリックスより。

　図6より，OECD 加盟国による海外直接投資のストック額は 1985～2013 年にかけて実に 50 倍近くに拡大していることがわかります。これは，国境を越えた企業の活動が急速に拡大していることを意味します。これらの海外直

---

4) ここでストックとは，直接投資の累積額（厳密には，そこから減価償却を除いた額）を表しています。一方，各年の直接投資の額はフローと呼ばれます。

接投資には，他国に販売拠点を設けたり，自国内の工場をそのまま他国へ移転したりするようなタイプの投資も含まれます。しかし，モノ（物品）の貿易との関係で注目すべきは，モノを生産する工程を分割して，各生産工程を異なる国に移転するようなタイプの投資です。以前は完成品（たとえばコンピュータ）も部品（たとえばハードディスク）も国内の工場で生産するというのが一般的でした。しかし，情報通信技術（information and communication technology: ICT）等の発達により，生産工程を分割して，別々の国の別々の工場に移転することで，全体としての生産費用を削減することが可能になりました。そのため，各企業が積極的にそのような直接投資を行っています。たとえば，日本で作ったハードディスクを使って中国でコンピュータを組み立て，そのコンピュータを米国へ輸出するといった具合です。このような生産工程の分散が進むと，国境を越えた部品の貿易が拡大することになります。

　図7は東・東南アジア各国の財の総輸出入に占める機械完成品・機械部品輸出入のシェアを，1970〜2010年の期間について10年ごとに示したものです。図の左側は輸出，右側が輸入であり，各棒の白い部分が完成品，黒い部分が部品のシェアを表しています。この図より，1970年時点では，日本だけが機械輸出の割合が高いものの，そのほとんどは完成品であることがわかります。同じ頃，他の東・東南アジア各国は専ら機械の完成品の輸入を行っていたことも確認できます。一方，1990年以降はどの国も機械類の輸出と輸入の両方に従事するようになり，さらにその多くが部品であることが確認できます。このように，部品の貿易が活発化することで，原料と完成品が主要な貿易財だった時代とは国際貿易の特徴が大きく変わってきている可能性があります。

3 国際経済学の理論と実証はどのような関係にあるか？

　このような経済のグローバル化の急速な進展に，漠然とした不安を抱く人も少なくないに違いありません。国際経済学の標準的な教科書を開くと，貿易が自国にも外国にも便益をもたらすことが説明されています。一方，現実の世界に目を向けると，2016年に国民投票で英国が欧州連合（EU）からの離脱を決めたり，2017年初めには米国が環太平洋経済連携協定（Trans-Pacific Partnership: TPP）からの脱退を表明するなど，教科書の説明とは真逆のことが起こっているように見えます。教科書では説明が複雑になるのを避けるため

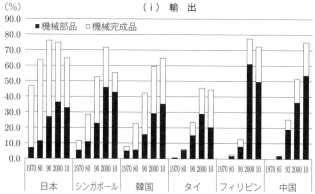

図7 東・東南アジアの対世界貿易に

(注) 図の左側部分が輸出，右側部分が輸入。中国の1970年のデータは記載ではなく1992年になっている点に注意してほしい。機械部品の定義は木
(出所) 木村・安藤 (2016) の図9-4(a) に基づいて筆者作成。元のデータは

に，単純な経済モデルに基づく形で議論が展開されます。しかし，そうした簡略化が現実との対応を見えにくくしてしまっている面も否めません。

　国際経済学の理論は実際のデータによって支持されるのでしょうか。言い換えれば，国際経済学の理論は机上の空論に陥ってしまっていないでしょうか。もちろん，国際経済学者も半世紀以上も前から同じような疑問を持っていました。国際経済学の理論は現実をうまく説明できているのか。できていないとすれば，問題はどこにあるのか。国際経済学はこのような疑問への答えも蓄積しています。このように，データを用いて理論の妥当性を検証したり，データを用いて新しい国際経済の諸問題を提示することは，**実証分析**（empirical analysis）と呼ばれます。国際経済学では，実証分析の発展が新しい理論の構築につながってきました。

　国際経済学の理論研究を振り返ると，英国の経済学者デービッド・リカードが最初に国際貿易に関する理論的研究を公表したのは，今から200年前の1817年です。彼は，当時の英国とポルトガルとの間の毛織物とワインの貿易にどのような原理が働いていて，貿易が各国にどのような影響を与えるのかについて分析しました。リカードが示した考え方に基づく国際貿易のモデルは**リカード・モデル**（Ricardian Model）と呼ばれます。リカード・モデルでは，2国間の貿易を考える上で，各産業の生産技術が国によって異なっていて，そ

占める機械完成品・機械部品の割合

(ii) 輸　入

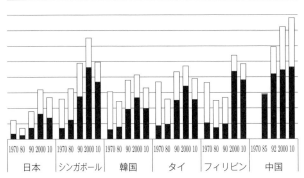

されていない。また，中国のデータは 1980 年ではなく 1985 年，1990 年
村・安藤 (2016) 図 9-4(a) の注を参照。
UN Comtrade。

れによって生産費用に差が生じる点に着目します。しかし，それぞれの産業の生産費用がどちらの国で安いかを単純に比較するのではありません。ポイントは，2 つの産業のうちで，相対的にどちらの産業の生産費用が相手国よりも安いかという点にあります。それがどちらの財を輸出できるかを決める要因になるのです[5]。

各産業について，相手国よりも生産技術が優れていて生産費用が安いことを **絶対優位**（absolute advantage）があるといいます。しかし，貿易にとって重要なのは絶対優位ではなく，**比較優位**（comparative advantage）です。比較優位は，相手国と比べて，2 つの産業のうちのいずれかの産業について相対的に生産費用が安いことをいいます。そのため，2 つの産業があって，2 つの国を比較する場合，通常はどちらの国もいずれかの産業に比較優位を持ちます。そして，各国は比較優位を持つ財を輸出します。他方，絶対優位については，どの産業にも絶対優位を持たない国があっても不思議ではありません。

---

5) なお，リカード・モデルでは，生産要素は労働のみと仮定され，生産技術の違いは労働投入係数（生産量 1 単位当たりの労働投入量）の違いとして表されます。労働投入係数の逆数は労働生産性（労働 1 単位当たりの生産量）を意味します。労働生産性については第 3 章第 1 節で解説します。また，リカード・モデルの詳細については阿部・遠藤 (2012) などの標準的な国際経済学の教科書を参照してください。

では，どの産業にも絶対優位を持たないような技術水準の低い国でも輸出ができるのはなぜでしょうか。それは，技術水準の低い国にも生産要素が存在するからです。もし，どの産業についても技術水準の高い（絶対優位を持つ）国がすべての財を生産して供給するとなると，技術水準の低い国にある生産要素は活用されず無駄になってしまいます。今日では労働者が国家間を移動するのは比較的容易ですが，それでもある国の労働者全員が他国に移動するのは非現実的です。生産に投入せずに遊ばせておくくらいなら，技術水準の低い国でも何かを生産した方が，世界全体の生産量拡大に貢献できます。

そのとき，各国が比較優位を持つ，つまり相対的に得意とする財を生産して輸出するのが効率的であることがリカード・モデルからわかります。重要なことは，比較優位に基づく貿易は，一方の国だけに利益をもたらすのではなく，両方の国に利益をもたらすということです。つまり，貿易は限られた利益の奪い合い（ゼロ・サム）ではなく，利益全体の拡大（プラス・サム）になるということをリカードは示しました。

第1章以降で紹介するように，リカード・モデル以降，国際経済学ではさまざまな理論モデルが考案されてきました。そして，その背後には数々の実証分析の発見が貢献しています。つまり，既存の理論モデルでは説明できないような定型化された事実（stylized facts）が実証分析によって発見されると，その事実を説明するために新たな理論モデルが考案されます。また，理論モデルから導かれる仮説を実証分析が検証することで，データの観点からモデルの妥当性をチェックすることも行われます。このように国際経済学では，理論分析と実証分析がいわば車の両輪となって研究が発展してきました。

4 本書の位置づけ

本書は国際経済学のテキストの中でも，実証分析に重点を置いて書かれたものです。国際経済学の書籍はこれまでに数多く出版されていますが，理論の説明が中心で，実証分析の方法や知見についてはあまり詳しく解説していないものがほとんどです。実証分析について詳しく説明した書籍は，私たちが知る限り木村・小浜 (1995) しかありません。この本は，日本で初めて国際経済学の実証分析を丁寧にまとめた貴重な書籍ですが，出版からすでに20年以上を経ており，一部の内容が古くなってしまっていることも事実です。

これまで理論と実証がともに手を取り合う形で研究が発展してきたことを踏まえて，本書は国際経済学の理論と実証分析との橋渡しをすることを目的としています。主な読者層として国際経済に関心を持つ大学生や一般の社会人の皆さんを想定して，説明が過度に難しくならないようにしています。学界では国際経済に関する最新の研究成果が次々と発表されていますが，いくら国際経済に関心を持っていても，大学生や一般の社会人の皆さんがそうした最先端の研究成果を理解することは容易ではありません。そこで本書では，木村・小浜(1995) を発展・拡張する形で，最新の研究成果まで含めてなるべくわかりやすく解説するように心懸けています。ある程度の経済学と統計学・計量経済学の基礎知識は必要としますが，国際経済に関心をお持ちの方であれば，十分に内容を理解して，興味を持って読んでいただけると思います。

一方，本書は実証分析の解説を主目的とする立場から，国際経済学の理論そのものの説明は最小限にとどめています。また，紙幅の都合もあり，理論の細かい点については省略している部分もあります。したがって，本書では国際経済学の理論について十分理解できないと感じられたときは，他の標準的な国際経済学のテキストを並行して読まれることをお勧めします。

さらに本書が目指しているのは，読者ご自身が国際経済の実証分析に取り組んでみようと思っていただけるようになることです。既存の実証分析の知見を理解することと，自分で実証分析に取り組むことの間には大きなギャップがあります。経済学部で勉強している大学生なら，誰でも自分でデータを集めて計量的な分析ができるようになるわけではありません。政府等が公表している経済統計を入手して，エクセルで簡単なグラフを作成することくらいはできても，回帰分析などの計量経済学的な手法を用いた分析ができるようになるまでには大きなハードルがあると感じている方が少なくないのではないでしょうか。

しかし，心理的なハードルは高くても，実際にやってみると案外簡単にできることがわかるはずです。パソコンを持っている方であれば，あとは入手したデータを分析にかけられる形式に加工するにはどうしたらよいかということと，統計分析のソフトウェアの基本的な使い方さえわかれば，ご自身で簡単な計量分析ができることをわかっていただけるはずです。そして，ご自身でちょっと計量的な分析をやってみると，実証分析の面白さを実感していただけると思います。大切なのは「やってみよう！」と思うことです。

12 　序章　実証分析への招待

　本書では，読者の皆さんがご自身で国際経済に関する実証分析に取り組む手助けをするために，各章の最後に設けている練習問題の中に，実際にデータを使って分析をしてみる問題も含めています。比較的簡単にできるものもあれば，上級レベルの問題もあります。ぜひ簡単なものから取り組んでみて，「これならできる！」と思われたら，より難しい問題にチャレンジしてみてください。

5　本書の構成

　本書は次のような構成になっています。「第1章　貿易の決定要因」では，リカード・モデルと並び伝統的な国際経済学の理論の1つであるヘクシャー＝オリーン・モデルに注目します。具体的には，ヘクシャー＝オリーン・モデルに基づき，貿易がどのような要因によって生じているのかを考察します。ここでは工業製品と農産品といったように，各国が異なる産業の財を貿易するケース，すなわち産業間貿易を行うケースに注目します。産業間貿易は現在も活発ですが，先進国同士の貿易に目を向けると，各国が同じ産業の財を互いに貿易するということが観察されます。たとえば，日本とドイツが互いに自動車を貿易するといった具合です。このような貿易はヘクシャー＝オリーン・モデルでは説明ができません。

　そこで，続く「第2章　産業内貿易」では，2国間で同じ産業の財を互いに貿易するケースに注目します。そのような貿易は産業内貿易と呼ばれます。産業内貿易を説明するモデルとして考案されたクルーグマン・モデルは，製品差別化と規模の経済性という2つの要素を取り入れた独占的競争モデルであることを紹介します。このモデルが現実のデータとどの程度整合的であるかということや，財の輸送にかかる輸送費をクルーグマン・モデルに導入することで見られる自国市場効果という現象について解説します。さらに，同一品目の財でも品質が異なる財が2国間で取引される垂直的産業内貿易についても紹介します。

　「第3章　企業の生産性と海外展開」では，同じ産業内でも輸出をする企業とそうでない企業が存在しているという事実に焦点を当てます。そうした事実は1990年代中頃から，企業のミクロデータと呼ばれる細かいデータを利用することが可能になったことで明らかになってきました。こうした事実につ

いて，企業の生産性に着目し，同じ産業内に生産性の異なる企業が存在するという新しい要素を導入することでその説明を可能にしたメリッツ・モデルを紹介します。また，産業内で生産するすべての企業が輸出をしているとは限らないという点を考慮すると，輸出額を輸出企業数と1企業当たりの平均的輸出額に分解することが重要であるということを解説します。前者は輸出の外延と呼ばれ，後者は輸出の内延と呼ばれます。さらに，企業の国際化として，輸出だけでなく，海外直接投資や海外アウトソーシングなどについても見ていきます。

　第3章までの内容を踏まえて，「第4章　貿易の効果」では貿易がどのような利益や損失をもたらすのかについて考察します。貿易が利益をもたらすいくつかの要因を説明した上で，各要因によってどの程度の利益がもたらされるのかについて，実証分析の知見を紹介します。また，貿易が国内の賃金格差や自然環境に与える影響についても取り上げます。賃金格差の問題については，1980年代～2000年頃にかけて多くの先進国で見られた賃金格差の拡大要因として，貿易のほか，技術革新やオフショアリング（生産の海外移転）等の要因について検討します。

　第5章と第6章では，貿易政策に注目し，その要因や影響について議論します。まず，「第5章　貿易政策の基礎」では貿易政策の基礎的な実証分析を解説します。ここでは，保護をどのように捉えるのか，貿易障壁の撤廃，すなわち貿易の自由化が貿易や経済厚生を拡大するのかといった疑問に関する実証分析の手法と研究例を紹介します。そして「第6章　貿易政策の応用」では，より進んだ課題を解説します。具体的には，政治経済学的な分析，交易条件効果の分析，戦略的貿易政策の分析などを紹介し，より幅広い視点から貿易政策を見ていきます。

　「第7章　貿易と経済成長，生産性向上」では，貿易と国の経済成長や個々の企業の生産性向上との関係について取り上げます。まず，貿易政策と経済成長との関係に関する理論分析を紹介した上で，貿易に対して開放的である程度と経済成長との関係について，これまでの実証分析の知見を解説します。次に，貿易と個別企業の研究開発投資や技術投資との関係について，いくつかの実証分析を紹介します。さらに，新しい知識や技術がどのようにして国際的に伝播するのかということについて，貿易や海外直接投資を通じた国際伝播を中心に考察します。

終章では，本書のまとめとして，国際貿易の主要なモデルを比較して，モデルの優劣について議論します。また，実証研究を行う上での課題をあげます。

なお，実証分析に関係するデータや統計分析の基礎的な手法については，付録という形で本書の最後で解説しています。また，練習問題の解答や解答を導くための手順については，本書のサポートサイトで解説しています。

15

第 **1** 章

貿易の決定要因

はじめに：日本の貿易を決める最も重要な要因は何か？

> **問い** 日本の貿易を決める最も重要な要因は何だと思いますか。

　貿易の要因としては，各国消費者の選好の違いや作っているものの違い，貿易政策の影響などさまざまなものが考えられますが，多くの人が思い浮かべるのは国際競争力でしょう。たとえば，日本の自動車産業はベトナムの自動車産業と比べて競争力があるため，日本はベトナムに輸出できるといった具合です。競争力を効率性（efficiency）と同じ意味とするなら，日本の自動車産業はベトナムの自動車産業に対し絶対優位があると表現することもできます。

　それでは，どの産業にも競争力を持たない国は何も輸出できないのでしょうか。答えは「いいえ」です。序章で確認したように，ある国が何を輸出するかは絶対優位ではなく比較優位で決まるためです。このポイントは絶対優位との違いにあります。直感的には，輸出は絶対優位に基づくと考えられがちですが，序章で紹介したリカードの比較優位の理論はその直感が誤りであることを指摘しています。たとえ絶対優位がなくても比較優位があれば輸出できるためです（逆に，絶対優位があっても比較優位がなければ輸出できません）。そして比較優位により，絶対優位にある国だけでなく，絶対劣位にある国も輸出できるものがあり，貿易を通じて両国とも利益を得ることになるのです。以下本章では，貿易を決める要因としてこの比較優位の役割に注目し，その実証研究を紹介していきましょう。

1 産業間の貿易はどのように理論的に説明できるか？

ヘクシャー゠オリーン・モデル

1.1 モデルの設定

序章では，リカード・モデルと比較優位の関係について紹介しました。この
リカード・モデルでは，比較優位の源泉は各国間の生産技術の違いにありま
す。そしてリカード・モデルに基づけば，国と国の間の生産技術の差が大きけ
れば大きいほど，貿易も活発になります。つまり，先進国間よりも，先進国と
途上国の間での貿易が活発になることが予想されます。しかし現実には，先進
国同士の貿易の方が活発に行われています。そこで生じる疑問は，比較優位の
源泉を生産技術以外に求められないかというものです。

本節では，仮に生産技術の差や消費者の選好の差がなくても比較優位に基づく
貿易が生じるとする経済モデル，ヘクシャー゠オリーン・モデル（Heckscher-
Ohlin Model）を紹介します[1]。ヘクシャー゠オリーン・モデルは，リカード・
モデルと並び，最も標準的な貿易理論の1つです。そして，このヘクシャー゠
オリーン・モデルでは，比較優位の源泉は各国の**要素賦存**（factor endowment）
の差にあります。以下では，まずこのモデルの理論的な枠組みを説明し，次節
以降で実証研究の流れを紹介します。

なお，要素の厳密な表現は生産要素ですが，説明を簡単にするため，以下で
は（国際経済学の慣例に従い）「要素」と表現します。また，要素賦存とは1国
内の要素の総量（賦存量）を意味しています。いま，2国（自国と外国），2財，
2要素（資本，労働）からなる世界を考えてみましょう[2]。自国が外国よりも相

---

1) ヘクシャー゠オリーン・モデルはスウェーデンの経済学者エリ・ヘクシャーの1919
年の論文とベルティル・オリーンの1924年の博士論文がもとになっています。ともに
スウェーデン語で書かれていましたが，オリーンの研究は1933年にハーバード大学出
版会から *Interregional and International Trade* として出版されました。ただし，
これらの研究は経済モデルとしては叙述的であり，モデルの前提や定理の導出という意
味で，厳密さに欠けていました。このヘクシャーとオリーンの標準的なモデル——2国・
2財・2要素からなるモデルを数学的に厳密に記述したのが，ポール・サミュエルソン
です。このため，2国・2財・2要素のヘクシャー゠オリーン・モデルはヘクシャー゠オ
リーン゠サミュエルソン・モデル（Heckscher-Ohlin-Samuelson Model）と呼ばれ
ることもあります。

2) 以下，本章では，説明を簡単にするため，財と産業を区別せずに（同じものとして）
議論を進めます。

対的に労働よりも資本が多い場合，言い換えれば，外国よりも自国において，一国全体の資本と労働の比率（資本・労働比率）が高い場合には，自国は資本豊富国（逆に外国は労働豊富国）と呼ばれます。

これに対して，**要素集約度**（factor intensity）と呼ばれる指標があります。要素集約度とは，各財の生産に相対的にどれだけ要素の投入が必要かを表したものです。たとえば資本と労働の2要素を用いて2つの財を生産する場合，相対的に資本を用いる財，すなわち，ある財の資本・労働比率がもう一方の財よりも高い場合，その財は資本集約的な財と呼ばれます。ここで，要素賦存は国同士の資本・労働比率の比較であるのに対し，要素集約度は財の資本・労働比率の比較である点に注意してください。

最もシンプルなヘクシャー＝オリーン・モデルの設定は次のようなものです。

(1) 世界：2国（自国と外国），2財，2要素（資本，労働）からなる。財市場，要素市場ともに**完全競争**（perfect competition）で要素は無駄なく利用される（**完全雇用**（full employment））[3]。

(2) 生産：**規模に関して収穫一定**（constant returns to scale）の生産技術[4]。両国で生産技術が同じ。2財の要素集約度の逆転や生産の完全特化は起こらない[5]。

(3) 消費：**社会的無差別曲線**（social indifference curve）も両国共通で**相似拡大的**（homothetic）。その他，標準的な仮定を満たす（原点に向かって凸型など）[6]。

---

3) ここで，完全競争とは，多数の経済主体からなる市場において，個々の経済主体が市場価格を所与として行動するような状況を意味しています。

4) ここで，規模に関して収穫一定とは，仮にすべての生産要素の投入量を α 倍すると，生産量も α 倍になるという生産技術を意味しています。このような性質を持つ生産関数は一次同次の生産関数ともいわれます。なお，仮にすべての生産要素の投入量を α 倍するとき，生産量が α 倍よりさらに大きくなる場合は規模に関して**収穫逓増**（increasing returns to scale），逆に生産量が α 倍より小さくなる場合は規模に関して**収穫逓減**（decreasing returns to scale）といわれます。

5) 要素集約度の逆転が起こらないということは，資本集約的な財はどの国でも資本集約的な財であり，逆に労働集約的な財はどの国でも労働集約的な財であること，すなわち，一方の国で資本集約的な財がもう一方の国で労働集約的になるということが起こらないことを意味しています。

(4) 財の移動：国の間を自由に移動（貿易障壁，輸送費はともに無視できるほど小さい）。輸出額と輸入額は等しい。すなわち，**貿易収支**（trade balance）は均衡している[7]。

(5) 要素の移動：要素は国内で（産業間を）自由に移動。国の間では移動しない。

　ここでそれぞれの仮定の意味について簡単に触れておきましょう。産業間の貿易が行われるためには，少なくとも2つの国と2つの財が必要になります。このため，2国・2財の世界を考えます。また後述するように，2つの要素は比較優位を生み出す源泉となるもので，ヘクシャー＝オリーン・モデルの特徴でもあります。さらに完全競争市場を考えることは，モデルが理想的な競争市場を前提として展開されることを意味しています。この仮定を緩めるケース，すなわち不完全競争については第2章で議論します。

　2つめと3つめの生産と消費に関する仮定は，非常にシンプルな世界を考えるための仮定です。また，生産技術や消費が両国に共通であることから，技術の違いや好みの違いのない世界で貿易を考えることになります。4つめと5つめの仮定は財と要素の国際移動が対称的ではないことを強調するためのものです。貿易収支と経常収支を同じものと考えるなら，金融収支がゼロの状況，言い換えれば国家間のお金の貸し借りがない状況を想定していることになります。また，貿易収支均衡を考えるということは，長期の均衡に焦点を当てると考えることもできます。この仮定により，最もシンプルなヘクシャー＝オリーン・モデルでは，為替レートの変動や貿易収支不均衡といった問題が分析の対象から外れることになります。

　このようにヘクシャー＝オリーン・モデルでは，生産技術も消費者の選好も両国で同じですが，要素賦存が異なる状況を想定します。つまり，一方の国が

---

6) 社会的無差別曲線とは，各個人の無差別曲線を国全体で表現したものです。相似拡大的とは，社会的無差別曲線を中心として放射状に相似拡大する性質を意味しています。2財のモデルでは，この性質により，相対価格が変わらなければ，所得の大きさにかかわらず財の消費の比率が一定になります。これは，**所得消費曲線**（income consumption curve）が直線になることを意味しています。

7) 貿易収支とは「輸出額 − 輸入額」のことです。輸出額 = 輸入額という仮定から，貿易収支はゼロとなります。貿易収支の均衡とはこの貿易収支がゼロの状態を意味しています。

資本豊富国であり，もう一方の国が労働豊富国であるような状況です。言い換えれば，要素賦存以外は，両国ともまったく同じであるような状況を考えることになります。このとき，上記の仮定の下で次の4つの定理が導かれます[8]。

(1) ヘクシャー＝オリーンの定理（Heckscher-Ohlin Theorem）：労働（資本）が相対的に豊富な国は，労働（資本）集約的な財を輸出する。

(2) リプチンスキーの定理（Rybczynski Theorem）：所与の価格の下で，労働（資本）の要素賦存量が増えると，労働（資本）集約的な財の生産はそれ以上に増加するが，資本（労働）集約的な財の生産は減少する。

(3) 要素価格均等化定理（Factor Price Equalization Theorem）：両国が両財を生産しているときには，要素の価格は両国で同じになる。

(4) ストルパー＝サミュエルソンの定理（Stolper-Samuelson Theorem）：要素賦存量一定の下で，労働（資本）集約的な財の相対価格が上昇すると，労働（資本）の価格はそれ以上に上昇するが，資本（労働）の価格は逆に下落する。

以下では，これらの4つの定理が定理と呼ばれる所以について説明しましょう。

1.2 ヘクシャー＝オリーンの定理

まず，ヘクシャー＝オリーンの定理について見てみましょう[9]。ヘクシャー＝オリーンの定理は，それぞれの国はそれぞれが豊富な資源に集約的な財を輸出すると述べています。つまり，労働が豊富な国は労働集約的な財，資本が豊富な国は資本集約的な財を輸出するというものです。一見すると，この定理はごく当たり前のことをいっているようにも聞こえます。なぜ定理と呼ばれているのでしょうか。

ここで，もう一度仮定に戻って考えてみましょう。ヘクシャー＝オリーン・

---

8) この詳細は標準的な国際経済学の教科書，たとえば阿部・遠藤 (2012) を参照してください。

9) なお，ヘクシャー＝オリーン・モデルは上記の諸仮定の下で成り立つ経済モデルを指し，そこから導かれる帰結の1つがヘクシャー＝オリーンの定理です。両者の違いに注意してください。

モデルの仮定では，生産技術は両国で同一で，社会的無差別曲線も同一です。つまり，2つの国は同じものを同じ技術で作り，同じように消費していることになります。貿易が起こる理由として，多くの人は「違うものを作っているから」あるいは「消費者の好みが違うから」と考えるかもしれません。そして，同じものを作っていて，同じような好みを持っている国同士では，貿易は消滅してしまうと思われるかもしれません。ヘクシャー＝オリーンの定理は，このような直感が誤りであることを指摘します。つまり，たとえ生産技術が同じで消費者が同じような好みを持っていても，貿易が生じると述べているのです。

　またこれに関連して，ヘクシャー＝オリーンの定理では，比較優位の源泉が生産技術の違いではなく，要素賦存の違いによって生じていることもポイントです。資本豊富な国が資本集約的な財を輸出するという背後には，貿易を行う前の閉鎖経済の状況において，資本豊富国では資本集約的な財の価格が（労働集約的な財の価格と比べて）相対的に低いということがあります。同様に，労働豊富国では労働集約的な財の価格が（資本集約的な財の価格と比べて）相対的に低くなっています。ヘクシャー＝オリーンの定理は，それぞれの国が得意な財，すなわち相対的に低い価格の財の生産に比較優位を持ち，それらを互いに輸出するというものです。リカード・モデルとは比較優位の源泉が異なる点が特徴です。

1.3　リプチンスキーの定理

　次に，リプチンスキーの定理を見てみましょう。リプチンスキーの定理に基づけば，人口（労働）が増加すれば，労働集約的な財の生産が増加し，資本集約的な財の生産が減少します。たとえば，日本は少子高齢化により，労働力人口の減少に直面しています。労働力人口の減少に伴い，すべての産業の生産が減少すると考えがちです。

　しかし，そうならないと述べているのがリプチンスキーの定理です。他の条件が一定の下で労働が減少すると，労働集約的な財の生産は減少しますが，逆に資本集約的な財の生産は拡大します[10]。そして，このような要素賦存と生産パターンの関係は，データによっても強く支持されているのです[11]。

---

10)　このメカニズムは，次のように説明できます。ある国が労働力人口の減少に直面すると，まず労働をより多く利用する労働集約的な財の生産が減少することになります。ここで，この労働集約的な財の生産においても，資本が利用されていることに注意してく

1.4 要素価格均等化定理

要素価格均等化定理は，貿易に伴い財の価格差が均等化すると，財の価格差の原因となっていた要素の価格差も均等化すると述べています。財が自由に取引される市場では，人々は同じ財であればより安いものを購入しようとします。このため，究極的には，財価格は均等化する，というのはそれほど不思議ではないでしょう。しかし，この定理は直接取引されていない要素の価格も均等化すると述べています。

財の取引と要素サービスの取引の関係を考える上で，次のような例を考えてみましょう。いま，あなたがお寿司を食べたいとしましょう。お寿司はお寿司屋さんで購入することもできますし，そのお寿司屋さんの板前さんにきてもらって目の前で握ってもらうこともできるとします。前者はお寿司という財を購入しており，後者は板前さんに握ってもらうという労働サービスを購入しているという違いがありますが，同じお寿司という財を消費していることには変わりありません。すなわち，財の取引は，究極的には，財に含まれている要素サービスの取引として表現できるのです。このように，財に含まれている要素は**要素コンテンツ**（factor contents）と呼ばれています。財の取引が要素サービスの取引として置き換えられることから，財の価格が均等化することで，その財に投入されている要素の価格も均等化するということが起こります。もちろん，現実には要素の価格の均等化は成立していませんが，少なくとも貿易に要素価格均等化へと向かわせるような力があるとする帰結は注目に値します[12]。

ださい。一国全体で資本と労働の完全雇用を達成するためには，労働集約的な財の生産に投入されていた労働と資本を資本集約的な財の生産に振り替えなくてはなりません。言い換えれば，労働集約的な財の生産の減少に伴い，資本集約的な財の生産に対し，労働集約的な財の生産に投入されていた労働と資本が振り替えられるため，結果として資本集約的な財の生産は逆に拡大するということが起こるのです。

11）このリプチンスキーの定理に関する実証研究の例については，第 4.1 項で紹介します。

12）Mokhtari and Rassekh (1989) は 1961～1984 年の OECD 加盟国を対象とした分析から，貿易が賃金の変動に大きな影響を及ぼしていることを確認しています。彼らはこの結果をもとに，貿易を通じた要素価格均等化が現実的にも支持されると主張しています。

表 1.1　4 つの定理に必要な仮定

仮　定	SS	R	FE	HO
両財の生産関数が規模に関して収穫一定	○	○	○	○
生産関数が両国に共通			○	○
両財の要素集約度の逆転が起こらない	○	○	○	○
両財を生産する（不完全特化）	○	○	○	
両国の効用関数が同じで相似拡大的				○

（注）　SS はストルパー＝サミュエルソンの定理，R はリプチ
ンスキーの定理，FE は要素価格均等化定理，HO はヘクシ
ャー＝オリーンの定理を表します。
（出所）　木村・小浜（1995）。

1.5　ストルパー＝サミュエルソンの定理

　最後に，ストルパー＝サミュエルソンの定理です。ストルパー＝サミュエル
ソンの定理は，ある財の価格が上昇すると，その財の生産に集約的に投入され
る要素の価格は上昇し，他の要素の価格は下落すると述べています。一般に，
先進国は資本豊富国で，途上国は労働豊富国です。また，貿易を行う前後で，
その国に豊富な要素の財の価格が上昇します。すなわち，先進国では資本集約
的な財の価格が相対的に上昇し，途上国では労働集約的な財の価格が相対的に
上昇します。ストルパー＝サミュエルソンの定理から，先進国では資本の価格
が相対的に上昇し，途上国では労働の価格，すなわち賃金が相対的に上昇する
ことになります。

　これらの定理の前提となる仮定をまとめたのが，表 1.1 です。これらの仮定
のうち，「両財の生産関数が規模に関して収穫一定」，「両財の要素集約度の逆
転が起こらない」，「両財を生産する（不完全特化）」の仮定は，実は国内の生産
に関する仮定です。つまり，これらの仮定については，国際貿易とは直接には
関係がありません。そして，これらの仮定に基づく定理が，ストルパー＝サミ
ュエルソンの定理とリプチンスキーの定理です。ヘクシャー＝オリーン・モデ
ルは，要素賦存が財の生産から国際貿易へとつながっていくメカニズムを記述
するものですが，リプチンスキーの定理はこのうち要素賦存と財の生産に注目
したものです。また，ストルパー＝サミュエルソンの定理は財価格の変動と要
素価格の変動に注目したものです。これらの定理は，国際貿易から切り離して
議論することも可能なのです。

　教科書的なヘクシャー＝オリーン・モデルは 2 国・2 財・2 要素という非常
に狭い世界を想定しており，現実離れしていると感じる方もいるでしょう。そ

こから導かれる定理は現実の現象を説明できているのでしょうか。次節ではいよいよ，多数国・多数財・多数要素への拡張と実証研究について紹介します。

2 データはヘクシャー＝オリーンの定理を支持しているか？

2.1 レオンティエフ・パラドックス

ヘクシャー＝オリーン・モデル，とくにヘクシャー＝オリーンの定理の現実妥当性に関する本格的な実証研究は，旧ソ連出身の経済学者ワシリー・レオンティエフによって始められました (Leontief, 1953)。Leontief (1953) の研究は資本と労働という 2 つの要素に注目しました。前節で見たように，ヘクシャー＝オリーンの定理は各国の貿易パターンが自国にどれだけ要素が存在するか（要素賦存度）と各財の生産にどれだけ要素を要するか（要素集約度）によって決まるとするものです。レオンティエフはこのヘクシャー＝オリーンの定理の現実妥当性を 1947 年の米国経済に注目して分析しました。当時の米国は他国に比べると相対的に労働よりも資本が豊富であると考えるのが自然でしょう。もしそうだとすれば，米国は資本集約的な財を輸出し，労働集約的な財を輸入していることになります。

いま，財の輸出に含まれている資本と労働をそれぞれ K_X, L_X と表すとします。同様に，財の輸入に含まれている資本と労働をそれぞれ K_M, L_M と表すとします。米国が資本集約的な財を輸出し，労働集約的な財を輸入しているとすれば，輸出財の資本集約度（資本・労働比率）は輸入財の資本集約度を上回ることになります。この関係が成立するかどうかを確かめることは，レオンティエフのテストと呼ばれています[13]。

■レオンティエフのテスト　米国が資本豊富国だとすれば，次の関係が成立する。

$$\frac{K_X}{L_X} > \frac{K_M}{L_M} \quad \text{or} \quad \frac{K_X/L_X}{K_M/L_M} > 1 \tag{1.1}$$

それでは，どのようにして財の貿易を通じた資本と労働の貿易を捉えればよ

---

13) レオンティエフは $(K_M/L_M)/(K_X/L_X)$ に注目していましたが，本節の後半部分の説明との一貫性を保つため，本書では分母と分子を入れ替えた $(K_X/L_X)/(K_M/L_M)$ に注目します。

いのでしょうか。ここで注意しなければならないのは，財の生産のために投入される財，すなわち**中間財**（intermediate goods）の存在です。標準的なヘクシャー＝オリーン・モデルでは，中間財の存在は捨象されており，完成品（最終消費財）のみで議論が展開されています。このため，完成品に投入された資本と労働の比率を求めれば，そのまま資本集約度になります。しかし，現実には中間財が存在します。そして，中間財が存在する場合，完成品に投入された資本と労働を求めるだけでは問題があります。この問題を理解するため，次のような例を考えてみます。

アップルの iPhone は米国のカリフォルニアでデザインがなされ，中国の工場で組み立てられ，そして世界各国に輸出されていることが知られています。いま仮に，iPhone の組み立ては機械よりも人の手によって行われているとしましょう。このような場合，iPhone を労働集約的な財とみなしてもよいのでしょうか。答えは「いいえ」でしょう。iPhone の組み立て自体は労働集約的でも，iPhone に投入されているさまざまな部品や素材（中間財）には多くの資本が投入されていると考えられるためです。このため，iPhone に投入された資本と労働の総量を求めるためには，中間財に投入された資本や労働も含めて計測する必要があるのです。

このような問題に対処するため，レオンティエフは**産業連関表**（input-output table）と呼ばれる統計を開発しました。産業連関表とは，ある年のある国（地域）の産業間取引をまとめた表のことであり，投入・産出表とも呼ばれています。この産業連関表を用いることで，中間財に投入された資本と労働の量を計測できることが知られています[14]。彼は米国の産業連関表を用いて，財の生産と輸出入に必要とした資本と労働の総量を推計しました[15]。分析の結果は驚くべきものでした。

$$\frac{K_X/L_X}{K_M/L_M} = 0.77 \qquad (1.2)$$

つまり，(1.1) 式とは逆の結果になったのです。この結果は，当時の米国が資

---

14) この産業連関表の詳細については，付録 3 や宮沢 (2002) を参照してください。

15) ヘクシャー＝オリーン・モデルと後述するヘクシャー＝オリーン＝バーネック・モデルでは，生産技術は各国で共通と仮定されています。このため，輸入に必要とした資本と労働の総量は，輸入財を米国の生産技術で生産した場合に必要とされる資本と労働の量を意味することになります。

本豊富国であるにもかかわらず，資本集約的な財を輸入し，労働集約的な財を輸出していたことを意味しています。つまり，ヘクシャー＝オリーンの定理とまったく逆の結果になっているのです。レオンティエフはその後，違う年の産業連関表を用いて分析を行いましたが，結果は大きく変わりませんでした。このいわば逆説的（パラドキシカル）な結果は，レオンティエフのパラドックス（Leontief Paradox）と呼ばれています。

2.2　多数国・多数財・多数要素モデル

2 国・2 財・2 要素のヘクシャー＝オリーン・モデルは現実世界を単純化することで，貿易と要素の結び付きを記述することに成功しています。また，導かれる定理も示唆に富むものです。しかし，このヘクシャー＝オリーン・モデルと現実のデータを結び付けようとすると，その単純さゆえに，さまざまな問題が生じてきます。その 1 つは，国が 2 つ，財が 2 つ，そして要素が 2 つしかないという設定です。そこで本節では，この教科書的なヘクシャー＝オリーン・モデルを多数の国，多数の財，多数の要素へと拡張したモデルを紹介しましょう。

多数国・多数財・多数要素からなるヘクシャー＝オリーン・モデルは Vanek (1968) によって厳密な形で定式化されました。このため，多数国・多数財・多数要素バージョンのヘクシャー＝オリーン・モデルはヘクシャー＝オリーン＝バーネック・モデル（Heckscher-Ohlin-Vanek Model）と呼ばれています。このヘクシャー＝オリーン＝バーネック・モデルの設定は次のようなものです。

(1) 世界：M 国（$i = 1, \ldots, M$）と N 財（$j = 1, \ldots, N$），J 要素（$k = 1, \ldots, J$）からなる世界を考える。財市場，要素市場は完全競争で要素は無駄なく利用される（完全雇用）。

(2) 生産：規模に関して収穫一定の生産関数。各国で生産技術が共通。各財の要素集約度の逆転や生産の特化は起こらない。

(3) 消費：社会的無差別曲線も各国共通。相似拡大的。その他，標準的な仮定を満たす（原点に向かって凸型など）。

(4) 財の移動：国の間を自由に移動（貿易障壁，輸送費はともに無視できるほど小さい）。各国レベルでは，輸出と輸入は必ずしも一致しない（貿易収支

26　第1章　貿易の決定要因

は均衡しなくてもよい）が，世界全体の輸出と輸入は均衡している（世界全体で財の需給は均衡している）。

(5) 要素の移動：要素は国内で（産業間を）自由に移動。国の間では移動しない。

(6) 価格：要素価格均等化が成立する。

　このうち (2)，(3)，(5) は第 1.1 項で説明した 2 国・2 財・2 要素のヘクシャー゠オリーン・モデルとまったく同じです。また (1) と (4) は 2 国から多数国になる場合の必然的な違いといえます。大きな違いは，最後の仮定，すなわち要素価格均等化の仮定にあります。

　この仮定を追加することで，Vanek (1968) は各国間の貿易を（財を通じて取引される）要素の貿易として捉え直すことができることを明らかにしました。具体的には，各要素 k について，次のような関係が導かれます[16]。

$$f_k^i = v_k^i - s^i v_k^W \tag{1.3}$$

ここで，右辺の v_k^i と v_k^W はそれぞれ i 国の要素 k の賦存量と世界全体の要素 k の賦存量を表します。そして s^i は世界全体の消費に対する i 国の消費の割合（シェア）を表します。

　(1.3) 式の左辺 f_k^i は i 国の財の貿易を通じた実際の要素 k の貿易量を表しています。一方，右辺はヘクシャー゠オリーン゠バーネック・モデルから予想される（理論上の）要素の貿易量を表しています。その理由は次のように説明できます。まず，$s^i v_k^W$ はヘクシャー゠オリーン゠バーネックのモデルから予想される i 国の要素の消費量を表しています。右辺全体で見ると，要素賦存量からヘクシャー゠オリーン゠バーネックのモデルから予想される要素の消費量を引いていることになります。これは，i 国の要素 k について，要素賦存量が消費量を上回れば要素を純輸出，逆に要素賦存量が消費量を下回れば要素を純輸入することを意味しています。しかし，要素の消費量はあくまでヘクシャー゠オリーン゠バーネックのモデルから予想されるものですから，右辺全体はモデルから予想される要素の貿易量と解釈できるのです。

---

16)　この証明のためには若干の数学の知識（行列の知識）が必要になります。このため，詳しい説明は補論に回し，ここでは結論のみ説明することにしました。証明に興味を持たれた方は補論を参照してください。

また，(1.3) 式の両辺を v_k^W で割ると，次のように書き直すこともできます。

$$\frac{f_k^i}{v_k^W} = \frac{v_k^i}{v_k^W} - s^i \tag{1.4}$$

ここで，i 国の要素 k の賦存量 v_k^i と世界全体の要素 k の賦存量 v_k^W の比率が，i 国の消費の世界シェアを上回る場合 $(v_k^i/v_k^W > s_i)$，i 国は要素 k が豊富な国であり，逆に下回る場合 $(v_k^i/v_k^W < s_i)$，要素 k が希少な国であると呼ばれます[17]。このとき，次のような多数国・多数財・多数要素バージョンのヘクシャー＝オリーンの定理を導くことができます。

■ヘクシャー＝オリーンの定理（多数国・多数財・多数要素バージョン）　各国はそれぞれの国に豊富な要素を純輸出し，希少な要素を純輸入する。
証明：i 国に豊富な要素は $v_k^i/v_k^W > s_i$ より，$v_k^i - s^i v_k^W > 0$ となり，$f_k^i > 0$ となる。逆に，i 国に希少な要素は $v_k^i/v_k^W < s_i$ より，$v_k^i - s^i v_k^W < 0$ となり，$f_k^i < 0$ となる。□

　このアプローチは財に含まれている要素の貿易に注目している点に注意してください。一般に，多数財・多数要素のモデルでは，具体的にどの財を輸出（輸入）するかということまでは特定できません。その理由は，ややテクニカルですが，財の数と要素の数が同じでなければ，数学的に一意に解を導くことができないという問題があるためです。このアプローチが明らかにしようとしているのは，ある国がどの財を輸出（輸入）するかという疑問ではなく，どの要素を集約的に用いる財を輸出（輸入）するかという疑問です。先のお寿司屋さんの例と同様に，財そのものの貿易を説明するのではなく，それらに含まれている要素の貿易に問題を置き換えているところが，Vanek (1968) のアプローチの鋭さになっています。ヘクシャー＝オリーン＝バーネックのアプローチは，財に含まれている要素の貿易に注目していることから，**要素コンテンツ・アプローチ**（factor contents approach）と呼ばれることもあります。

---

17)　なお，s^i は消費のシェアを表していますが，ヘクシャー＝オリーン・モデルは政府部門のない単純なモデルであり，また静学的なモデルであるため，投資もありません。いま，貿易収支が均衡しているとします。GDP が消費 ＋ 投資 ＋ 政府支出 ＋ 輸出 － 輸入で表されることに注意すると，投資も政府支出もなく，貿易収支（＝ 輸出 － 輸入）もゼロであることから，消費のシェアは GDP のシェアと読み直すことができます。

28 第1章 貿易の決定要因

この要素コンテンツ・アプローチの実証研究は，資本と労働という2つの要素に注目した研究から出発し，多数要素に注目した研究へと発展していきます。以下，本章では，この要素コンテンツ・アプローチに基づく実証研究を紹介します[18]。

2.3 貿易収支不均衡とリーマーのテスト

レオンティエフ・パラドックスはその後，約30年にわたってパラドックスであり続けました。パラドックスを説明するためのさまざまな試みが行われましたが，いずれの研究も，パラドックスを説明するには決定的とはいえませんでした。その状況を打開したのが，Leamer (1980) です。Leamer (1980) はレオンティエフの分析した当時の米国経済が，大幅な貿易黒字になっていたことに注目しました。標準的なヘクシャー＝オリーン・モデルは，貿易収支が均衡している状態を仮定して議論を展開しています。Leamer (1980) は，貿易収支が不均衡の下では，レオンティエフのテストそのものが理論と整合的でないことを指摘しました。以下では，この Leamer (1980) の批判について，少し詳しく説明することにします。

まず，資本と労働の純輸出をそれぞれ $K_T (= K_X - K_M)$，$L_T (= L_X - L_M)$ で表すことにします。また，米国の資本と労働の要素賦存量をそれぞれ K_{US}，L_{US}，資本と労働の消費量をそれぞれ K_C，L_C で表すとしましょう。国内の賦存量と消費量の差は貿易によって調整されることから，

$$K_{US} - K_C = K_T (= K_X - K_M) \quad \text{および} \quad L_{US} - L_C = L_T (= L_X - L_M)$$
(1.5)

という関係が成り立ちます。米国が資本集約的な財を輸出し労働集約的な財を輸入しているなら，

$$K_T (= K_X - K_M) > L_T (= L_X - L_M)$$
(1.6)

が成立することになります。

いま，世界全体の資本と労働の要素賦存量をそれぞれ K_W，L_W で表すとしましょう。世界全体で見て，米国が資本豊富国であるなら，米国の資本・労

---

[18] このため，以下では，ヘクシャー＝オリーンの定理とは多数国・多数財・多数要素バージョンのヘクシャー＝オリーンの定理を指すものとします。

働比率は世界全体の資本・労働比率を上回ることになります。すなわち，

$$\frac{K_{US}}{L_{US}} > \frac{K_W}{L_W} \tag{1.7}$$

が成立します。また，米国と世界全体の消費支出をそれぞれ C_{US}，C_W としますと，世界全体の消費支出に占める米国の消費支出の割合 s_{US} は，

$$s_{US} = \frac{C_{US}}{C_W} \tag{1.8}$$

と表すことができます。

　すでに述べたように，ヘクシャー＝オリーン・モデルの下では，各国は同じ生産技術を持ち，また各国共通に相似拡大的な選好を持つとされています。この仮定の下で，世界全体で自由貿易が行われていれば，各国の消費は世界全体の消費に比例することになります[19]。言い換えれば，米国は世界全体で生産されるあらゆる財の $s_{US} \times 100\%$ を消費します。

　また要素コンテンツ・アプローチが財に含まれている要素サービスに注目していることを思い出すと，財の消費はそこに投入された資本と労働のサービスの消費と解釈できます。つまり，米国が世界の財の $s_{US} \times 100\%$ を消費するということは，米国が世界全体の資本と労働のサービスの $s_{US} \times 100\%$ を消費することと同じ意味になります。すなわち，

$$K_C = s_{US} K_W \quad \text{および} \quad L_C = s_{US} L_W \tag{1.9}$$

と表すことができます。(1.7) 式と (1.9) 式より，Leamer (1980) による次のリーマーのテストが導かれます。

■リーマーのテスト　米国が資本豊富国だとすれば，次の関係が成立する。

$$\frac{K_{US}}{L_{US}} > \frac{K_W}{L_W} = \frac{K_C/s_{US}}{L_C/s_{US}} = \frac{K_C}{L_C} \tag{1.10}$$

　ここで，貿易収支に注目しながら，レオンティエフのテストとリーマーのテストの関係を見てみましょう。まず，貿易収支が均衡している下で米国が資本

---

[19]　世界全体で自由貿易が行われているなら，財の価格は世界で同じになります。このとき，各国の消費者が共通した相似拡大的な選好を持つなら，財の消費の比率はすべての国で同じになります。

集約的な財を輸出し労働集約的な財を輸入しているなら，

$$K_T(= K_X - K_M) > 0 > L_T(= L_X - L_M) \tag{1.11}$$

が成立しなければなりません。この関係は $K_X/K_M > 1$ と $L_X/L_M < 1$ と書き直すことができます。このため，

$$\frac{K_X/L_X}{K_M/L_M} > 1 \tag{1.12}$$

が常に成り立ちます。つまり，貿易収支が均衡している場合，レオンティエフのテストはリーマーのテストと一致します。

　次に，レオンティエフ・パラドックスが生じた米国経済の当時の状況，すなわち，貿易黒字のケースを見てみましょう。貿易黒字の場合，米国が資本豊富国であっても，労働集約的な財の輸出が労働集約的な財の輸入を上回る可能性が出てきます。すなわち，

$$K_T(= K_X - K_M) > 0 \quad および \quad L_T(= L_X - L_M) > 0 \tag{1.13}$$

が成立することになります。この関係は $K_X/K_M > 1$ と $L_X/L_M > 1$ と書き直すことができます。このため，

$$\frac{K_X/L_X}{K_M/L_M} \begin{array}{c} \leqq \\ > \end{array} 1 \tag{1.14}$$

となります。つまり，米国が資本豊富国で，資本集約的な財を輸出し労働集約的な財を輸入していても，レオンティエフのテストが成立しないケースがあることになります。言い換えれば，Leamer (1980) は，貿易黒字の場合，レオンティエフのテストそのものが誤っていることを理論的に明らかにしたのです。そして，レオンティエフが「パラドックス」を見出した 1947 年の米国のデータを用いて，リーマーのテストを行いました。

　表 1.2 はこの Leamer (1980) の結果をもとに，米国の生産，貿易，消費の要素コンテンツを示したものです。まず表の $(K_X/L_X)/(K_M/L_M) = 0.77$ より，レオンティエフ・パラドックスが確認できます。次に，$K_T(= K_X - K_M) > 0$，$L_T(= L_X - L_M) > 0$ が成立していることがわかります。これは，レオンティエフのテストそのものが成り立たないことを意味します。しかし，K_{US}/L_{US} と K_C/L_C に注目すると，$K_{US}/L_{US} > K_C/L_C$ が成り立っていることがわかります。この結果は，貿易収支不均衡の下で，米国は資本集約的な

表 1.2 リーマーのテストの結果

K_{US}	K_X	K_M	K_T	K_C	
328,519	42,543	19,091	23,450	305,069	

L_{US}	L_X	L_M	L_T	L_C	
47.27	3.04	1.05	1.99	45.28	

K_{US}/L_{US}	K_X/L_X	K_M/L_M	K_T/L_T	K_C/L_C	$(K_X/L_X)/(K_M/L_M)$
6,949	13,994	18,182	11,784	6,737	0.77

(注) 資本の単位は 100 万ドル（1947 年価格）。労働の単位は人数（100 万人）。
(出所) Leamer (1980)（一部筆者計算）。

財を輸出し労働集約的な財を輸入していたことを意味しており，ヘクシャー＝オリーンの定理の示唆する通りの結果となっています。言い換えれば，レオンティエフ・パラドックスはテストの誤りによって生じていたことになるのです。

この Leamer (1980) の研究によってレオンティエフ・パラドックスは解決したかに見えました。しかし，Brecher and Choudhri (1982) は別のパラドックスの存在を指摘しました。(1.5) 式，(1.8) 式，および (1.9) 式より，

$$L_T = L_{US} - L_C = L_{US} - s_{US}L_W = L_{US} - \frac{C_{US}}{C_W}L_W \tag{1.15}$$

となります。ここで，(1.13) 式より $L_T > 0$ に注意すると，

$$L_{US} - \frac{C_{US}}{C_W}L_W > 0 \quad \text{or} \quad \frac{C_W}{L_W} > \frac{C_{US}}{L_{US}} \tag{1.16}$$

が得られます。(1.16) 式は，米国が労働の純輸出国であるとき，米国の労働者 1 人当たりの消費支出は世界の労働者 1 人当たりの消費支出（すなわち，世界の平均的な消費支出）を下回ることになることを意味しています。しかし，レオンティエフが用いたデータでは，当時の米国の労働者 1 人当たりの消費支出は世界の平均的な消費支出をはるかに上回っていました。この結果より，Brecher and Choudhri (1982) は，レオンティエフ・パラドックスがいまなお続いていると指摘しました。この指摘はいまなお解決されていない問題です。

2.4 日本に関する実証研究

日本で資本と労働の要素コンテンツに注目した研究としては，1951 年を対象とした Tatemoto and Ichimura (1959)，1960 年と 1970 年を対象とした Syrquin and Urata (1986)，1980～2005 年を対象とした清田 (2014) などがあ

表 1.3 日本の要素コンテンツ (2009 年)

K_{JP}	K_X	K_M	K_T	K_C	
1,457.8	180.9	167.3	13.6	1,444.3	
L_{JP}	L_X	L_M	L_T	L_C	
108.9	12.4	11.9	0.5	108.4	
K_{JP}/L_{JP}	K_X/L_X	K_M/L_M	K_T/L_T	K_C/L_C	$(K_X/L_X)/(K_M/L_M)$
13.4	14.6	14.1	29.8	13.3	1.04

(注) 資本の単位は 1 兆円 (2000 年価格)。労働の単位は人 × 時間 (10 億マンアワー)。
(出所) 清田 (2014) のデータを用いて再計算した。

ります。ここでは清田 (2014) をもとに，2009 年の日本の貿易がヘクシャー = オリーンの定理と整合的かについて見てみましょう。

表 1.3 は，表 1.2 と同様に，日本の生産，貿易，消費の要素コンテンツを計算したものです。ここで表の K_{JP} と L_{JP} はそれぞれ日本の資本と労働の賦存量を表しています。ただし，人数だけでなく労働時間の影響も考慮するため，労働は人 × 時間で測られています。その他の点は Leamer (1980) と同じです。資本，労働のデータはともに日本産業生産性データベース (JIP データベース (2012 年版)) (⇒ 付録 1.3) から得たもので，資本は部門別実質純資本ストック額 (2000 年価格)，労働は部門別マンアワー (従業者数 × 従業者 1 人当たり年間総実労働時間 ÷ 1000) から得たものです。生産額には同じく JIP データベースの部門別産出額・中間投入額 (実質) から産出額を，消費額には部門別項目最終需要 (実質) から政府消費 (実質)，非営利消費 (実質)，家計消費 (実質) の総和を利用しています。また，貿易額は同じ部門別項目最終需要 (実質) から輸出 (実質) と輸入 (実質) を利用しました。さらに，中間財に投入された資本と労働を分析するためには産業連関表が必要になりますが，ここでは JIP データベースの内生部門中間投入行列 (実質) を利用しています。

この表の注目すべき点として，次の 4 点があげられます。第 1 に，表の $(K_X/L_X)/(K_M/L_M) = 1.04$ より，レオンティエフのテストをクリアしていることがわかります。日本が資本豊富国だとすれば，レオンティエフのパラドックスは生じていないことを意味しています。ただし，第 2 に，$K_T(= K_X - K_M) > 0$，$L_T(= L_X - L_M) > 0$ が成立していること，つまり，貿易収支が均衡していないことがわかります。このため，1947 年の米国と同様に，$(K_X/L_X)/(K_M/L_M) > 1$ が必ずしもヘクシャー = オリーンの定理を支持す

るわけではありません。

第3に，$K_{JP}/L_{JP} > K_C/L_C$ が成り立っており，リーマーのテストをクリアしていることがわかります。この結果は，貿易収支不均衡の下で，日本が資本集約的な財を輸出し，労働集約的な財を輸入していることを意味しています。つまり，日本が資本豊富国であるとすれば，ヘクシャー = オリーンの定理が成り立っていることがわかります。そして第4に，$L_T > 0$ が成立しており，日本は労働の純輸出国となっていることがわかります。この結果は日本の労働者1人当たりの消費支出が世界の平均的な消費支出を下回ることを意味しており，Brecher and Choudhri (1982) が指摘したパラドックスが日本にも当てはまることがわかります。

3 多数国のデータを生かしたテストの方法とは？

3.1 世界各国のデータを利用した分析

第2節では，ヘクシャー = オリーンの定理が現実に成り立つかどうかをテストする方法として，レオンティエフのテストとリーマーのテストを紹介しました。ただし，これらのテストには1つ問題があります。それは，米国と日本が資本豊富国であることを前提としたテストになっている点です。世界全体で見た場合，1947年の米国や2009年の日本が資本豊富国であるという前提は問題ないかもしれません。しかし，この分析を他の国に適用する場合，たとえば新興国のデータを用いて分析する場合，その国が資本豊富国なのか，それとも労働豊富国なのかを見極められない可能性が出てきます。このような場合，テストの結果を解釈することが難しくなってきます。

たとえば，いま仮に中国のデータを用いてリーマーのテストを行い，労働集約的な財を輸出し資本集約的な財を輸入するという結果を得たとしましょう。この結果は，中国が労働豊富国であることを示唆していると解釈することもできますが，分析手法に問題が生じているのかもしれません。すなわち，本当は中国は資本豊富国になっているにもかかわらず，何らかの問題によって，労働集約的な財を輸出するという間違った結果が出ているということも考えられるのです。

この問題は，(1.3) 式において，世界全体の要素賦存量 v_k^W の情報が入手できないことに起因しています。言い換えれば，世界全体の要素賦存量 v_k^W の情

34 第1章 貿易の決定要因

報を入手できれば，世界全体の中で各国が資本（労働）豊富国かどうかを調べることが可能になり，理論とより整合的な形でヘクシャー＝オリーンの定理をテストすることができるのです。そして，世界全体の要素賦存量の情報が入手できれば，次のようなテストが可能になります。

■符号テスト　現実の貿易量 (f_k^i) とモデルが予測する貿易量 ($v_k^i - s^i v_k^W$) の符号が一致しているかどうかのテスト

$$f_k^i(v_k^i - s^i v_k^W) > 0, \quad i = 1, \ldots, N; k = 1, \ldots, M \tag{1.17}$$

■順位テスト　現実の貿易量とモデルが予測する貿易量の大小関係が各要素・国について一致するかどうかのテスト

$$f_k^i > f_l^i \Leftrightarrow v_k^i - s^i v_k^W > v_l^i - s^i v_l^W, \quad i = 1, \ldots, N; k, l = 1, \ldots, M \tag{1.18}$$

これらのテストでは，各国間の（要素サービスの）純輸出と要素賦存の違いに注目することから，クロス・カントリー分析（cross-country analysis）と呼ばれています[20]。以下では，このクロス・カントリー分析の例を紹介しましょう。

クロス・カントリー分析の初期の代表的な研究の1つが Bowen et al. (1987) です。彼らは，1967年の27カ国，12要素のデータをもとに，符号テストと順位テストを行いました[21]。彼らの分析では，(1.3) 式を導出する上で米国の産業連関表の情報が利用されています。分析の結果，符号テストが当てはまるのはサンプル全体のうち61%程度，順位テストに至っては49%程度というこ

---

[20]　ヘクシャー＝オリーンの定理のテストの方法として，クロス・カントリー分析の他に，クロス・インダストリー分析（cross-industry analysis）と呼ばれる方法があります。クロス・インダストリー分析とは，1つの国の各産業の要素集約度の違いと貿易の関係からヘクシャー＝オリーンの定理をテストしようとするものです。紙幅の関係からここでその詳細に触れることはできませんが，このクロス・インダストリー分析に関心のある方は清田 (2016) を参照してください。

[21]　27カ国，12要素のデータから，分析に用いたサンプル・サイズは324（＝27×12）となります。なお，厳密には，要素のデータには1966年のデータが用いられています。

とが明らかにされました。この結果は順位テストの当たる確率が 49%，つまり約半分にすぎず，ヘクシャー＝オリーン・モデルの説明力はコインを投げて表（あるいは裏）の出る確率と同程度ということになります。モデルの説明力はあまりにも低いといわざるをえず，この結果は衝撃を持って受け止められました。

なぜモデルの説明力は低いのでしょうか。Bowen et al. (1987) はヘクシャー＝オリーン＝バーネック・モデルが前提としているさまざまな仮定の妥当性についても分析を行いました。分析の結果，世界共通の技術という仮定とデータの測定誤差が説明力の低さの要因となっている可能性があることを明らかにしています。Bowen et al. (1987) に続く形で，Trefler (1993) はまず分析の対象国を 33 カ国に拡張した上でヘクシャー＝オリーン・モデルのどの仮定が説明力を落としているのかを分析しました。この 33 カ国は当時の世界の輸出の 76%，世界の GDP の 79% を占めており，世界経済のかなりの割合がカバーされているという意味でより精緻な分析といえます。そして分析の結果，Bowen et al. (1987) と同様に，各国共通の生産技術という仮定が最も強く効いているということを明らかにしました。

ここで Trefler (1993) は，それ以前の実証研究が (1.3) 式の米国の技術の情報を利用していることに注目しました。すでに述べたように，ヘクシャー＝オリーン・モデルは各国で生産技術が共通という仮定に基づいています。このため，理屈の上ではどこか 1 つの国の技術の情報が入手できさえすれば，データに基づく実証研究が可能になります。1980 年頃までは生産技術の詳細な情報が利用できる国は限られていました[22]。このため，それまでの実証分析では慣例的に米国の技術の情報が利用されてきました。しかし，実際には生産技術は各国で異なっています。Trefler (1993) はこの点に注目し，(1.3) 式に各国の技術の違いを反映させることを考えました。具体的には，(1.3) 式に次のような各国ごとの技術の違い，具体的には各要素の効率性の差を考慮するパラメータ π_k^i を取り入れたのです。

---

22) ここで生産技術とは，補論 (1.21) 式の $\mathbf{A}^i$ を意味しています。Trefler (1993) 以前の研究では，多くの国で $\mathbf{A}^i$ のデータが利用できなかったこともあり，$\mathbf{A}^i$ に米国のデータを利用するのが一般的でした。

$$f_k^i = \pi_k^i v_k^i - s^i \sum_{j=1}^{N} \pi_k^j v_k^j \qquad (1.19)$$

この $\pi_k^i v_k^i$ は各国の要素賦存に効率性を掛けたものであり，効率性を考慮した要素賦存と解釈することができます。つまり，単に量（たとえば労働者なら人数）で要素の投入を測るのではなく，効率性を加味した要素の投入を測ろうとしたのです。Trefler (1993) は，このようなモデルの修正により，モデルの予測が現実のデータに近づくことを明らかにしました。

3.2 失われた貿易

Trefler (1995) は，さらに現実のデータから興味深い事実を発見しました。それは多数国・多数財・多数要素のヘクシャー＝オリーン・モデルから予測される貿易量に比べて現実の貿易量が極端に小さいということです。具体的には，(1.3) 式の右辺のモデルから予測される貿易量を求め，左辺の現実の貿易量と比較し，右辺と比べ左辺が極端に小さいこと，言い換えれば現実の貿易は理論の予測を大きく下回ることを確認したのです。Trefler (1995) はこの結果を**失われた貿易**（missing trade）と呼びました。

図 1.1 は Trefler (1995) の失われた貿易を示したものです。(1.3) 式より，現実の貿易量とモデルから予測される貿易量の差を $\varepsilon_k^i = f_k^i - (v_k^i - s^i \sum_{j=1}^{N} v_k^j)$ で表すとします。このとき，図の縦軸は ε_k^i，横軸はモデルから予測される貿易量 $v_k^i - s^i \sum_{j=1}^{N} v_k^j$ を表します。そしてプロットされている丸印は各国のデータを表します。この図のポイントは 2 つあります。まず第 1 に，モデルから予測される貿易量と現実の貿易量の差 ε_k^i です。もしモデルが現実をうまく説明できているなら，この差はなくなるため，各国のデータは $\varepsilon_k^i = 0$ の直線上に位置するはずです。しかし，実際にはそうなっておらず，モデルが現実をうまく説明できていないことがわかります。

第 2 に，各国のデータが $(0,0)$ の原点を通る傾き -1 の直線上に位置していることです。縦軸と横軸の関係に注意すると，この結果は $\varepsilon_k^i = -(v_k^i - s^i \sum_{j=1}^{N} v_k^j)$ を意味していますので，ここから $f_k^i = 0$ が導かれます。この $f_k^i = 0$ は (1.3) 式の左辺がゼロ，すなわち現実の財に含まれている要素の貿易量がゼロであることを意味しています。このため，各国のデータが原点を通る傾き -1 の直線上に位置しているということは，多くの国の現実の貿易量がゼロ

図1.1 失われた貿易

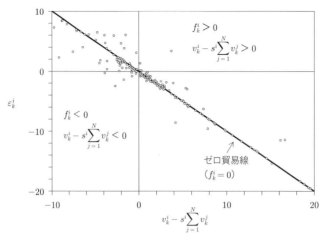

(出所) Trefler (1995), Figure 1 を一部加工。

に近い,言い換えれば,モデルによって予測される貿易のほとんどが失われてしまっていることを意味しています。

さらに Trefler (1995) は,この失われた貿易の半分は各国の効率性の違いによって説明できることを明らかにしました。具体的には (1.19) 式を少し変更した次のような式を用いると,ヘクシャー＝オリーン・モデルの当てはまりが高くなり,失われた貿易が半減することを明らかにしました。

$$f_k^i = \delta^i v_k^i - s^i \sum_{j=1}^{N} \delta^j v_k^j \qquad (1.20)$$

(1.19) 式と (1.20) 式の違いは,効率性を表すパラメータにあります。(1.19) 式で効率性 π_k^i は国 i と要素 k ごとに異なるものでした。(1.20) 式ではこのパラメータが δ^i へと簡素化されています。すなわち,効率性を表すパラメータは国ごとには異なりますが,要素ごとの違いはなくなっています。このような簡単な改良が理論と現実を近づける鍵になっていることは,その後の研究の方向性に道筋をつけることになります。

1990 年代後半以降,各国の生産技術のデータの整備が進みました。そこで Davis and Weinstein (2001) はさらに一歩進んだ研究を行いました。具体的には,Trefler (1993) のように効率性を要素賦存量に応じて比例的に変化させ

38 第1章 貿易の決定要因

るパラメータ（π_k^i や δ^i）ではなく，生産技術そのものが各国で異なるという
モデルを提示し，OECD の 20 カ国を対象として，国ごとに異なる生産技術
を利用して分析を行いました[23]。分析の結果，各国の技術の差異を考慮すれ
ば，多数国・多数財・多数要素のヘクシャー゠オリーン・モデルの説明力は大
幅に改善することを明らかにしました。近年の研究はそこからさらに発展し，
Trefler and Zhu (2010) のように，国ごとの中間財の生産技術の違いを考慮し
て，中間財取引を貿易相手国ごとに分けるという試みが行われています。

以上がクロス・カントリー分析に基づく実証研究の大まかな流れです。この
クロス・カントリー分析は，理論との整合性を高めるという利点がある一方
で，必要とされるデータが膨大になるという難点もあります。複数の国の要素
や貿易のデータを必要とすることから，通常は一時点（単年）のデータが利用
されています。

4 ヘクシャー゠オリーンの実証研究の最先端とは？*

4.1 要素価格均等化とリプチンスキーの定理

これまで本章では，ヘクシャー゠オリーン゠バーネック・モデルの研究の流
れを紹介してきました。ヘクシャー゠オリーン・モデルの実証研究は近年も着
実に続けられており，これまでの研究を拡張した新しい視点が提供されてい
ます。ここでは，最先端の研究例として 2 つの点を紹介しましょう。1 つは要
素価格均等化の仮定に注目した研究であり，もう 1 つはヘクシャー゠オリー
ン・モデルとリカード・モデルの融合に関する研究です。本節では，まず前者
の研究について紹介します。

生産技術の違いの他に，ヘクシャー゠オリーン゠バーネック・モデルの大き
な問題として指摘されているのが要素価格均等化の仮定です。第 2.2 項で説明
したように，ヘクシャー゠オリーン゠バーネック・モデルは要素価格均等化を
前提としています。しかし，現実的には，世界で要素価格均等化が成立する
と考えるのは難しいでしょう。たとえば，World Bank (2016) によれば，シン
ガポールの 1 人当たり国民総所得（Gross National Income: GNI）は 8 万 270 ド

---

23)　ここで，効率性の違いを考慮するとは，補論 (1.21) 式の $\mathbf{V}^i$ を効率性を考慮して測
るという意味です。一方，生産技術の違いを考慮するとは，補論 (1.21) 式の $\mathbf{A}^i$ に各
国の違いを反映させるというものです。

ル，日本は3万8120ドル，中国は1万3170ドルです（購買力平価表示）。シンガポールは日本の倍以上，中国の約6倍の所得水準となっています。所得水準と賃金がほぼ同水準と考えるなら，要素価格均等化の仮定には無理があると考えるのが自然です。

　ヘクシャー゠オリーン゠バーネック・モデルに基づく研究は要素価格均等化の仮定を前提としているため，すべての国が同じ要素価格に直面することを前提としていました。これは，より厳密には，各国の要素賦存が同じ（1つの）要素価格均等化の領域に含まれることを意味しています[24]。この要素価格均等化の領域が1つという仮定に疑問を投げかけたのがSchott (2003) です。

　Schott (2003) は要素価格の均等化の領域が複数になるモデルを考え，1990年の45カ国のデータをもとに，データがどの程度モデルに適合するかを検証しました。ここで彼が注目したのは，リプチンスキーの定理，すなわち要素賦存と生産パターンの関係です。要素価格均等化の領域が複数になる状況を想定すれば，2要素のモデルであってもより複雑な生産パターンを記述することが可能になります[25]。Schott (2003) は，複数の要素価格均等化の領域を考慮することで，要素賦存と生産パターンの関係をよりうまく説明できるのではないかと考えました。そして分析の結果，要素価格均等化の領域が1つのモデルよりも複数のモデルの方が，要素賦存と生産パターンの変化の関係をよりうまく説明できることを明らかにしました。

　この要素価格均等化が成り立たないという状況は，実は同じ国内でも同様に確認することができます。図1.2は2000年の各都道府県の製造業の平均賃金と労働者数（全国を1としたときの各都道府県のシェア）に注目したものです。ここで，平均賃金は経済産業省 (2002) の「工業統計調査」の各都道府県の給与支払総額を従業者数で割ったものですが，都道府県の物価水準の違いを考慮するため，さらに平均賃金を総務省 (2004) の「平成14年 全国物価統計調査」の都道府県の物価指数（全国平均 = 1）で除したものです。また，各都道府県

24） そして，この要素価格均等化が成立する領域は，2財2要素のモデルでは錘の形状を持つ不完全特化の状況を表すことから，**不完全特化錘**（cone of diversification），あるいは**コーン**（cone）と呼ばれることもあります。この錘の形状は要素空間における単位価値等量曲線から確認することができます。この詳細については，木村 (2000, 第3章) などを参照してください。

25） この詳細はやや技術的になるため，本書では説明を割愛します。興味を持たれた方は清田（2016, 第7章）を参照してください。

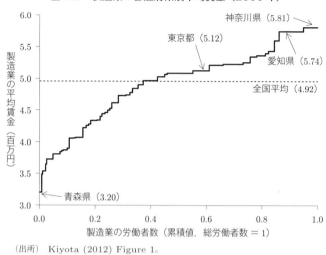

図 1.2 製造業の都道府県別平均賃金（2000 年）

（出所）Kiyota (2012) Figure 1。

の労働者数は JIP データベースの労働者数に「工業統計調査」の労働者数の都道府県シェアを乗じて得たものです[26]。横軸は各都道府県の労働者のシェアを表し，縦軸は各都道府県の製造業の平均賃金です。この図より，神奈川県の平均賃金は 581 万円，青森県の平均賃金は 320 万円となっており，同じ国内でも大きな差があることがわかります。

このような事実を踏まえ，Kiyota (2012) は Schott (2003) と同様に，日本国内で要素価格均等化領域が 1 つだけのモデルと複数になるモデルとを比較しました。分析の結果，日本の国内のデータを利用しても，要素価格の均等化の領域が 1 つのモデルよりも複数のモデルの方が，要素賦存と生産パターンの変化の関係をよりうまく説明できることを確認しました。

さらに，Kiyota (2012) は，要素価格均等化の領域が増えることで，資本・労働比率の増加とともに，各都道府県の賃金が上昇することも説明できることを明らかにしています。Kiyota (2012) の結果は，要素価格均等化領域が複数存在するという状況を想定すれば，要素賦存と生産パターンの関係だけでなく，地域間の賃金の違いもヘクシャー=オリーン・モデルの枠組みでうまく説

---

[26] Kiyota (2012) 執筆時点は JIP データベースは日本全体のレベルでしか整備されておらず，このような処理を行っていますが，2012 年より都道府県レベルの JIP データベースが R-JIP データベースとして公開されています。

明できるようになることを意味しています。この結果は，要素価格均等化の仮定を緩めることが理論と現実の距離を縮める鍵となっていることを示唆するものです。

4.2 リカード・モデルとヘクシャー゠オリーン・モデルの融合

これまでのヘクシャー゠オリーン゠バーネック・モデルの実証研究では，標準的なモデルでは必ずしも現実をうまく説明できないこと，ただし，各国の生産技術の差を考慮すれば，現実の説明力は大幅に改善することが明らかにされました。ここで，リカード・モデルでは，比較優位の源泉が労働投入係数の違い，すなわち生産技術の違いにあったことを思い出してください。読者の中には，生産技術の差が重要であるとすれば，ヘクシャー゠オリーン・モデルではなく，リカード・モデルが現実をよりうまく説明できるのではないかと疑問を持たれた方もいるかもしれません。このような疑問を抱いた方がいたとすれば，それはとても鋭い視点をお持ちです。なぜなら，最近の研究は，リカード・モデルとヘクシャー゠オリーン・モデルを融合する形で展開しているためです。

リカード・モデルとヘクシャー゠オリーン・モデルを融合した研究に，Morrow (2010) や Fadinger and Fleiss (2011) があります[27]。Morrow (2010) は 1985〜1995 年の 20 カ国，製造業 24 産業のデータを利用して，各国の要素賦存と各国の各産業の生産パターンの関係を分析しました。この分析は要素賦存と生産パターンの関係に注目しているという意味で，先に紹介した Schott (2003) や Kiyota (2012) と類似した視点に基づいているといえます。分析の結果，各国の要素賦存の違いだけでなく技術の違いも，生産パターンに影響していることを確認しています。

また，Fadinger and Fleiss (2011) は 1976〜2004 年の 60 カ国，製造業 24 産業のデータを利用して，各国の各産業の要素集約度と 2 国間の貿易の関係を分析しました。彼らの研究では，技術の違いを考慮しない場合の自由度修正済決定係数（以下，修正済 R^2 ⇒ 付録 2.4 参照）は 0.5 であるのに対し，生産技術

---

27) これらのモデルを理解するためには，規模の経済性（economies of scale）や製品差別化（product differentiation），独占的競争（monopolistic competition）といった概念を理解する必要があるため，ここではその詳細には立ち入りません。これらの概念については第 2 章で詳しく説明します。

の違いを考慮すると 0.64 へと改善することが明らかにされています。この結果は，貿易パターンを説明する上で，要素賦存の違いだけでなく生産技術の違いも無視できないことを示唆しています。これらの結果は，比較優位の源泉がヘクシャー＝オリーン・モデルの要素賦存だけでなくリカード・モデルの生産技術の違いにも帰着できることを意味しており，両者の融合が今後の研究の重要な方向になることを示唆しているといえます。

おわりに

本章ではヘクシャー＝オリーン・モデルを多数国・多数財・多数要素へと拡張したヘクシャー＝オリーン＝バーネック・モデルとその実証研究の流れを解説しました。そこでは，標準的なモデルでは必ずしも現実をうまく説明できないこと，ただし，各国の技術の違いを考慮すれば，現実の説明力は大幅に改善することを紹介しました。また，最近の研究の流れとして，要素価格均等化の仮定を緩める研究が進んでいること，そしてヘクシャー＝オリーン・モデルとリカード・モデルを融合した研究が芽吹きつつあることを論じました。

これまでの研究の結果を踏まえると，いくつかの仮定を緩めることで，理論モデルと現実との距離は大きく縮まるといえます。そしてその鍵になっている仮定は，各国同一の生産技術，要素価格均等化にあるといえます。また，リカード・モデルのような生産技術の違いも，各国の貿易や生産パターンを説明する上で重要な役割を担っていることも確認されています。このため，各国の比較優位の源泉は主に要素賦存と生産技術の違いにあるといえます。

さて，冒頭の問いに戻ってみましょう。

> **問い**　日本の貿易を決める最も重要な要因は何だと思いますか。
> **答え**　これまでの研究の蓄積を踏まえれば，その答えは絶対優位（国際競争力）ではなく比較優位にあるということになります。そして，比較優位の背後には各国の要素賦存の違いや技術の違いが働いているといえます。

実際に貿易が要素賦存と結び付いているかについて，ぜひ読者自身の手で，練習問題や自分自身の研究を通じて確認してみてください。

● 練習問題

1-1 リプチンスキーの定理に基づけば，他の条件が一定の下で労働の賦存量が減少すると，労働集約的な財の生産は減少しますが，逆に資本集約的な財の生産は拡大します。どうしてこのようになるのかを説明してください。

1-2 ここでは，表 1.3 のもとになる清田 (2014) のデータを用いて，レオンティエフのテストとリーマーのテストに挑戦してみましょう。なお，これらのデータは本書のサポートサイトからダウンロードしてください。

(1) データをもとに，K_{JP}，L_{JP}，K_{JP}/L_{JP} を計算してください。

(2)* K_X，K_M，L_X，L_M，K_X/L_X，K_M/L_M を計算してください。

- ヒント 1：たとえば L_X は「各産業の 1 単位当たりの労働投入量 × レオンティエフ逆行列 × 輸出（付録 3.3 の (A.23) 式）」によって得られます。
- ヒント 2：逆行列をエクセルで計算するためには minverse，行列と行列（あるいはベクトル）を掛けるためには mmult の関数を使います。

(3)* K_T，L_T，K_C，L_C，K_T/L_T，K_C/L_C を計算してみましょう。

(4)* 以上の (1)〜(3) の結果をもとに，レオンティエフのテストとリーマーのテストを行ってください。表 1.3 と同様の結果は得られたでしょうか。

補論：(1.3) 式の導出方法

本章では，ヘクシャー＝オリーン＝バーネック・モデルから，(1.3) 式が導かれると述べましたが，その導出過程を理解することも重要です。そこでこの補論では，その導出について詳しく説明します。まず，ヘクシャー＝オリーン＝バーネック・モデルの設定の下で，i 国の産出，消費，純輸出を表すベクトル N 行 × 1 列をそれぞれ $\mathbf{Q}^i$，$\mathbf{C}^i$，$\mathbf{T}^i$ とします。このとき，この国の純輸出は $\mathbf{T}^i = \mathbf{Q}^i - \mathbf{C}^i$ で表されます。要素賦存のベクトル J 行 × 1 列を $\mathbf{V}^i$ で表し，各財 1 単位の生産に必要な要素投入量を $\mathbf{A}^i$ で表すとします。ここで，$\mathbf{A}^i$ は J 行 × N 列の行列です。同様に，世界全体の産出，消費，要素賦存のベクトルをそれぞれ $\mathbf{Q}^W$，$\mathbf{C}^W$，$\mathbf{V}^W$ で表すとします。

いま，財に含まれている要素サービスの純輸出のベクトル N 行 ×1 列を $\mathbf{F}^i \equiv \mathbf{A}^i \mathbf{T}^i$ と定義します。仮に，第 1.1 項のような 2 財（財 1 と財 2）2 要素（資本 K と労働 L）のモデルの場合，行列 $\mathbf{A}$ とベクトル $\mathbf{F}^i$，要素賦存ベクトル $\mathbf{V}^i$ はそれぞれ次のように表すことができます。

$$\mathbf{A}^i = \begin{pmatrix} a_{1L}^i & a_{2L}^i \\ a_{1K}^i & a_{2K}^i \end{pmatrix}, \mathbf{F}^i = \begin{pmatrix} f_L^i \\ f_K^i \end{pmatrix}, \mathbf{V}^i = \begin{pmatrix} v_L^i \\ v_K^i \end{pmatrix} \tag{1.21}$$

ここで，完全雇用の仮定は $\mathbf{A}^i \mathbf{Q}^i = \mathbf{V}^i$，各国で生産技術が同一という仮定はすべての国について $\mathbf{A}^i = \mathbf{A}$ を意味しています。また，社会的無差別曲線が各国共通で相似拡大的という仮定は，各国の消費が世界全体の消費に比例して決まることを意味しています。この比例定数を s^i で表すと，$\mathbf{C}^i = s^i \mathbf{C}^W$ が成り立つことになります。世界全体で財の需給は一致しているため，$\mathbf{C}^i = s^i \mathbf{C}^W = s^i \mathbf{Q}^W$ が成り立ちます。このため，

$$
\begin{aligned}
\mathbf{F}^i &\equiv \mathbf{A}^i \mathbf{T}^i \\
&= \mathbf{A}\mathbf{T}^i \quad (\because \text{すべての国について } \mathbf{A}^i = \mathbf{A}) \\
&= \mathbf{A}(\mathbf{Q}^i - \mathbf{C}^i) \quad (\because \mathbf{T}^i = \mathbf{Q}^i - \mathbf{C}^i) \\
&= \mathbf{A}(\mathbf{Q}^i - s^i \mathbf{Q}^W) \quad (\because \mathbf{C}^i = s^i \mathbf{C}^W = s^i \mathbf{Q}^W) \\
&= \mathbf{V}^i - s^i \mathbf{V}^W \quad (\because \mathbf{V}^i = \mathbf{A}\mathbf{Q}^i)
\end{aligned}
\tag{1.22}
$$

となります（「$\because$」はなぜなら，という意味です）。このような展開により，(1.3) 式の関係を導くことができるのです。

第**2**章

産業内貿易

はじめに：なぜ同一財が2国間で相互に取引されるのか？

> **問い** 国際貿易では，同じ品目に分類される財が2国間で双方向に輸出される取引が活発に行われています。その理由は何でしょうか。

前章では各国の比較優位構造が貿易パターンを決定する重要な要因であることを見ました。しかし，序章で紹介したリカード・モデルや第1章で紹介したヘクシャー＝オリーン・モデルのような，伝統的な国際貿易理論ではうまく説明できないような貿易パターンも現実には多く見られます。たとえば，日本と米国の間ではスナック菓子やチョコレート菓子が双方向で貿易されています。日本からはグリコのポッキーなどさまざまなチョコレート菓子が輸出される一方で，米国からハーシーのキスチョコなどを輸入しています。このように，品目分類で同一品目に属する財を2国間で双方向に貿易することを**産業内貿易**（intra-industry trade）といいます。他方，前章で取り上げたような異なる産業の財を2国間で貿易することを**産業間貿易**（inter-industry trade）といいます。

では，現在の貿易のうちどのくらいの割合が産業内貿易でしょうか。ある国の貿易に占める産業内貿易の割合は，次のような**産業内貿易指数**（intra-industry trade index）（「**グルーベル＝ロイド指数**（Grubel-Lloyd Index）」とも呼ばれます）によって測ることができます。

$$\text{IIT} = 1 - \frac{\sum_i |X_i - M_i|}{\sum_i (X_i + M_i)} \tag{2.1}$$

ここで，X_i はこの国の第 i 産業の輸出額，M_i はその産業の輸入額を表します。この指標では，もしすべての産業で輸出と輸入が同額であれば，つまりすべての貿易が産業内貿易になっていれば，右辺第 2 項の分子が 0 となり，IIT = 1 となります。逆に，各産業において，輸出か輸入のみをしている場合は，右辺第 2 項は 1 になり，IIT = 0 となります。したがって，この指数の値が 1 に近いほど貿易に占める産業内貿易の割合が高くなります。

図 2.1 は 8 カ国（オーストラリア，中国，フランス，日本，韓国，メキシコ，英国，米国）について 1970～2014 年の期間における産業内貿易指数の経年変化を示したものです。これを見ると，全体的に期間を通じて産業内貿易指数の値は上昇する傾向にあります。しかしその一方で，国による違いも大きいことがわかります。具体的には，フランスや英国については 1970 年代からすでに産業内貿易がかなり高い割合を占めていたことがわかります。米国も途中の変動はあるものの，1990 年代以降は 0.6 以上になっています。日本は産業内貿易の割合が高まってきてはいるものの，それでも先進国の中では低い値になっています。オーストラリアは鉱物・燃料や農産物が主要な輸出品目であるため，日本と同様に比較的低い割合にとどまっています。それに対して，韓国やメキシコは 1970 年代初頭には産業内貿易指数は 0.2～0.3 程度でしたが，その後所得水準の上昇につれて，急速に産業内貿易の割合が上昇しました[1]。とくにメキシコは 2000 年代になる頃から 0.7 を超える程になっており，欧州主要国並みの産業内貿易が行われています。また中国は 1980 年代半ば以降のデータしか得られませんが，やはり産業内貿易の割合が急速に上昇したことが図から読み取れます。

このように，とくに主要先進国を中心に産業内貿易の割合が高く，またどの国でも産業内貿易の割合が上昇する傾向が見られることがわかります。しかし，このように国際貿易において重要な位置を占める産業内貿易を，比較優位の原理に基づく伝統的貿易理論ではうまく説明することができません[2]。で

---

1) 世界銀行が 1 人当たり国民総所得に基づいて世界の国々の所得水準を 4 つのグループ（高所得国，高位中所得国，低位中所得国，低所得国）に分類しています。韓国は 1994 年までは高位中所得国でしたが，1995 年から高所得国になりました（ただし，1997 年のアジア通貨危機の影響で，1998～2000 年はまた高位中所得国に戻っていました）。メキシコは 1989 年までは低位中所得国でしたが，1990 年以降高位中所得国に分類されるようになりました。

2) 本章で紹介する新しい貿易理論が 1970 年代終わりから 1980 年代初頭の頃に登場し

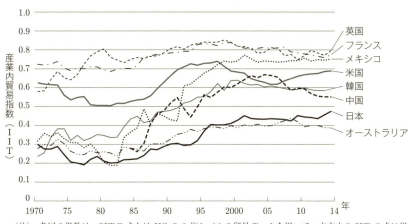

図2.1　8カ国に関する産業内貿易指数の経年変化（1970〜2014年）

(注)　各国の指数は，SITCまたはHSの2桁レベルの貿易データを用いて，本文中のIITの式に従って計算した。
(出所)　国連のUN Comtradeのデータに基づいて筆者作成。

は，どのようにしたら産業内貿易を理論的に説明することができるのでしょうか。本章では，最初に産業内貿易の理論を紹介し，その後に産業内貿易に関する実証研究や，実証研究を行う上での課題について見ていくことにします。

1　産業内貿易はどのように理論的に説明できるか？

クルーグマン・モデル

ポール・クルーグマンが1970年代の終わりから1980年代初頭にかけて発表した一連の研究(代表的な論文としてはKrugman, 1979, 1980)で展開した理論は，主に**製品差別化**（product differentiation）と**規模の経済性**（economies of

　　た背景として，産業内貿易の占める割合が高いという実証的事実がBalassa (1966)やGrubel (1967)らの研究によって1960年代半ば頃から明らかにされました。それに対して，規模に関して収穫一定の技術と完全競争を特徴とするモデルにおいて比較優位の原理に基づく伝統的貿易理論では，そうした実証的事実を説明できないということが国際経済学者の間で認識されていました(Grubel and Lloyd, 1971; Gray, 1973)。しかしその後，「産業内貿易」の解釈の仕方によって，伝統的貿易理論でも産業内貿易を説明できることをDavis (1995)が示しました。この点については本章の補論2で説明します。また，本章の注30で紹介するアーミントン・モデルでは，比較優位の原理とは異なりますが，やはり規模に関して収穫一定の技術と完全競争の下で産業内貿易を説明することができます。詳しくは本章の注30を参照してください。

scale）という2つの要素を取り入れた**独占的競争**（monopolistic competition）モデルによって産業内貿易を説明するものでした。ここでは，このクルーグマン・モデルの概要を見てみましょう[3]。

1.1 クルーグマン・モデル

企業がそれぞれ自社ブランドの製品を生産する産業（製造業）を考えます。消費者にとって個々の企業が生産する製品は不完全代替財であり，しかも製品の種類が増えることで効用が改善する（これを「財の多様性を選好する」といいます）と仮定します。これらの要素が製品差別化を特徴づけるものです[4]。

個々の製品を生産する企業は，簡略化のために労働だけを生産要素として生産を行うと仮定します。1社1ブランドとして，全部で n 種類の製品が生産されるとき，第 i ブランド（$i = 1, 2, \ldots, n$）の生産量を x_i，その生産に投入される労働量を l_i で表し，次式の関係が成立すると仮定します。

$$l_i = f_D + cx_i \tag{2.2}$$

ここで，f_D は財の生産量とは関係ない固定的な労働投入量で，c は財の生産を1単位増加させるのに必要となる労働投入量です。f_D も c も正の定数で，単純化のためにすべての企業に共通だと仮定します。(2.2) 式より，労働の賃金を w とするとこの企業の総生産費用（TC_i）は

$$\text{TC}_i = wl_i = wf_D + wcx_i \tag{2.3}$$

ですから，総生産費用を生産量で割った平均費用（AC_i）は

3） クルーグマン・モデルの詳細については，中西 (2013) や若杉 (2009) のような中級以上の国際経済学の教科書を参照してください。また，佐藤他 (2011) にもわかりやすい説明があります。

4） 本章での説明はもっぱら消費者が財の多様性を選好するという，いわゆる**多様性選好**（love of variety）のアプローチによるモデル化に基づいて説明します。製品差別化のモデル化としては，もう1つ理想的特性（ideal characteristics）アプローチと呼ばれるものがあります。こちらは，各財は特性の組み合わせで特徴づけられ，各消費者はそれぞれ理想とする特性の組み合わせを持つと仮定します。各消費者は自分の理想に最も近い特性の組み合わせを持つ財を消費しますが，経済にはさまざまな好みの消費者が存在していると仮定します。この2つのアプローチの違いについては，中西 (2013) などを参照してください。

$$AC_i = \frac{TC_i}{x_i} = \frac{wf_D}{x_i} + wc \tag{2.4}$$

となります。(2.4) 式からただちにわかることは，生産量が増加するにつれて
平均費用が低下するということです。これは，企業レベルで規模の経済性が働
いていることを意味します。(2.3) 式の総生産費用をもう一度見てみると，右
辺の第 1 項（wf_D）は固定費用を表し，第 2 項のうち x_i の係数（wc）は限界
費用を表していることがわかります。このうち，限界費用が wc で一定である
ために，生産量の増加とともに平均費用が低下することがわかるでしょう。

　このように企業レベルで規模の経済性が働くと，第 1 章のような完全競争
的な市場を想定することができません[5]。なぜなら，生産量を増加させること
で平均費用が低下し，利潤が増加します。その結果，完全競争市場で仮定され
ているように，個々の企業の生産量の変化が財の市場価格に影響を与えないと
いう条件の下では，個々の企業が生産規模をどんどん拡大させることになりま
す。その結果，産業全体の生産規模に対して，個々の企業の生産規模が無視で
きるほど小さいという完全競争市場の仮定をもはや満たさなくなるからです。
そのため，独占的競争市場を仮定します。独占的競争市場では，個別企業は自
社製品に対して独占企業と同様に右下がりの需要曲線に直面します[6]。しかし
独占企業とは異なり，互いに不完全代替財になる製品を生産する企業が多数存
在しているため，完全競争企業が直面しているのと似たような状況にも置かれ
ています。とくに，産業への自由参入・退出を通じて均衡では利潤がゼロにな
るという特徴を持ちます。

　第 i ブランドの価格を p_i と表し，逆需要関数を $p_i(x_i)$ と表します[7]。また，

---

5)　それに対して，国レベルや産業レベルで規模の経済性が働く場合は，完全競争市場の
　　モデルで扱うことができます。そうした規模の経済性はマーシャルの外部経済性（Mar-
　　shallian externalities）と呼ばれます。これについては，中西 (2013) や若杉 (2009)
　　などを参照してください。

6)　右下がりの需要曲線とは，横軸に数量，縦軸に価格をとった図において，価格が下が
　　ると需要量が増えるという関係を表す曲線です。ちなみに，完全競争的な市場でも，あ
　　る財に対する需要曲線は右下がりになっています。しかし，同じ財を生産する企業が多
　　数存在するため，個々の企業にとっては，生産量を変化させても市場価格に影響を与え
　　ることはなく，価格は不変であると想定して行動します。

7)　ミクロ経済学の消費者理論で学ぶ通常の需要関数は需要量を価格の関数として表した
　　ものです。これは，消費者が財の市場価格を見て需要量を選択するからです。それに対
　　して，ここで用いる逆需要関数は，価格を需要量の関数として表しています。逆需要関

このブランドを生産する企業の利潤を π_i とすると，π_i は総収入 $\text{TR}_i = p_i(x_i) \times x_i$ から総生産費用 $\text{TC}_i = wl_i$ を引いたものですから，$\pi_i = p_i(x_i)x_i - wl_i$ と表すことができます。右下がりの需要曲線に直面する企業の利潤最大化条件は「限界収入（MR）＝限界費用（MC）」です。限界収入は，生産量を微小に変化させたときの総収入の変化分であり，総収入 $p_i(x_i) \times x_i$ を x_i で微分することで求められます。生産量を変化させることで価格が変化することを考慮しなければなりません。そこで，逆需要関数 $p_i(x_i)$ を x_i で微分した導関数を $p_i'(x_i)$ と表すと，限界収入は $\text{MR}_i = \text{d}\text{TR}_i/\text{d}x_i = p_i(x_i) + p_i'(x_i)x_i$ となります。他方，限界費用は生産量を微少に変化させたときの総生産費用の変化分で，(2.3) 式より，$\text{MC}_i = \text{d}\text{TC}_i/\text{d}x_i = wc$ となります。

第 i ブランドに対する需要の価格弾力性を

$$\varepsilon_i \equiv -\frac{\text{d}x_i}{\text{d}p_i}\frac{p_i}{x_i}$$

と表すと，$\text{MR}_i = \text{MC}_i$ の式から価格と限界費用の間に

$$p_i = \left(\frac{\varepsilon_i}{\varepsilon_i - 1}\right)wc \tag{2.5}$$

の関係が成立します[8]。ここでは $\varepsilon_i > 1$ を仮定すると，$\varepsilon_i/(\varepsilon_i - 1) > 1$ となり，価格 p_i は限界費用の wc よりも高くなっています。$\varepsilon_i/(\varepsilon_i - 1)$ はマークアップと呼ばれ，(2.5) 式は価格が限界費用にマークアップを上乗せしたものになることを意味します。したがって，企業数が一定ならば各企業は正の利潤を得ることができます。しかし，新規参入によって均衡では利潤はゼロになります。参入する企業数を n とします。簡略化のために，どの企業が生産する製品も互いに等しい代替関係にあると仮定します[9]。この仮定の下ではすべて

数を用いるのは，利潤が最大になるような生産量を企業が選択しようとする際に，生産量の変化に対する消費者の反応によって，財の市場価格がどのように変化するかを明示的に考慮するためです。

8) $\text{MR}_i = \text{MC}_i$ より，$p_i(x_i) + p_i'(x_i)x_i = wc$ です。$p_i(1 + p_i'(x_i)x_i/p_i) = wc$ と変形し，$p_i'(x_i) = \text{d}p_i/\text{d}x_i$ であることに注意すると，左辺の括弧内の第 2 項は $-1/\varepsilon_i$ であることがわかります。したがって，左辺の括弧内は

$$\left(1 + \frac{p_i'(x_i)x_i}{p_i}\right) = \left(1 - \frac{1}{\varepsilon_i}\right) = \left(\frac{\varepsilon_i - 1}{\varepsilon_i}\right)$$

と変形することができます。これを右辺に移項すると (2.5) 式が得られます。

9) たとえば，まったく同じ製品で色だけがメーカー（企業）ごとに異なっていて，消費者はとくに色の好みはないというようなイメージです。

のブランドの価格や生産量が等しくなるため添え字 i は不要になり，ゼロ利潤条件から価格と平均費用が等しい，つまり $p = \mathrm{AC}$ の関係が成立します。これによって参入企業数（= 市場で供給される製品の種類）である n が定まります。

　一般的には，第 i ブランドに対する需要の価格弾力性 ε_i は x_i の変化に伴って変化します。ここでは，x_i の増加によって ε_i が減少する，つまり $\mathrm{d}\varepsilon_i/\mathrm{d}x_i < 0$ の関係があると仮定します。その一方で，ε_i が一定であると仮定すると，分析を簡単にすることができます。そのため，Krugman (1980) をはじめ，これまでの多くの研究ではこの仮定が置かれてきました。とくに，次のような代替の弾力性一定（constant elasticity of substitution: CES）型と呼ばれる効用関数がよく用いられます。

$$U(x_i) = \left(\sum_{i=1}^{n} x_i^{\alpha} \right)^{1/\alpha} \tag{2.6}$$

ここで，α は $0 < \alpha < 1$ であるような定数で，これを使うと任意の 2 つのブランド間の代替の弾力性 σ を $\sigma = 1/(1-\alpha) > 1$ と表すことができます[10]。また，この効用関数を用いると $\varepsilon_i = \sigma$ となり，ε_i も一定になります。さらに，消費者の所得を I とすると，$\sum_{i=1}^{n} p_i x_i = I$ の予約制約のもとで (2.6) 式の効用関数を最大化する効用最大化問題から，第 i ブランドに対する需要関数は

$$x_i = P^{\sigma-1} I / p_i^{\sigma} \tag{2.7}$$

となります。ただし，P はこの産業の物価水準を測る価格指数で，

$$P = \left(\sum_{i=1}^{n} p_i^{1-\sigma} \right)^{1/(1-\sigma)} \tag{2.8}$$

と表されます。(2.5) 式においてマークアップが $1/\alpha$ となるため，$p_i = wc/\alpha$ と書くことができ，これを (2.8) 式に代入して整理すると，$P = n^{1/(1-\sigma)} wc/\alpha$ となります。

---

10)　2 つのブランド間の代替の弾力性とは，2 つのブランドの相対価格が 1% 変化したときに，2 つのブランドに対する相対需要が何 % 変化するかを測る概念です。すなわち，

$$\sigma \equiv -\frac{\mathrm{d}(x_i/x_j)}{\mathrm{d}(p_i/p_j)} \frac{(p_i/p_j)}{(x_i/x_j)}$$

と定義されます。

52　第 2 章　産業内貿易

　各ブランドの価格が (2.5) 式によって決定されるとき，ε_i が可変的であれば，ε_i の上昇によってマークアップが低下し，p_i は下落します。それに対して，CES 型効用関数の下では，産業内の企業数が変化しても p_i は変化しません。そのため，ε_i が可変的かどうかで，以下で説明する貿易の効果も変わってきます。

1.2　対称的な 2 国における貿易

　ここまでは 1 国内の市場を想定してきましたが，まったく対称的な 2 国（自国と外国）が存在する状況を考えてみましょう。「対称的な 2 国」とは，要素賦存や生産技術，消費者の選好，市場規模等の条件がまったく同じであることを意味します。両国とも先進国を想定してください。2 国が対称的であれば，第 1 章で考えたような比較優位構造はないことになります。そのため，仮に 2 国間で貿易が自由化されても比較優位に基づく貿易を行うことから得られる利益はありません。しかし，上述の独占的競争産業で供給される製品のブランドが自国と外国で異なったらどうでしょう。本章の最初であげたポッキーとキスチョコの例のように，各国の消費者は国内のブランドに加えて他国のブランドを輸入して消費できるようになれば，消費の多様化が進み，効用の改善という貿易利益を得ることができます。また，ε_i が可変的であれば，国内市場に他国のブランドが参入してくることで競争の度合いが高まると，各ブランドの価格が低下するという**競争促進効果**（pro-competitive effect）による貿易利益も得ることができます[11]。このようにして，まったく対称的な 2 国の間で産業内貿易が行われます。

　企業側から見ると，貿易自由化により，国内市場に加えて他国市場へ供給することができるようになるため，それによって生産量が拡大できるなら，規模の経済性を生かして平均費用を低下させることが可能になります。

　以上の説明からわかるように，産業内貿易は比較優位とはまったく異なる要因によって行われ，消費の多様化や競争促進による価格低下など，比較優位とは異なる貿易利益をもたらします。これらの貿易利益については第 4 章で詳しく解説します。

---

11)　CES 型の効用関数を用いる場合は，貿易自由化による競争促進効果は働きません。その場合の貿易利益は，財の多様性拡大の効果のみになります。

1.3 貿易費用の導入と自国市場効果

クルーグマン・モデルに貿易費用（trade cost）を導入することでさらに分析を拡張することができます（Krugman, 1980）。貿易費用には，陸路や航路，空路などを通じた財の輸送にかかる輸送費用（transport cost）や，貿易の際にかける保険，輸入国側が輸入品に課す関税や非関税障壁などが含まれますが，より広い概念としては，輸送にかかる時間から生じる機会費用や，商取引の際にかかるさまざまな費用も含まれます[12]。リカード・モデルやヘクシャー＝オリーン・モデルのような伝統的な貿易理論でも，貿易費用を導入した分析が行われなかったわけではありません。実際，関税等の効果については，第5章で詳しく解説するように多くの分析が行われてきました。しかし，輸送費用については，クルーグマン・モデルとは異なり，伝統的な貿易理論ではそれによって理論的に特筆すべき新たな結果がほとんど確認できなかったことから，あまり注目されなかったと考えられます。

それに対して，製品差別化と規模の経済性を特徴とするクルーグマン・モデルに貿易費用を導入すると，自国市場効果（home market effect）と呼ばれる効果が見られます。第1.1項では1産業だけの簡単なクルーグマン・モデルを考えましたが，ここではそこに同質財を生産するもう1つの産業を導入します。この産業はヘクシャー＝オリーン・モデルに出てくる産業のように，規模に関して収穫一定の生産技術を使い，完全競争的な市場で財の取引が行われます。したがって，この経済には生産技術や財の特徴，市場の競争環境などが異なる2つの産業（それぞれ「差別化財産業」と「同質財産業」と呼ぶことにします）が存在します。さらに，前項とは異なり，貿易を行う2国は非対称的で，市場規模が2国で異なると仮定します。このように拡張したクルーグマン・モデルにおいて，差別化財産業の財の貿易のみに貿易費用がかかると，自国市場効果と呼ばれる効果が見られるのです。自国市場効果とは，相対的に市場規模の大きい国に，差別化財産業の企業が市場規模の比率以上の割合で集積し，その国が差別化財の純輸出国になることをいいます[13]。この自国市場効果については，第4節で詳しく解説します。

---

12) 関税や非関税障壁に関しては第5章で詳しく解説します。

13) 同質財にも貿易費用がかかるなど，モデルの仮定を変えると自国市場効果は消えてしまうことが知られています。それについては佐藤他（2011）の第3章を参照してください。

54 | 第2章 産業内貿易

なお，Krugman (1980) の研究をはじめ，多くの理論モデルでは，いわゆる氷塊型輸送費用（iceberg transport cost）という方法でモデルの中に輸送費用を取り入れています[14]。この方法の最大の利点は輸送セクターを明示的にモデル化することなく，非常に簡単な形で輸送費の影響を考慮することができる点にあります[15]。具体的には，ある財を輸出先の市場に1単位届けるために，輸出元では τ 単位（$\tau > 1$）だけ出荷しなければならないと仮定します。つまり，輸送の途中で財の一定割合が（あたかも氷山の一部が海洋を漂流中に溶けてしまうかのように）「溶けてなくなってしまう」と考えることによって，その「溶けた」分だけ失われる収入が，生産者が支払う輸送費に相当するとみなすということです。

2 データはクルーグマン・モデルを支持するか？

2.1 ヘルプマンによる研究

前節では単純な設定でクルーグマン・モデルのエッセンスを見てきましたが，前節のモデル設定を第1章のような比較優位構造を持つ2国・2産業・2要素のヘクシャー＝オリーン・モデルに組み込むと，2国間で産業間貿易と産業内貿易の両方が行われる可能性が出てきます。その結果，以下のような興味深い検証可能な仮説を導くことができます[16]。

仮説1　経済規模が似た国同士ほど貿易額が増加する。

仮説2　要素賦存の資本・労働比率が似た国同士ほど産業内貿易の割合が高まる。

---

[14] この方法を考案したのはポール・サミュエルソンで，彼が1954年に公刊した論文（Samuelson, 1954）の中でこの方法を最初に使いました。

[15] 最近の国際貿易に関する理論研究では，逆に航空輸送や海上輸送などの輸送セクターを明示的にモデルに導入した研究が行われるようになっています。そうした研究として，たとえばFrancois and Wooton (2001) や Abe et al. (2014) などがあります。

[16] 本書では，独占的競争を取り入れた国際貿易のモデルを「クルーグマン・モデル」と呼んでいますが，独占的競争をヘクシャー＝オリーン・モデルに組み込んで，ここに示したものを含むさまざまな仮説を導出したのは Helpman (1981) です。なお，仮説を導出する詳細を知りたい読者は Helpman and Krugman (1985) の Chapter 8 を参照してください。

これらの仮説をなぜ導くことができるのかについて，簡単に説明しておきます。まず，仮説1は産業内貿易に直接言及していませんが，産業内貿易が行われるクルーグマン・モデルならではの特徴です。比較優位が貿易の主要因で，産業間貿易のみが行われるリカード・モデルやヘクシャー＝オリーン・モデルでは，経済規模の違いは2国間の貿易額に影響を与えません。たとえば，第1章で説明した標準的なヘクシャー＝オリーン・モデルにおいて，消費者の数（つまり人口）が大きく異なる一方で，要素賦存の資本・労働比率がまったく同じ2国を考えてみてください。この2国の間には比較優位に違いがないため，貿易が可能になっても実際には貿易額はゼロです。

　それに対して，産業間貿易に加えて産業内貿易も行われると，産業内貿易がどれだけ活発に行われるかが総貿易額を大きく左右します。生産において規模の経済性が働くと，経済規模が大きいほど平均費用が低下するため，価格が低くても各企業は生産することができます。その結果，経済規模が大きい国ほど，製品差別化された産業に多くの企業が参入し，多くのブランドが市場に供給されます。第1.2項で見たように，2国間でどれだけ活発に産業内貿易が行われるかは，相手国でどれだけ自国にはないブランドが生産されているかによって決まります。2国の経済規模が大きく異なると，経済規模の大きい国にとっては，相手国で生産されているブランド数があまり多くありません。そのため，産業内貿易から得られる利益は小さく，産業内貿易は少額にとどまってしまいます。それに対して，経済規模が似た国同士であれば，同じような数のブランドが生産されるので，産業内貿易が活発に行われ，貿易額も大きくなるのです。

　次に仮説2は，より直感的に理解できるのではないでしょうか。産業間貿易と産業内貿易の両方が行われるとき，要素賦存の資本・労働比率が異なるほど，産業間貿易が活発に行われます。上述の通り，要素賦存の資本・労働比率が2国間でまったく同じであれば，産業間貿易はまったく行われません。したがって，要素賦存の資本・労働比率が似た国同士ほど産業内貿易の割合が高いというわけです。

　これらの仮説を最初に検証したのはエルハナン・ヘルプマンによる研究 (Helpman, 1987) です。ヘルプマンはOECD加盟国14カ国の1956～1981年のデータを用いて仮説の検証を行いました。まず，仮説1については，OECD14カ国内における貿易額の対GDP比と経済規模の類似度との関係を調べ，

両者の間に正の相関関係があることを確認しました．次に，仮説 2 について
は，2 国間の相対的要素賦存の違いを 1 人当たり所得の違いで測ることが可能
であることを踏まえて，2 国間貿易に占める産業内貿易の割合を被説明変数
として，2 国間の 1 人当たり所得の差の絶対値を説明変数とする回帰分析 (re-
gression analysis) (⇒ 付録 2.2 参照) を行いました．分析からはおおむね仮説を
支持する結果が得られました．

このように，Helpman (1987) の分析結果は，クルーグマン・モデルを 2
国・2 産業・2 要素に拡張したモデルが現実のデータと整合的であることを
示唆しました．

2.2 ヘルプマンの研究の再検証

しかし，ヘルプマンの研究は年ごとのクロスセクション (横断面) のデータ
(⇒ 付録 2.1 参照) による回帰分析にとどまるなど，計量的な手法に関して改
善の余地があったことから，後に他の研究者によって再検証が行われました．
そのような研究として Hummels and Levinsohn (1995)，Cieślik (2005)，De-
baere (2005) の 3 つをあげることができます．

Hummels and Levinsohn (1995) は Helpman (1987) と同様に OECD 加盟国
14 カ国のデータ (1962〜1983 年) に加えて，OECD 加盟国以外の国から無作
為に抽出した 14 カ国のデータ (1962〜1977 年) も用いて分析しました．また，
2 国のペアを単位とするパネル・データ分析 (panel data analysis) (⇒ 付録 2.1
および 2.6 参照) を行うという計量的な手法の改善を行った点も
Helpman (1987) との違いです．まず，仮説 1 については，OECD 14 カ国と
非 OECD 14 カ国のそれぞれについて分析を行ったところ，貿易額の対 GDP
比と経済規模の類似度との間に統計的に有意な正の相関が確認され，ヘルプマ
ンの研究と同様に，仮説を支持する結果が得られました．また，仮説 2 につ
いては，次のような推定式を立てて回帰分析を行いました．

$$\mathrm{IIT}_{jkt} = \alpha_1 \ln \left| \frac{K_{jt}}{L_{jt}} - \frac{K_{kt}}{L_{kt}} \right| + \alpha_2 \mathrm{MINY}_{jkt} + \alpha_3 \mathrm{MAXY}_{jkt} + v_{jk} + u_{jkt}$$

$$(2.9)$$

ここで，下添字の j と k は国を表し，t は年を表します．また，IIT は産業内
貿易指数，ln は自然対数を表す記号で，K と L はそれぞれ国内の資本量と
労働人口，K/L が資本・労働比率になります．また，MINY_{jkt} と MAXY_{jkt}

2 データはクルーグマン・モデルを支持するか？ 57

表 2.1 産業内貿易の割合に関する回帰分析の推定結果（1962〜1983 年）

被説明変数：IIT	OLS		固定効果		変量効果	
$\ln\left\lvert\dfrac{K_{jt}}{L_{jt}} - \dfrac{K_{kt}}{L_{kt}}\right\rvert$	-0.007 (-0.402)		$0.029^{\dagger}$ (3.235)		$0.027^{\dagger}$ (2.786)	
$\ln\left\lvert\dfrac{\mathrm{GDP}_{jt}}{N_{jt}} - \dfrac{\mathrm{GDP}_{kt}}{N_{kt}}\right\rvert$		$-0.194^{\dagger}$ (-10.900)		$0.038^{\dagger}$ (3.609)		$0.027^{\S}$ (2.432)
修正済 R^2	0.115	0.164	0.523	0.524	0.447	0.433

（注）　1. 1 行目は (2.9) 式の推定結果で，2 行目は (2.9) 式中の資本・労働比率を 1 人当たり GDP の差に置き直した推定結果である。なお，(2.9) 式中の MINY や MAXY 等の係数の推定結果は省略する。2. 括弧内の値は t 値。3. † は 1% 有意。§ は 5% 有意を示す。
（出所）　Hummels and Levinsohn (1995) Table V より抜粋。

はそれぞれ j 国と k 国の GDP のうちの最小値と最大値を表していて，相対的な市場規模の効果をコントロールするために入れられています。α_1，α_2，α_3 は推定する係数です。さらに，v_{jk} は j 国と k 国のペアに特有な固定効果を捉える項であり，(2.9) 式は固定効果モデル（fixed effect model）（⇒ 付録 2.6 参照）と呼ばれるパネル・データ分析の推定式を表しています。最小二乗法（ordinary least squares: OLS）（⇒ 付録 2.3 参照）による推定式では，この項が α_0 という定数項になり，変量効果モデル（random effect model）と呼ばれるパネル・データ分析の推定式では，v_{jk} が確率変数になります。また，最後の u_{jkt} は誤差項です。(2.9) 式では，2 国間の資本・労働比率の差の絶対値を説明変数としていますが，この項を 1 人当たり GDP（GDP/N。ただし N は国の総人口で，労働力人口を表す L とは異なります）の差の絶対値に置き直した分析も行いました。推定結果を示したのが表 2.1 です。

表 2.1 に示すように，OLS では，2 国の 1 人当たり GDP の差を説明変数としたときには係数の推定値は符号が負で統計的に有意であり，仮説 2 を支持しますが，2 国の資本・労働比率の差を説明変数としたときには係数の推定値は統計的な有意性がありませんでした。また，パネル・データ分析を行うと，固定効果モデルでも変量効果モデルでも，2 国の 1 人当たり GDP の差と資本・労働比率の差のいずれについても，係数の推定値は正の符号で統計的に有意でした。つまり，仮説 2 とは逆に，資本・労働比率の差が大きい国同士ほど，産業内貿易の割合が高くなる傾向を示しています。

パネル・データ分析を行うことで仮説 2 とは逆の結果になることに疑問を感じたのが Cieślik (2005) です。彼は，Hummels and Levinsohn (1995) が理

第 2 章　産業内貿易

表 2.2　資本・労働比率と産業内貿易の割合に関する推定結果（1962〜1983 年）

被説明変数：IIT	OLS	固定効果	変量効果
$\ln \left| \dfrac{K_{jt}}{L_{jt}} - \dfrac{K_{kt}}{L_{kt}} \right|$	$-0.024^{\dagger}$	$-0.005^{\dagger}$	$-0.005^{\dagger}$
	(0.003)	(0.001)	(0.001)
$\ln \left(\dfrac{K_{jt}}{L_{jt}} + \dfrac{K_{kt}}{L_{kt}} \right)$	$0.032^{\dagger}$	$0.013^{\dagger}$	$0.014^{\dagger}$
	(0.003)	(0.002)	(0.002)
修正済 R^2	0.066	0.163	0.163

（注）　1. 括弧内の値は標準誤差。2. † は 1％有意を示す。
（出所）　Cieślik (2005) Table 2 より抜粋。

論から導き出される重要な点を見落としていることを指摘しました。すなわち，産業内貿易の割合と資本・労働比率の差との関係を見るには，2 国の資本・労働比率の和を一定に保つ必要があるという点です。実は，2 財のうち資本集約財が差別化された財で，労働集約財が同質財であるとき，資本・労働比率の差が同じであれば，2 国の資本・労働比率の和が大きい国同士ほど産業内貿易の割合が高くなることを示すことができます。直感的な説明としては，産業内貿易は差別化された財についてのみ行われます。2 国の資本・労働比率の和が大きいほど，経済全体としてより資本が豊富になり，資本集約的な差別化財の生産がより活発になるため，産業内貿易の割合が高まります。

そこで，Cieślik (2005) は (2.9) 式において MINY_{jkt} と MAXY_{jkt} を入れる代わりに，2 国の資本・労働比率の和 $((K_{jt}/L_{jt}) + (K_{kt}/L_{kt}))$ を加えて推定を行いました。分析には Hummels and Levinsohn (1995) のデータのうち OECD 加盟国のデータだけを用いました。結果は表 2.2 に示す通りです。

Hummels and Levinsohn (1995) の結果とは異なり，どの推定方法でも資本・労働比率の差の係数は負で統計的に有意です。つまり，仮説 2 を支持する結果となっています。また，資本・労働比率の和の係数は正で統計的に有意であり，こちらも理論と合致する結果になっています。Cieślik (2005) は，対数をとらない説明変数を用いたり，MINY_{jkt} と MAXY_{jkt} を加えたり，その他の変数を加えたりと，さまざまな定式化による分析を行い，表 2.2 に示す結果がおおむね頑健であることを確認しました。この結果を踏まえると，少なくとも OECD 諸国については仮説 2 が支持されるといえます。

2.3 非OECD諸国も含めた再検証*

Hummels and Levinsohn (1995) の研究における仮説 1 の結果に対して疑問を持ったのが Debaere (2005) です。Hummels and Levinsohn (1995) の分析結果は，産業内貿易の特徴から出てくる仮説 1 に関して，産業内貿易があまり活発とはいえない非 OECD 諸国（つまり途上国）の貿易にもクルーグマン・モデルが合致することを示しています。彼はこの点に疑問を持ちました。そこで，ヘルプマンの理論により忠実な方法で再検証を行うことが重要であると考えて，次のような回帰分析を行いました。

$$\ln \frac{V_{jkt}}{\mathrm{GDP}_{jkt}} = \beta_1 \ln s_{jkt} + \beta_2 \ln \mathrm{Sim}_{jkt} + v_{jk} + u_{jkt} \tag{2.10}$$

ここで，V_{jkt} は j 国と k 国の 2 国間の t 時点の貿易額，GDP_{jkt} は j 国と k 国の t 時点の GDP の和を表します。つまり，被説明変数は j 国と k 国の貿易額の対 GDP 比の自然対数値です。他方，右辺の説明変数は，s_{jkt} が世界の GDP に占める j 国と k 国のシェアで，Sim_{jkt} は 2 国の経済規模の類似度です。どちらも自然対数値をとっています。j 国と k 国の GDP をそれぞれ GDP_{jt}，GDP_{kt} と表すと，$\mathrm{Sim}_{jkt} = 1 - (\mathrm{GDP}_{jt}/\mathrm{GDP}_{jkt})^2 - (\mathrm{GDP}_{kt}/\mathrm{GDP}_{jkt})^2$ と定義されます。ヘルプマンの仮説 1 が正しければ，どちらの係数も符号は正で統計的に有意になるはずです。Debaere (2005) はパネル・データの固定効果モデルを推定するとともに，内生性の問題を考慮して，**操作変数法** (instrumental variable method)（⇒ 付録 2.5 参照）による推定も行いました[17]。Debaere (2005) による推定結果は表 2.3 に示す通りです。

表 2.3 では，OECD 諸国に関する推定結果を 1 列目と 2 列目に示していますが，固定効果モデルでも操作変数法でも，どちらの説明変数の係数も正の符号で統計的に有意な推定結果が得られており，ヘルプマンの仮説 1 を支持しています。他方，非 OECD 諸国に関する推定結果を 3 列目と 4 列目に示していますが，こちらは $\ln s_{jkt}$ の係数の推定値だけが，どちらの推定方法でも符号が正で統計的にも有意です。経済規模の類似度 ($\ln \mathrm{Sim}_{jkt}$) の係数は，固定効果モデルでは有意性がなく，操作変数法では負で有意な結果になっていて，Hummels and Levinsohn (1995) の分析結果とは大きく異なっています。また，回帰分析の決定係数 (R^2) を見ても，非 OECD 諸国の場合は値が非常

---

17) Debaere (2005) は各国の人口と資本ストックを操作変数として用いました。

第 2 章　産業内貿易

表 2.3　貿易額の対 GDP 比と経済規模の類似度に関する推定結果

被説明変数：V/GDP	OECD 諸国		非 OECD 諸国	
	固定効果	操作変数法	固定効果	操作変数法
$\ln \text{Sim}_{jkt}$	$1.57^{\dagger}$	$0.25^{\dagger}$	-0.96	$-2.30^{\dagger}$
	(14.27)	(4.16)	(-0.96)	(-3.83)
$\ln s_{jkt}$	$1.30^{\dagger}$	$0.62^{\S}$	$1.98^{\S}$	$5.40^{\ddagger}$
	(10.00)	(2.48)	(2.08)	(1.86)
観測値数	1,820	1,820	1,320	1,320
R^2	0.61	0.56	0.02	0.03

（注）　1. 括弧内の値は t 値。2. $\dagger$ は 1% 有意，$\S$ は 5% 有意，$\ddagger$ は 10% 有意をそれぞれ示す。

（出所）　Debaere (2005) Table 1 より抜粋の上，一部修正を加えた。

に小さく，モデルの説明力も低いことがわかります。したがって，産業内貿易があまり活発でない非 OECD 諸国については，ヘルプマンの仮説 1 は成立しないことが明らかになりました。

　このように，Debaere (2005) の研究からわかったことは，クルーグマン・モデルは産業内貿易が活発な国同士の貿易には合致するが，産業内貿易があまり活発でない国同士の貿易には合致しないということです。

3　品質差による産業内貿易をいかに捉えるか？

3.1　品質が異なる財の産業内貿易——垂直的産業内貿易

　前節では，製品差別化と規模の経済性，独占的競争を基本的な要素とするクルーグマン・モデルが産業内貿易をうまく説明できることを見てきました。クルーグマン・モデルで想定されている製品差別化とは，財の種類（ブランド）の違いです。わかりやすい例でいえば，デザインはまったく同じ T シャツで色だけが異なっていて，ある国で生産されている色の種類と別の国で生産されている色の種類が異なっているので，互いに貿易を行うということです。あるいは，同じポテトチップスで味だけがいろいろな種類があって，国によって異なる味のポテトチップスがいくつも生産されているため，互いに貿易すると今まで食べたことがないような味のポテトチップスが食べられるというようなイメージです。

　しかし，産業内貿易はそのようなタイプだけではありません。実際には別のタイプの産業内貿易も行われています。たとえば，牛肉の貿易を考えてみまし

ょう。日本は米国から牛肉を多く輸入しています。その一方で，量はそれほど多くないものの，日本から米国へも牛肉が輸出されているのはご存じでしょうか。日本から輸出されている牛肉は，神戸ビーフをはじめとする，国内でも有名な高級牛肉です。2014 年に日本は米国から約 18.9 万トンの牛肉を金額にして約 1220 億円輸入しているのに対して，日本から米国には約 153 トンの牛肉が金額にして約 12.5 億円輸出されています[18]。このような日米間の牛肉の貿易は，T シャツやポテトチップスの例とは少し異なっています。なぜなら，日本から輸出される牛肉は，米国産牛肉よりも圧倒的に値段が高く，価格面での競争力はないからです[19]。価格面で競争力がないにもかかわらず，なぜ日本から米国へ牛肉が輸出できるかといえば，それは日本産牛肉が品質面で米国産牛肉とは大きく異なるからだと考えられます。すき焼きやしゃぶしゃぶには柔らかい日本産牛肉が適していますし，高級感のある霜降り肉は米国産牛肉にはない特徴です。そのため，価格は高くても高級（高品質）な日本産牛肉を米国の消費者に買ってもらうことができます。つまり，日米間の牛肉に関する産業内貿易は，米国が低品質・低価格の牛肉を輸出するのに対して，日本は高品質・高価格の牛肉を輸出するという形で成立しているのです。

　このように品目分類で同じ品目の財を互いに貿易していても，一方の国は高品質・高価格の財を生産・輸出し，もう一方の国は低品質・低価格の財を生産・輸出するような貿易パターンは，クルーグマン・モデルで想定しているようなブランドの違いだけでは説明できません。クルーグマン・モデルのように，品質や価格には差がなく，単に異なるブランドの財を互いに貿易するような場合を**水平的産業内貿易**（horizontal intra-industry trade: HIIT）と呼ぶのに対して，品質や価格に差がある財を互いに貿易するような場合は，**垂直的産業内貿易**（vertical intra-industry trade: VIIT）と呼びます[20]。両者の違いは，製品差別化が水平方向，つまり消費者の好みの違いを反映するように行

18）　貿易額の数字は本書巻末の付録 1.2 でも紹介している財務省「貿易統計」に基づいています。

19）　2014 年の貿易統計から計算すると，米国産牛肉の輸入単価は 1 kg 当たり約 650 円であるのに対して，日本産牛肉の米国向け輸出単価は 1 kg 当たり約 8170 円と日本から輸出される牛肉の方が 10 倍以上の値段になっています。

20）　産業を自動車産業や通信機器産業という比較的大きなくくりで分類して，その中で部品と完成品を互いに貿易し合うことを垂直的産業内貿易と呼ぶ場合もあります。本書ではそのような意味では使いません。

われるか，それとも垂直方向，つまり品質面での違いにおいて行われるかにあ
ります[21]。クルーグマン・モデルは主に水平的産業内貿易を分析するのに適
しています。それに対して，垂直的産業内貿易を分析するモデルとしては，完
全競争の下で生産要素の投入度合い（資本・労働比率や生産1単位当たりの労働投
入量など）によって財の品質が差別化されるモデル（Falvey (1981) や Flam and
Helpman (1987) 等）や，寡占競争的な市場で各企業が費用をかけて品質に投資
するモデル (Shaked and Sutton, 1982) 等があります。また，最近の研究では，
クルーグマンタイプの独占的競争モデルに財の品質差別化を導入したモデルも
考案されています (たとえば Baldwin and Harrigan, 2011)。

3.2　実証研究における品質差別化の計測

　理論的には垂直的産業内貿易と水平的産業内貿易は異なるモデルで説明され
てきましたが，実証研究では両者は品質の差別化の程度が大きいか小さいかに
よって分類されてきました。財の品質差別化の程度を測る方法はいくつか考え
られますが，私たちが一般的に使用することができるデータには大きな制約が
あります。それは，貿易データから得られる情報が，財の細かい品目分類と貿
易額，貿易量に限られるという点です。つまり，1つ1つの製品の取引価格や
性能に関する情報は通常は得られません。したがって，貿易データをそのまま
利用する限り，同じ品目分類に属する財について，どの程度品質が差別化され
た製品が取引されているかについて，直接的に知ることはできないのです。

　そこで，貿易データから財の品質を推測する方法として一般的なのは，単位
価値（unit value）という指標を用いる方法です。これは，品目分類によって細
かく分類された財について，単純に貿易額（輸出額または輸入額）を貿易量（輸
出量または輸入量）で割ったものです。第 i 産業の財について t 時点の j 国から
k 国への輸出額と輸出量をそれぞれ X_{ijkt} と Q^X_{ijkt} と表し，j 国の k 国からの
輸入額と輸入量をそれぞれ M_{ijkt} と Q^M_{ijkt} で表すと，当該財について j 国から
見た k 国を相手国とする輸出と輸入の単位価値 UV^X_{ijkt} と UV^M_{ijkt} はそれぞれ

$$\mathrm{UV}^X_{ijkt} = \frac{X_{ijkt}}{Q^X_{ijkt}}, \qquad \mathrm{UV}^M_{ijkt} = \frac{M_{ijkt}}{Q^M_{ijkt}}$$

です。つまり，単位価値とは「単価」のことですが，あくまでもある品目に分

---

21)　水平的および垂直的差別化の詳細については，たとえば小田切 (2001) の第7章を参
　　照してください。

類されている財の平均的な単価であって，財の取引価格そのものではない点に
注意してください。

単位価値がその財の品質を測る指標になるのは，同じ品目の財であれば，品
質が高いほど，それに比例して単価も高くなるはずであるという仮定が背後に
あるからです。ある品目分類の品目に品質も価格も異なる複数の財が含まれて
いる場合であっても，貿易データではそれらを分けて計算することはできませ
ん。そのため，貿易データから計算される単位価値は，同一品目に分類される
品質・価格が異なる複数の財の平均的な単価に相当します。しかし，品質と価
格に高い正の相関があれば，単位価値から（平均的な）品質を推測することに
は一定の合理性があると考えられます。

3.3 単位価値に基づく貿易パターンの判別方法

単位価値の指標を使って，貿易データからある財について垂直的または
水平的産業内貿易が行われているかどうかを判別する方法は次の通りです
(Fontagné et al., 1997)。まず，当該財の貿易が産業内貿易であるためには，輸
出と輸入の両方がある程度行われている必要があります。そこで，輸出額と輸
入額について

$$\frac{\min(X_{ijkt}, M_{ijkt})}{\max(X_{ijkt}, M_{ijkt})} > 0.1 \tag{2.11}$$

が成立するときとします。つまり，輸出額と輸入額のうち金額の小さい方が
大きい方の 10% 以上あれば，双方向で貿易が行われているとみなします。逆
に (2.11) 式の条件が満たされない場合は，産業間貿易（または一方向貿易（one-
way trade: OWT）とも呼ばれます）が行われていると判定されます。なお，
10% という基準については，5% や 15% などの異なる基準を採用することも
可能ですが，慣例的に 10% という基準が用いられています。

次に，(2.11) 式の条件を満たして産業内貿易が行われていると判定された場
合に，それが垂直的か水平的かは，輸出と輸入の単位価値の比について

$$\frac{1}{1+0.15} \leq \frac{\mathrm{UV}^X_{ijkt}}{\mathrm{UV}^M_{ijkt}} \leq 1+0.15 \tag{2.12}$$

が成立すれば水平的産業内貿易で

$$\frac{\mathrm{UV}_{ijkt}^{X}}{\mathrm{UV}_{ijkt}^{M}} < \frac{1}{1+0.15} \quad \text{または} \quad \frac{\mathrm{UV}_{ijkt}^{X}}{\mathrm{UV}_{ijkt}^{M}} > 1+0.15 \tag{2.13}$$

が成立すれば垂直的産業内貿易と判定されます[22]。つまり，輸出と輸入の単位価値にあまり大きな差がなく，いずれか高い方の単位価値が低い方の単位価値の 1.15 倍以内であれば，平均的に単価が似ている財が双方向で貿易されている「水平的産業内貿易」の状態であるとします。逆に単位価値が 1.15 倍以上離れている場合は，輸出している財と輸入している財の平均的な単価が異なる「垂直的産業内貿易」の状態と考えます。なお，(2.12) 式および (2.13) 式中の 0.15 という基準について，0.25 などの基準が採用される場合もありますが，慣例的に 0.15 がよく用いられています。

3.4 東アジアと欧州における域内の貿易パターンの分析

深尾京司らは，以上のような基準で東アジア諸国の貿易に占める一方向貿易（OWT）と，水平的産業内貿易（HIIT），垂直的産業内貿易（VIIT）の割合を計算し，それを欧州諸国と比較しました (Fukao et al., 2003)[23]。それを正三角形内の座標で表したのが図 2.2 です。これらの図では，正三角形の高さはちょうど 1 になっています。三角形内の任意の点から，HIIT と VIIT の頂点を結ぶ辺に向かって垂線を下ろすと，その垂線の長さが OWT の割合を表します。同様に，OWT と VIIT の頂点を結ぶ辺に向かって下ろした垂線の長さは HIIT の割合を表し，OWT と HIIT の頂点を結ぶ辺に向かって下ろした垂線の長さは VIIT の割合を表します。OWT，HIIT，VIIT の頂点はちょうどその貿易パターンの占める割合が 1 であることを表します。たとえば，OWT の頂点から垂線を下ろすとすると，HIIT と VIIT の頂点を結ぶ辺に向かって下ろすしかありません。この垂線の長さは正三角形の高さに等しいので 1 ということになります。したがって，OWT の頂点は OWT の割合が 1 であることを意味します。HIIT と VIIT の頂点についても同様に考えることができま

---

[22] (2.12) 式で，上限が $(1 + 0.15)$ となっていることから，下限を $(1 - 0.15)$ としてもよさそうに思われるかもしれません。しかし，ここでは輸出と輸入の単位価値の比に関して範囲を定めているため，$\mathrm{UV}^{X}/\mathrm{UV}^{M}$ の分母と分子を入れ替えても同様の関係が成立するようにするために，下限は上限の逆数をとって，$1/(1 + 0.15)$ としています。

[23] Fukao et al. (2003) では，(2.12) 式と (2.13) 式で 0.25 の基準を採用しています。

3 品質差による産業内貿易をいかに捉えるか？

図 2.2 欧州各国と東アジア各国の域内貿易に占める 3 つの貿易パターンの割合

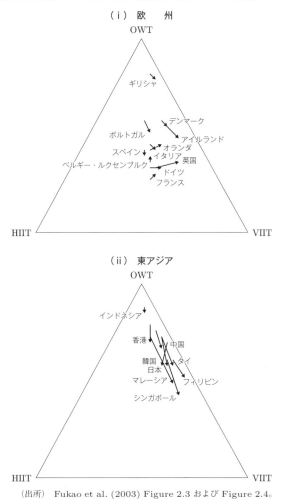

（出所）　Fukao et al. (2003) Figure 2.3 および Figure 2.4。

す。また，OWT の頂点に近い点ほど OWT の割合が高いことを示しており，同様に HIIT や VIIT の頂点に近い点ほど，HIIT や VIIT の割合が高いことを示します。

図 2.2 (i) には欧州各国について EU 内の貿易に占める 3 つの貿易パターンのシェアを示し，図 2.2 (ii) には東アジア各国について東アジア内の貿易に占める 3 つの貿易パターンのシェアを示しています。各国について，矢印の始

第2章　産業内貿易

点の座標は 1996 年の値，矢印の終点は 2000 年の値をそれぞれ示しています。

図 2.2 (i) では，欧州においてフランスやドイツのような欧州内でもとくに所得の高い国々は，他の欧州諸国と比べても，三角形内で HIIT と VIIT の頂点を結んだ辺に相対的に近い場所に位置しており，HIIT と VIIT の割合がとくに高いことがわかります。また，図 2.2 (ii) に示された東アジア諸国の位置と比べても，その傾向は顕著です。さらに，アイルランドや英国，ポルトガルなどを除いて，矢印の長さが短い国が多く，1996〜2000 年の間に 3 つの貿易パターンの占める割合にはあまり大きな変化がなかったことがわかります。

他方，図 2.2 (ii) を見ると，東アジア諸国の多くは，三角形内で OWT と VIIT の頂点を結んだ辺に近く，しかも OWT の頂点近くに位置している国が多いことがわかります。つまり，東アジア内では OWT の割合がとくに高く，逆に HIIT の割合が非常に低いことを意味します。しかし，矢印の長さが長い国が多く，しかも VIIT の頂点方向に矢印が伸びている国が多いことも読み取れます。これは 1996〜2000 年の間に，東アジア内では VIIT の割合が急速に高まったことを意味します。とりわけマレーシア，フィリピン，シンガポール，タイなどの国々は矢印が長く，この傾向が強いことがわかります。

4 市場規模の効果は現実に観察されるか？

貿易費用と自国市場効果

4.1 データは自国市場効果を示しているか？*

クルーグマン・モデルに貿易費用を導入すると自国市場効果と呼ばれる効果が見られることを第 1 節で紹介しました[24]。ここでは，自国市場効果についてもう少し詳しく見てみましょう。

《クルーグマン・モデルにおける自国市場効果》　市場規模の異なる 2 国を考えます。各国に産業は 2 つあり，一方は同質財を生産する完全競争的な産業で，もう一方は製品差別化と規模の経済性で特徴づけられる独占的競争産業です。

---

24) 貿易費用を導入したクルーグマン・モデルは新経済地理学（New Economic Geography）の確立にも大きく貢献しました。Krugman (1991) は労働者も地域間を自由に移動できる新経済地理学のモデルを提示しました。新経済地理学については，佐藤他 (2011) を参照してください。

前者を同質財産業，後者を差別化財産業と呼びます。差別化財の貿易には輸送費がかかると仮定します。2国間では産業間の貿易と同時に差別化財の産業内貿易が行われる可能性があります。このとき，均衡では，市場規模の大きい方の国に市場規模の比率以上の割合で差別化財産業の企業が立地し，その国が差別化財の純輸出国になります[25]。この結果を自国市場効果と呼びます[26]。記号を使って表すと，国1と国2の2国からなる経済で，各国の人口 L_1 と L_2 でそれぞれの国の市場規模を測るとします。また，各国に立地する差別化財産業の企業数を n_1, n_2 とします。このとき，$L_1 > L_2$ に対して $n_1/n_2 > L_1/L_2$ となることが自国市場効果を表します。

　自国市場効果がなぜ見られるかは，次のように説明できます。生産に規模の経済性が働き，財の国際輸送に貿易費用がかかるとき，企業は市場規模の大きい国に立地して大きな市場へのアクセスを容易にすることで，生産規模を拡大して平均費用を低下させることができます。そのことが市場規模の大きい国への企業の集積をもたらします。さらに，貿易費用が低下すると，市場規模の大きい国への企業の集積を促進することになります。その理由は次の通りです。貿易費用が高いと，市場規模の小さい国に立地する企業は，輸出からの利益は小さい一方で，市場規模の大きい外国に立地する多数の企業との競争を回避できる分だけ自国内で一定の利益が得られます。しかし，貿易費用が低下すると，競争が激しい外国市場への輸出から得られる利益はあまり増えないのに対して，外国に立地する多数の企業からの輸入が増えるために自国市場の競争が激化し，利益が減ってしまいます。そのため，市場規模の小さい国に立地する利点が低下し，企業はますます市場規模の大きい国に集中するのです[27]。

《自国市場効果の検証》　では，現実には自国市場効果は観察されるのでしょうか。理論的には明解に示される自国市場効果ですが，実証分析で検証するのは

---

25)　差別化財の純輸出国とは，差別化財について産業内貿易が行われますが，輸入額よりも輸出額が大きいことを意味します。

26)　なお，最初に自国市場効果を示した Krugman (1980) は，2産業とも差別化財産業であるモデルを考え，各産業で生産される財に対する需要の大きさが2国で異なるとき，各国が国内需要の大きい財の純輸出国になることを自国市場効果と呼びました。

27)　ただし，貿易費用が低下はしてもゼロではない場合を想定しています。もし貿易費用がまったくかからなくなれば，2国間の市場規模の違いは企業の立地に影響を与えなくなります。

それほど簡単ではありません。上述の自国市場効果をそのまま直接検証しようとすると，2国間で産業別の企業数の比と市場規模の比を比較することになりますが，産業別の企業数を国際的に比較することは容易ではありません。また，現実には企業は対称的でないなど，モデルとはさまざまな条件が異なるので，企業数をそのまま比べても検証になるとは限りません。そこで，これまでの実証研究ではさまざまな工夫をして自国市場効果の検証が行われてきています。

まず，Davis and Weinstein (2003) は，自国市場効果が働くということが，差別化財に対する2国の需要の比が拡大すると，それ以上に2国で生産される差別化財の種類の比が拡大することを意味する点に注目しました。彼らは，OECD 13カ国の産業別データを用いて，各財の生産額（X_{imc}，iは財，mは産業，cは国）を被説明変数とし，その財に対する国内の需要が他国の平均を上回る（または下回る）金額を主な説明変数（DEM_{imc}）とするクロスセクションの回帰分析を行いました[28]。理論で示されているような「比」の形ではなく，それぞれ生産と消費の「水準」で回帰式を作っていますが，その国の産業別生産額と他国の平均的な（産業内の）財別生産割合から想定される各財の国内生産額を説明変数に含めることで，生産についても他国の平均からの乖離を測る形にしています。DEM_{imc} の係数の推定値が1よりも大きければ，国内需要が他国の平均を上回る財は，需要が上回る程度よりも大きく生産額が他国の平均を上回ることになり，自国市場効果を支持する結果となります。彼らは，1.67という統計的に有意な係数の推定値を得ており，需要が平均を1%上回ると，生産額は平均を1.67%上回ることを示しています。つまり，自国市場効果を支持する結果となります[29]。

Head and Ries (2001) は，1990～1995年における米国とカナダの製造業のデータを使って分析をしました。彼らの行った回帰分析は，産業別に各国の生産額の（2国全体に占める）シェアを被説明変数とし各国の（消費）支出シェアを説明変数としています。クルーグマン・モデルの下では，差別化財産業に

---

28) Davis and Weinstein (1999) は，国際貿易における自国市場効果を，国内の地域間の取引における「自地域市場効果」に読み替えて，日本の都道府県別データを使って同様の分析を行い，自国市場効果を支持する結果を示しました。

29) 彼らは産業別の回帰分析も行っており，産業によって係数の推定値が1を上回るものと下回るものがあることが報告されています。

おける 2 国の企業数の比が生産額のシェアの比に等しいという性質を使うと，生産額のシェアと支出シェアの間に線形の関係式を導くことができ，しかも支出シェアの係数が 1 より大きくなります。これは，支出シェアの増加によって，生産額のシェアがそれ以上の比率で増加することを意味するので，自国市場効果を示しています。

他方，クルーグマン・モデルと対立するモデルとして，規模の経済性が働かず，輸出国ごとに異なる 1 種類の財を生産することを仮定したアーミントン・モデル（Armington Model）と呼ばれるモデルがあります[30]。このモデルの下で，やはり生産額のシェアと支出シェアの間に線形の関係式を導くことができますが，このときは支出シェアの係数が 1 より小さくなります。この場合，クルーグマン・モデルとは逆に，生産額のシェアの増加分が支出シェアの増加分を下回るので，「逆自国市場効果」と呼ばれます。これらの 2 つのモデルに対して，生産額のシェアを支出シェアに回帰させる分析で，係数の推定値が 1 よりも大きければ自国市場効果と整合的ですが，1 よりも小さければ逆自国市場効果と整合的ということになります。

Head and Ries (2001) は 2 種類の回帰分析を行いました。1 つは，産業ごとに 6 年間の平均値を用いたクロスセクションの分析です。もう 1 つは，産業と年の固定効果を入れたパネル・データ分析です。前者の分析から得られた係数の推定値は 1.13 で，後者は 0.84 でした（いずれも統計的に有意）。つまり，

---

[30]　アーミントン・モデルとは Armington (1969) によって考案された需要構造を取り入れた貿易モデルのことです。具体的には，各国の各産業では 1 種類の財を生産しており，同じ産業の財でもどこの国で生産されたかによって財が差別化されていると消費者が認識すると仮定されています。つまり，消費者にとっては，ある産業で生産される財について，国の数だけ異なるブランドの種類が消費可能になります。生産側については，リカード・モデルやヘクシャー＝オリーン・モデルなどの伝統的貿易理論と同様に，収穫一定の技術と完全競争が仮定されます。しかし，アーミントン・モデルでは，これらの仮定の下で産業内貿易が行われます。クルーグマン・モデルとは異なり，各国・各産業で生産される財の種類は常に一定（典型的には 1 種類のみ）であると仮定されています。産業内貿易を説明できるモデルでありながら，アーミントン・モデルは主に需要側の要因（すなわち，同じ財でも生産地によって差別化された財として消費者が認識すること）で国際貿易を説明しようとするため，国際貿易の理論研究ではあまり注目されてきませんでした。そのため，標準的な国際経済学の教科書でもほとんど取り上げられてきませんでした。しかし，第 5 章第 4 節で解説する応用一般均衡モデルによるシミュレーション分析では，完全競争のモデルでも産業内貿易を扱うことができるという利便性から，アーミントン・モデルが多用されてきています。

70 第2章 産業内貿易

クロスセクションの分析は自国市場効果と整合的であるのに対して，パネル・データ分析は逆自国市場効果と整合的ということになります。分析手法によって結果が分かれたわけですが，他にも追加的な分析を行って，逆自国市場効果の方がより強く支持されると Head and Ries (2001) は論じています。

《自国市場効果はどのような財・産業に観察されるか？》　自国市場効果は差別化財産業にだけ観察される効果ですから，産業によって自国市場効果が観察される産業とそうでない産業があることが予想されます。実際，Feenstra et al. (2001) や Hanson and Xiang (2004) などの研究がそのような結果を報告しています。まず，Feenstra et al. (2001) は，前出の研究とは異なり，2 国間の財別輸出額のデータを用いて，グラビティ・モデル（gravity model）による分析を行いました[31]。彼らの回帰分析では，2 国間の財別輸出額を被説明変数として，輸出国と輸入国の実質 GDP のほか，2 国間の距離やさまざまな 2 国間の関係を示す変数を説明変数としています。各国の実質 GDP はその国の市場規模を測る変数です。分析では，財を同質財と差別化財に分類しました。分析には 110 カ国以上を対象に，1970～1990 年の 5 年ごとのデータを用いました。差別化財に関して，輸出国の GDP の係数値の方が輸入国の GDP の係数値よりも大きければ，クルーグマン・モデルにおける自国市場効果と整合的であり，逆であればアーミントン・モデルにおける逆自国市場効果と整合的です。他方，同質財に関しては，彼らは本章の補論 1 で紹介する「相互ダンピング・モデル」と呼ばれる同質財の寡占競争モデルを適用しています。このモデルでは，企業が自由参入できる場合は輸出国の GDP の係数値が輸入国の GDP の係数値を上回り，自由参入ができない場合には逆になることを示すことができます。分析の結果，差別化財に関しては，すべての年において輸出国 GDP の係数の推定値が輸入国 GDP の係数の推定値よりも大きいのに対して，同質財に関しては，すべての年において逆の結果になることが示されました。つまり，差別化財では自国市場効果が観察されましたが，同質財では自国市場効果と整合的な結果は得られませんでした。

　また，Hanson and Xiang (2004) は，クルーグマン・モデルを製品差別化の程度が異なる多数産業があるモデルに拡張し，貿易費用および製品差別化の程

31）　グラビティ・モデルについては，第 5 章第 3 節で詳しく説明します。

度と自国市場効果の強さとの間の関係について理論的な予測を示しました。彼らが示したのは，貿易費用が高く，製品差別化の程度が大きい財ほど自国市場効果が強く働くという理論的予測です。

Hanson and Xiang (2004) は，グラビティ・モデルの枠組みに基づいて，次のような回帰分析を行いました。まず，j 国から k 国への財 m の輸出額を X_{mjk} と表し，輸出国 j の GDP を GDP_j と表します。どのようなタイプの財について自国市場効果がより強く働くか，つまり輸出国の市場規模が財の輸出額に影響を与えるか，ということを見るために，貿易費用が高く製品差別化の程度が大きい財 m と貿易費用が低く製品差別化の程度が小さい財 o を選び，それぞれについて j と h という 2 つの輸出国からの輸出額の比，つまり X_{mjk}/X_{mhk} と X_{ojk}/X_{ohk} を計算します。さらにその 2 つの変数の比をとったものを自然対数に変換した $\ln\left(\frac{X_{mjk}/X_{mhk}}{X_{ojk}/X_{ohk}}\right)$ を被説明変数として，それを 2 つの輸出国の GDP の比 $\text{GDP}_j/\text{GDP}_h$ や，各輸出国から輸入国 k までの距離の比の対数をとった $\ln(D_{jk}/D_{hk})$ のほか，いくつかのコントロール変数に回帰するという差の差推定 (difference-in-differences (DID) estimation) と呼ばれる分析方法を用いました[32]。回帰式は以下の通りです。

$$\ln\left(\frac{X_{mjk}/X_{mhk}}{X_{ojk}/X_{ohk}}\right) = \alpha + \beta \ln(\text{GDP}_j/\text{GDP}_h) + \theta \ln(D_{jk}/D_{hk})$$
$$+ \phi^1 \ln(z_j^1/z_h^1) + \cdots + \phi^r \ln(z_j^r/z_h^r) + u_{mojkh} \quad (2.14)$$

ただし，$z_j^1/z_h^1, \ldots, z_j^r/z_h^r$ はさまざまなコントロール変数を表します。自国市場効果を測るための輸出国の GDP の比 $\text{GDP}_j/\text{GDP}_h$ については，(2.14) 式の $\ln(\text{GDP}_j/\text{GDP}_h)$ を $(\text{GDP}_j/\text{GDP}_h - 1)$ に入れ替えた定式化によっても推定しました。推定結果は表 2.4 に示す通りです。

(1) 列目に示すように，$\ln(\text{GDP}_j/\text{GDP}_h)$ の係数の推定値は正で統計的に有

---

32) 差の差推定については付録 2.7 を参照してください。なお，付録で説明しているように，典型的な差の差推定では，政策等の効果を分析するために，2 時点（政策実施前と実施後）の差とグループ間（政策の対象となった個体とそうでない個体）の差という 2 つの差をとって分析を行う場合が多いです。それに対して，Hanson and Xiang (2004) の分析では，2 つの財の差と 2 つの輸出国の差という 2 つの差（比になっているものを対数変換することで差に直すことができます。この点についても付録 2.7 で説明しています）をとって分析しており，典型的な差の差推定とはアプローチが少し異なっています。

第 2 章　産業内貿易

表 2.4　自国市場効果に関する差の差推定結果

説明変数	(1)	(2)
$\ln(\mathrm{GDP}_j/\mathrm{GDP}_h)$	$0.420^\dagger$	
	(3.45)	
$\mathrm{GDP}_j/\mathrm{GDP}_h - 1$		$0.104^\dagger$
		(4.40)
$\ln(D_{jk}/D_{hk})$	$-0.275^\dagger$	$-0.264^\dagger$
	(-5.07)	(-4.99)
R^2	0.074	0.074

(注)　1. 被説明変数は $\ln\left(\dfrac{X_{mjk}/X_{mhk}}{X_{ojk}/X_{ohk}}\right)$。 2.
括弧内の値は t 値。 3. † は 1% 有意を示す。
4. 推定には共通言語，資本・労働比率，1 人
当たり面積，平均教育水準等の説明変数も含
まれているが，ここでは省略する。
(出所)　Hanson and Xiang (2004) Table
5 より抜粋。

意になっています。このことから，GDP で測られた市場規模が大きい国ほ
ど，貿易費用が低く製品差別化の程度が小さい財に比べて，貿易費用が高く製
品差別化の程度が大きい財の輸出が多いことがわかります。(2)列目には，説
明変数を $(\mathrm{GDP}_j/\mathrm{GDP}_h - 1)$ に入れ替えた定式化による推定結果を示してい
ますが，結果は定性的には(1)列目とほぼ同様になっていることがわかります。
　このように，自国市場効果が観察されることを報告している研究があるも
のの，自国市場効果は常に観察されるわけではなく，財の特徴などに依存しま
す。条件によっては自国市場効果とは逆の効果が見られることがあります。

4.2　貿易費用の計測

　貿易費用はクルーグマン・モデルで重要な役割を果たす要素の 1 つですが，
現実の国際貿易では貿易費用はどのくらい重要なのでしょうか。貿易費用に関
する研究の詳細なサーベイを行っている Anderson and van Wincoop (2004)
によれば，米国のデータから推測される今日の先進国間の貿易にかかる典型的
な貿易費用は，取引される財の本体価格のおよそ 1.7 倍（つまり，従価関税と同
様の表示方法で 170%）もかかります。その要因としては輸送費が 21%，貿易障
壁が 44%，国内の流通・販売費用が 55% です（全体では $1.21 \times 1.44 \times 1.55 - 1 \approx$
1.70）。このうち，国内の流通・販売費用を除くと，国際貿易には本体価格の
およそ 74%（$1.21 \times 1.44 - 1 \approx 0.74$）だけ貿易費用がかかることになります。

歴史的に見れば，産業革命以来，交通網の発達や輸送技術の向上などによっ
て，国際輸送にかかる費用は劇的に減少しました。また，第2次世界大戦後
のGATTと，それを引き継いだWTOを中心とする関税および非関税障壁の
削減によって，貿易障壁も大きく減少してきました[33]。にもかかわらず，現
在でも74%の貿易費用がかかるということは，今日の国際貿易においても未
だ貿易費用は無視できない要素であるといえます。

　貿易費用の長期的な変化についてもう少し詳しく見てみると，1870〜2000
年の約130年間にわたる2国間貿易のデータを，アメリカ，アジア，欧州，
オセアニアの4つの地域にまたがる130個の国の組み合わせについて新たに
整備して分析を行ったJacks et al. (2011)による研究がとても興味深い知見
を報告しています。彼らは，130年の期間を大戦前（1870〜1913年），大戦間
（1921〜1939年），大戦後（1950〜2000年）の3つの期間に分けて，それぞれの
期間に貿易費用がどの程度変化したのかを分析しました。それによると，大戦
前の期間には貿易費用が平均でおよそ33%低下しました。この期間にとくに
貿易費用が大きく低下したのは，アジア・オセアニアと欧州間で，約50%も
低下しました。

　それに対して，大戦間には，逆に平均で約13%貿易費用が上昇しました。
1929年までは平均で7%ほど低下しましたが，世界大恐慌をきっかけとする
各国の保護貿易政策の結果，1929〜1932年の間に貿易障壁が大きく引き上げ
られ，この期間全体で見ても貿易費用は上昇しました。

　第2次世界大戦後の1950年以降では，2000年までに平均で約16%貿易費
用は低下しました。この期間には欧州における経済統合の進展によって，欧州
内の貿易費用が約37%低下したのが大きく貢献しています。アメリカ大陸で
は，北米自由貿易協定（North American Free Trade Agreement: NAFTA）の締
結などによって北米での貿易費用はこの期間に約60%も低下しましたが，北
米と南米間の貿易費用は，アルゼンチン，ブラジル，ウルグアイなどが1980
年代に実施した輸入代替工業化（import substitution industrialization）政策な
どの影響により，逆に22%上昇しました[34]。その結果，アメリカ全体ではこ

---

33) GATTとWTOについては第5章のColumn 5.1を参照してください。

34) 輸入代替工業化政策とは，外国から輸入する資本集約的な財や技術集約的な財の輸
　　入を制限して，そのような財の国内生産を促進することで，国内産業構造の近代化を促
　　し，経済発展をしようとする政策です。

Column 2.1 世界はフラット化しているのか？

　ジャーナリストのトーマス・フリードマンが書いた『フラット化する世界』という本が 2005 年（邦訳は 2006 年）に出版されて話題になりました。情報通信技術の発達によって 2000 年以降に急速に経済のグローバル化が進み，米国内の多くの専門技術的業務がインド等へアウトソーシングされるなど，どの国にいるかとは関係なく，世界中の人々が一体となって共同作業を行うことができるようになった一方で，互いに激しい競争をするようになったビジネス環境の変化をフリードマンは「フラット化」と表現しました。モノではなく業務単位で国際的な取引が行われることを指す「タスクの貿易（trade in tasks）」(Grossman and Rossi-Hansberg, 2008) も同様の現象を表現しています。しかし，そのような「フラット化」が急速に進展しているように思われるのとは裏腹に，Jacks et al. (2011) の研究が示すように，貿易費用の変化を見る限りでは，19 世紀におけるグローバル化と比べて，変化の程度はそれほど大きくないのかもしれません。表面的な変化を見るだけではなく，データに基づいて変化を読み取ることが重要です。

の期間内に貿易費用はわずかながら上昇しています。

　さらに，Jacks et al. (2011) はグラビティ・モデルを用いた推定を行って，世界経済における貿易の拡大にどの要因がどの程度寄与しているかを分析しました。その結果，「第 1 次グローバル化」の時代とも呼ばれる大戦前の期間（1870～1913 年）と「第 2 次グローバル化」の時代とも呼ばれる大戦後の期間（1950～2000 年）で，世界貿易は各期間内に平均でそれぞれ 486% と 484% とほぼ同じような規模で拡大しました。ところが，それぞれの期間で貿易費用の低下が貿易の拡大にどの程度貢献したかを見ると，大戦前の期間では貿易拡大の約 60% が貿易費用の低下によるものであるのに対して，大戦後の期間は貿易費用の低下は約 31% しか貢献していません。今日の世界経済はグローバル化の時代といわれ，第 2 次世界大戦後のめざましい輸送や通信技術の向上などが貿易拡大に大きく寄与してきたように思われがちです。しかし，貿易費用の低下による貿易拡大という意味では，実は 19 世紀における蒸気機関や電信，冷凍などの技術革新の方がもっとインパクトが大きかったということを Jacks et al. (2011) の分析結果は示唆しています。

おわりに

本章では，欧州の主要国をはじめ多くの国で活発に行われている産業内貿易について，製品差別化と規模の経済性を基礎とするクルーグマン・モデルによって説明できることを紹介しました。また，クルーグマン・モデルに貿易費用を導入すると自国市場効果と呼ばれる効果が見られることも紹介しました。

これまでの実証研究によれば，クルーグマン・モデルを 2 国・2 財・2 要素モデルに拡張したモデルから導き出される仮説は，産業内貿易が活発に行われている先進国間の貿易データではおおむね支持されます。しかし，それ以外の国々のデータでは必ずしも支持されるとは限りません。

また，現実の産業内貿易には，クルーグマン・モデルで想定されている水平的産業内貿易に加えて，同一産業で品質が異なる財を互いに輸出するような垂直的産業内貿易があります。両者は理論的には異なるモデルで説明されます。しかし実証研究では，貿易額を貿易量で割った単位価値という指標で財の品質を測り，一定の基準で水平的な産業内貿易か垂直的な産業内貿易か判定されます。さらに，クルーグマン・モデルに見られる自国市場効果について，産業によって効果が観察される場合とされない場合があることや，貿易費用の大きさや変化に関する実証研究もかなり行われてきていることなども紹介しました。

さて，本章冒頭の問いに戻ってみましょう。

> **問い** 国際貿易では，同じ品目に分類される財が 2 国間で双方向に輸出される取引が活発に行われています。その理由は何でしょうか。
>
> **答え** これまでの理論・実証研究の知見を踏まえると，同じ品目に分類される財とはいっても，種類（ブランド）の異なる財が生産されています。しかもそれらの財の生産段階で規模の経済性が働くため，生産規模を拡大することで費用が低下する効果が働くということが主な理由です。また，品質が異なることも双方向の貿易が行われる理由になります。なお，理論的には，同質財であっても，あるいは規模の経済性が働かなくても，別のメカニズムによって 2 国間で双方向の貿易が行われる場合があることが示されています。

本章の冒頭で紹介したように，日本は他の先進国と比べると貿易に占める産業内貿易の割合はまだ比較的低い水準です。しかし，産業別では産業内貿易の割合がかなり高い産業もあります。興味を持たれた方は，ぜひご自身で統計データを使ってどの産業が産業内貿易の割合が高いかを確認したり，なぜ産業

内貿易が活発な産業とそうでない産業があるかを確認したりしてみてください。

● 練習問題

2-1 日本の産業別（HS 2 桁分類）の輸出入額のデータ（1990 年，2000 年，2010 年）を用いて，(2.1) 式に基づいて産業内貿易指数を計算してください。必要なデータは本書のサポートサイトからダウンロードできます。

2-2 自国市場効果に関する以下の問いに答えてください。

(1) 自国市場効果とはどのような効果であるかを，市場規模の異なる 2 国があって，各国に同質財産業と差別化財産業があるモデルにおいて，差別化財の貿易にのみ輸送費がかかるという設定で説明してください。

(2)* 差別化財産業がクルーグマン・モデルの特徴を有しているときには自国市場効果が見られるのに対して，アーミントン・モデルのように，生産国によって差別化された財が収穫一定の生産技術の下で生産されて，差別化財産業が完全競争的であるときには自国市場効果が見られないのはなぜですか。理由を説明してください。

(3)* 日米の製造業について，2000～2005 年における産業別のパネル・データがあるとします。データに含まれている情報は，各国の産業別生産額，相手国および他国への輸出額，相手国からの輸入額です。これらのデータを使って，回帰分析によって自国市場効果を検証するにはどのような分析を行ったらよいでしょうか。説明してください。

表 2.5 主要国の貿易パターン（1995, 2005 年）

	1995 年			2005 年		
	OWT	HIIT	VIIT	OWT	HIIT	VIIT
オーストラリア	0.84	0.01	0.09	0.81	0.06	0.12
中国	0.83	0.02	0.14	0.72	0.04	0.23
フランス	0.37	0.19	0.44	0.34	0.18	0.48
日本	0.67	0.07	0.25	0.64	0.05	0.31
韓国	0.72	0.03	0.24	0.67	0.05	0.28
メキシコ	0.48	0.06	0.44	0.43	0.17	0.39
英国	0.40	0.15	0.42	0.41	0.14	0.45
米国	0.48	0.11	0.32	0.48	0.19	0.33

（注） 数字は HS 6 桁レベルで分類された貿易統計から (2.11) 式～
(2.13) 式の基準に従って各貿易パターンを判定し，そこから国の総
貿易に占める割合を計算した。分類不能のものがあるため，合計が必
ずしも 1 にならない。

（出所） CEPII の BACI データベースに基づいて筆者作成。

補論1：寡占競争的な同質財産業における産業内貿易　77

2-3　表2.5は8カ国の1995年と2005年における貿易に占める3つの貿易パ
ターン（一方向貿易：OWT，水平的産業内貿易：HIIT，垂直的産業内貿易：
VIIT）の割合を示しています。この表に示すデータから，図2.2のような三
角形の図を作成し，1995年と2005年の間に各国の貿易パターンがどのよう
に変化したのかを分析してください。

補論1：寡占競争的な同質財産業における産業内貿易

　本章では，製品差別化と独占的競争によって特徴づけられるクルーグマン・モデルに
よって産業内貿易が説明できることを見てきました。この補論では，同質財の寡占競
争モデルでも産業内貿易を説明できることを簡単に見ておきます。Brander (1981) と
Brander and Krugman (1983) によって提唱された相互ダンピング・モデル（recip-
rocal dumping model）と呼ばれるモデルでは，同質財を生産する企業が2国に立地
しており，どちらの国にも財市場がある状況が想定されています。市場では企業間で数
量競争（クールノー競争）が行われると仮定します。そのとき，財の輸送に輸送費がか
かっても双方向の貿易（つまり産業内貿易）が行われることを示せます。

　ここでは，対称的な2国（自国と外国）を考えます。ある同質財を生産する企業が
両国に同数立地しており，市場は数量競争が行われる寡占競争的であると仮定します。
単純化のために，各国に立地する企業数は1社ずつで，各国の市場では2企業による
複占競争になっていると仮定します。

　数量競争を行う寡占企業は，相手企業の生産量は変化しないという予想の下で自社の
利潤を最大化する生産量を選択します。市場の需要全体から相手企業の生産量を引いた
需要を残余需要（residual demand）と呼び，残余需要に対応する限界収入を主観的限
界収入（perceived marginal revenue）と呼びます。このとき，寡占企業の利潤最大化
の条件は，主観的限界収入と限界費用を等しくさせる生産量を選択することです。

　輸出に輸送費がかかると，輸出の限界費用の方が国内供給の限界費用よりも輸送費分
だけ高くなります。そのため，2社の限界費用が一定で等しいとき，輸出市場では相手
企業の方が限界費用が低くなり，どちらの企業も相手国市場では国内市場よりもシェア
が小さくなります。シェアが小さいということは，その分だけ輸出市場の方が国内市場
よりも限界収入が高くなることを意味します。その結果，国内市場と輸出市場の両方で
主観的限界収入が正の生産量で限界費用と等しくなるということが可能となり，各企業
は国内市場と輸出市場の両方に財を供給します。

　このモデルでは「相互ダンピング」と呼ばれる現象が見られます。ダンピング
（dumping，不当廉売）とは輸出財の輸出価格（工場出荷価格）が，同じ財の輸出国

内市場における国内価格を下回っていることをいいます。ところが，このモデルでは上述のように国内市場よりも輸出市場の方が主観的限界収入が高くなり，限界費用に上乗せするマークアップが小さくなります。そのため，輸出財の出荷価格は国内価格を下回らなければならないことになり，自国企業と外国企業の双方がダンピングに該当する価格設定を行うことになります。

一般にダンピングは公正な競争を阻害する行為であると考えられています。しかし，Brander and Krugman (1983) らのモデルが示したことは，寡占競争的な市場において財の輸送費がかかると，通常の企業の利潤最大化行動がダンピングに該当する価格付けをもたらすということです。

なお，略奪的ダンピングと呼ばれる別の種類のダンピングと，相手国のダンピングへの対抗措置であるアンチ・ダンピング措置については，第6章第5節で説明します。

補論2：伝統的貿易理論における産業内貿易

Davis (1995) は，規模に関して収穫一定の技術と完全競争を特徴とするモデルにおいて，比較優位の原理に基づく伝統的貿易理論でも産業内貿易を説明できることを示しました。ヘクシャー＝オリーン・モデルでは，財は生産に投入される生産要素の集約度の違いで特徴づけられることを思い出してください。すなわち，資本と労働の2つの生産要素で2つの財が生産される場合に，一方の財を「資本集約財」，もう一方の財を「労働集約財」と呼ぶことがあります。そうすると，産業も「資本集約財産業」と「労働集約財産業」というように要素集約度の違いで特徴づけることが可能ですから，「産業間貿易」とは「要素集約度の異なる財を互いに貿易すること」で，「産業内貿易」とは「要素集約度が等しい財を互いに貿易すること」と定義することができます。この定義では，実はそもそも生産要素が1つ（労働）だけのリカード・モデルでは，要素集約度という点で財の違いはありません。したがって，解釈の仕方によっては，リカード・モデルは産業内貿易を表現しているということになります。

さらに，Davis (1995) は，ヘクシャー＝オリーン・モデルにリカード・モデル的な技術格差を導入することで，ヘクシャー＝オリーン・モデルでも産業内貿易を説明できることを示しました。ポイントは生産要素の数よりも財の数が多いことです。いま，自国と外国の2国が資本と労働によって生産される X_1, X_2, Y という3つの財を生産・消費することを考えます。X_1 財と X_2 財はどちらも生産に投入される資本・労働比率が等しく，Y 財と比べて相対的に資本集約財とします。他方，Y 財は相対的に労働集約財です。自国と外国は X_2 財と Y 財については等しい生産技術を有していますが，X_1 財については自国の方が外国よりも優れた生産技術を有していると仮定します。2国の要素賦存量は，2国間で要素価格が均等化し，かつ X_1 財が自国だけで生産されるような場合を考えます。このとき，2国間の要素賦存比率によって，自国が X_1

財を輸出して外国が X_2 財を輸出するという貿易パターンになることを示すことができます。X_1 財と X_2 財は要素集約度が等しいことから，これは 2 国間で産業内貿易が行われることを意味するのです。

第**3**章

企業の生産性と海外展開

はじめに：輸出や海外展開を行うのはどのような企業か？

> **問い** 日本の国内で操業している企業のうちで，どれくらいの割合が海外に輸出や投資をしていると思いますか。また，海外展開をしている企業とそうでない企業にはどのような違いがあるでしょうか。

　前章までは産業レベルでの貿易活動を見てきました。もう少し詳しく貿易を調べてみるために，今度は個々の企業に目を向けてみましょう。やや唐突な質問ですが，国内で活動している企業のうちで，生産している製品などを海外に輸出している企業はどのくらいの割合を占めると思いますか。米国のデータを使ってこのことを調べたのがアンドリュー・バーナードらの研究です(Bernard et al., 2009)。彼らが米国センサス局が収集した米国企業の 2000 年のデータを使って分析したところ，米国内で活動している約 550 万社のうち外国に輸出を行っている企業は実に 4.2% しかないことを明らかにしました。また，輸出をしている企業のうち，輸出額の多い上位 1% の企業で米国の輸出額全体の 81% も占めること，さらに上位 10% の企業で全輸出の実に 96% も占めることを明らかにしました。つまり，外国に輸出している企業はごく少数の企業で，その中でもさらに少数の企業が輸出のほとんどを担っているということです。

　これは米国だけに見られる特殊な現象でしょうか。米国は市場規模も大きく，国土も広いので大半の企業が外国に輸出をしていなくても，それほど不思議ではないかもしれません。それに対して，国土も狭く，貿易が経済を支えて

82 第3章 企業の生産性と海外展開

表 3.1 輸出上位企業が輸出額に占める割合

(単位：%)

輸出国	輸出上位企業		
	上位 1%	上位 5%	上位 10%
米国	81	93	96
ドイツ	59	81	90
フランス	44	73	84
	(68)	(88)	(94)
英国	42	69	80
日本	62	85	92

(注) 米国は 2000 年のデータ．米国以外は 2003 年の
データ。欧州各国の数字は大企業のみを対象としたも
の。ただし，フランスの括弧内は全企業対象の値。

(出所) 米国は Bernard et al. (2009)，欧州各国
は Mayer and Ottaviano (2007)，日本は若杉
(2011)。

いる日本や，地理的に比較的狭い範囲に多くの国が存在している欧州などでは
米国とは事情が大きく異なるかもしれません。しかし，実際はそうではありま
せん。国によって多少の差はあっても，多くの国では輸出を行っているのは全
体のごくわずかで，比較的少数の企業が輸出の大半を担っているという傾向は
どの国でも見られる現象であることが最近の多くの研究でわかってきました。
たとえば，本章の第 4.4 項で紹介する Tomiura (2007) によれば，1998 年とや
や古いデータにはなりますが，日本企業約 11 万 8000 社のうちで海外へ輸出
をしている企業は，そのうちの 6.3% だけでした[1]。

　輸出する企業が一部に限られているだけでなく，輸出額の大部分が輸出企業
のうちでも上位の一握りの企業によって占められています。表 3.1 は米国，ド
イツ，フランス，英国，日本について，輸出額の多い上位の企業が輸出額全体
のどの程度の割合を占めているかを示したものです。表からわかるように，米

---

1) ただし，大企業だけに絞れば，輸出企業の割合はかなり高くなります。たとえば，
Mayer and Ottaviano (2007) によれば，ドイツ，フランス，イタリア，英国におけ
る 2003 年時点での輸出企業の割合は，それぞれ 59.3%，67.3%，74.4%，28.3% など
となっています。また，日本でも若杉 (2011) が，経済産業省の「企業活動基本調査」と
いう中規模以上の企業を対象とした調査のデータに基づいた数字を報告しています。そ
れによれば，2005 年時点で日本の製造業における 1 万 3203 社のうち，31.7% の企業
が輸出を行っています（この数字には輸出に加えて海外直接投資も行っている企業が含
まれており，輸出のみの企業に絞ると全体の 14.2% になります）。

はじめに　83

国以外の 4 カ国でも上位の輸出企業に集中する傾向が見られます。日本では輸出額の多い上位 1% の企業が輸出額に占める割合は 62% で，米国の値よりは低いものの，上位 10% になると輸出全体の 92% を占めており，米国とあまり変わらない状況です。ドイツ，フランス，英国などの欧州の主要国についても，集中の度合いが米国よりは低いように見えるかもしれません。しかし，表に示されている数字が大企業のみを対象としたものであることを考慮すると，実際の集中度は米国とそれほど大きく変わらないと考えられます。事実，フランスについては，米国と同様に全企業を対象とした場合の値を括弧内に示していますが，それを見ると，上位 1% の企業の占める割合は 68% と，米国ほど高くないものの，上位 10% の企業の占める割合は 94% と，米国とほぼ同じ値になっています。

　各国の統計が示すように，なぜ輸出をする企業は全体のごく一部にすぎないのでしょうか。本章では，この疑問に対して最新の理論・実証研究の知見を踏まえて答えていきます。また，現実の経済を考えれば当然と思われるかもしれませんが，そもそもなぜ同じ産業内に輸出をする企業としない企業がいるのかということについて，実はヘクシャー＝オリーン・モデルやクルーグマン・モデルではうまく説明することができません。前章の解説では明示的に説明しませんでしたが，クルーグマン・モデルでは，貿易が自由化されたときに，同じ産業内の企業が輸出する企業とそうでない企業に分かれるという現象は見られません。したがって，クルーグマン・モデルを拡張しないと，同じ産業内に輸出する企業としない企業がいることをうまく説明できないのです。そこで本章では，まずそうした現象を説明することができる新しいモデルを紹介します。

　さらに，企業活動の国際化は輸出だけではありません。海外に子会社を持って，そこで生産を行ったり，サービスを提供したりすることを**海外直接投資**（FDI）といいます。FDI を行っている企業のことを**多国籍企業**（multinational enterprise: MNE）と呼びます。トヨタ自動車をはじめとする日本を代表する企業の多くは多国籍企業です。また，海外での生産は FDI による子会社での生産にとどまりません。**海外アウトソーシング**（foreign outsourcing）と呼ばれる海外の企業への生産委託なども企業の国際化活動の 1 つです[2]。本章ではそれ

2）　業務の一部を海外に移転することについて「オフショアリング（offshoring）」という呼び方もあり，狭い意味では FDI による海外生産のことをオフショアリングといいます。他方，FDI に海外アウトソーシングも含めてオフショアリングと呼ぶ場合もあり，

84　第3章　企業の生産性と海外展開

らのさまざまな国際化活動にも目を向けることにします。

1 なぜ同じ産業内に輸出をする企業としない企業がいるのか？

メリッツ・モデル

　前章で学んだクルーグマン・モデルは，同じ産業内で各企業が製品差別化された財を生産する独占的競争モデルをベースにした貿易モデルでした。しかし，クルーグマン・モデルでは，分析を簡単にするために，すべての企業は生産性などの点において同一であることが暗黙に仮定されていました。**生産性**（productivity）とは，生産活動に投入される生産要素が単位当たりどの程度の産出量を生産できるかを測る概念です。よく用いられるのは労働1単位（すなわち労働者1人当たり，または労働時間も考慮して労働者1人が一定時間働いたとき）が生み出す生産量で定義される**労働生産性**（labor productivity）ですが，労働以外の生産要素の投入も考慮した別の指標もあります[3]。これについては次節で詳しく解説します。生産が効率的に行われていれば，同量の生産要素の投入からより多くの産出量を生産することができる（あるいは同量の産出量を生産するのにより少量の生産要素の投入ですむ）ので，生産性が高いということになります。したがって，生産性とは生産効率や生産技術の指標であると考えることができます。クルーグマン・モデルでは，そうした生産効率や生産技術をはじめとするさまざまな特性において企業間の相違を捨象していました。そのため，クルーグマン・モデルでは市場に参入した企業はすべて同様に行動します。

　それに対してマーク・メリッツは，2003年に公表した論文（Melitz, 2003）の中で新しいモデルを展開しました。具体的には，企業ごとに異なる生産性が確率的に決定されるメカニズムと，国内で生産するのにかかる固定費用に加え

　　経済学者の間ではどちらかというと後者の方が一般的なようです。第4章第3節では，後者の定義によるオフショアリングが賃金格差に与える影響について解説しています。なお，実証研究を中心としたオフショアリング全般に関する入門書としては，Feenstra (2010) があります。また，海外アウトソーシングを中心に，とくに日本企業の分析を踏まえて詳しい解説を冨浦 (2014) が行っています。

3)　ミクロ経済学のテキストでは，たとえば矢野 (2001) が生産性の概念について詳しく説明しています。マクロ経済学のテキストでもクルーグマン=ウェルス (2009) やマンキュー (2014) などは，労働生産性のことを一般に生産性と呼ぶという形で生産性について詳しく解説しています。また，生産性の計測については本書巻末の付録4を参照してください。

て，外国市場に輸出する際にかかる固定費用をクルーグマン・モデルに導入することによって，同じ産業内でも輸出する企業と輸出しない企業が混在する状況を分析しました。メリッツ・モデル（Melitz Model）または異質な企業モデル（heterogeneous firm model）と呼ばれるこのモデルのエッセンスを見てみましょう[4]。

1.1 メリッツ・モデルの基本構造

クルーグマン・モデルと同様に，ある産業において各企業が製品差別化された財を生産する独占的競争モデルを考えます。前章と同様に，各企業は異なるブランドの財を生産すると仮定します。第 i ブランドに対する消費者個人の需要関数を $x_i = p_i^{-\varepsilon}$ とします。ただし，x_i と p_i はそれぞれ第 i ブランドの消費量と価格を表し，ε は需要の価格弾力性で，$\varepsilon > 1$ を仮定します。ここでは分析を簡単にするために，ε は一定ですべてのブランドに共通であると仮定します。企業の生産について固定的な労働投入を f_D，可変的な労働投入（生産の 1 単位増加に必要な労働量）を c_i とし，賃金率を w とします。f_D はすべての企業に共通であるのに対して，c_i は企業ごとに異なり，かつ確率的に決まるものとします。各企業は市場に参入するときに参入費用 wf_E を支払ってから，自社の c_i の値を知ることになります[5]。これは，たとえば工場を建設して財の生産を開始するには最初に投資を行う必要がありますが，自社がどの程度効率よく生産できるかは，実際に操業を開始してみないとわからないもので，事前に生産性を予想するのは容易でないことを反映していると解釈できます。

なお，c_i は可変的な労働投入量ですから，c_i の値が小さいほど生産 1 単位に必要な労働投入が少ないことになります。c_i の逆数の $1/c_i$ は，労働 1 単位が生み出す生産量を表しますので，c_i の値が小さいほど労働 1 単位が生み出す生産量が多い，つまり生産性の高い企業だということを意味します。

このモデルにおいて利潤最大化条件は前章のクルーグマン・モデルと同じ

---

[4] 第 2 章で紹介したクルーグマン・モデルが「新貿易理論」と呼ばれることを踏まえて，メリッツ・モデルおよびその拡張モデルに基づく貿易理論について，**新・新貿易理論**（new new trade theory）と呼ばれることもあります。メリッツ・モデルが登場するまでの研究の流れやその後の研究動向については，田中（2015）がわかりやすく解説しています。

[5] ここで c_i, f_D, f_E はすべて労働単位で表されているので，貨幣単位（費用）で表すには賃金率の w を掛ける必要があることに注意してください。

86　第 3 章　企業の生産性と海外展開

で，次式で与えられます。

$$p_i\left(1 - \frac{1}{\varepsilon}\right) = wc_i \quad \Leftrightarrow \quad p_i = \left(\frac{\varepsilon}{\varepsilon - 1}\right)wc_i \qquad (3.1)$$

ここで w は労働の賃金を表し，wc_i が限界費用になります。第 2 章の (2.5) 式で説明したように，限界費用に一定のマークアップを上乗せして価格が設定されています。なお，クルーグマン・モデルでは限界費用がすべての企業に共通だったのに対して，メリッツ・モデルでは c_i が企業ごとに異なっているという点がポイントです。

　国内に L 人の消費者がいる（すなわち国内の市場規模を L をする）とき，第 i ブランドを生産する企業が国内市場向け生産から得られる利潤 π_i^D は

$$\pi_i^D(\Theta_i) = AL(wc_i)^{1-\varepsilon} - wf_D = ALw^{1-\varepsilon}\Theta_i - wf_D \qquad (3.2)$$

になります[6]。ただし，$A \equiv \varepsilon^{-\varepsilon}/(\varepsilon - 1)^{1-\varepsilon}$ であり，$\Theta_i \equiv c_i^{1-\varepsilon}$ は（需要側の要素も考慮した）企業の生産性の水準を表す指標です[7]。$\varepsilon > 1$ の仮定より，c_i の値が小さいほど Θ_i の値は大きくなり，Θ_i の値が大きい企業は生産性が高い企業である点に注意してください。なお，式中に使われている上添え字または下添え字の D は国内市場向け生産であることを意味します。

1.2　外国市場への輸出

　次に外国市場への輸出を考えます。外国市場へ輸出するには国内生産にかかる固定費とは別の固定費 wf_X がかかり，しかも国内生産の固定費よりも高

---

6)　(3.2) 式は $x_i = p_i^{-\varepsilon}$ と (3.1) 式を用いて以下のように導出されます。

$$\pi_i^D = (p_i - wc_i)Lx_i - wf_D = (p_i - wc_i)Lp_i^{-\varepsilon} - wf_D$$

$$= \left[\left(\frac{\varepsilon}{\varepsilon - 1}\right)wc_i - wc_i\right]L\left[\left(\frac{\varepsilon}{\varepsilon - 1}\right)wc_i\right]^{-\varepsilon} - wf_D$$

$$= \left[\left(\frac{\varepsilon}{\varepsilon - 1}\right) - 1\right]L\left(\frac{\varepsilon}{\varepsilon - 1}\right)^{-\varepsilon}(wc_i)^{1-\varepsilon} - wf_D$$

$$= AL(wc_i)^{1-\varepsilon} - wf_D = ALw^{1-\varepsilon}\Theta_i - wf_D$$

7)　なお，メリッツ・モデルでは生産要素が労働だけであるため，正確には Θ_i は労働生産性の指標になります。しかし，モデルとしては生産要素を「労働」と呼んでいるだけであって，労働以外の生産要素が含まれていてもかまいません。解釈の仕方では，さまざまな生産要素をまとめて 1 つの生産要素として扱っていると考えることもできます。その場合，Θ_i は次節で解説する，より一般的な生産性の指標である全要素生産性（TFP）に対応しているといえます。

いと仮定します。つまり，$f_X > f_D$ です。なお，下添え字の X は外国市場向けの生産であることを意味します。外国市場に輸出するには，外国市場で販売網を構築したり，外国の消費者向けの広告・宣伝を行ったりする必要があります。また，自国と相手国の双方で通関の手続きが必要になります。それらにかかる費用が輸出の固定費に含まれます。また，財の輸送には輸送費がかかるとします。前章と同様に氷塊型輸送費用を仮定すると，輸出先の市場に 1 単位届けるために，輸出元では τ 単位 $(\tau > 1)$ だけ出荷しなければなりません。その結果，輸出 1 単位にかかる限界費用は τwc_i となります。輸出市場における最適な価格は

$$p_i = \left(\frac{\varepsilon}{\varepsilon - 1} \right) \tau wc_i$$

であり，市場規模が L^* である輸出市場から得られる利潤は

$$\pi_i^X(\Theta_i) = AL^*(\tau w)^{1-\varepsilon} \Theta_i - wf_X \qquad (3.3)$$

となります。ここでは単純化のために $L^* = L$ を仮定します。

横軸に企業の生産性 Θ_i をとり，縦軸に企業の利潤 π_i をとった図に (3.2) 式と (3.3) 式で示された $\pi_i^D(\Theta_i)$ と $\pi_i^X(\Theta_i)$ の線を描いたのが図 3.1 です。(3.2)式と (3.3) 式からわかるように，どちらも $\Theta_i = 0$ のときは固定費用の部分だけになりますので，縦軸の切片はそれぞれ $-wf_D$ と $-wf_X$ になります。また，どちらも Θ_i の 1 次関数ですので，右上がりの直線になります。それぞれの線の傾きは $ALw^{1-\varepsilon}$ と $AL^*(\tau w)^{1-\varepsilon}$ ですが，$L^* = L$ のとき，$\tau > 1$ と $\varepsilon > 1$ の仮定より，$\pi_i^X(\Theta_i)$ の方が，$\tau^{1-\varepsilon} = (1/\tau)^{\varepsilon-1} < 1$ の分だけ傾きが緩やかである点に注意してください。

図 3.1 からわかることは，国内市場でも外国市場でも，生産性の高い企業（すなわち Θ_i の値の大きい企業）ほど得られる利潤が高いということです。また，$\pi_i^D(\Theta_i)$ の線の方が常に $\pi_i^X(\Theta_i)$ の線よりも上に位置していますので，どの生産性の企業にとっても，輸出から得られる利潤よりも国内市場から得られる利潤の方が高くなっています。これは，需要の大きさが 2 つの市場で等しいのに対して，外国に輸出するのは輸送費がかかるため，その分だけ費用が高くなるからです。さらに，$\pi_i^X(\Theta_i)$ の値が正になるような Θ_i の領域では，必ず $\pi_i^D(\Theta_i)$ も正になっていることもわかります。これは外国に輸出して正の利潤を得られる企業は必ず国内市場にも財を供給することを意味します。しか

図 3.1 企業の生産性と輸出の選択

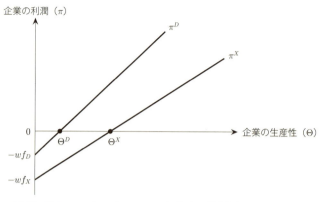

(出所) Helpman (2006) Figure 2 に基づいて筆者作成.

し, 逆は成り立ちません. つまり, $\pi_i^D(\Theta_i)$ が正となっている Θ_i の領域のうち, Θ_i の値が低い場合には, $\pi_i^X(\Theta_i)$ は負になってしまっています. つまり, 国内市場には財を供給できても, 相対的に生産性の低い一部の企業は, 外国に輸出はできないということです.

$\pi_i^D = 0$ となるような Θ_i を Θ^D, $\pi_i^X = 0$ となるような Θ_i を Θ^X と定義すると, このモデルでは, 図 3.1 に示すように, 生産性の水準によって企業は次の 3 種類に分けられます. まず, $\Theta_i < \Theta^D$ である企業は市場内にとどまって生産を続けても利潤がマイナスになるため, 市場から退出します. $\Theta^D \leq \Theta_i < \Theta^X$ である企業は国内市場のみに供給する「非国際化企業」となります. $\Theta_i \geq \Theta^X$ である企業は国内市場と輸出市場の両方に財を供給する「輸出企業」となります. このようにメリッツ・モデルでは, 生産性の高い企業だけが外国へ輸出するようになることを示すことができます.

なお, クルーグマン・モデルと同様に, メリッツ・モデルにおいても当該産業への企業の自由参入・退出が仮定されています. 上述の通り, 参入するにはまず参入費用 wf_E を支払ってから自社の生産性を知ることになるため, 事前の生産性の分布から計算される利潤の期待値がちょうど参入費用 wf_E に等しくなるまで新規参入があります. 各企業は参入後に自社の生産性を知ってから, その生産性水準によって操業を開始せずに市場から退出するか, 国内市場向けの生産だけを行うか, あるいは国内市場への財の供給に加えて外国市場へも輸出を行うかを決定します. また, 操業している企業について, ある外生的

な確率で市場から退出することが仮定されています。健全な経営をしている企業でも何らかの外生的なショックで突然倒産の危機に襲われるリスクがあるというわけです。

以上のような設定となっているメリッツ・モデルにおける内生変数は，国内生産と輸出に関する生産性のカットオフ（cutoff）水準と呼ばれる Θ^D と Θ^X，利潤の平均値 $\bar{\pi}$，当該産業の物価水準 P，操業する企業数 M と，賃金 w になります。メリッツ・モデルでは常に市場内の企業が入れ替わっていくことが想定されていますが，定常的な均衡では内生変数は一定になり変化しません。そのような均衡では，動学的なプロセスがない静学的なモデルと同じような形でモデルを解くことができます。そのため，定常的な均衡についてモデルを解くと，内生変数をすべて外生変数とパラメータで表現することができます。均衡の分析は上級レベルになり，説明もかなり複雑になるため，本章の補論で概略を説明するにとどめておきます。

2 どのような企業が輸出しているのか？

2.1 輸出プレミアム

前節で紹介したメリッツ・モデルによれば，輸出企業は非輸出企業よりも生産性が高いという特徴を持っています。では，現実の経済で輸出企業と非輸出企業にはどのような違いがあるのかを比較してみましょう。ここでは，生産性，雇用者数，賃金などのさまざまな指標で比較します。また，生産性の代表的な指標としては，労働 1 単位当たりの付加価値額（または売上）で計算される労働生産性と，資本や労働，その他のすべての生産要素の投入の組み合わせ 1 単位当たりの付加価値（または生産）として計算され，技術水準や効率性の指標である**全要素生産性**（total factor productivity: TFP）（⇒ 付録 4.1 参照）の 2 種類がありますが，ここでは両方の指標を使うことにします。さらに，輸出企業と非輸出企業のパフォーマンスの差を測るために，雇用者数等のさまざまな変数について，輸出企業の平均値を非輸出企業の平均値で割った「**輸出プレミアム**」（export premium）と呼ばれる指標を用いることにします。つまり，この指標が 1 より大きければ，その変数について輸出企業の方が非輸出企業よりも値が大きいことを意味します。

ドイツ，フランス，英国，日本の 2003 年の企業データを用いて，いくつか

第3章 企業の生産性と海外展開

表 3.2 主要国の輸出プレミアム (2003 年)

国名	雇用者数	付加価値	賃金	労働生産性	TFP
ドイツ	2.99	–	1.02	–	–
フランス	2.24	2.68	1.09	1.31	1.15
英国	1.13	1.21	1.01	1.02	1.10
日本	3.02	5.22	1.25	1.37	1.32

(注) 英国は 1989～2002 年のデータから得られた値。
(出所) ドイツ，フランスは Mayer and Ottaviano (2007)，英国は Greenaway and Kneller (2004)，日本は若杉 (2011)。

の変数について輸出プレミアムを示したのが表 3.2 です。表に示すように，すべての国のすべての変数が 1 を上回っています。とくに雇用者数では，英国を除いて，輸出企業は非輸出企業よりも 2～3 倍の雇用者数になっています。また付加価値についても，フランスは輸出プレミアムが 2.68，日本に関しては実に 5.22 という高い値になっています。なお，雇用者数と付加価値は企業規模を測る指標になります。

　メリッツ・モデルとの関係で注目されるのは生産性に関する輸出プレミアムです。英国では労働生産性で 2%，TFP では 10% 程度の輸出プレミアムが観察されます。フランスと日本についてはさらに高い輸出プレミアムがあり，労働生産性または TFP で見ると，輸出企業の方が 15～37% 程度生産性が高いことがわかります。

　以上より，主要先進国に共通する，非輸出企業と比較した場合の輸出企業の平均的な特徴として，(1) 生産性が高い，(2) 企業規模が大きく賃金も高い，という 2 点があげられます。またここではデータを示していませんが，(3) 資本集約度および技能集約度が高い，という特徴もあることが先行研究によって示されています。

2.2　輸出企業と非輸出企業の生産性分布

　以上の特徴はあくまでも平均値を比較しただけですが，実際には輸出企業にも非輸出企業にもさまざまな企業が存在します。それでは，輸出企業と非輸出企業の生産性の分布を比較しても両者の間には違いがあるといえるでしょうか。この点について，日本企業の生産性の分布を企業の属性ごとに調べた若杉 (2011) の分析結果を見てみましょう。若杉 (2011) は，輸出だけでなく，FDI も考慮して，輸出も FDI もしていない「非国際化企業」，輸出はしているが

図 3.2 日本企業の生産性分布（2005 年，日本の製造業に属する 50 人以上の企業）

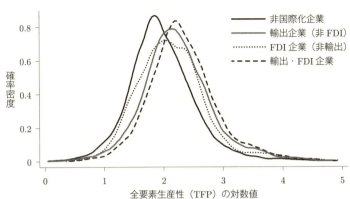

（出所）　若杉 (2011) 図 1-5。

FDI はしていない「輸出企業」，FDI はしているが輸出はしていない「FDI 企業」，輸出も FDI もしている「輸出・FDI 企業」の 4 つの属性に企業を分類しました。2005 年のデータを用いて，各企業の TFP を計算して属性ごとの分布をプロットしました。それが図 3.2 です。図を見ると，非国際化企業の分布と比べて，輸出または FDI の少なくともいずれかに従事している「国際化企業」の分布は全体的に右に寄っており，全体的に生産性が高いことがわかります。ここではとくにデータは示しませんが，米国や欧州の多くの国の企業データからも同様の傾向が報告されています。

ただし，図 3.2 を見ると，非国際化企業と，国際化企業の分布の重なりが大きいこともわかります。欧米の場合と比べて，日本企業の方が両者の分布の重なりが大きいという指摘もあります (若杉, 2011, 第 4 章)。この点について戸堂 (2011) は生産性が高いにもかかわらず国際化していない企業を「臥龍企業」と呼び，逆に生産性が低いのに国際化している企業を「ゾンビ企業」と名付けています[8]。このようなタイプの企業の存在は，メリッツ・モデルが示すよう

---

8) なお，別の文脈で，星岳雄は 1990 年代の日本経済に多く存在した「生産性や収益性が低く本来市場から退出すべきであるにもかかわらず，債権者や政府からの支援により事業を継続している企業」（星・カシャップ, 2013, 22 ページ）のことをゾンビ企業と定義しています。星はバブル経済崩壊後の日本経済が長期的な停滞に陥った原因の 1 つとして，ゾンビ企業の問題に注目し，一連の研究を行いました。それらの研究の成果の一部は星 (2006) や星・カシャップ (2013) に紹介されています。2010 年代になってから中国でもゾンビ企業の問題が注目されるようになりました。

に，生産性の違いだけでは日本企業の国際化行動を説明することはできないことを示しています。このことは，生産性以外に，日本企業の国際化にとって観察できない企業特性が重要な役割を担っていることや，非市場的なメカニズムが働いていることをうかがわせるものです。

2.3　自己選別仮説と輸出による学習仮説

　ここまでの議論で，輸出企業の方が非輸出企業よりも平均的に生産性が高いことがわかりました。しかし，因果関係については触れてきませんでした。生産性の高い企業が輸出をするようになるという可能性も考えられますし，逆に輸出を行うと生産性が高くなるという可能性も考えられます。前者は自己選別仮説 (self-selection hypothesis)，後者は輸出による学習仮説 (learning-by-exporting hypothesis) と呼ばれて，どちらが支持されるのかについてこれまでに多くの研究が行われてきました。

　因果関係をきちんと計量的に分析するのは容易ではありません。自己選別仮説を検証するには，将来輸出を開始する企業の輸出開始前の生産性を，将来も非輸出企業であり続ける企業の生産性と比較して，前者の方が有意に高ければ仮説が支持されたといえます。他方，学習仮説を検証するには，輸出を開始した企業の輸出開始後の生産性（または生産性の伸び）と，その企業の輸出開始以前の時点において，生産性をはじめとするさまざまな企業特性においてよく似た企業で，かつその後も非輸出企業であり続けた企業の生産性（または生産性の伸び）とを比較します。その結果，前者の方が有意に高ければ輸出による学習仮説が支持されたといえます。

　この分野の実証研究の先駆者であるアンドリュー・バーナードとブラッドフォード・ジェンセンによる米国のデータを用いた研究 (Bernard and Jensen, 1999) をはじめ，さまざまな国の研究で自己選別仮説を支持する分析結果が報告されています。他方，輸出による学習仮説については，2000年代半ばまでは一部の研究が支持するにとどまり，輸出による学習効果は統計的に有意でないという分析結果が多く報告されていました。

　しかし，その後のさまざまな国のデータによる最近までの実証研究の蓄積によって，輸出による学習仮説の有無はさまざまな条件に依存している可能性が明らかになってきました。たとえば，輸出による学習仮説は先進国よりも途上国の企業に関して支持される傾向が強いこと，高所得国に対する輸出について

は学習仮説が支持されやすいこと，輸出開始直後の方が，輸出開始から数年後よりも学習効果が大きいことなどが指摘されています。

また，従来の研究には計量分析上の手法的な問題があり，そのために多くの研究で学習仮説が棄却されてきた可能性を最近 De Loecker (2013) が指摘しました[9]。De Loecker (2013) はスロベニアの企業レベルデータを用いて，改良した手法で分析すると，輸出開始によって平均で 4.7% ほど生産性が上がる有意な効果が見られることを示しました。今後もさらにさまざまな国のデータを使った研究成果が蓄積されていくことによって，自己選別仮説と輸出による学習仮説に関する私たちの理解がさらに深まると期待されます[10]。

3 貿易額はいかに分解できるか？

外延と内延

3.1 メリッツ・モデルから見た貿易統計

メリッツ・モデルや最近の多くの実証研究が明らかにしてきたことは，国内の同じ産業で同じ財を生産している企業でも，そのうちの一部の企業しか輸出を行っていないということです。この点を考慮すると，一般に公表されている貿易統計の見方が変わってきます。

一般に利用可能な貿易統計（international trade statistics）（⇒ 付録 1.2 参照）としては，たとえば日本の貿易では，細かく分類された財について，どんな財をどの国からいくら輸入したか，あるいはどの国にいくら輸出したかが月単

---

9) 上級レベルの内容になるため，ここでは詳しい説明はしませんが，輸出による学習仮説を検証するには，過去の輸出経験が将来の企業の生産性に影響することを明示的に考慮して計量分析を行う必要があります。しかし，従来の研究では，生産関数における残差（residual）として推定される生産性（TFP）が企業のさまざまな活動や選択とは相関しないショックであると仮定されていたり，あるいは外生的なマルコフ過程に従うと仮定されていたりしました。その結果，輸出開始による生産性向上の効果が過小に推定されていた可能性があります。

10) 自己選別仮説と輸出による学習仮説に関する研究に興味のある人は Greenaway and Kneller (2007) や Wagner (2007, 2012) 等の研究動向に関するサーベイ論文を読むとよいでしょう。輸出による学習仮説については，これまでの関連する実証研究に基づいて Martins and Yang (2009) が検証を行っています。また，Silva et al. (2012) が詳しい解説をしています。また，Hayakawa et al. (2012) は，輸出以外にも第 4.1 項で取り上げる FDI 等も含めて，より広い視点から企業の国際化に対する自己選別と学習効果に関する研究紹介を行っています。

位で公表されています。公表されているのは輸出・輸入の金額と数量です[11]。最も細かい分類では，9桁の数字からなる品目番号で定義された財についてひと月単位で貿易額がわかります。たとえば，「87031000」という品目番号の財（ある特定の種類の乗用自動車）をある月に日本から米国へいくら輸出したかについて輸出額がわかります。その財を輸出している企業が複数あれば，貿易統計からわかる輸出額は各企業の輸出額を合計したものになります。実際には各企業の輸出額は異なるでしょうが，大雑把にいえば，第 i 財の j 国への t 時点（年月）の輸出額を

$$\text{輸出額}_{ijt} = \underbrace{\text{輸出企業数}_{ijt}}_{(1)} \times \underbrace{1\,\text{企業当たりの平均的輸出額}_{ijt}}_{(2)} \tag{3.4}$$

と分解することができます。同じ財の同じ輸出相手国でも，月によって輸出する企業数は変化するでしょうし，ましてや違う輸出相手国であれば，同じ財でも輸出する企業数は異なるはずです。第1節で学んだメリッツ・モデルからわかることは，輸出にかかる固定費用である wf_X や輸送費 τ，さらには輸出相手国の市場規模 L^* などによって，日本でその財を生産している企業のうち，何社が輸出するかが変わるということです。同じ輸出相手国でも，たとえば通関検査が厳しくなると wf_X が変化したり，燃料費の変化で τ が変化したりします。また，市場規模（＝需要の大きさ）はその国の景気に左右されるかもしれません[12]。また，異なる輸出相手国であれば，wf_X も τ も L^* も異なるはずです。

3.2 輸出の外延と内延とは？

前章で学んだクルーグマン・モデルでは，日本からある国にある財を輸出している限り，日本国内でその財を生産している企業はすべて輸出しているこ

---

11) ちなみに，米国や中国をはじめ，国内のどの企業がどんな財をどの国へいくら輸出したか，あるいはどの国からいくら輸入したか，という詳細な貿易統計の利用が可能な国が少なからずあります。それに対して，残念ながら日本では，本書の出版時点でまだそのような詳細な貿易統計の利用は研究者にすら許可されていません。そのため，貿易と企業の結び付きに関する研究において，日本は諸外国に比べて大幅な遅れをとってしまっています。

12) 第1.2項で説明したように，輸出をするには外国での販売網の構築や外国の消費者向けの広告・宣伝，通関手続き等の固定費用がかかると考えられます。

とが暗黙裡に仮定されています。そのため，(3.4) 式で輸出額の変化はすべて右辺の (2) の項の 1 企業当たりの平均的輸出額の変化ということになります。それに対してメリッツ・モデルでは，輸出相手国によって，あるいは同じ輸出相手国でも時点によって，日本からその財を輸出する企業数が変化するため，(3.4) 式で仮に右辺の (2) 項の 1 企業当たりの平均的輸出額が変化しなくても，(1) 項の輸出企業数が変化すれば輸出額は変化します。(3.4) 式において (1) 項の輸出企業数のことを輸出の外延 (extensive margin)，(2) 項の 1 企業当たりの平均的輸出額のことを輸出の内延 (intensive margin) と呼びます。メリッツ・モデルの登場以降，輸出の外延の重要性が注目されるようになりました。何らかの要因で輸出額が変化した場合に，それが 1 企業当たりの平均的輸出額の変化によるものなのか，それとも輸出する企業数の変化によるものなのかでは影響の解釈が異なるからです。

「外延」と「内延」という分解の仕方は，輸出だけでなく輸入にも適用できますし，輸出入を合わせた貿易全体にも適用可能です。それだけでなく，もっと広く応用が可能です。たとえば，日本からある品目が何カ国に輸出されているかという「輸出相手国数」が輸出の外延で，その品目について「1 国当たりの輸出額」がそれに対応する輸出の内延ということになります。あるいは，輸出相手国別で，日本から輸出される「輸出品目数」が輸出の外延で「1 品目当たりの輸出額」がそれに対応する輸出の内延です。

さらには，これまでは単純化のために各企業は 1 ブランドしか生産しないと仮定していましたが，各企業が複数のブランドを生産することを想定すれば，(3.4) 式よりも細かく分解して，

$$輸出額_{ijt} = 輸出企業数_{ijt} \times 1 \text{企業当たりの平均ブランド数}_{ijt}$$
$$\times 1 \text{企業} 1 \text{ブランド当たりの平均的輸出額}_{ijt} \qquad (3.5)$$

とすることが可能になります。このとき，第 1 項の「輸出企業数」と第 2 項の「1 企業当たりの平均ブランド数」はともに輸出の外延に相当し，第 3 項の「1 企業 1 ブランド当たりの平均的輸出額」が輸出の内延です。

3.3 貿易の外延と内延はどの程度重要か？

貿易額全体の変化に対して，貿易の外延と内延がそれぞれどの程度の重要性を占めているのかを理解する上で参考になる分析を，Bernard et al. (2011) が

グラビティ・モデルを用いて行っています[13]。彼らは米国の 2002 年の 2 国間輸出統計を使って分析をしました。

まず各相手国別輸出総額の対数値を被説明変数として、それを輸出相手国の市場規模（GDP）の対数値と輸送費の代理変数である米国からの距離の対数値に回帰させる推定を最小二乗法（OLS）で行いました。次に、各相手国別輸出総額を、輸出額が正である企業別製品数（外延）[14]と企業別製品単位の平均輸出額（内延）に分解し、それぞれの対数値を被説明変数とする回帰分析を同じく OLS で行って、各説明変数の係数の推定値を比較しました。

その結果、距離が 1% 長くなると米国から相手国への 2 国間輸出総額が 1.37% 減少するのに対して、米国から相手国への 2 国間輸出における企業別製品数は 1.43% 減少し、企業別製品単位の平均的輸出額の変化は統計的には有意でないことがわかりました。また輸出相手国の GDP が 1% 上がると米国から相手国への 2 国間輸出総額が 1.01% 増加するのに対して、米国から相手国への 2 国間輸出における企業別製品数は 0.78% 増加し、企業別製品単位の平均的輸出額は 0.23% 増加することがわかりました。この分析結果からわかるのは、輸出相手国までの距離や相手国の市場規模に伴う米国からの 2 国間輸出総額の変動のうち、大部分は企業別製品数、つまり輸出の外延の変動によるものであり、企業別製品単位の平均的輸出額、つまり輸出の内延の変動による部分はあまり大きくないということです。

Hummels and Klenow (2005) も少し異なる指標で貿易の外延と内延を測って、貿易全体に占める外延の重要性を示しました。彼らは、世界 126 カ国の 1995 年における 59 カ国向けの 5017 品目に分類された輸出データを用いて分析しました。彼らの定義では、k 国から j 国への輸出の外延（EM_{kj}）とは、k 国以外のすべての国から j 国への輸出に関して、k 国が j 国へ輸出している品目についての輸出額の合計と全品目の輸出総額の比で表されます。すなわち、

$$\mathrm{EM}_{kj} = \frac{k \text{ 国から } j \text{ 国への輸出品目について } k \text{ 国以外の}}{k \text{ 国以外のすべての国が } j \text{ 国へ輸出する全品目の輸出総額}}$$

です。これは、k 国以外のすべての国から j 国への輸出額において、k 国から

13）グラビティ・モデルについては第 5 章第 3 節で詳しく説明します。

14）製品は HS コードで 10 桁の非常に細かい品目分類で分けられていて、同じ品目に属する製品でも異なる企業が生産する製品は別々に計上されます。

j 国へ輸出される品目が全品目に占める割合で輸出の外延を測るものです。も
し他国が j 国へ輸出する全品目を k 国も輸出していれば $\mathrm{EM}_{kj} = 1$ となりま
す。逆に，たとえば $\mathrm{EM}_{kj} = 0.6$ とは，金額ベースで k 国が全体の 60% の品
目を輸出しているということを意味します。

他方，k 国から j 国への輸出の内延（IM_{kj}）とは，k 国から j 国へ輸出され
る品目について，k 国から j 国への輸出額と k 国以外のすべての国から j 国へ
の輸出額の比で表されます。すなわち，

$$\mathrm{IM}_{kj} = \frac{k\,\text{国から}\,j\,\text{国への輸出額の合計}}{\substack{k\,\text{国から}\,j\,\text{国への輸出品目について}\,k\,\text{国以外の}\\ \text{すべての国から}\,j\,\text{国への輸出額の合計}}}$$

です。これは，k 国から j 国へ輸出される品目に限定して，それらの品目につ
いて k 国以外のすべての国から j 国への輸出額に対して，k 国からの輸出総額
の相対的な大きさで輸出の内延を測るのです。たとえば，$\mathrm{IM}_{kj} = 0.4$ であれ
ば，k 国が j 国へ輸出している品目に関して，k 国の j 国に対する輸出額は他
国の j 国に対する輸出額の 40% の規模であることを意味します。

このようにして測った輸出の外延，内延と貿易総額のそれぞれについて輸出
国の GDP を他国の GDP 比に回帰させる分析をして，国の相対的な経済規模
の変化の影響を調べました（変数はすべて自然対数化しています）。その結果，国
の経済規模の変化に伴う輸出額の変化（つまり輸出の弾力性）のうち，外延の変
化が 62% を占め，内延の変化は 38% であることを明らかにしました。この結
果は，経済規模の大きな国ほど輸出額が大きい傾向が見られますが，その理由
は，経済規模が大きくなるほど，輸出する財の相対的な数が 62% 多くなるの
に対して，輸出する個々の財の相対的な輸出量は 38% 増加するからであると
いうことを意味します。つまり，経済規模が 2 倍になれば，輸出する財の数
は 1.62 倍になるのに対して，個々の財の相対的な輸出量は 1.38 倍になるとい
うことです。したがって，経済規模の拡大による輸出額の増加に対して，内延
よりも外延の方がより大きな役割を果たしているということを示唆していま
す[15]。

---

15) この結果に対して，Hummels and Klenow (2005) は，第 2 章第 4.1 項で紹介し
たアーミントン・モデルは輸出の外延をまったく説明できないため，結果と整合的では
ないと論じています。クルーグマン・モデルは輸出の外延を説明できるため，その点で
は結果と整合的です。しかし，クルーグマン・モデルでは経済規模の増加分と同じだけ

4 直接投資や海外アウトソーシングを行う要因は何か？

さて，前節までは基本的に輸出のみを考えてきましたが，次に他の国際化モードも考慮して企業の国際化について考えてみましょう。最初に FDI を取り上げ，次に海外アウトソーシングを取り上げることにします。

4.1 輸出か FDI か？

《FDI とは》　企業が投資先企業の経営の支配あるいは経営への参加を目的として外国に投資を行うことを「海外直接投資（FDI）」または「直接投資」といいます。国際収支統計上では，外国において 10% 以上の株式を取得する子会社・支店等に対する出資・長期資金貸付・不動産取得などの資産取得で契約期間が 1 年を超えるものが「海外直接投資」と定義されています。FDI には，100% 出資により投資先に新規に法人を設立するグリーンフィールド投資（greenfield investment）の他に，外国の既存企業の**合併と買収**（merger and acquisition: M&A）などを通じた進出もあります[16]。

また，FDI を行う動機や目的による分類が行われています。代表的なものとしては，水平的直接投資と垂直的直接投資があげられます。**水平的直接投資**（horizontal FDI）は，相手国市場への財・サービスの供給を主な目的として，貿易障壁の回避や輸送費の節約のために行われる FDI です。他方，**垂直的直接投資**（vertical FDI）は，労働者の賃金が安かったり，現地で裾野産業が発展していて原材料や部品などを安く調達できるなど，自国よりも外国の方が生産コストが安い場合に，コスト削減を主な目的として行われる FDI です。

《企業の生産性とモード選択》　ここでは，メリッツ・モデルにおいて外国市場に財を供給する手段として輸出に加えて水平的 FDI を行うこともできる場合に，企業の生産性とモード選択の間にどのような関係が見られるのかを，ヘル

　　輸出の外延が拡大するのに対して，彼らの分析結果によればそこまで輸出の外延は拡大しません。他方で，彼らは，各財の輸出に関して所得の高い国ほど輸出価格が 9% ほど高くなるという分析結果も示しており，この点については，第 2 章第 3.1 項で紹介した品質差別化のモデルと整合的であると論じています。

16)　清田（2015）は，日本企業の海外への FDI や，外国企業の日本への FDI を中心に，最近の実証研究の知見を踏まえて，FDI に関する諸問題について詳しく解説をしています。FDI に関心のある方はぜひ参考にしてください。

プマンらのモデル (Helpman et al., 2004) を使って簡単に考察してみましょう。

前出のモデルを拡張することで，国内市場から得られる利潤 π_i^D と輸出によって得られる利潤 π_i^X に加えて，外国に水平的 FDI をすることで得られる利潤 π_i^I を示すことができます。水平的 FDI を行うと，輸出とは異なり，輸送費をかけずに外国市場へ財を供給することができます。他方，たとえば外国に新規で工場を設立して，本社から地理的に離れた場所で生産を行うには，輸出を行う場合よりもさらに高い固定費を支払わなければならないと考えられます。したがって，FDI にかかる固定的な労働投入量を $f_I > 0$ とすると，$f_I > f_X$ を仮定するのが適切であると考えられます。分析を単純にするために，外国の賃金 w^* は自国の賃金 w に等しいと仮定します。このとき，水平的 FDI から得られる利潤 π_i^I は

$$\pi_i^I(\Theta_i) = ALw^{1-\varepsilon}\Theta_i - wf_I \tag{3.6}$$

と表されます。FDI の場合は輸送費がかからないので，輸出から得られる利潤 π_i^X とは異なり，右辺に τ が入っていない点に注意してください。その結果，企業の生産性水準と各モードから得られる利潤との関係は図 3.3 のように表されます。

図 3.3 は，生産性水準によって非輸出企業と輸出企業に分かれることを示した図 3.1 に，もう 1 つ FDI というモードを追加したものです。$\pi_i^I(\Theta_i)$ の式を $\pi_i^D(\Theta_i)$ の式（(3.2) 式）と比べると，右辺の第 1 項はまったく同じで，第 2 項の固定費用の部分だけが異なっていることがわかります。つまり，国内市場から得られる利潤と外国市場に FDI をすることから得られる利潤は（両国の賃金が等しいとき），固定費用を引く前の粗利潤は等しく，固定費用だけが異なるということです。そのため，図 3.3 では，π^I の線は π^D の線と平行で，縦軸の切片だけが異なります。それに対して，$\pi_i^X(\Theta_i)$ の式（(3.3) 式）と比べると，$f_I > f_X$ の仮定より，FDI の方が輸出よりも固定費用が高いため，π^I の線の縦軸の切片は π^X の線の切片よりも下に位置しています。他方，π^D と同様に，π^I の線の方が π^X の線よりも傾きが急であるので，これらの線はどこかで交わることになります。図に示すように，2 つの線が交わるのは，生産性が $\Theta_i = \Theta^I$ のときです。そのため，Θ^I よりも生産性が低い企業は FDI よりも輸出することで外国市場からより高い利潤を得ることができるのに対して，Θ^I よりも生産性が高い企業は，逆に輸出するよりも FDI をすることで，外国

図3.3 企業の生産性と輸出／水平的FDIの選択

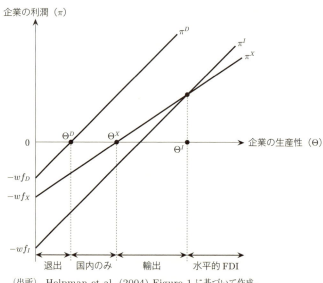

（出所）Helpman et al. (2004) Figure 1に基づいて作成。

市場でより高い利潤を得ることができます。

このようにして、水平的FDIというモードが追加されると、図3.1で示したような3タイプの企業（退出、国内のみ、輸出）に「水平的FDI企業（多国籍企業）」という新たなタイプの企業が加わります。重要なことは、図3.3に示すように、水平的FDIを行う企業は、生産性が$\Theta_i \geq \Theta^I$であるような、輸出企業よりもさらに生産性が高い企業であるということです。なお、水平的FDIを行う多国籍企業は、外国市場には外国の工場（子会社）で生産を行って財を供給する一方、国内市場には本社のある国内工場で生産を行って財を供給する点に注意してください。

輸出を行っている企業とFDIを行っている多国籍企業の相対的な生産性水準に関して、日本のデータを使った研究としては、Todo (2011) があります[17]。1997～2004年の日本企業のデータから明らかにした国際化モードと生産性（TFP）との関係は表3.3に示す通りです。表から前出のモデル分析で示した理論予測が支持されていることがわかります。つまり、輸出もFDIもし

---

17) 他にもKimura and Kiyota (2006) や第2節でも紹介した若杉 (2011, 第1章) などの研究があり、いずれも理論モデルによる予測を支持する結果を報告しています。

4 直接投資や海外アウトソーシングを行う要因は何か? 101

表 3.3 国際化モードと生産性 (1997~2004 年)

国際化モード	企業数 シェア (%)	TFP の対数値
非国際化企業	66.1	1.765 (0.501)
輸出企業	14.8	1.941 (0.512)
FDI 企業	19.2	1.999 (0.522)

(注) TFP は対数値の平均を示す。括弧内は標準偏差。
(出所) Todo (2011) Table 1 より抜粋。

ていない「非国際化企業」の生産性が平均で最も低く,輸出のみを行っている企業の平均的な生産性は中間に位置し,FDI を行っている多国籍企業の生産性が平均で最も高いという傾向が見られます[18]。

また,Helpman et al. (2004) は米国のデータを使って,前出の理論予測を支持する結果を報告しています。Greenaway and Kneller (2007) は,日本,ドイツ,イタリア,アイルランド,英国の研究をサーベイして,各国の実証分析は非国際化企業,輸出企業,FDI 企業の生産性序列に関する理論予測を強く支持していると論じています。

《FDI による学習仮説》 ところで,第 2 節で輸出による学習仮説について紹介しましたが,FDI についても同様に,FDI を行うことで生産性が改善するのか,という「FDI による学習仮説」が考えられます。この仮説について,研究成果の蓄積はあまり多くないものの,いくつかの分析結果が報告されています。まず,Kimura and Kiyota (2006) は,1994~2000 年の日本企業のデータを使い,TFP の年変化率を被説明変数として,初期の輸出の有無,FDI の有無,輸出 & FDI の有無を表すダミー変数 (dummy variable) (⇒ 付録 2.6 参照) に回帰させる分析を行いました。その結果,初期の生産性をコントロールすると,いずれのダミー変数の係数の推定値も正で統計的に有意であることから,輸出する企業も FDI に従事する企業も,輸出ないし FDI 開始後の生産性の伸

---

18) なお,Todo (2011) は輸出と FDI の両方を行っている企業は「FDI 企業」に含めています。理論モデルでは,企業は輸出と FDI を同時に選択しませんが,現実には輸出と FDI を同時に行っている企業が少なからず存在します。その理由としては,相手国によって輸出を行っている場合と FDI を行っている場合があったり,あるいは垂直的 FDI を行って海外子会社に部品等を輸出していたりすることなどが考えられます。

第3章　企業の生産性と海外展開

Column 3.1　フラグメンテーションと企業内貿易

　コスト削減を目的とした垂直的FDIが行われる場合，必ずしも生産工程全体が海外の子会社に移転されるとは限りません。高技術を必要とする重要な部品は本社工場で生産して，労働集約的な生産工程だけを海外の子会社に移転するということがよく行われます。生産工程を細かく分けて，それぞれ別々の国に立地する子会社に移転する場合もあります。このように生産工程を分離して複数の工場で生産することをフラグメンテーション（fragmentation）と呼びます。

　フラグメンテーションが進展すると，部品や中間財，半製品などが本社と海外の子会社の間や海外の子会社間で取引されます。これは同じ企業内での取引ですが，国境をまたいだ取引になるので，貿易統計にも記録される立派な国際貿易です。このような貿易を企業内貿易（intra-firm trade）と呼びます。

　近年では，規模の大きな多国籍企業が多くの国に多くの子会社を抱えて生産を行うケースが多く見られます。そのため，貿易相手国や産業によっては，貿易全体に占める企業内貿易の割合がかなり高くなっている場合があるようです。

　たとえば，Bernard et al. (2010) によれば，2000年の米国の総輸入の46%が関係企業間の取引です。ここでの「関係企業」は，一方の企業が他方の企業の株式の6%以上を所有している場合を指しますので，一般的な意味での親会社・子会社よりは広い範囲の企業関係が含まれています。それでも，何らかの資本関係がある企業間の企業内貿易が，米国の貿易で高い割合を占めていることがわかります。

　しかし，相手国や産業による違いは大きく，たとえば日本からの輸入について

びが観察されることがわかりました。

　しかし，Kimura and Kiyota (2006) の研究ではFDIを開始することによって生産性が変化するという因果関係の検証が不十分でした。そこで，Hijzen et al. (2007) は，1995～2002年の日本企業のデータを使って，差の差推定を傾向スコア・マッチング法（propensity score matching: PSM）と呼ばれる手法と組み合わせることで，因果関係をより厳密に検証しました。この手法では，ある企業がFDIを行ったことでその企業の生産性が改善したかどうかを検証します。そのためには，その企業が仮にFDIをしなかったという仮想的な状況における生産性を，実際にはFDIを行ったことで達成された現実の生産性と比較して，前者よりも後者が有意に高いかどうかを計算することが必要になります。しかし，そうした仮想的な状況における生産性に関するデータは実際には存在しないため，何らかの方法でその代わりとなるようなデータを用意し

は，なんと 74% が（広い意味での）企業内貿易であるのに対して，バングラデシュからの輸入については，企業内貿易は 2% にすぎないということです。また，ゴム・プラスチック製履物については企業内貿易は 2% ですが，自動車や医療機器については 70% 以上が企業内貿易であると Bernard et al. (2010) は報告しています。

　また，日本企業について経済産業省の「企業活動基本調査」（⇒ 付録 1.4 参照）の集計データで計算してみると，2014 年において製造業全体では，モノの輸出のうち企業内貿易（ここでは子会社，親会社および関連会社向け輸出）が 53.2% を占めており，同様にモノの輸入のうち企業内貿易が 38.3% を占めています[a]。企業内貿易の割合がとくに高い産業としては，たとえば医療用機械器具・医療用品産業では，モノの輸出の 70.7%，モノの輸入の 78.4% が企業内貿易です。電子部品・デバイス・電子回路産業では，輸出の 60.6%，輸入の 63.1% が企業内貿易です。同調査は中規模以上の企業を対象としているため，必ずしも日本の貿易全体の傾向を反映しているとは限りませんが，産業によっては企業内貿易が高い割合を占めているようです。

---

[a]　なお，この調査では，議決権の 20% 以上を所有しているか，または 15% 以上の議決権を所有して，かつ重要な影響を与えることができる会社を「関連会社」（50% 以上であれば「子会社」）と定義していますので，単純な比較はできないものの，Bernard et al. (2010) よりは企業内貿易を少し狭く捉えている点に注意してください。

なければなりません。

　そこで，FDI を行うかどうかの選択に影響するいくつかの変数を使って，それぞれの企業が FDI を選択する確率を表す「傾向スコア」と呼ばれる指標を計算します。そして，この指標において，実際に FDI を行った企業と非常によく似た特性を持ちながら，実際には FDI を行っていない企業を分析のサンプルから探して，FDI を行った企業とマッチングさせます。この企業のデータを，あたかも相手方の FDI 企業が仮に FDI を行わなかった場合の仮想的な状況におけるデータであるかのように扱って，両者の間に生産性の差が認められるかを分析します。こうして，PSM を差の差推定と組み合わせることで，FDI の有無が生産性の変化に与える効果の因果関係をより厳密に検証することができるのです。

　Hijzen et al. (2007) は，こうした分析手法によって，日本企業が海外へ FDI

を開始することが，その後の日本国内における売上と雇用を 3 年間にわたって拡大させる効果があることを明らかにしました。しかし，残念ながら生産性に関しては，FDI の開始が生産性を改善することを示す証拠を示すには至りませんでした。FDI による学習仮説については，まだあまり十分な研究が行われたとはいえず，今後さらに実証研究による知見が蓄積されることが望まれます。

4.2 FDI の立地選択を決める要因は何か？

水平的 FDI に関するヘルプマンらのモデルでは，参入する市場は先に決まっていて，財の供給モードとして輸出と FDI のどちらを選択するかという意思決定になっていました。しかし，海外に投資をする（すなわち海外に子会社を作る）企業にとって，どこに投資するかという投資先の選択も重要な問題です。とくに，生産拠点を形成する垂直的 FDI の場合には，生産に適した国・地域を選ぶ立地選択問題に企業は直面します。

企業の立地選択に影響する要因としては，たとえば労働コストや人的資源の豊富さ，水道，電気，道路，港湾などをはじめとするインフラストラクチャーの整備状況，法制度，税制，政治的安定性など，さまざまなものがあります。各企業は，自社の利潤最大化を目的として，選択可能な投資先（国）の中から，それらの要因について各投資先を比較した上で，利潤が最大となる投資先を選択すると考えられます。こうした FDI に関する企業の立地選択を分析する際に利用される計量分析の手法として，離散選択モデルの 1 つである**条件付きロジット・モデル**（conditional logit model）と呼ばれる手法があります[19]。このモデルは，各個体（この場合は FDI をする日本企業）が，複数の選択肢（選択可能な投資先）の中から各選択肢のさまざまな属性（上にあげたような立地選択に影響する要因）に基づいてそれぞれの選択肢を選ぶ確率を計算し，モデルから予測される選択パターン（各投資先に何社が投資するか）が実際に観察される選択パターンに最も近くなるように各属性の係数を推定するものです（この推定方法は「最尤推定法」と呼ばれます）[20]。

---

[19] ここでは紙幅の制約により，条件付きロジット・モデルの詳しい説明は省略します。関心のある方は松浦・マッケンジー (2009) や鹿野 (2015) 等の計量経済学のテキストを参照してください。

[20] なお，条件付きロジット・モデルは非線形のモデルであるため，推定された係数値が

日本の製造業の FDI について，条件付きロジット・モデルを使って実証分析を行った例として，深尾・程 (1996) や深尾 (1996) などの研究があります。深尾・程 (1996) は 1978〜1992 年における繊維，電機，一般・精密機械，輸送機産業の対外 FDI について分析を行いました。彼らが投資先の属性として分析に含めたのは，労働コスト，GDP，安全度，人的資本，経済集積，貿易障壁と，操業許可条件（原材料現地調達義務や出資比率制限）などです。安全度は国全体の債務不履行の危険度に関する指標で測り，人的資本は平均教育年数で測りました。また，経済集積はその国の首都から見て，他国を含めて近距離でどれほど経済活動が活発に行われているかを示す指標です。

彼らの分析からは，労働コストの上昇はいずれの産業でも投資に負の影響を与える一方で，安全度の上昇は投資を増加させる要因であることが明らかになりました。また，経済集積も多くの産業で投資を増加させる要因になりますが，一般・精密機械と輸送機産業では経済集積の効果が逓減する（つまり，過度に経済集積が進むと逆に投資を阻害する）効果が見られました。

興味深いことに，一般・精密機械と輸送機産業では貿易障壁の係数は負で統計的に有意である一方で，貿易障壁と GDP の交差項（interaction term）（⇒付録 2.6 参照）の係数は正で統計的に有意という結果が得られています。一般に交差項とは 2 つの説明変数を掛け算したものを説明変数の 1 つとして加えたものです。交差項によって，2 つの変数が相互に影響し合いながら被説明変数に与える影響を捉えることができます。この場合は，貿易障壁が投資に与える影響が GDP（経済規模）の大小によって異なる可能性が考慮されています。そのため，推定結果から貿易障壁の影響を読み取るには，貿易障壁の係数だけでなく，交差項の係数も合わせて考えなければなりません。貿易障壁の係数が負で貿易障壁と GDP の交差項の係数が正ですから，経済規模が小さいと貿易障壁は投資に対して負の影響があるのに対して，経済規模が大きくなるにつれて負の影響は小さくなり，経済規模が非常に大きいと，貿易障壁の影響が逆に正になる可能性を示します。つまり，経済規模の小さい国については，関税な

各選択肢の選択確率に対する影響を直接示すわけではありません。そのため，推定された係数から，各属性の変化が各選択肢の選択確率に与える効果（弾力性）を計算する必要があります。弾力性を計算すると，ある選択肢のある属性の値の 1% 上昇が，その選択肢が選ばれる確率を何 % 変化させるかを知ることができます。こうして，どの要因が FDI の立地選択にどの程度影響を与えたのかを定量的に明らかにすることが可能になります。

106 第3章 企業の生産性と海外展開

Column 3.2 国際生産ネットワーク

　国際生産ネットワークを通じた貿易が近年注目されています。現在，日本企業の生産工程は，東アジアを中心に世界各地へと広がっています。そしてそれらの生産工程は貿易を通じて網の目のようにつながっており，国際的な生産ネットワークが構築されています。たとえば，日本企業の中国にある工場が，日本の親会社から中間財を仕入れ，現地で仕入れた部品と組み合わせて完成品を製造し，それを同じ企業の米国の販売拠点へと輸出するといった貿易が行われています。

　このような国際生産ネットワークを通じた貿易について，自然災害や金融危機等の外的なショックを緩和できる点が指摘されています。たとえば，Obashi (2010) は，東アジア諸国の生産ネットワークがどの程度安定的かを1993〜2006年の通関の貿易データを利用して分析しています。この通関の貿易データとは，関税の課せられるレベルでの細かな商品分類を意味しています。たとえばTシャツであれば，素材の違い（綿製か，合成繊維か，化学繊維かなど）も考慮されるほど詳細な分類です。分析では，各製品の貿易がどの程度の期間続いているかを明らかにするため，生存分析（survival analysis）という手法が利用されています。分析の結果，東アジアにおける機械部品の貿易は，完成品の貿易よりも長期的で安定していることが明らかになりました。

　また，Ando and Kimura (2012) は世界金融危機と東日本大震災を含む2007年1月〜2011年10月を対象に，Obashi (2010) と同様に，機械部品の貿易がどの程度安定的なのかを通関ベースの貿易統計を利用して分析しています。そこで明らかにされた事実は，金融危機や東日本大震災のような大きなショックを考慮しても，生産ネットワークを通じた機械部品の貿易が安定的だったことです。この結果は，FDIを通じた生産拠点の分散が，企業の不確実性への対処に貢献していることを示唆したものだといえます。

　このようなFDIと貿易が複雑に結び付いた生産ネットワークの分析は現在，国内外で関心の高まっている分野の1つです。とくに東アジアの生産ネットワークには日本企業が大きな役割を果たしていることから，こうした分野でも日本人による実証研究の蓄積が進むことが期待されます。この東アジアを中心とした生産ネットワークの研究に関心を持たれた方は木村他 (2016) を参照してください。

どの貿易障壁を高めることは日本からの投資にマイナスの影響を与える一方で，経済規模が大きい国については，逆に貿易障壁を高めることが投資を増加させる可能性を示唆すると解釈できます。

この結果について，経済規模の小さい国に対しては，コスト削減を目的とした垂直的 FDI が多いため，原料や部品等を輸入して現地で中間財や最終消費財を生産する上で，貿易障壁が高いことは不利に働くと考えられます。他方，経済規模の大きい国に対しては，その国の市場への財・サービスの供給を主な目的とした水平的 FDI が中心であるため，貿易障壁が高いほど，その貿易障壁を回避する目的で（輸出ではなく）FDI が選択されると解釈することができます。このような目的による FDI は，いわゆる**関税回避型直接投資**（tariff-jumping FDI）と呼ばれるタイプです。

また，深尾 (1996) は投資先が海外だけでなく，国内の可能性も考慮して，投資先の選択肢として海外の国々に国内の各都道府県を加えた分析を行いました。労働コスト，安全度，経済集積に関しては，おおむね深尾・程 (1996) と同じ結果が得られています。GDP についてはどの産業でも正で有意になっており，経済規模の大きさは投資の増加要因である一方で，地価の代理変数として用いられている人口密度の係数は多くの産業で負になっています[21]。したがって，労働と同様に，地域間の移動が困難な生産要素である土地が企業の立地選択において，重要な決定要因であることがわかります。

4.3　FDI か海外アウトソーシングか？ *

《アウトソーシングとは》　次に，海外アウトソーシングについて考えてみましょう。今まで社内で行っていた業務の一部を外部に委託することを「アウトソーシング」と呼びます。とくに海外の企業にアウトソーシングすることを「海外アウトソーシング」または「オフショア・アウトソーシング（offshore outsourcing）」と呼びます。ここでは海外企業への生産委託を省略して「アウトソーシング」と呼ぶことにします。他方，国内の企業への生産委託は「国内委託」と呼ぶことにします。なお，必要に応じて国内か国外かを明示して「国内アウトソーシング」，「海外アウトソーシング」などと呼ぶことにします。

顧客対応のコールセンター機能やデータ処理などの業務のようなビジネス・

---

21)　投資先の選択においては，地価が重要な要因の 1 つであると考えられます。しかし，広範囲の国について地価の絶対水準のデータを得ることが非常に難しいという理由で，深尾 (1996) は人口密度を代わりに用いています。人口密度が高いほど土地の値段は高くなるという関係が見られるため，人口密度を地価の代理変数として用いることができると考えられます。

表 3.4　中間財生産に関する生産組織の選択

		生産工程の立地	
		国内	海外
生産工程の所有権	社内	自社生産	FDI
	社外	国内委託	アウトソーシング

（出所）　Feenstra (2010) Figure 1.1 に基づいて筆者作成。

サービスに関しては，インターネットをはじめとする IT の発達により，アウトソーシングが技術的に容易になったため，活発に利用されるようになりました。また，iPhone に代表される米国のアップルの製品の多くは，台湾企業のフォックスコンが中国に持つ工場などで委託生産されるなど，海外の企業にアウトソーシングされています。実際にアウトソーシングされている業務にはさまざまなものがありますが，ここでは話をわかりやすくするために，ある最終消費財（略して消費財。最終財とも呼ばれます）を生産するために必要な中間財の生産をイメージして話を進めることにします。

　中間財の製造部門に関して，企業による生産組織の選択は，生産工程の所有権の点で「社内」，「社外」という区分と，生産工程の立地の点で「国内」，「海外」という区分で考えると，表3.4のように，4つの選択肢に分けることができます。これらの選択肢の中から，企業はどのような要因でどの選択肢を選ぶでしょうか。

《各生産組織の問題点》　以下では，先進国に立地する消費財を生産する企業が，生産工程の一部である中間財の製造部門について，途上国を海外の移転先候補として考える場合を想定します[22]。また，メリッツ・モデルと同様に，同じ産業内に生産性 Θ の異なる企業が混在していると仮定します。さらに，中間財は労働のみによって生産されると仮定します。

　まず，国内か海外かという区分では，労働者の賃金は国内（先進国）よりも海外（途上国）の方が安いため，同じ生産性であれば，国内よりも海外の方が限界費用は安くなります。国内の賃金を w^N，海外の賃金を w^S と表すと，$w^N > w^S$ となります。

---

[22]　Antràs and Helpman (2004) のモデルに基づいて，ここではそのエッセンスを紹介します。冨浦 (2014, 第 2 章) も，このモデルについて詳しく解説しています。

他方，社内か社外かという区分では，消費財生産企業が中間財の製造部門を自社で抱えている場合（「社内」）と，他社に委託した場合（「社外」）とで，消費財生産企業が消費財の生産から得られる利潤の取り分が異なります。具体的には，消費財生産企業にとって前者の方が取り分は大きくなります。その理由としては，生産委託に関する契約を結ぶ際に，ありとあらゆる事態に対処できるような内容の契約（そのような契約を「完備契約」といいます）を結ぶことは事実上不可能であり，多かれ少なかれ不完備契約（incomplete contract）と呼ばれる不完全な契約を結ばざるをえなくなるからです[23]。

このことを前提とすると，生産を海外に移転する中間財が消費財の生産に不可欠な特殊なものである場合に，中間財生産者が消費財生産企業に製品を納品する段階になって，中間財生産者側が契約よりも自身に有利な条件を要求する可能性があります。また，その中間財が他社の生産する消費財には使用できないような特殊な仕様になっていると，逆に納品段階になって消費財生産企業側が納品価格の値下げを要求する可能性が考えられます。これらはホールドアップ問題（hold-up problem）と呼ばれ，こうした問題の存在が，他社に生産委託をした場合の取引関係を非効率的なものにする原因となります。

では，消費財生産企業が自前で中間財を生産すれば問題が解決するかというと必ずしもそうとはいえません。今度は，消費財生産企業の内部者として働く中間財製造部門の管理者にとって，観察・検証が困難な努力水準に応じた契約を消費財生産企業の経営者との間で結ぶことはできないため，いくら頑張って効率的な生産を行っても，それによって得られる追加的な利益を必ずしも自分のものにできるわけではありません。その結果，中間財製造部門の管理者にとって効率的な生産をするために努力しようという十分な誘因が働きません。いわゆるモラル・ハザード（moral hazard）の問題が生じるわけです[24]。

《社内か社外か》　消費財生産企業の経営者と中間財製造部門の管理者の間の相対的な交渉力を考えると，社内生産の場合の方が社外生産の場合よりも消費財生産企業の経営者の交渉力は高く，逆に中間財製造部門の管理者にとっては独

---

[23]　2016 年のノーベル経済学賞を受賞したオリバー・ハートとベント・ホルムストロームは，この不完備契約の理論を含む契約理論に関する研究業績により受賞しました。

[24]　ホールドアップ問題やモラル・ハザードに関しては，伊藤 (2003) などの契約理論に関するテキストを参照してください。

立した中間財生産者として生産委託を受ける場合（「社外」）の方が交渉力が高くなります。その主な理由は次の通りです。社内生産の場合は，消費財生産企業の経営者に中間財の生産工程の所有権があります。そのため，もし中間財製造部門の管理者との交渉が決裂した場合でも，交渉決裂までに生産された中間財を使用していくらかの消費財を生産して利潤を得ることが可能です。それに対して，独立した中間財生産者に生産委託をする場合は，消費財生産企業の経営者には中間財の生産工程の所有権がありません。そのため，中間財製造部門の管理者との交渉が決裂すると，消費財の生産ができなくなってしまいます。交渉力が高いことで，消費財生産企業の取り分は「社内」の場合の方が多くなるのです。

他方，「社内」を選択した場合に生じるモラル・ハザードの問題が消費財の生産にどの程度の影響を与えるかは，消費財の生産に必要なさまざまな要素の中で当該中間財がどの程度重要であるかによります。つまり，当該中間財がそれほど重要なものでなければ，モラル・ハザードの問題が生じても，その影響は軽微なものにとどまります。しかし，当該中間財の重要性が十分に高いと，その中間財の生産において生じるモラル・ハザードの問題は消費財の生産全体に深刻な影響を与えることになります。後者のような場合に「社内」を選択すると，そもそも消費財の生産から得られる全体の利益が小さくなってしまうため，「社外」の方が適切な選択となります。

《生産組織の選択》 ここでは常に「社外」が選択されるというケースを排除するため，消費財の生産における当該中間財の重要性がそれほど高くない場合を想定します。このとき，国内と海外のいずれにおいても，消費財生産企業の利潤の取り分は，「社外」よりも「社内」の選択をした方が大きくなります。さらに，海外の方が賃金が安いため，海外生産を行う方が可変費用を低く抑えることができます。このことを考慮すると，（固定費用を控除する前の）消費財生産企業の粗利潤の取り分 Π_j^i は，立地 (i) が国内 ($i = N$) か海外 ($i = S$) か，所有形態 (j) が社内 ($j = V$) か社外 ($j = O$) かで分けたとき，所与の生産性水準 (Θ) に対して，

$$\Pi_V^S(\Theta) > \Pi_O^S(\Theta) > \Pi_V^N(\Theta) > \Pi_O^N(\Theta) \tag{3.7}$$

という大小関係が成立します。つまり，海外で社内（つまり FDI）のときの粗

利潤が最も高く，次いで海外で社外（アウトソーシング），国内で社内（自社生産）となり，最も粗利潤が低いのは国内で社外（国内委託）のときです。なお，$\Pi_O^S(\Theta)$ と $\Pi_V^N(\Theta)$ の大小関係は，「海外」による可変費用の低下と「社内」による取り分の増加の相対的な大きさに依存するため，常に $\Pi_O^S(\Theta) > \Pi_V^N(\Theta)$ が成立するとは限りません。ここでは，可変費用の低下が取り分の増加を上回る場合を考えています。

他方，個々の粗利潤 $\Pi_j^i(\Theta)$ については，いずれも生産性 Θ が高いほど高くなります。すなわち，いずれの i と j についても，$\Theta' > \Theta''$ であるような 2 つの企業を比べると，$\Pi_j^i(\Theta') > \Pi_j^i(\Theta'')$ が成立します。また，生産性 Θ が高くなるほど，異なる選択をしたときの粗利潤 $\Pi_j^i(\Theta)$ の差が広がります。

最後に，それぞれの立地と所有形態によって生産にかかる固定費用がどのように異なるかについて考えてみましょう。一般に別会社としての中間財生産者に中間財の生産委託をする場合よりも，本社であれ海外の現地子会社であれ，自前で中間財生産部門を抱える場合の方が，工場の維持管理費や労務管理など，固定費用は高くなると考えられます。

他方，自前で生産する場合でも生産委託をする場合でも，海外に立地する場合の方が，注文を発注したり，生産状況を把握したりするような情報の伝達をはじめとするさまざまな固定的な費用に関して高くなると考えられます。したがって，生産に必要となる固定的な要素投入量 f_j^i について

$$f_V^S > f_O^S > f_V^N > f_O^N \tag{3.8}$$

という大小関係を仮定するのが妥当であると考えられます[25]。ここで，f_j^i は企業の生産性 Θ に関係なく，すべての企業について同じであると仮定します。

生産性水準（Θ）が高いほど，4 つの選択における $\Pi_j^i(\Theta)$ の差が広がるため，生産性が低い企業にとっては (3.8) 式の差の方がより重要であるのに対して，生産性が上がるにつれて (3.8) 式の差はあまり重要ではなく，それよりも (3.7) 式の差の方がより重要になります。つまり，生産性が低い企業は海外移転や社内生産を行ってもあまり粗利潤の増加が得られないため，生産性が低くなるほどより固定費用の低い立地・所有形態を好む傾向があります。その

---

25) この不等式では，$f_O^S > f_V^N$ を追加的に仮定しています。この大小関係は，海外立地による固定の増分と自前生産による固定の増分の相対的な大きさによるため，必ずしも成立するとは限りません。

第3章 企業の生産性と海外展開

図 3.4　企業の生産性と生産組織の選択

| 退出 | 国内委託 | 自社生産 | アウトソーシング | FDI |

生産性

0

（出所）　Antràs and Helpman (2004) Figure 2 に基づいて筆者作成。

ため，操業を続ける企業の中で最も生産性の低い企業は国内委託を好み，その次に生産性の低い層の企業は国内自社生産を好みます。もう少し生産性が上がるとアウトソーシングが選択されるようになります。他方，生産性が高い企業は，海外移転や社内生産を行うことによる粗利潤の増加が大きいため，生産性が上がるほど，粗利潤が高くなるような立地・所有形態を好む傾向があります。そのため，生産性が低い層の企業は粗利潤が低い国内委託や国内自社生産を選択しますが，生産性が上がるにつれて好まれる選択肢は，より粗利潤の高いアウトソーシングや FDI へと変化していきます。

　その結果，生産性水準による生産組織の選択は図 3.4 のようになります[26]。まず，最も生産性の低い企業はそもそも生産を行うことで正の利潤が得られないため，市場から退出します。次に生産性の低い層の企業は国内で生産委託を行い，それよりも生産性が高くなると，国内で自社生産を選択します。さらに生産性が高くなると立地を海外に移転させるのに必要な固定費を賄えるだけの粗利潤が稼げるようになることから，海外展開を行います。海外展開をしている企業の中では，アウトソーシングをしている企業は相対的に生産性の低い層の企業であり，最も生産性の高い層の企業になると FDI を選択するようになるのです。このように，不完備契約の理論を応用することによって，中間財の生産に関して，アウトソーシングを含む組織と立地の選択について一定の理論予測を導くことができます。

26）　なお，ここに示す生産性水準と生産組織の選択との関係は，(3.7) の不等式における $\Pi_O^S(\Theta) > \Pi_V^N(\Theta)$ と (3.8) の不等式における $f_O^S > f_V^N$ の仮定に基づいている点に注意してください。

4.4 日本企業のアウトソーシングに関する実証研究

前項で示したアウトソーシングを含む生産組織の選択に関する理論予測に対して，日本企業に関する企業レベルのデータを使って，冨浦英一がアウトソーシングに関する一連の実証研究を行っています[27]。実は 2000 年代半ばまでは，国内の幅広い産業について企業レベルでアウトソーシングを把握できるデータは世界的にも貴重でした[28]。そうした中で，日本のデータを使って分析をした Tomiura (2007) をはじめとする冨浦の一連の研究は，日本企業に関する研究として重要であるというだけでなく，世界的にもこの分野の先駆的な研究に位置づけられています[29]。

Tomiura (2007) は，通商産業省（現在の経済産業省）が 1998 年に行った「商工業実態基本調査」のデータを使って，日本企業のアウトソーシング，輸出，FDI といった国際化活動と，生産性をはじめとするさまざまな企業特性との関係について分析を行いました。この調査では，大企業から零細企業までを含む 11 万 8300 社もの企業に関して，国際化活動に関する情報を含む企業データが収集されている点が大きな特徴です。これほど広範囲の企業をカバーしたデータは世界的にもあまり類を見ません。

この調査のデータから Tomiura (2007) が明らかにした日本企業の特徴として，まず図 3.5 に示すように，サンプルの企業のうちでアウトソーシングを行っている企業は全体のわずか 2.68% で，FDI を行っている企業（2.98%）よりも少ないです。輸出を行っている企業は 6.30% で，他の 2 つの国際化モードよりは高い割合になっています。残りの 90.65% の企業はまったく国際化活動を行っていません。なお，図 3.5 のベン図の重なった部分は複数の国際化モー

---

27) 冨浦の研究成果のほとんどは英文で学術専門誌に掲載されていますが，冨浦 (2014) は日本語で詳しく解説しています。なお，前項で紹介したモデルは中間財の生産を海外に移転する場合に，FDI とアウトソーシングのどちらを選択するかについて分析しています。それに対して，本項で紹介する Tomiura (2007) の研究は，輸出や FDI による相手国市場への財の供給も含まれているので，前項のモデルに厳密に対応しているわけではない点に注意してください。

28) 企業レベルのデータを使わないでアウトソーシングの分析を行った先駆的な研究として，ロバート・フィーンストラとゴードン・ハンソンの研究 (Feenstra and Hanson, 1996) をあげることができます。彼らは産業連関表を用いて，中間投入全体に占める輸入による中間投入の割合をアウトソーシングの指標として用いています。

29) その後は，フランス，スペイン，イタリア等の企業レベルのデータを使った研究成果が公表されています。

図 3.5　各国際化モードの従事する日本企業の割合

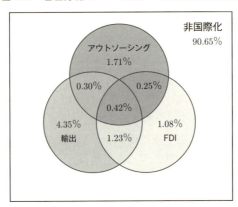

(出所)　冨浦 (2014) 図 3-15 に基づいて筆者作成。

ドに従事している企業群を表しています。

　生産委託だけに注目すると，国内外を問わず，生産委託をまったく行っていない企業が全体の 50.81% を占めているのに対して，国内委託のみを行っているのは全体の 46.52% で，国内と海外の両方に生産委託を行っているのは 2.48%，海外へのアウトソーシングのみを行っているのは 0.20% とごく少数です (冨浦, 2014)。しかし，この調査が行われたのが 1998 年であることを考えると，当時はまだあまり生産委託が行われていなかったのかもしれませんが，その後の経済のグローバル化の進展によって，現在はもっと多くの企業が（とくに海外への）アウトソーシングを行うようになっているかもしれません。

　この点について，冨浦が伊藤萬里，若杉隆平と共同で経済産業研究所 (RIETI) のプロジェクトとして 2007 年に実施したアンケート調査[30]によれば，2006 年時点で生産委託を行っている企業は，国内のみ，国内・海外両方，海外のみの順で，それぞれ調査に回答した企業の 42%，20%，1% となっています。37% の企業は 2006 年時点で生産委託をまったくしていないと回答しています。同じ調査で 5 年前（つまり 2001 年時点）にアウトソーシングを行っていたかどうかも尋ねています。その質問への回答によれば，2001 年時点で海外

---

30)　この調査は，日本国内に立地する製造業の 1 万 4062 社を対象に行われ，5528 社から回答が得られたと Ito et al. (2007) が報告しています。調査対象企業はすべての製造業に属する従業員 50 人以上の全企業になります。調査の詳細については Ito et al. (2007) と冨浦 (2014) を参照してください。

図 3.6 国際化パターンによる生産性の比較

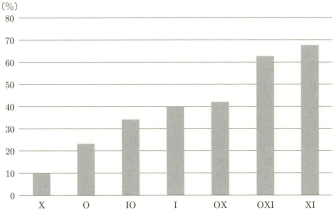

(注) O, X, I はそれぞれアウトソーシング,輸出,FDI を表す。OX, XI など は複数モードを同時選択している企業群を表す。数字は,各国際化パターンを選択 している企業群の平均からの乖離をパーセントで表示。
(出所) 冨浦 (2014) 図 4-2。

アウトソーシングを行っていた企業は全体の 15% です。したがって,海外にアウトソーシングを行う企業の割合は,2001～2006 年の 5 年間で 15% から 21% へと 6 ポイント上昇しました。しかし,それでも 2006 年時点で約 8 割の企業が海外アウトソーシングには従事していませんので,日本企業の中で海外アウトソーシングをしている企業は依然として少数派のようです。なお,海外にアウトソーシングをしている企業のほとんど (約 94%) が国内でも生産委託を行っているという点も注目されます。

では,アウトソーシング (O),輸出 (X),FDI (I),およびそれらの複数モードの同時選択という国際化のパターンによって企業の生産性がどのように異なるかを比べてみましょう。ここでは再び「商工業実態基本調査」のデータを使った Tomiura (2007) の研究を紹介します。売上高から売上原価を引いた付加価値額を常時従業員数で割った,従業員 1 人当たり付加価値額で測った労働生産性を計算して,それぞれの国際化パターンを選択している企業群の労働生産性について,(いずれの国際化活動も行っていない) 非国際化企業群の平均からの乖離をパーセントで表したのが図 3.6 です。

まず,いずれもプラスの値になっているということは,平均では非国際化企業群の生産性が最も低いことを意味します。また,アウトソーシングのみを行

Column 3.3　付加価値貿易

　オフショアリングやアウトソーシング等を伴う国際生産ネットワークについて，付加価値を生み出す一連の活動という意味でグローバル・バリュー・チェーン（global value chain: GVC）という概念が注目されています。GVCによる生産の拡大により，通常の貿易統計から計算される各国の貿易収支が，付加価値という点から見た場合の貿易収支を必ずしも正しく反映しなくなっています。そこで，通常の貿易統計とは別に，**付加価値貿易**（value-added trade）（⇒ 付録 3.3 参照）を計測することが重要になっています。

　たとえば，アップルの iPhone は中国で組み立てられて世界各国へ輸出されています。Xing and Detert (2011) の推計によれば，2009 年の中国から米国への iPhone の輸出総額は約 20 億 2270 万ドルで，1 台当たりの輸出単価を計算すると 179 ドルでした。ちなみにその当時，米国内の市場では 1 台当たり約 500 ドルで販売されていました。iPhone に使われる部品の一部は米国内の企業によって生産され，米国から中国に輸出されています。2009 年の時点でその金額は約 1 億 2150 万ドルでした。この分を考慮しても，貿易統計上 iPhone の貿易は米国の対中貿易赤字を約 19 億ドル増やしたことになります。しかし，彼らの計算によれば，中国からの輸出単価の 179 ドルのうち，中国内で生み出された付加価値はたったの 6.5 ドル（3.6%）にすぎません。2009 年に中国から米国への iPhone の輸出台数は 1130 万台でしたから，付加価値の輸出額では 7345 万ドルということになります。最終的に組み立てが行われるのは中国でも，実際は iPhone の生産には多くの国が関わっており，ドイツ，日本，韓国，米国，その他の国で生み出された付加価値が，それぞれ 3 億 2600 万ドル，6 億 7000 万ドル，2 億 5900 万ドル，1 億 800 万ドル，5 億 4200 万ドルなどとなっています。

　Johnson (2014) によれば，世界全体での付加価値輸出額は，1970～1980 年代には取引額の約 85% だったのに対して，現在は 70～75% まで低下しています。しかし，国や貿易相手国によって，この比率はバラツキが大きいようです。

っている企業群（O の棒）と FDI のみを行っている企業群（I の棒）を比較すると，後者の方が生産性が高く，前出の理論モデルによる予測と一致します。このデータでは輸出のみを行っている企業群（X の棒）の方がアウトソーシングのみを行っている企業群よりも平均の労働生産性が低くなっています。しかし，輸出とアウトソーシングが企業の戦略においてどのような関係になってい

るのか必ずしも明らかでなく，生産性の序列との関係についてはまだほとんど研究が行われていません。ただし，アウトソーシングとの関係を別にすれば，輸出企業群の平均的な生産性の水準が，非国際化企業群とFDI企業群の間に位置しています。この点は，第4.1項で紹介したHelpman et al. (2004)の理論分析の結果とも一致し，関連する他の実証研究による知見とも一致します。

さらに，複数モードを選択している企業群も含めて考察すると，FDIとアウトソーシングの両方を選択している企業群（IOの棒）を除いて，FDIと輸出（XI）または3つの国際化モードすべて（OXI）を行っている企業群はFDI単独の企業群（I）よりもさらに生産性が高いことがわかります。

なお，ここでは従業員1人当たり付加価値額で企業の生産性を測って国際化モードの選択との関係を示しました。Tomiura (2007)は他にも従業員1人当たり売上高や，企業規模（従業員数），国内市場占有率，近似的全要素生産性[31]などの複数の指標で生産性を比較して，結果の頑健性を確認しています。

おわりに

本章では，企業の国際的な活動形態として，輸出だけでなく，FDIやアウトソーシングなども紹介しました。その上で，国内で操業している企業のうちで，輸出やFDI，アウトソーシングなどを行っているのはごく一部の企業であることを，これまでの実証研究を踏まえて紹介しました。1990年代中頃から，同じ産業内で輸出する企業とそうでない企業が存在するということが，企業レベルのデータを用いた実証研究で明らかにされるようになり，そうした事実を説明するために，メリッツ・モデルが登場しました。

これらの研究では，企業の国際化と生産性との関係が注目されるようになりました。具体的には，輸出やFDIなどの海外展開をする企業とそうでない企業では生産性が異なり，前者の方が生産性が高いことが，さまざまな国の実証研究によって明らかにされてきました。これに対して，生産性の高い企業しか輸出を行わないことをメリッツ・モデルが理論的に示しました。外国市場に輸出するには固定費用がかかるため，生産性が高く，外国市場でより多くの利潤を得ることができるような企業でないと固定費用を賄えないからです。

31） 利用可能なデータの制約から，生産における資本分配率を1/3，労働分配率を2/3と仮定して，簡便な方法で計算をしたTFPです。この点については付録4.2を参照してください。

第3章　企業の生産性と海外展開

　またメリッツ・モデルの登場によって，貿易の外延と内延と呼ばれる分解が注目されるようになりました。この分解は，輸出額を輸出企業数（外延）と1社当たりの平均的輸出額（内延）に分けるものだったり，輸出品目数（外延）と1品目当たりの輸出額（内延）だったりします。このような分解をすることで，従来のような集計された貿易データの分析だけではわからなかったような，貿易のさまざまな特徴をより細かく捉えることができるようになりました。

　さらに，FDIやアウトソーシングに関しても多くの研究が行われてきています。FDIかアウトソーシングかの選択については，不完備契約に基づく理論モデルによって分析が行われてきた一方で，実証分析では日本のデータを使った研究が世界的に注目されたことなどを紹介しました。

　では，本章冒頭の問いに戻ってみましょう。

> **問い**　日本の国内で操業している企業のうちで，どれくらいの割合が海外に輸出や投資をしていると思いますか。また，海外展開をしている企業とそうでない企業にはどのような違いがあるでしょうか。
>
> **答え**　日本国内で操業している企業のうちで，海外に輸出している企業とFDIをしている企業の割合は，1998年のデータによれば，それぞれ6.30%と2.98%にすぎません。海外展開をしている企業とそうでない企業の大きな違いとしては，生産性をあげることができます。また，雇用規模や賃金などの面でも大きく異なっています。ただし，理論的には海外展開をしている企業とそうでない企業は生産性の水準によってきれいに分けられますが，現実には，生産性が高くても海外展開をしていない企業もあれば，逆に生産性があまり高くなくても海外市場へ参入している企業もあります。したがって，メリッツ・モデルが示すような生産性の違いだけで，海外展開するか否かの選択を説明できるわけでは必ずしもありません。企業が海外展開をする要因について，まだ研究の余地が多く残っているといえます。

● **練習問題**

> **3-1**　さまざまな国で企業レベルのデータを用いた近年の研究から，同じ産業内で外国に輸出をしている企業は全企業のうちのごく一部であることが示されています。また，多くの国の研究で，輸出をしていない企業と比べて，輸出

をしている企業の平均的な特徴として, (i) 生産性が高い, (ii) 企業規模が大きく, 賃金も高い, (iii) 資本集約度や技能集約度が高い, といった点があげられています。これらの事実から, なぜ多くの国で外国に輸出をしている企業は同じ産業内のごく一部に限られるのかを説明してください。

3-2 第1節で解説したメリッツ・モデルを使って, 対称的な2国間の貿易を考えます。

(1) 2国が貿易自由化に関する協定を締結した結果, 双方向でτが低下したとします。このとき, 自国企業の生産性のカットオフ水準である Θ^D と Θ^X はどのように変化しますか。

(2) 自国政府が, 自国企業の輸出にかかる固定費を軽減するような輸出支援策を実施したとします。この政策が自国企業の輸出選択に与える影響を分析してください。

3-3 * Castellani (2002) はイタリア企業のデータ (3年ごとに実施される無作為抽出標本調査) を使って, 輸出による学習仮説を検証しました。各回の対象企業5000社のうち, 1991年と1994年の2回の調査でパネル化できる約2100社のデータを使いました。1992〜1994年期における前の期からの生産性の伸び率を被説明変数として, 1991年時点での輸出の有無を示すダミー変数を主な説明変数とするほか, 1989〜1991年期における生産性の伸び率や1991年時点での企業特性をコントロール変数にしました。また, 各企業が属する産業や立地する地域に特有の効果も (産業分類や地域分類に応じたダミー変数を入れて) コントロールした回帰式をOLSで推定しました。輸出による学習仮説を検証する方法として, 彼の分析手法にはどのような問題点があり, どのような改善が可能かを考察してください。

3-4 * 第4.3項で解説したFDIとアウトソーシングの選択に関するモデルについて, 生産性の水準に応じて, (i) 自社生産, (ii) 国内委託, (iii) FDI, (iv) アウトソーシングという4つの生産組織か, または退出のどれが選択されるかを (3.7) 式と (3.8) 式の条件の下で考えてみましょう。図3.3のように, 横軸に企業の生産性 (Θ) をとり縦軸に企業の利潤 (π) をとった図に, 各モードを選択したときの企業の利潤が生産性とともにどのように変化するかを示す線を描きます。利潤の線はすべて直線であると仮定すると, 図3.4に示すような順で生産組織が選択されることが確認できますか。

3-5 * 企業内貿易に関する Column 3.1 で紹介した, 経済産業省が公表している「企業活動基本調査」の集計データを使って, 産業別に日本の貿易に占める企業内貿易の割合を計算し, 産業による違いや経年変化について考察してみましょう。具体的な手順については本書のサポートサイトを参照してください。

補論：メリッツ・モデルにおける定常均衡の分析の概略

ここでは，第1節の最後に出てきたメリッツ・モデルにおける定常均衡の分析について，ごく簡単に考え方を説明します。

自国と対称的な外国が1国だけあると仮定します。まず，全企業の生産性の平均と外国へ輸出する企業の生産性の平均をそれぞれ $\tilde{\Theta}$ と $\tilde{\Theta}^X$ で表すと，利潤の平均値 $\bar{\pi}$ は

$$\bar{\pi} = \pi^D(\tilde{\Theta}) + q_x \pi^X(\tilde{\Theta}^X) \tag{3.9}$$

と表すことができます。ここで，$\pi^D(\tilde{\Theta})$ は平均的な生産性水準のときに国内市場から得られる利潤，q_x は輸出市場に参入できる確率，$\pi^X(\tilde{\Theta}^X)$ は，輸出企業の中で平均的な生産性水準のときに輸出市場から得られる利潤です。(3.9) 式の中で，$\tilde{\Theta}$，$\tilde{\Theta}^X$，q_x はすべて Θ^D と Θ^X の関数で表され，さらに Θ^X は Θ^D の関数で表されるため，結局 (3.9) 式は $\bar{\pi}$ と Θ^D の関係式となります。

他方，事前の生産性の分布と $\bar{\pi}$ から潜在的な参入企業にとっての利潤の期待値が得られるので，それと参入費用 wf_E が等しいという自由参入条件から，$\bar{\pi}$ と Θ^D の関係式がもう1つ得られます。それによって，2つの内生変数 $\bar{\pi}$ と Θ^D について連立方程式が与えられることになり，（産業内の）均衡における $\bar{\pi}$ と Θ^D が一意に決まります。

さらには参入する企業数 M_E（および操業する企業数 M）が内生的に決定されます。また，分析が1つの産業だけに焦点を当てている場合は，賃金 w は外生的に与えられますが，モデルを複数の産業が存在する一般均衡の体系に拡張すれば，w も内生変数として労働市場の需給一致条件によって決まります。

第4章
貿易の効果

はじめに：貿易はどのような利益や損失をもたらすか？

> **問い** 貿易はどのような利益や損失をもたらすでしょうか。とくに労働者間の賃金格差や自然環境にどのような影響を与えるでしょうか。

序章から第3章では，リカード・モデル，ヘクシャー＝オリーン・モデル，クルーグマン・モデル，メリッツ・モデルなど，さまざまな貿易モデルについて学んできました。国際経済学の重要な役割として，貿易パターンや企業の国際化行動を説明することに加えて，貿易がどのような利益ないし損失をもたらし，それがどのような要因によるのかを明らかにするということがあげられます。

国際経済学では，2国が自由貿易を行うことで，貿易をまったく行わない「閉鎖経済（closed economy）」（または「自給自足経済（autarky）」）の状態と比べて両国の経済厚生が改善されることは，「**貿易利益**（gains from trade）の命題」と呼ばれ，古くはリカードが1817年に発表した『経済学および課税の原理』という研究書の中で論証しました。その後，サミュエルソンをはじめ，多くの国際経済学者がこの命題の証明に取り組み，どのような条件下で貿易利益があるかについて研究してきました[1]。

---

1) 貿易利益の厳密な証明には複雑な数式の展開が必要であるため，学部上級以上のレベルになりますが，関心のある読者は下村（2001）や Kemp and Shimomura（1997）などの解説を参照してください。またこの分野の初期の研究については，Corden（1984）が詳しくサーベイしています。

外国と貿易をする便益ということでは，国土が狭く，石油や石炭をはじめ，私たちの日常生活に欠かせない天然資源の多くが国内でほとんど取れない日本が貿易から多くの便益を得ていることはすぐに理解できるでしょう。スーパーやコンビニエンス・ストアで買い物をするときに，ちょっと気をつけて表示を見れば，実に多くの食材や原料が海外から輸入されていることがわかります。

しかし，その一方で自由貿易に反対する人が多いことも事実です。世界貿易機関（WTO）の大きな会合が世界のどこかで行われると，必ずといってよいほど反自由貿易主義（または反グローバリズム）の人々が集まって，激しいデモや抗議行動を行います。

加盟国間の貿易を実質的に自由化する環太平洋経済連携協定（**TPP**）のような地域貿易協定（RTA）の締結に対して，農業や畜産業をはじめ，国内のさまざまな産業に損失をもたらすとして反対する意見が多く見られます[2]。RTAの締結に反対する人々が外国との貿易を完全に停止することを主張しているわけではないでしょうが，外国と自由な貿易を行うこと，あるいは関税などの**貿易障壁**（trade barriers）を引き下げて貿易を自由化することから損失を受けると考えているのではないでしょうか。そうした意見に対して，思い込みや感情論で議論するのではなく，適切なデータと分析手法によって，自由貿易や貿易自由化が輸出国および輸入国にとってどのような条件下でどのような利益や損失をもたらしうるのかを示すことが重要です。

たとえば，国全体としては貿易から便益を享受する場合でも，労働者や資本家などの立場によって，あるいは従事している産業によっては損失を被るかもしれません。また，同じ労働者でも，技能労働者と単純労働者との間の賃金格差について，貿易が賃金格差を拡大させるのか，それとも縮小させるのかは自明ではありません。さらには，貿易が経済的な便益をもたらしても，環境問題を悪化させる要因になるかもしれません。

そこで本章では，最初に貿易が経済的な利益をもたらすメカニズムについて，国際貿易の理論に基づいて考えます。その後，貿易が国内の賃金格差や自然環境に与える影響について取り上げ，これまでの研究から得られている知見を紹介します。本章を通じて，貿易がどのような利益や損失をもたらすのかを

---

2) TPP は日本を含む 12 カ国により交渉が行われ，2015 年 10 月に大筋合意に至り，2016 年 2 月に 12 カ国による署名が行われました。しかし，その後 2017 年 1 月にトランプ大統領が米国の協定からの離脱を宣言しました。

見ていくことにします。

1 なぜ貿易は利益をもたらすか？

　国際貿易が経済的な利益をもたらすメカニズムはいくつかあります。ここでは，主要なものとして次の4つに注目します。(1) ミクロ経済学でも示されている，最も単純な形としての貿易からの利益である「交換の利益」，(2) 伝統的な貿易理論で示されている，比較優位に基づく貿易からもたらされる「特化の利益」，(3) クルーグマン・モデルが示す，産業内貿易において見られる「財の多様性拡大から得られる消費の利益」，(4) メリッツ・モデルが示す，同一産業内で生産する企業の生産性が異なることに起因する「生産要素の産業内再配分を通じた効率性改善による利益」です。以下では，これら4つのメカニズムについてそれぞれ詳しく見ていきます。

1.1　交換の利益

　まず，最も単純な貿易利益は，ミクロ経済学でも学ぶ交換の利益 (gains from exchange) です。いま2人の消費者がいて，2つの財をいくらかずつ持っているとしましょう。このとき，もしお互いに交換することをしなければ，それぞれ自分が持っている財を持っている量だけ消費することになります。それに対して，2人が持っている2つの財の量が異なったり，2人の好みが異なっていたりするとき，お互いに財をいくらかずつ交換することで，もともと自分が持っていたのとは異なる量の組み合わせが消費できます。それによって消費から得られる満足度（すなわち効用）が改善される可能性があります。これが交換の利益です。

　この例では物々交換をするわけですが，2つの財を交換するレートはそれぞれの財に対する需要と供給によって決まります。つまり，2人の消費者が持っている総量が相対的に少ない財は希少であるため，少ない量でもう一方の財と交換することができるでしょうし，また2人の消費者がより好む財はより多く需要されるため，やはり少ない量でもう一方の財と交換することができるはずです。このように需要と供給で決まる2財の交換レートのことを国際経済学では交易条件 (terms of trade) と呼びます。交易条件は2つの財の相対価格 (relative price) に当たります。

さて，この例で「2人の消費者」を「2つの国」に読み替えれば，そのまま国際貿易の話になります。自分が持っている財をそのまま消費するというのは，貿易が行われない「閉鎖経済（自給自足経済）」の状態に対応し，財を互いに自由に交換するのは「自由貿易」に対応します。したがって，この例は，2国がそれぞれ国内の初期保有している財を消費する閉鎖経済と比べて，自由貿易を行うことで，それぞれの国の消費者の効用が上がり，国全体として**経済厚生**（economic welfare）が改善することを示しています。経済厚生とは，経済的な意味で人々の福祉水準を測る指標です[3]。貿易から得られる利益や損失を評価する場合にも，多くは経済厚生の変化によって測られます。

1.2　特化の利益

序章で学んだリカード・モデルや第1章で学んだヘクシャー＝オリーン・モデルといった伝統的な貿易理論では，比較優位の原理が2国間の貿易の決定要因でした。そのような比較優位の原理に基づいて国際貿易が行われるとき，2国間で貿易がない閉鎖経済の状態と比較して，自由貿易が行われることで，財の相対価格が変化します。その結果，消費者が各財の消費量を調整することに加えて，国内の各産業で生産される財の生産量も調整されます。つまり，外国よりも自国において相対的に安い費用で生産できる産業については，国内市場での消費に加えて，外国に輸出することで利益が上げられるため，財の生産が拡大します。逆に，自国よりも外国において相対的に安価に生産できる産業については，外国から輸入することで国内の消費者はより安い価格で消費することができます。そのため，そのような産業の国内生産は縮小します。このような産業構造の調整を**特化**（specialization）と呼びます。

　2国全体で見ると，どちらの国でも相手国よりも生産効率の高い産業の生産が拡大し，相対的に生産効率の低い産業が縮小します。したがって，各国においても，また2国全体でも，自由貿易を行うことで閉鎖経済のときよりも生産の効率が改善することになります。このように比較優位に基づく貿易が行われると，交換経済の場合にも見られた交換の利益（すなわち消費機会の拡大か

3）　第5章で扱う部分均衡モデルにおける余剰分析では，消費者余剰や生産者余剰などの概念を用いて経済厚生を測ることを行います。また，一般均衡分析において所得効果も含めた経済厚生の変化を測る指標としては，等価変分や補償変分という指標を用います。これらについては第5章と第6章で詳しく説明します。

ら得られる利益）に加えて，産業構造の調整による生産効率の改善というもう1つの利益が得られます。後者のことを**特化の利益**（gains from specialization）と呼びます。交換の利益と特化の利益を合わせたものが，比較優位に基づく国際貿易から得られる貿易の利益です。

1.3 財の多様性拡大から得られる消費の利益

次に第2章で学んだクルーグマン・モデルでは，製品差別化と規模の経済性が貿易の源泉となっていました。そのため，リカード・モデルやヘクシャー=オリーン・モデルとは異なり，生産技術や生産要素の賦存量においてまったく違いがない国同士でも財の貿易が行われます。そのような場合に各国が貿易から得る利益として，財の多様性が拡大することによる消費の利益があります。第2章で考えたのと同様にある1つの産業に着目して考えてみることにします。たとえばワインを考えましょう。貿易が行われない閉鎖経済では，国産のワインしか消費できません。それに対して，外国と貿易を行うようになると，国産のワインに加えて，輸入ワインも消費できるようになり，消費者にとっては選択肢が増えます。このような選択肢の増加，すなわち財の多様性拡大が消費者の効用を上げることになります。

クルーグマン・モデルにおける貿易の利益をより詳しく考察すると，第2章第1節で説明したように，各ブランドに対する需要の価格弾力性 ε_i が可変的か否かによって効果が異なります。ε_i が可変的である場合は，対称的な2国間で貿易が自由化されると，競争促進効果によって各ブランドの価格が低下します。そのため，国内企業の一部が市場から退出する一方で，残りの企業は国内市場と外国市場の両方に財を供給し，生産規模を拡大させることで平均費用を低下させ，操業を続けます。消費者にとっては，国産ワインの種類は閉鎖経済のときよりも減ってしまいますが，輸入ワインも消費できるようになるため，全体として消費できるワインの種類は増加します[4]。したがって，この場合は，財の多様性拡大から得られる利益に加えて，競争促進効果（すなわち個々の財の価格低下）による利益も享受することができます。

それに対して，ε_i が固定の場合，とくに第2章第1節で紹介したCES型の効用関数を用いる場合は，競争促進効果が働きません。この場合は，国産ワイ

4）　しかし，2国全体では貿易自由化によってワインのメーカー数が減少します。

126 第4章 貿易の効果

ンの種類の数は変化しません。2国がまったく対称的であれば，各国で生産されるワインの種類の数は同一です。したがって，貿易の自由化によって消費者の選択肢は倍に増えます。各消費者は1つ1つの種類のワインの消費量を半分に減らして，その分，倍の種類のワインを楽しむことを選択します。このときの貿易利益は財の多様性拡大から得られる利益のみになります。

1.4 生産要素の産業内再配分を通じた効率性改善による利益

最後に，第3章で学んだメリッツ・モデルでは，また新たな貿易利益のメカニズムが加わっています。それは，同じ産業内で生産を行っている企業の生産性が企業ごとに異なっているため，閉鎖経済と比べて，外国と自由貿易を行うことで，生産性の高い企業は輸出を開始して生産を拡大し，そのために雇用を拡大させます。その結果，労働者が生産性の低い企業から生産性の高い企業へ移動します。輸出をせずに国内市場だけに財を供給する生産性の低い企業は雇用を減らし，生産を縮小します。最も生産性の低い企業は市場から撤退するようになります。このようにして，生産要素（労働）が生産性の低い企業から生産性の高い企業へと再配分されるのです。そのような生産要素の産業内再配分は産業の平均的な生産性を押し上げることにつながり，いわば希少な資源（生産要素）をより有効に活用することにつながるというわけです[5]。

2 貿易はどの程度の利益をもたらすか？

実証分析による知見

2.1 幕末の日本が開国によって得た貿易利益はどの程度か？

前節で見たように，貿易理論において貿易利益は，自給自足での経済厚生と比べて，自由貿易での経済厚生がどの程度改善されるかを測ったものですが，現実にはまったく貿易がない状態から一気に自由貿易に体制が変化するということはなかなかありません。しかし，実は日本の幕末から明治初期の頃を，これに近い変化を経験した自然実験（natural experiment）と捉えることができます[6]。しかも，当時の日本の経済状況は，伝統的な貿易理論で想定されている

---

[5] この効果は一般には「資源の再配分効果（resource reallocation effect）」と呼ばれていますが，本書では効果の内容をより明確に示すために「生産要素の産業内再配分」と呼びます。

ような，市場は完全競争的で，かつ小国（第5章第1節を参照）であるという条件をかなりの程度満たしていたと考えられます[7]。幕末の開国によって必ずしも自由貿易をするようになったとまではいえませんが，日本が幕末の開国によってどの程度の貿易利益を受けたのかは，とても興味深いことです。

Bernhofen and Brown (2005) は，幕末から明治初期の日本が開国でどの程度の貿易利益を経験したのかを計算しました。1853年にペリーが来航し，翌1854年に日米和親条約が調印されました。1850年代前半までは鎖国状態であったのが，明治維新後の1870年代には外国との貿易が活発化しました。

では，どのようにしたら開国によって日本が得た貿易利益を計算することができるでしょうか。最も簡単な方法としては，当時の日本の経済厚生を開国の前後で比較するという方法が考えられますが，実はそれでは貿易利益を正確に計算することはできません。なぜなら，異なる時点の経済厚生を比較するわけですから，開国の影響の他に，開国とは関係のない他のさまざまな社会的・経済的な条件が変化したことによる影響も入ってしまっており，実際の経済厚生の変化のうちのどの程度が開国の影響なのかを知ることは容易ではないからです。

そこで，考えられる算出方法としては，次の2つがあります。1つめは開国前の時点で，仮にそのときにすでに開国していたら得られたであろう経済厚生と実際の経済厚生を比較する方法です。2つめは開国後の時点で，仮にそのときまだ開国していなかったら得られたであろう経済厚生と実際の経済厚生を比較するという方法です。いずれの方法も，比較対象は現実にはデータが存在しない状況になりますので，経済モデルに基づくシミュレーション分析を行っ

---

6) 最近は実験経済学や行動経済学の発展により，経済学でも実験的な手法による研究が活発に行われています。それに対して，政策担当者や研究者が意図して実験を行ったわけではないものの，結果的に何らかの政策の効果などを分析するのに適していると考えられるような状況が偶然に起きることがあります。それを自然実験と呼びます。自然実験を活用した研究も活発に行われています。

7) Bernhofen and Brown (2004, 2005) は，日本経済史に関する複数の文献をあげて，当時の日本では製造業の多くは30人以下の小規模な工場で生産が行われており，農業もまた大半が小規模農家によって生産されていたこと，また貨幣経済の発達やさまざまな改革・規制緩和によって，生産者も消費者も価格受容者として行動する完全競争の条件に近い状況にあったと論じています。それに加えて，開国当初の日本は主要な輸入品について国際市場で価格支配力を持つほどの量を貿易しておらず，主要な輸出品だった生糸と緑茶についても競争的な条件下で輸出されていたと論じています。

て，仮想的な状況での経済厚生を計算しなければなりません。Bernhofen and Brown (2005) が採用した方法は前者です。すなわち，1850 年代にもし日本がすでに開国していたら得られていたと推定される仮想的な経済厚生を計算し，それを 1850 年代の日本の実際の経済厚生と比較することで日本が開国によって得た貿易利益を計算するという方法を彼らは採用しました。その結果，彼らが得た結論は，当時の経済成長率についてある程度幅を持たせて推定すると，日本が得た貿易利益は（当時の）GDP の 8〜9% 程度だったというものです。

2.2　財の多様化から得られる利益

次に，クルーグマン・モデルが示唆するように，製品差別化による産業内貿易が行われると，比較優位に基づく貿易から得られる利益とは異なる利益が得られます。それは消費者にとって同一財の種類が多様化することによる利益です。では，実際には製品の種類が増加することから得られる貿易利益はどの程度なのでしょうか。

Broda and Weinstein (2004, 2006) は米国に関しては 1972〜2001 年の詳細なデータを使用し，米国以外の輸入額の大きい 20 カ国に関しては 1972〜1997 年のより集計されたデータを使用して，製品のブランド数の増加による経済厚生の改善への貢献度を分析しました。まず，同じ財でも異なる国から輸入する場合は，財の種類（ブランド）が異なるという仮定の下で，輸入財当たりの平均輸入相手国数が 1972 年と 1997 年とでどのくらい変化したのかを示したのが表 4.1 です。増加率からわかるように，どの国も 25 年間の間に平均輸入相手国数の増加を経験しており，とくに中国，韓国や旧ソ連でこの傾向が顕著です。

輸入財の種類が増加すれば，個々の輸入財価格は変化しなくても，輸入財の物価が下落し，実質所得が増加する効果が見込まれます。ここで，輸入財の物価は，第 2 章第 1.1 項で出てきた (2.8) 式の価格指数を輸入財について計算したものです[8]。各国が経験した輸入価格指数の下落率と，それによる実質所得

---

8)　(2.8) 式の価格指数で，個々の財の価格が変化しなくても，財の種類が増加すれば価格指数（つまり物価）が下落することを簡単な例で確認してみましょう。たとえば，計算しやすいように，財の価格は $p_i = 2$ で，代替の弾力性が $\sigma = 2$ の場合を考えます。$\sigma = 2$ より，$1 - \sigma = 1/(1 - \sigma) = -1$ です。$n = 2$ のときと $n = 3$ のときの価格指数 P をそれぞれ計算してみると，まず $n = 2$ のときは

2 貿易はどの程度の利益をもたらすか？ | 129

表 4.1 　輸入財のブランド数の変化

国名	輸入財当たりの平均輸入相手国数		
	1972 年	1997 年	増加率（%）
米国	31.4	42.7	36.1
日本	20.6	28.8	39.9
英国	30.4	38.4	26.5
カナダ	17.8	25.2	41.3
中国	4.9	20.7	326.1
メキシコ	9.1	17.3	89.3
旧ソ連	8.7	27.3	213.7
韓国	5.9	16.8	185.3
ブラジル	11.5	19.7	70.7

（出所）　Broda and Weinstein (2004) Table 1 より抜粋。

表 4.2 　輸入価格指数の変化と実質所得の増加（1972〜1997 年）

（単位：%）

	輸入価格指数の下落率	実質所得の上昇率
米国	28	3.0
日本	32	3.3
英国	21	5.6
カナダ	32	19.4
中国	83	26.9
メキシコ	50	32.2
旧ソ連	75	25.4
韓国	70	30.8
ブラジル	44	26.8

（注）　ブランド間の代替の弾力性を 2 として計算した結果である。
（出所）　Broda and Weinstein (2004) Table 1 より抜粋。

の上昇率を示したのが表 4.2 です。輸入ブランド数の増加に伴って，多くの国が輸入価格指数の下落を経験したことがわかります。とくに中進国や旧ソ連でこの影響が顕著に見られます。輸入価格指数の大幅な下落により，多くの国が

$$P = \left[(2)^{-1} + (2)^{-1} \right]^{-1} = \left(\frac{1}{2} + \frac{1}{2} \right)^{-1} = 1^{-1} = 1$$

です。他方，$n = 3$ のときは

$$P = \left[(2)^{-1} + (2)^{-1} + (2)^{-1} \right]^{-1} = \left(\frac{1}{2} + \frac{1}{2} + \frac{1}{2} \right)^{-1} = \left(\frac{3}{2} \right)^{-1} = \frac{2}{3}$$

になります。このように個々の財の価格は変化しなくても，財の種類が増えただけで価格指数（物価）は低下します。

25 年間で 10% 以上の実質所得の上昇を経験しました。

これらの分析から Broda and Weinstein (2004, 2006) は，輸入額の大きい国ほどより多様な国から輸入する傾向があることと，多くの国が 25 年間で輸入ブランド数の増加を経験したことを示しました。さらに，Broda and Weinstein (2006) は米国についてより詳細なデータを用いた分析を行いました。その結果，1972〜2001 年の期間に，輸入ブランド数の増加が GDP の約 2.6% の利益を消費者に与えたという推定結果を報告しています[9]。

2.3 生産要素の再配分による平均的な生産性の改善

メリッツ・モデルが示すように，同じ産業内に生産性の異なる企業が混在していて，貿易が自由化されると生産性の高い企業の生産が拡大し，生産性の低い企業の生産が縮小（ないし市場から退出）することで，産業の平均的な生産性が改善されるという効果は実際に見られるのでしょうか。また，そのような効果があるとしたら，どの程度の大きさなのでしょうか。

貿易の自由化が企業の生産性に与える効果に関する実証研究の例として，Trefler (2004) と Lileeva (2008) の研究があげられます。彼らは，1989 年に発効した米国とカナダの自由貿易協定（Canada-United States Free Trade Agreement: CUSFTA）がカナダの製造業の生産性に与えた効果について，カナダの事業所レベルのミクロデータを用いた研究を行いました。

まず，Trefler (2004) はカナダの標準産業分類（Standard Industrial Classification: SIC）コードの 4 桁レベルで製造業を 213 産業に分類しています。貿易自由化の効果を分析する上で，CUSFTA によるカナダと米国の双方の関税削減の効果を分析します。関税のデータに関しては，Trefler (2004) が同じく SIC コードの 4 桁レベルに対応させるように集計した産業別関税率に基づいて，カナダが他国からの輸入に課す関税と米国からの輸入に課す関税の差（すなわち CUSFTA による関税削減率）を示す t_{is}^{CA} と，米国が他国からの輸入に課す関税とカナダからの輸入に課す関税の差を示す t_{is}^{US} を算出しました（i は産業，s は年を表します）。さらに，CUSFTA 発効から 1996 年までの期間におけ

---

9) なお，この数字は国内で生産されるブランド数が輸入ブランド数の増加によって変化しないという仮定の下で計算されています。輸入ブランド数の増加によって国内ブランド数が減少することを考慮に入れると，消費者の利益は少し小さくなり，GDP の約 2.2% であると Broda and Weinstein (2006) は報告しています。

る年平均の関税削減幅を見るために，CUSFTA 発効前の 1988 年と 1996 年時点の t_{is}^{CA} と t_{is}^{US} から，

$$\Delta t_i^{CA} = \frac{t_{i,96}^{CA} - t_{i,88}^{CA}}{1996 - 1988}, \quad \Delta t_i^{US} = \frac{t_{i,96}^{US} - t_{i,88}^{US}}{1996 - 1988} \tag{4.1}$$

を計算しました。ちなみに，1988 年時点で，カナダが米国からの輸入に課していた関税率と米国が対カナダで課していた関税率はそれぞれ平均で 8.2% と 4.0% でした。また，Δt^{CA} と Δt^{US} はそれぞれ平均で 4.2% と 2.0% でした。

CUSFTA によるカナダの関税削減がカナダの製造業の生産性に与える影響としては，貿易保護が弱まることによって，生産性の低い事業所が退出することによる産業の平均的な生産性の上昇が予想されます。他方，CUSFTA による米国の関税削減がカナダの製造業の生産性に与える影響としては，（産業内で相対的に生産性の高い）輸出事業所の生産拡大と米国市場への新規参入による産業の平均的な生産性の上昇が予想されます。これらを合わせた効果がメリッツ・モデルが示す産業内での生産要素の再配分による利益と考えられます。それに加えて，とくに米国の関税削減によって，輸出事業所や米国市場への新規参入事業所が生産拡大に伴う収穫逓増効果を通じて，個別事業所における生産性を改善させる効果も考えられます。

これらの点について Trefler (2004) が示した分析結果は，カナダの関税削減によって，とくに関税削減の影響を強く受けた 71 の輸入競争産業において，産業の平均で労働生産性が 15% 上昇したというものです（統計的に有意）。これは年率で 1.9% の生産性上昇を意味します。他方，米国の関税削減は，とくに関税削減の影響を強く受けた 71 の輸出産業において，産業の平均で労働生産性を 4% 程度上昇させる効果が見られましたが，統計的には有意ではありませんでした。事業所レベルでは，カナダの関税削減による労働生産性の上昇は 8% で統計的に有意でないのに対して，米国の関税削減による生産性の上昇は 14% で統計的にも有意な効果が見られました。

つまり，カナダの関税削減効果については，産業の平均的な生産性を改善させる効果があった一方で事業所レベルでの生産性を改善させる効果は見られませんでした。この点を考慮すると，産業内で生産性の低い事業所が退出したことで平均的な生産性が改善した可能性が高いと考えられます。他方，米国の関税削減効果については，事業所レベルでの生産性向上があったのに対して産業の平均的な生産性に改善は見られませんでした。これは，生産性の高い輸出事

業所における生産性の向上があった一方で，産業全体では，米国に輸出しやすくなったことで生産性の低い事業所が新たに参入した可能性が考えられます。

以上の分析結果に基づいて，213に分類されたカナダの産業における CUSFTA による平均的な生産性改善効果を計算すると，1988〜1996年の期間に5.8% の労働生産性上昇が確認されました。これが生産性の低い事業所の退出と生産性の高い事業所の生産拡大を通じた，生産要素の再配分による平均的な生産性の改善効果にあたると考えられます。さらに，個別事業所における労働生産性も期間内に平均で 7.4% 上昇しました。

Lileeva (2008) は，CUSFTA による関税削減が事業所の参入・退出に与えた影響をより詳しく分析しました。その結果，カナダの関税削減が事業所の退出を増加させたことがわかりました。この効果は生産性分布で最下位の第1四分位だけでなく上位から2番目の第3四分位でも統計的に有意でした。また，事業所数への影響に関して，産業全体で事業所数を減少させる効果が見られました。しかし，労働生産性の分布で第3四分位に含まれる事業所についてはこの効果が統計的に有意であるのに対して，分布最下位の第1四分位の事業所については有意ではありませんでした。したがって，メリッツ・モデルの理論的予測とは異なり，貿易自由化によって必ずしも生産性の低い事業所の数が減少したわけではありません。

他方，理論的予測通り，関税削減によって生産性分布最上位の第4四分位に含まれる事業所が市場シェアを拡大させました。しかし，生産性分布で最下位の第1四分位の事業所が産業全体の生産額に占めるシェアは 5% 程度にすぎないのに対して，1986〜1996年の期間に第4四分位の事業所のシェアは 18% ポイントも拡大しました。したがって，生産性の低い事業所の退出や生産規模の縮小だけで，生産性の高い事業所の生産拡大を説明するには少し無理があると考えられます。

現実に見られたのは，生産性の最も低い層から最上位層への生産要素の再配分ではなく，生産性分布の中では上位でありながら，最上位層よりは相対的に生産性の低い第3四分位に含まれる事業所から最上位層の事業所への生産要素の再配分でした。なぜそのような現象が見られたのでしょうか。この点について Lileeva (2008) はさらに詳しい分析を行いました。その結果，貿易自由化によって，複数の事業所を抱えるカナダの企業，とくに非輸出企業が事業所の統廃合を行った結果ではないかということを明らかにしました。複数の事業所

を抱える企業は単独事業所の企業よりも生産性が高い傾向があるため，そうした企業が持つ事業所は生産性分布の中で相対的に上位に位置すると考えられます。したがって，それらの事業所の多くが，カナダの関税削減によって退出が増加した第3四分位に含まれているとしたら，現実に見られた現象をうまく説明することができるのです。

3 貿易は国内の賃金格差を拡大させるか？

　前節では貿易がもたらすさまざまな利益について見てきました。しかし，貿易は必ずしも望ましい効果だけを生むとは限りません。また経済全体としては利益があっても，個別に見れば利益を得る人（経済主体）と，逆に損失を受ける人（経済主体）があるかもしれません。

　たとえば，2産業3要素の簡単な特殊要素モデルを考えてみましょう（特殊要素モデルについては Column 4.1 を参照してください）。2産業は工業と農業とします。工業では資本と労働が投入され，農業では土地と労働が投入されると仮定します。貿易が開始されて工業品を輸出して農産品を輸入するならば，労働が農業から工業へ移動します。工業では資本1単位当たりの労働投入量が増加するため，資本の限界生産性が上昇します。それに対して農業では，土地1単位当たりの労働投入量が減少するため，土地の限界生産性が低下します。その結果，一般に輸出産業である工業に投入される特殊要素である資本の所有者は収入が増加しますが，輸入競争産業である農業に投入される特殊要素である土地の所有者は収入が低下します。

　また，第1章第1.1項で学んだように，ヘクシャー＝オリーン・モデルにおいてストルパー＝サミュエルソンの定理は次のような効果を示します。すなわち，貿易開始によって輸入財の価格が低下するとき，輸入財の生産に集約的に投入される生産要素の価格は輸入財価格の低下率よりも大きく低下し，逆に輸出財の生産に集約的に投入される生産要素の価格は上昇します。この効果はしばしば「ストルパー＝サミュエルソン効果」と呼ばれます。このように国際貿易の理論的な分析でも，貿易の自由化は国内の異なる立場の経済主体に異なる影響を与える可能性があることが示されています。

134 第4章 貿易の効果

> **Column 4.1 特殊要素モデル**
>
> 　第1章で解説したヘクシャー゠オリーン・モデルでは，すべての生産要素が産業間を自由に移動できることが仮定されています。しかし，たとえば生産に使われる資本とは，具体的には機械だったり，工場の建物だったりします。それを考えると，ある特定の産業の生産のために作られた機械や建物を別の産業の生産に簡単に転用できるかというと，必ずしもそういうわけにはいきません。土地にしても，工場が建てられていた土地をすぐに農業用地に転用できるかというとそうはいきません。それに対して，たとえば労働者は，専門的な技能を必要とするような仕事でなければ，機械や土地などに比べれば，比較的産業間を自由に移動できるかもしれません。
>
> 　このように，産業間の移動が比較的容易な生産要素もあれば，そうでない生産要素もあることを考慮して，産業ごとに特殊な生産要素（specific factor）があることを仮定したモデルを**特殊要素モデル**（specific factors model）と呼びます。本文中の例では，資本が工業部門の特殊要素で土地が農業部門の特殊要素です。
>
> 　本文中の説明にあるように，特殊要素モデルを用いると，個人の立場の違い（土地所有者か，資本所有者か，あるいは労働者か）によって，貿易から受ける影響の違いを明確に示すことができます。そのため，貿易利益の分析や，貿易が所得分配に与える影響に関する分析などに特殊要素モデルが用いられることがあります。
>
> 　また，ある特定の産業の生産に投入が固定された生産要素があるということは，短期の状況を描写したモデルであるという見方もできます。十分に長い時間をかければ，どの生産要素も別の産業に転用することができると考えられるからです。その意味で，特殊要素モデルはヘクシャー゠オリーン・モデルの短期におけるモデルだという解釈もできます。このような特殊要素モデルについては，若杉 (2009) や木村 (2000) などのテキストを参照してください。

3.1 技能労働者と単純労働者の賃金格差の要因

　立場の違いによって異なる影響を受けるものにはいろいろありますが，ここでは学歴や職種等の違いによって生じる労働者間の賃金格差について考えてみましょう。米国をはじめ多くの先進国では 1980 年代〜2000 年頃にかけて技能労働者（skilled workers）と単純労働者（unskilled workers）（またはホワイトカラーとブルーカラー，大卒労働者と高卒労働者）の間の賃金格差が拡大した一方で，同じ時期に単純労働者に対する技能労働者の雇用比率が上昇する傾向が報

告されています (Bound and Johnson, 1992; Katz and Murphy, 1992; Juhn et al., 1993)。このことは，技能労働者に対する労働需要が増加したことを意味します。

このような賃金格差の拡大要因として，上述のストルパー＝サミュエルソン効果が考えられます。すなわち，この時期に多くの先進国にとって途上国との貿易が拡大しました。先進国では技能労働者が相対的に豊富で，途上国では単純労働者が相対的に豊富であるため，途上国との貿易拡大によって，先進国は技能集約的な産業に特化し，技能非集約的な財の価格下落を経験したと考えられます。その結果，先進国では単純労働者の賃金が低下する一方で技能労働者の賃金は上昇し，両者の賃金格差が拡大したのではないかと考えられます[10]。

実際いくつかの研究は，そのようなメカニズムが働いたことをうかがわせる分析結果を報告しています (Sachs and Shatz, 1994; Wood, 1998)。しかしストルパー＝サミュエルソン効果によって賃金格差が拡大したのであれば，同時に先進国では技能集約的な産業の生産が拡大し，技能非集約的な産業の生産が縮小したはずです。その結果，技能労働への需要が，技能非集約的な産業から技能集約的な産業へと「産業間」でシフトしていないとつじつまが合いません。ところが，どの国でもそうした産業間の労働需要シフトは相対的に小さく，大部分は「産業内」で技能労働への需要シフトが生じたことが報告されています（たとえば Berman et al., 1994; Bernard and Jensen, 1997)。そうなると，産業間の労働移動を前提としたストルパー＝サミュエルソン効果は賃金格差拡大の主要な要因であるとは考えにくいことになります。

産業内で技能労働者へ需要がシフトした原因として，これまでの研究で2つの要因が注目されてきました。1つは技能偏向的技術進歩 (skill-biased technical change) と呼ばれるものです。これは，技能労働者に偏った形で生産性を伸ばすような技術進歩を指します。具体的にはコンピュータなどの IT 関連技術の進歩や高度な技能を必要とするような生産設備の開発などを意味します。技能偏向的技術進歩によって各産業における技能集約度が上昇すると，産業内で技能労働者に対する相対需要が高まり，技能労働者の相対賃金の上昇と技能労働者の雇用比率の上昇を同時に引き起こすと考えられます。このような

---

[10] 逆に途上国では，技能集約的な財が輸入されるため，ストルパー＝サミュエルソン効果が働けば，技能労働者の賃金が低下する一方で単純労働者の賃金は上昇します。したがって，貿易は賃金格差を縮小する効果を持つことになります。

技能偏向的技術進歩が技能労働者と単純労働者の間の賃金格差の拡大に寄与したことは，多くの実証研究によって示されています[11]。

産業内で技能労働者へ需要をシフトさせたもう1つの要因として注目されるのはオフショアリング（offshoring）です。これは，生産工程の一部を外国に移転するものです[12]。移転の手段としては，海外現地法人で生産を行う場合と，資本関係のない外国企業にアウトソーシング（outsourcing）を行う場合が考えられます。最終消費財を生産する過程で技能集約度が異なる中間財を複数投入するとき，技能集約度の低い中間財の生産を単純労働が豊富な途上国へオフショアリングすると，先進国内で行われる生産工程の技能集約度が上がります。その結果，先進国では産業内の技能労働者に対する相対需要が高まり，技能労働者の相対賃金も上昇すると考えられます。このメカニズムについて，簡単なモデルを使って詳しく見てみましょう。

3.2 オフショアリングによる技能労働者の相対賃金の上昇*

Feenstra and Hanson (1997) にならって，次のような3要素（資本，技能労働者，単純労働者）による中間財の生産モデルを考えます。最終消費財の生産に多くの種類の中間財を必要とすると仮定します。中間財には番号を付けて種類を区別します。z が中間財の番号で，z は $0 \leq z \leq 1$ の範囲の値をとるとします。つまり，$z = 0.1$ という番号の中間財や，$z = 0.75$ という番号の中間財があるということです。後でわかるように，z が連続数になっていると数学的に扱いやすくなるため，そのように仮定します。これは，少しイメージしにくい

---

11) 代表的な研究としては，Autor et al. (1998), Autor et al. (2003), Berman et al. (1994), Berman et al. (1998) などがあげられます。米国に限らず，他の先進国についても同様の結果が報告されています。しかし，米国製造業の事業所レベルのデータを用いた Bernard and Jensen (1997) の研究のように，技能偏向的技術進歩よりも貿易の方が影響が大きいと論じている研究もあります。彼らは，非生産労働者と生産労働者との間の賃金格差の拡大が，同一産業内で非輸出企業から輸出企業への雇用のシフトに起因していることを示しました。賃金格差拡大の重要な要因である事業所間の非生産労働者の移動と輸出売上が強く相関しているのに対して，R&D集約度や雇用者1人当たりのコンピュータへの投資などの技術に関する指標は，事業所内での非生産労働者と生産労働者の雇用比率に影響を与えていることから，技能偏向的技術進歩よりも貿易（輸出）の方が賃金格差の拡大に強く影響したと結論づけています。

12) オフショアリングの用語の使い方については，第3章の注2で説明しています。ここでは，FDIと海外へのアウトソーシングの両方を含めて，生産工程の一部を外国に移転することをオフショアリングと呼びます。

かもしれませんが，$0 \leq z \leq 1$ の範囲で，無数の種類の中間財が連続的に存在することを意味します。

各中間財は，技能労働者の投入係数（すなわち生産 1 単位当たりに必要とされる技能労働者の投入量）と単純労働者の投入係数との比で表される「技能集約度 (skill intensity)」において異なります。技能労働者と単純労働者の投入係数を $a_H(z)$ と $a_L(z)$ と表し，技能集約度 $a_H(z)/a_L(z)$ が z について増加すると仮定します。つまり，z の値が大きい中間財ほど技能集約度が高いことを意味します。単純労働，技能労働，資本の要素価格をそれぞれ w_L, w_H, r と表し，中間財 $x(z)$ を 1 単位生産するのにかかる費用（すなわち単位費用）は，次のように要素価格と z の関数で表されると仮定します。

$$c(w_L, w_H, r, z) = B \left[w_L a_L(z) + w_H a_H(z) \right]^\beta r^{1-\beta} \tag{4.2}$$

ここで，B は正の定数，β は労働分配率で $0 < \beta < 1$ の条件を満たします。また，単純労働者の賃金よりも技能労働者の賃金の方が高く，$w_L < w_H$ が成立すると仮定します。これらの中間財から同質的な消費財が生産されます。消費財の生産に投入される中間財 $x(z)$ のシェアを $a(z)$ とします[13]。

いま自国と外国の 2 国が存在するとします。中間財は 2 国のいずれでも生産することができ，消費財は中間財を組み立てることで費用ゼロで生産できると仮定します。要素価格について以下のように仮定します。

$$w_H/w_L < w_H^*/w_L^*, \qquad r < r^* \tag{4.3}$$

つまり，技能労働の相対賃金は自国の方が安くなっています。言い換えれば，自国は相対的に技能労働が豊富だということを意味します。また，資本の要素価格も自国の方が安く，自国は相対的に資本が豊富だと仮定しています。

横軸に z をとり，縦軸に生産費用をとる図において，$0 \leq z \leq 1$ の範囲で自国と外国の生産費用 $c(w_L, w_H, r, z)$ がどのように変化するかを示したのが図 4.1 の左側の図です。z の値が大きい中間財ほど技能集約度が高いので，$w_L < w_H$ の仮定の下では，z の値とともに単位費用が増加し，$c(w_L, w_H, r, z)$ の線は右上がりになります。また，この図で CC 線は自国の費用を表す線，C^*C^* 線は外国の費用を表す線です。このように，z が連続数であると，CC 線や

---

13) 定義により，$a(z)$ を $0 \leq z \leq 1$ についてすべて足し合わせると 1 になります。

図 4.1 2 国の中間財の単位費用と自国における技能労働の相対賃金

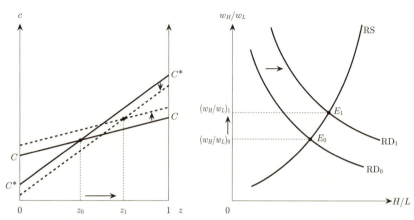

(出所) Feenstra and Hanson (1997) Figure 2 および Figure 3 に基づいて筆者作成。

C^*C^* 線を連続した線として描くことができ，分析がしやすくなります。単純労働と技能労働の賃金に関する (4.3) 式の仮定の下では，z の値が大きくなるにつれて，外国の方が単位費用の増加の程度が大きく，C^*C^* 線の方が CC 線よりも傾きが急になっています。各中間財は単位費用の低い国で生産されるため，技能集約度の低い中間財は外国で生産され，技能集約度の高い中間財は自国で生産されることになります。図に示すように，どこかに自国と外国で生産費用が同じになる中間財 z_0 が存在し，$0 \leq z \leq z_0$ の範囲の中間財は外国で，$z_0 \leq z \leq 1$ の範囲の中間財は自国でそれぞれ生産されます。

さて，2 国間で資本が移動できるようになり，FDI が行われることを考えてみましょう。(4.3) 式にある $r < r^*$，すなわち自国よりも外国の方が資本の要素価格が高いという仮定により，自国から外国へ資本が移動します。その結果，自国では資本の量が減少し，逆に外国で資本の量が増加するため，自国の r は上昇し，外国の r^* は下落します。この変化により，図 4.1 の左側の図に破線で示すように，自国の CC 線が全体的に上へシフトし，外国の C^*C^* 線は全体的に下へシフトします。2 つの線の交点は z_0 から z_1 へと右側へ移動し，外国で生産される中間財の範囲が拡大します。これは，$z_0 \leq z \leq z_1$ の範囲の中間財の生産が自国から外国へオフショアリングされたことを意味します。

自国から外国へオフショアリングされた $z_0 \leq z \leq z_1$ の範囲の中間財の

特徴を見てみると，変化前に自国で生産されていた $z_0 \leq z \leq 1$ の範囲の中間財の中では，最も技能集約度の低い範囲の中間財が外国へオフショアリングされたことになります。他方，外国にとっては，変化前に生産されていた $0 \leq z \leq z_0$ の範囲の中間財よりも技能集約度の高い中間財がオフショアリングされてきたことになります。自国では，技能集約度の低い範囲の中間財が国内で生産されなくなることで，平均的な技術集約度が高まる一方で，外国では技術集約度の高い方向に生産の範囲が広がることで，やはり平均的な技術集約度が高まります。そのため，自国と外国の双方で，技能労働に対する需要が，単純労働に対する需要に比べて相対的に高まることになります。

技能労働の供給量または需要量を H，単純労働の供給量または需要量を L で表すと，単純労働に対する技能労働の相対的な供給量または需要量は H と L の比で，H/L と表すことができます。このような単純労働に対する技能労働の相対供給量と相対需要量は相対賃金（すなわち賃金の比）である w_H/w_L の関数として表されます。そのため，技能労働の相対供給曲線と相対需要曲線は，図 4.1 の右側の図のように，横軸に相対量 H/L，縦軸に相対賃金 w_H/w_L をとった平面上に，それぞれ右上がりの曲線 RS と右下がりの曲線 RD として描くことができます。図 4.1 の右側の図は自国に関する図として描いてありますが，基本的に同様の図を外国についても描くことができます。この図で，RD_0 はオフショアリング前の相対需要曲線で，RD_1 はオフショアリング後の相対需要曲線です。

上述のように，オフショアリングによって自国内では技能労働に対する相対需要が高まります。つまり，図に示すように，相対需要曲線は右側へシフトします。その結果，均衡点は図中の E_0 から E_1 へ移動し，技能労働の相対賃金 w_H/w_L が上昇します。外国でも同様の変化が見られるため，外国でも技能労働の相対賃金 w_H^*/w_L^* が上昇するのです。このように，先進国から途上国へのオフショアリングによって，両方の国で技能労働の相対賃金の上昇，つまり賃金格差の拡大が生じる可能性を理論的に示すことができます[14]。

---

14) なお，先進国から途上国へのオフショアリングによって，先進国における単純労働者の賃金が必ずしも低下するとは限りません。第 2 章の Column 2.1 でも紹介した Grossman and Rossi-Hansberg (2008) によるタスク（業務）の貿易のモデルによれば，単純労働者が行っている業務の一部がオフショアリングされるとき，オフショアリングの費用低下によるオフショアリングの拡大が単純労働者の賃金を上昇させる場合があります。その理由は，技能労働集約財と単純労働集約財の 2 産業からなる小国開放

3.3 賃金格差に対するオフショアリングと技能偏向的技術進歩の寄与度

Feenstra and Hanson (1999) は米国の製造業の 447 業種に関する 1979～1990 年のデータを用いて，技能労働者と単純労働者との間の賃金格差に対して，技能偏向的技術進歩とオフショアリングがどの程度寄与したのかを分析しました。技能労働者のデータとしては，本社等に勤務する非生産労働者（non-production worker，いわゆる「ホワイトカラー」）を用いて，単純労働者のデータとしては，工場などの現場に勤務する生産労働者（production worker，いわゆる「ブルーカラー」）を用いました。1979～1990 年の期間中に非生産労働者に対する賃金支払いのシェアは 35.4% から 42.4% へと上昇しました。

そこで，業種ごとに総賃金支払額に占める非生産労働者のシェアの変化を被説明変数とする回帰分析を行いました。説明変数としては，まずオフショアリングの指標として，SIC コードの 2 桁レベルで分類された産業ごとに，狭義の指標と広義の指標の 2 つをそれぞれ以下のように定義しました。

$$（狭義）\quad \mathrm{OS}_i^N = \frac{\mathrm{IM}_{ii}}{\sum_j \mathrm{Inp}_{ij}} \tag{4.4}$$

$$（広義）\quad \mathrm{OS}_i^B = \frac{\sum_k \mathrm{IM}_{ik}}{\sum_j \mathrm{Inp}_{ij}} \tag{4.5}$$

それぞれ産業 i がどの程度オフショアリングをしているかを示す指標ですが，(4.4) 式右辺分子の IM_{ii} は SIC コードの 2 桁レベルで同一産業に分類される中間財の輸入額を表します。分母の Inp_{ij} は産業 i が産業 j から購入した（国内取引を含む）中間財（エネルギーを除く）の購入額を表し，分母全体は産業 i の中間財購入総額を表します（同一産業内の中間財購入額も含まれます）。したがって，OS_i^N は，産業 i の中間財購入額に占める同一産業内の中間財輸入額の割合を示します。これは，中間財の生産の一部を外国へ移転（オフショアリング）した場合，同一産業に分類される中間財の輸入額が増加するという考え方に基づいています。

経済では次のように説明できます。すなわち，オフショアリング費用の限界的な低下がオフショアリングされるタスクの範囲を拡大する効果よりも，変化以前からオフショアリングされているタスクにかかる費用が低下する効果の方が上回ります。小国開放経済であれば財の相対価格は変化しません。このとき，オフショアリング費用低下の便益は単純労働集約財産業の方が技能労働集約財よりも大きいため，単純労働集約財の生産が相対的に拡大します。その結果，経済全体の単純労働に対する需要が拡大し，単純労働者の賃金が上昇するのです。

表 4.3 賃金格差に対するオフショアリングと技能偏向的技術進歩の寄与度

(単位：%)

説明変数	(1)	(2)
オフショアリング（狭義）	14.1〜15.2	11.0
オフショアリング（広義）	20.3〜23.1	13.0
技術進歩（資本ストック）	8.2〜13.3	
技術進歩（投資）		36.8

(出所) Feenstra and Hanson (1999) Table III
に基づいて筆者作成。

他方，(4.5) 式右辺の分子の IM_{ik} は，産業 i が産業 k に分類される中間財を輸入した額を表します（同一産業内の輸入額も含まれます）。分子全体ではそれをすべて足していますので，分子は産業 i が輸入したすべての中間財の輸入額の合計を表します。分母は (4.4) 式と同じなので，OS_i^B は，SIC コード 2 桁レベルで異なる産業に分類される中間財も含めて，オフショアリングによって増加する中間財の輸入の程度を捉えようとする考え方に基づいています。したがって，こちらの方がオフショアリングをより広く捉えようとしていることがわかります。

技能偏向的技術進歩については，資本に対する支払いに占めるハイテク機器（コンピュータ関連機器と通信機器，コピー機等）のシェアを代理変数として用います[15]。このハイテク機器の指標に関して，資本ストックに占めるシェアとフローである投資に占めるシェアの 2 通りの指標を用いて別々の回帰分析を行います。回帰分析の結果から，1979〜1990 年における総賃金支払額に占める非生産労働者のシェアの変化に対して，オフショアリングと技能偏向的技術進歩がそれぞれどの程度の寄与度があるかを示したのが表 4.3 です。

(1) 列目は技能偏向的技術進歩の指標として資本ストックに占めるハイテク機器のシェアを用いた場合の分析結果で，(2) 列目はフローである投資に占めるハイテク機器のシェアを用いた場合の分析結果です。表からわかるように，オフショアリングの寄与度は (1) 列目の方が高く (2) 列目の方が低くなっています。また，狭義の指標（(4.4) 式）よりも広義の指標（(4.5) 式）の方がオフショ

---

15) Feenstra and Hanson (1999) は，ここで示した定義のほかに，資本に対する支払いに占めるコンピュータ関連機器のみのシェアを用いた分析結果も示しています。

142 第4章 貿易の効果

アリングの寄与度は高くなります。しかし，いずれにしても，総賃金支払額に占める非生産労働者のシェアを用いて測られる賃金格差の変化に関して，オフショアリングによって説明することができるのは 11〜23％ 程度です。

　他方，技能偏向的技術進歩については，ストックとフローのどちらの指標を用いるかで説明力が大きく異なります。ストックの指標を用いた場合は約 8〜13％ とオフショアリングの説明力を下回りますが，フローの指標を用いると約 37％ とオフショアリングを上回る説明力を持ちます。したがって，Feenstra and Hanson (1999) の分析は，1980 年代における米国の賃金格差の拡大に対して，オフショアリングと技能偏向的技術進歩のどちらもある程度影響を与えたものの，オフショアリングの影響はそれほど強くなかったことを示唆しています。

　オフショアリングの影響について，Head and Ries (2002) は，日本の多国籍企業のデータを用いて，低所得国で活動する海外現地法人における雇用の増加が日本の親会社における技能労働者への需要拡大をもたらしたという知見を示しました。他にもカナダや欧州諸国など，多くの先進国について同様の研究が行われ，多くの場合，技能労働者の相対賃金の上昇と雇用比率の上昇に対してオフショアリングが一定の説明力を持つことが示されています[16]。

　このようにオフショアリングが賃金格差拡大の要因の 1 つであることを示す研究結果が報告されている一方で，技能偏向的技術進歩が強く作用していることを示す研究結果も多くあります[17]。現在では，技能偏向的技術進歩と比べて，オフショアリングを含む貿易が賃金格差の拡大に与えた影響は小さいという見方が学界の定説になっています (Autor et al., 2016)。

3.4　日本に関する実証研究

　日本に関する同様の研究はそれほど多くありません。その 1 つの理由として，図 4.2 に示すように，1986〜2008 年の期間において，そもそも大卒と高卒の労働者の相対賃金が日本では米国のように上昇しなかったことがあげられます[18]。つまり，この期間に日本では米国のように賃金格差が必ずしも拡大

---

[16]　Crinò (2009) がそうした研究に関するサーベイを行っています。

[17]　文献は注 11 に紹介しています。

[18]　図 4.2 に示すデータは，川口大司と森悠子が日本の「労働力調査特別調査」と米国の Current Population Survey から算出したものです。25〜29 歳の全労働者を対象と

図 4.2 日米の大卒・高卒労働者の相対供給量と相対賃金（1986〜2008年）

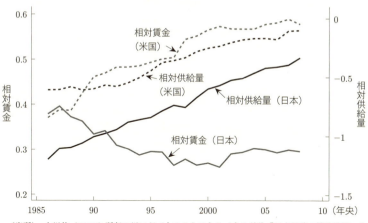

（出所）小川他（2013）所収の川口がパネリストであるパネル討論「日本経済の構造問題：生産性、高齢化、労働市場」中に示されている図6-18。

してこなかったのです。Kawaguchi and Mori (2016) によれば，図 4.2 に示すように日本では米国を上回るスピードで大卒労働者の相対供給が増加したことがその主な要因だと考えられます。

しかし，佐々木・桜（2004）によれば，1985〜2003年の期間において日本でも産業内で大卒労働者向け賃金支払い比率の増加が見られ，緩やかではあるものの，賃金格差の拡大が見られます。そこで，佐々木・桜（2004）は，日本の製造業14業種のパネル・データを使って，日本の技能労働に対する需要シフトに対して，技能偏向的技術進歩とオフショアリングのいずれがより強く作用したかを分析しました。技能偏向的技術進歩を測る指標として研究開発費比率を使い，オフショアリングの指標としては，東アジアからの輸入比率と海外生産比率を使いました。大卒労働者向け賃金支払い比率を被説明変数とする回帰分析の推定結果から，大卒労働者向け賃金支払い比率の上昇に対する各変数の寄与率を計算すると，輸入比率は 10.8〜12.7%，海外生産比率は 8.7〜13.7%，研究開発費比率は 5.5〜6.5% 程度でした。したがって，日本の製造業における大卒労働者向け賃金支払い比率の上昇に対して，オフショアリングは技能偏向的技術進歩とほぼ同等か，それ以上の影響を与えたと考えられます。

して，賃金は男性労働者，供給量は男女計の値になっています。

144　第4章　貿易の効果

> ### Column 4.2　米国の製造業が中国からの輸入拡大によって受けた影響
>
> 　中国が 2001 年に WTO へ加盟して以降，製造業製品の輸出が急速に拡大しました。世界の製造業製品の輸出に占める中国の割合は 1990 年には 1.9% でしたが，2000 年には 5% に上昇し，その後急速に割合が上昇しました。2011 年には 16% に達しています (Autor et al., 2016)。この影響を強く受けたのが米国の製造業です。とくに米国の製造業で働く労働者がどのような影響を受けてきたのかを，労働経済学を専門とするデービッド・オーターらの研究グループが分析しました (Autor et al. (2016) によるサーベイを参照してください)。
>
> 　まず，米国の労働人口に占める製造業の雇用シェアは，1990～2000 年に 2.07% ポイント減少し，2000～2007 年に 2.00% ポイント減少しました (Autor et al., 2013)。この雇用減少のうち，1990～2000 年の期間では 16%，2000～2007 年の期間では 26% が中国からの輸入競争が原因であると推定されます。また，輸入競争の影響を直接受けた産業だけでなく，米国内での産業連関を通じた間接的な影響も含めて，1999～2011 年の期間に中国からの輸入拡大によって米国内で 200 万～240 万人の職が失われたという推定結果が示されています (Acemoglu et al., 2016)。
>
> 　次に，米国の労働市場を地域（通勤圏）単位に分けて，地域ごとに中国からの輸入競争の影響を受ける程度を測り，中国からの輸入競争が地域の労働市場に与えた影響を分析しました (Autor et al., 2013)。地域が中国からの輸入競争の影響

　また，Kiyota and Maruyama (2017) は，パートタイム労働者が近年急増していることを踏まえて，技能偏向的技術進歩とオフショアリングがパートタイム労働者の雇用需要に与える影響を分析しました。彼らは経済産業研究所が提供する日本産業生産性データベース（JIP データベース ⇒ 付録 1.3 参照）を用いて，1980～2011 年の期間における 5 年ごとの産業レベルデータによる分析を行いました。分析では，労働者を次の 4 つに分類しました。(1) 大卒以上（高技能），(2) 高卒および短大卒（中高技能），(3) 中卒（中低技能），(4) パートタイム労働者（低技能）。パートタイム労働者は週当たりの平均就業時間が 35 時間未満の労働者と定義されています。パートタイム労働者の教育水準はわかりませんが，賃金は他の労働者よりも低く，パートタイム労働者＝低賃金労働者といえます。彼らは，技能偏向的技術進歩の指標として情報通信技術 (information and communication technology: ICT) 資本ストックを用いました。また，オフショアリングに関しては，Feenstra and Hanson (1999) の定義に従

を受ける程度は，中国からの産業別輸入額（地域の労働人口1人当たり）の増加が大きい産業に対する当該地域の雇用の集中度を示す指標で測っています。その結果，1990〜2007年に輸入競争の影響を強く受けた地域ほど，製造業の雇用減少と失業・非労働力人口の増加，賃金の低下などの影響が大きかったことがわかりました。

さらに，米政府の社会保障局が持つ労働者個人のデータから無作為抽出した，1991年に製造業で働いていた労働者のサンプルについて，1992〜2007年における中国からの輸入競争による影響を分析しました (Autor et al., 2014)。その結果，輸入競争の影響がより強い産業で働いていた労働者ほど，その後の所得が低く，社会保障傷害保険の給付を受ける可能性が高くなる傾向が見られました。また，対象期間の初期に働いていた職場・産業で勤続する期間が短く，異なる産業に転職する可能性が高いこともわかりました。しかし，対象期間前（1988〜1991年）の賃金水準によってサンプルを分けて分析してみると，高賃金の職に就いていた労働者は所得低下の影響がほとんどなかったのに対して，低賃金の職に就いていた労働者は，所得低下の影響を強く受けたという違いがありました。その原因は，高賃金労働者は，他産業，とくに製造業以外へ転職することで，初期の所得低下分を取り戻すことができたのに対して，低賃金労働者は転職先も輸入競争の影響を受けやすい製造業である傾向があるため，転職後も所得低下を経験したという違いにあるようです。

って狭義と広義の両方のオフショアリングの指標を用いています。

その結果，彼らは，ICT資本ストックの増加が高卒・短大卒（中高技能）労働者とパートタイム（低技能）労働者の雇用需要を増加させたのに対して，中卒（中低技能）労働者の雇用需要を減少させたという結果を示しています。また，オフショアリングの増加は大卒以上（高技能）労働者の雇用需要を増加させる効果がありましたが，他の労働者への効果は統計的に有意ではありませんでした。したがって，この分析結果によれば，近年のパートタイム労働者の増加に対して，オフショアリングはあまり影響がなく，主にICT資本ストックの増加が影響したようです。

4 貿易の自由化は自然環境を破壊するのか？

次に貿易自由化が自然環境に与える影響について考えてみましょう。貿易を

自由化することによって国際的に経済活動が活発化します。それは生産と消費を拡大させるため，環境を汚染するさまざまな汚染物質の排出量も増加させてしまうことが懸念されます。ここでは，財を生産する過程で汚染物質が排出される場合を考えます。たとえば，二酸化硫黄や二酸化窒素などの大気汚染物質をはじめ，水質汚染や土壌汚染の原因となるようなさまざまな汚染物質が財の生産過程から排出されることが考えられます。産業によって排出される汚染物質の種類は異なりますし，量も異なります。例としては，鉄鋼製品や石油製品，化学工業製品等の生産からは大量の汚染物質が排出されますが，食品加工品の生産からはそれほど多くの汚染物質は排出されません。財1単位の生産からどの程度の汚染物質が排出されるかを**汚染集約度**（pollution intensity）と呼びます。汚染集約度の高い財を「汚染集約財」と呼び，汚染集約度の低い財を「汚染非集約財」と呼ぶことにします。ただし，汚染集約財かどうかは相対的な評価であって，比較の対象によって，同じ財が汚染集約財に分類されることも汚染非集約財に分類されることもありえます。

　一般に貿易自由化や経済成長が自然環境に与える効果は3つに分解することができます（Grossman and Krueger, 1993; Copeland and Taylor, 1994）。それは，**規模効果**（scale effect），**構成比効果**（composition effect），**技術効果**（technique effect）です。最初の規模効果は，生産規模の拡大が環境水準の悪化をもたらす直接的な効果です。2番目の構成比効果は，生産規模が同じでも経済全体で生産される財の生産比率が変化することによって排出される汚染量が変化する効果です。つまり，GDP（国内総生産）の水準が同じだとしても，汚染集約財の生産比率が高くなれば，それだけ環境水準は悪化しますし，逆に汚染非集約財の生産比率が高まれば，環境の水準は改善します。そして，最後の技術効果は平均的な汚染集約度の変化によって環境水準が変化する効果です。これは，技術革新によって汚染集約度が低下することを意味しますが，その背景には所得の向上によって消費者が環境の改善を求めるようになったり，それを踏まえて政府が環境規制を強化したりすることなどがあります。

　これら3つの効果のうち，規模効果は環境を悪化させる方向に働きますが，構成比効果は環境を悪化させる方向にも改善する方向にも働きます。技術効果は通常は環境を改善する方向に働きます。したがって，仮に構成比効果が環境を悪化させる方向に働くとしても，技術効果が十分に強く，規模効果と構成比効果を上回れば，貿易の自由化によって国内の経済活動が活発化しても，それ

によって環境も改善されるということはありえるのです[19]。

　では，現実には貿易自由化によって環境汚染は改善しているのでしょうか，それとも悪化しているのでしょうか。実はこれまでの実証研究によれば結果はまちまちです。たとえば Antweiler et al. (2001) は，都市における大気汚染に関して，SO_2（二酸化硫黄）濃度を世界 43 カ国の 108 の都市について 1971～1996 年のデータを用いて分析しました。規模効果，構成比効果，技術効果を測る変数として，それぞれ各都市の GDP/km^2，各国の資本・労働比率，1 人当たり所得水準を用いました。そして，都市における SO_2 濃度を被説明変数として，それらの変数を主な説明変数とする回帰分析を行いました。その結果，規模効果の弾力性は 0.1～0.4，構成比効果の弾力性はほぼ 1 で，技術効果の弾力性は −1～−1.6 であるという推定結果が得られました。全体として貿易自由化の弾力性は −0.4～−0.9 となり，貿易の自由化によって環境汚染が改善される傾向があるという結論を導いています。Frankel and Rose (2005) は SO_2 に加えて，二酸化窒素（NO_2）や浮遊粒子状物質（PM）などの汚染物質を対象とした分析を行い，Antweiler et al. (2001) とほぼ同様の結論を得ています。それに対して，Managi et al. (2009) は OECD 諸国だけでなく非 OECD 諸国も対象にして分析したところ，非 OECD 諸国については，貿易自由化がいくつかの汚染物質の排出量を増加させるという結果を得ています。

　このように，貿易自由化によって環境汚染が改善されるという知見を報告している実証研究が多くあります。しかし，分析の対象国や対象とする汚染物質によっては逆の結果が得られる場合があることがわかっています。

おわりに

　本章では，国際貿易がどのような利益や損失をもたらすかを見てきました。国際貿易が各国に経済的な利益をもたらすメカニズムは主に 4 つあります。(1) 交換の利益，(2) 特化の利益，(3) 財の多様性拡大から得られる消費の利益，(4) 生産要素の産業内再配分を通じた効率性改善による利益，です。これまでの実証研究では，(2) については，たとえば幕末の日本が開国によって得た貿易利益が当時の GDP の 8～9% 程度だったという研究結果を紹介しました。また，(3) については，多くの国が輸入財のブランド数の大幅な増加を経

---

19)　なお，3 つの効果の分解に関する詳しい解説は本章末の補論を参照してください。

験しており，それによる実質所得の上昇を経験したことを示す研究があります。とくに先進国よりは途上国や旧ソ連ではその恩恵が大きいようです。(4)についても，最近のミクロデータを駆使した研究により，メリッツ・モデルにおいて理論的に示されているような，貿易自由化に伴う産業内での生産要素の再配分によって，産業の平均的な生産性が上昇するという効果が実際にあることが確認されています。

　次に，国際貿易が国内の賃金格差に与える影響について取り上げました。米国をはじめとする多くの先進国では，1980年代〜2000年頃にかけて技能労働者と単純労働者の間の賃金格差が拡大したことが大きな問題として関心を集め，さまざまな研究が行われてきました。賃金格差が拡大した背景には，産業内で技能労働者への需要シフトが生じたことがあり，その原因として技能偏向的技術進歩とオフショアリングの2つがあげられます。オフショアリングは生産工程の一部を外国に移転するものですが，オフショアリングによって技能集約度の低い中間財の生産が途上国へ移転すると，先進国と途上国の双方で技能労働への相対需要が上昇することを簡単なモデルで示すことができます。これまでの実証研究では，技能偏向的技術進歩とオフショアリングの両方が賃金格差拡大の原因であることが示されています。しかし，前者と比べて後者は影響が小さいと考えられています。日本のデータでもこの点に関して研究が行われており，日本の製造業において，大卒向け賃金支払い比率の上昇に対して，オフショアリングは技能偏向的技術進歩とほぼ同等か，それ以上の影響を与えたことを示す研究結果を紹介しました。

　最後に，貿易自由化が自然環境に与える影響について取り上げました。貿易自由化が自然環境に与える影響は，規模効果，構成比効果，技術効果の3つに分解できることを説明した上で，これまでの実証研究から得られている知見を紹介しました。多くの研究が貿易自由化によって環境汚染は改善されることを示す結果を得ていますが，非OECD諸国については，汚染物質によって貿易自由化が環境汚染を悪化させることを示す結果が報告されています。

　では，本章冒頭の問いに戻ってみましょう。

> **問い** 貿易はどのような利益や損失をもたらすでしょうか。とくに労働者間の賃金格差や自然環境にどのような影響を与えるでしょうか。
> **答え** これまでの研究を踏まえると，多くの場合貿易は一国全体には利益をも

たらしますが，国内での立場によっては，損失を受ける場合があります。貿易の利益としては，産業構造の調整や産業内での生産要素の再配分による生産効率の改善や財の多様性拡大による消費の利益などがあります。しかしその一方で，労働者間の賃金格差の拡大については，生産工程の一部を外国に移転するオフショアリングが1つの要因になっています。また，自然環境への影響については，貿易自由化が環境汚染を改善させたことを示す結果が報告されている一方で，分析の対象国や対象とする汚染物質によっては逆の結果が得られる場合があります。

他にも，各国の文化的多様性に対する影響[20]や，第7章で取り上げる技術・知識の国際的伝播など，貿易はさまざまな影響をもたらします。どのような影響があるのかについて考えてみてください。

● 練習問題

4-1　第3節で解説したように，米国をはじめとする多くの先進国では1980年代～2000年頃にかけて技能労働者と単純労働者の間の賃金格差が拡大する現象が見られました。その原因として考えられる3つの要因をあげて，各要因がどのように賃金格差を拡大させるかを簡単に説明してください。また，各要因が実際に賃金格差の拡大をもたらしたかどうかを検証するには，どのようなデータを収集して，どのような実証分析を行えばよいかを説明してください。

4-2　貿易自由化が環境汚染に与える影響について実証研究を行った Managi et al. (2009) の研究によれば，OECD 諸国については貿易自由化によって汚染の排出が減少する一方で，非 OECD 諸国については，いくつかの汚染物に関して貿易自由化によって汚染の排出が増加する傾向が見られました。このことについて，OECD 諸国を高所得国，非 OECD 諸国を低所得国と捉えて，第4節で学んだ3つの効果に基づいて説明してください。

4-3*　国際貿易が各国の文化にどのような影響を与えるかを考えてみてください。たとえば，映画や音楽，書籍・雑誌等の出版物について考えてみましょう。フランスなどでは，自国の文化保護を目的として，テレビで放映される映画のうち，一定割合以上を自国制作の作品とすることなどを定めています。各

---

20)　この点については本章の練習問題 4-3 を参照してください。

国が自国文化の保護を目的としてどのような貿易制限の措置を行っているかについて調べて，そのような政策の必要性や，文化に関連する財・サービスの貿易を自由に行うことの利点・欠点について考えてみてください。

補論：自然環境に対する貿易自由化の効果の分解

　本章の第4節で，貿易自由化や経済成長が自然環境に与える効果を規模効果，構成比効果，技術効果の3つに分解することができることを学びました。ここでは，Antweiler et al. (2001) が展開した簡単なモデルを使って，3つの効果についてもう少し詳しく見てみましょう。2財を生産する小国を仮定します。2財とも資本と労働を使って生産されます。Y 財は労働集約財で汚染は排出しません。X 財は資本集約財で，生産の副産物として汚染物を発生させます。第4節に出てきた財の分類でいえば，Y 財が汚染非集約財で，X 財が汚染集約財になります。X 財の生産から排出される汚染物の排出量 Z は

$$Z = eX \tag{4.6}$$

であると仮定します。ここで，X は X 財の生産量，e は X 財の汚染集約度を表します。市場はすべて完全競争的です。

　図 4.3 の第1象限は2つの財の生産量の関係を示しています。原点から外側に凸の曲線は，2財の生産量に関する生産可能性フロンティア（production possibility frontier: PPF）です[21]。他方，第4象限には X 財の生産量と汚染物の排出量 Z との関係を示しています。ここに描かれている直線は (4.6) 式で与えられる X 財産業における汚染排出関数です。異なる2つの汚染集約度に対応した2本の線が描かれています。

　Y 財をニュメレール（numeraire）として，X 財の国際相対価格を P^W，国内相対価格を P で表します[22]。この国は X 財を輸出して Y 財を輸入すると仮定します[23]。

　まず，貿易が自由化される前に，輸入される Y 財に輸入関税を課している状況を考

---

21)　生産可能性フロンティア（PPF）とは，生産に投入可能な生産要素によって生産できる財の組み合わせの集合である「生産可能集合」のうち，最大量の組み合わせを示すものです。PPF に関するより詳しい説明については，阿部・遠藤 (2012, 121 ページ) や中西 (2013, 第2章) などを参照してください。

22)　ニュメレールは「価値尺度財」とも呼ばれます。その財の価値を基準として，他の財の価値を測るのに用いられます。ここでは Y 財の価格 P_y を $P_y = 1$ に基準化すると考えるとわかりやすいです。

23)　本来は貿易均衡の分析をするには社会的無差別曲線も図中に描く必要がありますが，図を単純にするために，図 4.3 には社会的無差別曲線は描かれていません。

えます。このとき，X 財の国内価格は国際価格に等しいのに対して，Y 財の国内価格は関税分だけ国際価格よりも高くなっています。そのため，X 財の国際相対価格 P^W よりも国内相対価格 P が低くなり，$P^W > P$ という関係が成立します。図中の第1象限に描かれている P^W 線は，傾きの絶対値が国際相対価格 P^W である価格線です。価格線とは，生産側から見ると，ある価格（この場合は国際相対価格 P^W）に対して，X 財の生産量 X と Y 財の生産量 Y について $G = P^W X + Y$ という関係（G は定数）が成立する点の集合です。この式の左辺は2産業からなる経済において，国内の総生産額（すなわち GDP）を表します。したがって，ある1本の価格線はある水準の GDP に対応しており，その線上の点は，X 財と Y 財の生産量の組み合わせは異なりますが，ある特定の相対価格の下で，どれも同じ水準の GDP に対応しています（なぜなら G が

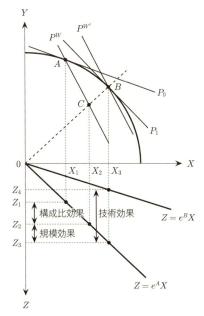

図 4.3 貿易自由化が環境に与える効果

（出所）Antweiler et al. (2001) Figure 1 に基づいて筆者作成。

定数であるからです）。そのため，価格線は生産側から見るときには「等 GDP 線」とも呼ばれます（等しい水準の GDP を与える点の集合という意味です）。なお，ここでは説明を省略しますが，価格線を需要側から見ると「予算線」になります。

さて，貿易自由化前の国内相対価格は P_0（それに対応する価格線が図中の P_0 線）で，そのときの生産点は国内相対価格の価格線が PPF と接する点 A です。この国の国際市場での購買力を示すために，GDP は国際相対価格で測ります。P^W の下でさまざまな水準の GDP に対応した等 GDP 線もいくつも描くことができますが，実際の GDP に対応する等 GDP 線は生産点 A を通る線になります。

次に，貿易自由化によって Y 財の輸入に課していた関税が低下すると，X 財の Y 財に対する国内相対価格が上昇するため，国内相対価格に対応する価格線は P_1 線に変化します。それに伴い，生産点は点 B へ移動します。ただし，$P^W > P_1 > P_0$ が成立するとします。貿易自由化によって国際相対価格 P^W は変化しないため，点 B における国際相対価格で測った GDP の水準を表すのは，P^W 線と平行で，かつ点 B を通る等 GDP 線 $P^{W'}$ になります。

点 A における X 財の生産量は X_1 です。このときの汚染の排出量ですが，当初は汚

染集約度が $e = e^A$ の水準であるとします。図の第4象限において，$Z = e^A X$ の線が当初の汚染排出関数になります。つまり，X_1 の生産量に対応する汚染排出量は Z_1 です。それに対して，点 A から伸びる等 GDP 線である P^W 線と，原点と点 B を結ぶ直線との交点を C とします。点 C での X 財の生産量は X_2 であり，そのときの汚染排出量は Z_2 です。A と C は同じ等 GDP 線上の点ですから，A から C への変化は，GDP の水準を変化させずに生産の構成比だけを変化させたことになります。したがって，この変化に伴う Z_1 から Z_2 への汚染の増加は構成比効果に相当します。

次に，C から B への移動を考えます。C と B は異なる等 GDP 線上にあるため，GDP の水準が異なります。点 B の方が右上に位置する等 GDP 線上にあることから，GDP の水準が高いことがわかります。その一方で，C と B は原点から延びる同じ線上の点です。これは産業の構成比（すなわち X 財と Y 財の生産比率）が等しいことを表します。したがって，C から B への移動は生産の構成比は変えずに GDP だけを増加させます。このときの生産量は X_3 です。汚染集約度は $e = e^A$ のままで，生産点が B へ移動すると，汚染の排出量は Z_3 になります。Z_2 から Z_3 への汚染の増加は，生産の構成比は変えずに経済の規模（すなわち GDP の水準）だけを増加させたことに伴う汚染の排出量の増加であることから，規模効果に相当すると考えられます。

最後に生産点は B のままで，汚染集約度が e^A から e^B へ低下する状況を考えてみましょう。これは，貿易の自由化によって所得が上昇したことで，人々の環境保護に対する意識が高まって汚染排出に対する規制が強まったり，あるいは汚染の排出を減らすような新しい技術が開発されたりしたことなどによる変化です。生産量は X_3 のままですが，汚染集約度が e^A から e^B へ低下すると，第4象限の汚染排出関数が $Z = e^B X$ 線へと変化します。その結果，汚染排出量は Z_3 から Z_4 へと減少します。この変化は技術効果によるものです。

以上により，図 4.3 に描かれている状況では，生産点が A から B へ移動した結果，全体として汚染の排出量は Z_1 から Z_4 へと減少しています。つまり，貿易自由化によってこの国の国内における汚染の排出総量は減少しましたが，その変化は規模効果，構成比効果，技術効果という3つの効果に分解することができるのです。

もちろん図 4.3 に描かれているのは1つのケースにすぎません。たとえ技術効果によって汚染排出量が減少しても，規模効果と構成比効果を上回るほどでなければ，貿易自由化によって汚染の排出総量が増加する場合があることに注意してください。

第**5**章

貿易政策の基礎

はじめに：保護貿易はどのような影響を及ぼすのか？

> **問い** 関税による保護は，消費者にとってプラスだと思いますか。それともマイナスだと思いますか。

　貿易政策とは，財が国境を越えて取引されるとき，すなわち貿易されるときに，その財に対して適用される政策のことです。ただし，国境を越えるときといっても，地理的な国境を越えるときに（たとえば，海や山の上で）適用されるわけではありません。実際には，財の貿易を管理する税関で貿易政策が施行されています。その貿易政策の最も代表的なものが輸入税です。輸入税は輸入する財に対して課される税のことで，税関で課されるため輸入関税（import tariffs）あるいは関税（tariffs）と呼ばれています。

　これに関連して，関税以外の方法で貿易を制限する方法もあり，このような障壁は非関税障壁（non-tariff barriers）と呼ばれています。なお，関税・非関税障壁はしばしば国内産業を（外国との競争から）守る目的で利用されることがあります。このため，関税・非関税障壁によって貿易を制限することは保護貿易と呼ばれることもあります。

　それでは非関税障壁にはどのようなものがあるのでしょうか。主な非関税障壁は次のようにまとめられます[1]。

---

1) 　ここでは標準的な国際経済学の教科書で取り上げられる関税に注目していますが，ここで取り上げているもの以外に，衛生・安全基準や工業規格なども非関税障壁とみなされることがあります。より詳細な非関税障壁の分類については United Nations Con-

154　第 5 章　貿易政策の基礎

《輸入割当あるいは輸入数量制限》　輸入割当 (import quota) とは，一定期間（たとえば 1 年）に輸入される貨物の数量（あるいは金額）を輸入者等に割当をする制度のことです。輸入数量制限とも呼ばれます。なお，輸入の急増により国内産業に重大な損害またはその恐れがあり，国民経済上緊急に必要があると認められるときは，輸入品目に対して緊急に数量制限が課されることがあります。これに関連して，日本では，2001 年 4 月にねぎ，生しいたけ，畳表へのセーフガード (safe guard) と呼ばれる措置が発動されたことがあります。セーフガードとは，特定品目の貨物の輸入の急増が国内産業に重大な損害を与えていることが認められ，かつ国民経済上緊急の必要性が認められる場合に，損害を回避するために関税の賦課または輸入数量制限を行うものです。日本のセーフガードの場合，ねぎは 3% から 256%，生しいたけは 4.3% から 266%，畳表は 6% から 106% へと関税率を引き上げ，実質的に輸入量を制限するという措置がとられました (財務省・経済産業省・農林水産省, 2001)[2]。

《輸入補助金》　輸入補助金 (import subsidy) とは，輸入のために政府から支出される補助金のことです。日本では，1951 年に通商産業省（現在の経済産業省）が工作機械輸入補助金制度を導入したことがあります (小浜, 2012)。これは外国の優れた工作機械を指定して，それを輸入した場合に政府が費用の半分を補助するという補助金制度であり，その目的は日本製機械の品質向上にありました。

《輸出税》　輸出税 (export tax) とは，輸出の際に課される税金のことです。この輸出税の例としては，中国が 2006 年以降，レアアース（希土類）に課した輸出税が有名です。この輸出税の結果，レアアースの価格が高騰し，市場に混乱がもたらされたといわれています[3]。中国のレアアースに対する輸出税については，2013 年 8 月に世界貿易機関 (World Trade Organization: WTO) によって中国の違反が確定し，2015 年 5 月に廃止されています。

---

　ference on Trade and Development (2012) を参照してください。

2)　ただし，この暫定措置は 2001 年 11 月には終了し，確定措置には至りませんでした。

3)　経済産業省「中国のレアアース等原材料 3 品目に関する輸出税が廃止されます」，『ニュースリリース』，2015 年 5 月 1 日（金曜日）。

《輸出補助金》 輸出補助金（export subsidy）とは，輸出のために政府から支出される補助金のことです。最近の事例としては，中国の「実証基地・共通サービス基盤」と呼ばれる輸出補助金があげられます。『日本経済新聞』（2015年4月11日付）は，米通商代表部（United States Trade Representative: USTR）がこの中国の輸出補助金の制度を問題視し，WTOに提訴したことを報じています。

《輸出数量制限》 輸出数量制限（export quota）とは，輸出国が輸出数量に上限を設けるという措置のことです。輸出国が自主的に輸出数量を制限する場合，**輸出自主規制**（voluntary export restriction）と呼ばれることもあります。輸出自主規制の事例としては，日米の自動車貿易摩擦を回避するため，1981年から1994年にかけて日本政府が自動車の輸出台数に上限を設けたことが有名です。この日本の輸出自主規制については第6章でも説明します。

　以上が関税と非関税障壁の概要です。それでは，これらの関税や非関税障壁にはどのような効果があるのでしょうか。言い換えれば関税や非関税障壁を引き下げる，すなわち貿易を自由化するとどのような効果が期待できるのでしょうか。ここで注意しなければならないのは，貿易相手国を区別せずに貿易を自由化するケースと貿易相手国の一部に限定して貿易を自由化するケースでは，その効果が変わってくる可能性があるという点です。このうち，貿易相手国を区別せずに貿易を自由化するケースには，**一方的**（unilateral）貿易自由化や WTO を通じた**多角的**（multilateral）貿易自由化が含まれます[4]。一方，貿易相手国の一部に限定して貿易を自由化するケースは，一般に**地域貿易協定**（**RTA**）と呼ばれています。この RTA には**自由貿易協定**（**FTA**）や**関税同盟**（**CU**），および**経済連携協定**（**EPA**）が含まれますが，その詳細については次節の Column 5.2 で紹介します。なお，RTA の中でもとくに FTA に注目した研究もありますが，混乱を避けるため，本書では RTA と用語を統一して紹介することにします。

　4） 厳密には，WTO を通じた貿易自由化は WTO に加盟した国に対して行われる貿易自由化ですが，WTO の加盟国は 164 カ国・地域に上ることから（2016 年 12 月現在），多角的自由化に分類されるのが一般的です。

Column 5.1　GATT/WTO

　WTO とは国際貿易に関する国際機関のことであり，WTO に加盟した国は WTO の定める国際貿易のルールに従う必要があります。

　1929 年の世界恐慌に伴い，世界各国は自国の関税を引き上げるという関税戦争に突入し，世界の貿易は急速に縮小しました。この貿易の縮小が第 2 次世界大戦勃発の一因となったことを踏まえ，1947 年に，国家間の貿易や貿易政策に関するルールを定めた**関税と貿易に関する一般協定**（General Agreement on Tariffs and Trade: GATT）が 23 カ国の間で調印されました。その後はこの GATT を国際貿易交渉の場として，多国間の貿易自由化が進展することになります。そして，1995 年に GATT を発展解消する形で設立されたのが WTO です。

　この GATT/WTO の重要な原則として，最恵国待遇の原則（GATT 1 条）と内国民待遇（GATT 3 条）があげられます。最恵国待遇の原則とは，一国がある外国に与えている最も有利な待遇を，他の加盟国にも与えるという原則です。この原則は，貿易相手国によって貿易措置を差別化してはならないこと，言い換えれば加盟国に対して平等な条件で貿易を行うことを意味しており，それが多角的貿易自由化といわれる所以になっています。一方，内国民待遇の原則とは，外国の財が国内の財に対して不利になるような国内措置を禁じるものです。最恵国待遇が加盟国間の差別を禁じているのに対し，内国民待遇は国内外の差別を禁じているといえます。ただし，これらの原則にも例外はあり，たとえばある一定の条件が満たされていれば，RTA の締結が認められています。

　GATT/WTO では，最恵国待遇の原則を満たす限り，関税による保護は認められていますが，数量制限は認められていません（GATT 11 条）。しかし，この数量制限禁止の原則にも例外があり，たとえばある一定の要件を満たす場合，上で述べたセーフガードによる数量制限は認められています（GATT 19 条）。同様に，ある一定の要件を満たす場合，第 6 章で説明するダンピング（不当廉売）に対する対抗措置——アンチ・ダンピングの措置も認められています。

　ただし，アンチ・ダンピングについては，ダンピングの認定方法などをめぐって，アンチ・ダンピング措置をとられた国と，措置を発動した国の間で，貿易紛争がしばしば生じています。WTO はこの貿易紛争を解決する制度についても整備を進めており，ルールを定めるだけでなく，貿易紛争の解決の場としても力を発揮しています。この GATT/WTO の役割に関心を持たれた方は，石川他 (2013) を参照してください。

1 貿易政策にはどのような効果があるのか？

1.1 関税の効果

　関税，非関税障壁による保護は，経済厚生にプラスの影響を与えるのでしょうか。ここで経済厚生とは，第4章第1.1項で説明したように経済的な意味で人々の福祉水準を測る指標です。前節で紹介したように，関税・非関税障壁にはさまざまなものがあり，それらの類似点，相違点を理解することは重要です。しかし，それらのすべてを説明するには紙幅が足りません。本書の性格も踏まえ，以下では**部分均衡モデル**（partial equilibrium model）に基づき，**小国**（small country）を対象として関税，輸入割当，そして輸出補助金の3つの効果について解説します。ここで部分均衡モデルとは，ある1つの財の市場における経済取引に注目するモデルを意味しています。これに対し，財や生産要素を含むすべての市場の経済取引に注目するモデルは**一般均衡モデル**（general equilibrium model）と呼ばれます[5]。

　この部分均衡モデルに基づく分析は，貿易相手国を区別せずに貿易を自由化するケースと貿易相手国を一部に限定して貿易を自由化するケースを，同じ枠組みで比較的簡単に説明できるという利点があります。また，小国とは，その国の市場規模や市場での取引量が財の国際価格に影響を及ぼさないような国を指します。これに対し，自国の市場規模や市場での取引量が財の国際価格に影響を及ぼすような国は**大国**（large country）と呼ばれます。なお，ここでは輸入に注目しますが，輸出についても同様の分析が可能です。第4章では2財の交換レート（2財の相対価格）が交易条件と呼ばれることを説明しました。2国・2財のモデルの場合，自国の輸出財の価格に対する輸入財価格の比率が交易条件になります。そして小国とは「自国の貿易政策が交易条件に影響を与えない国」，逆に大国とは「自国の貿易政策が交易条件に影響を与える国」と言い換えることもできます[6]。

　いま，国内と海外の財が同質であり，輸送費は無視できるほど小さい状況を考えます。まず，貿易相手国を区別せずに貿易を自由化するケースに注目しましょう。ここでは最初に，関税の効果について説明します。関税は税関を通る

---

5)　一般均衡モデルに興味を持たれた方は，阿部・遠藤 (2012) を参照してください。
6)　この貿易政策と交易条件の関係については，第6章で詳しく説明します。

時点で課されるため，国内にいる生産者と消費者は関税が上乗せされた価格で取引を行うことになります。しかし，国家間での取引では外国の輸出財価格は，関税の課される前の価格のままで変わりません。言い換えれば，関税は国内の価格に歪みを与えることで，外国の輸出財価格と国内価格に乖離を生じさせることになります。なお，小国の場合，外国は必ずしも一国を意味するのではなく，複数であっても構いません。このため，以下では外国の価格を国内の価格と対比させるため，**国際価格**と呼ぶことにします。また，国際経済学の部分均衡分析の慣例に従い，所得効果は無視できるほど小さいとします[7]。

輸入財の数量を y，自由貿易のときの輸入財の価格を p_y^f，関税率を t で表すとします。また，価格に対し $t \times 100\%$ の関税がかかるとします（たとえば，$t = 0.1$ のとき，10% の関税を意味します）。関税賦課後の国内価格を p_y' と表すとすると，自由貿易の国際価格と関税賦課後の国内価格の関係は

$$p_y' = p_y^f(1 + t) \tag{5.1}$$

と表すことができます。なお，関税がかからないとき，すなわち $t = 0$ のとき，$p_y' = p_y^f$ となり，国内価格は国際価格と一致することがわかります。

この関税の効果は図 5.1 と表 5.1 のようにまとめることができます。まず関税賦課により国内価格が p_y^f から p_y' へと上昇します。価格の上昇により輸入量が ab から $a'b'$ へと縮小します。この結果，**消費者余剰**（consumer surplus）は $A + B + C + E + F + G$ から $A + B$ へと減少します。一方，**生産者余剰**（producer surplus）は H から $C + H$ へと拡大します。また，関税賦課により新たに関税収入が生まれます。この額は $p_y^f \times t \times a'b'$ に対応するため，F が関税収入となります。関税を賦課する前後の一国全体の余剰の合計である**総余剰**（total surplus）の変化に注目すると，$E + G$ 分だけ減少していることがわかります。部分均衡モデルでは，この総余剰が経済厚生の指標となります。

この $E + G$ は**死荷重**（dead weight loss）と呼ばれるものです。関税は生産者余剰を拡大し，また関税収入を生み出しますが，消費者余剰を縮小します。消費者余剰の縮小は，生産者余剰の拡大と関税収入では補えないほど大きく，その部分が死荷重として現れることになります。逆に，貿易自由化は，関税とは

---

[7] 所得効果とは，価格の変化に伴う実質的な所得の変化を意味しています。なお，所得効果がない効用関数の例として，準線形の効用関数があります。この詳細については，神取 (2014) などを参照してください。

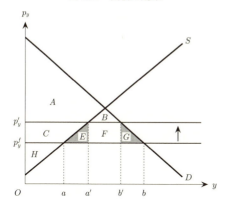

図 5.1 関税の効果

表 5.1 関税の効果

	自由貿易	関税	変化
国際価格	p_y^f	p_y^f	なし
国内価格	p_y^f	p_y'	上昇
輸入量	ab	$a'b'$	縮小
消費者余剰	$A+B$ $+C+E$ $+F+G$	$A+B$	$-(C+E$ $+F+G)$
生産者余剰	H	$C+H$	C
関税収入	0	F	F
総余剰	$A+B$ $+C+E$ $+F+G$ $+H$	$A+B$ $+C+F$ $+H$	$-(E+G)$

逆の効果を生み出します。すなわち，関税を撤廃することで貿易量は $a'b'$ から ab へと拡大します。また，死荷重が消滅することから，総余剰も拡大することになるのです。言い換えれば，貿易自由化には，貿易と総余剰をともに拡大する効果があるのです[8]。

1.2 輸入割当の効果

それでは，関税ではなく，数量で輸入を制限する輸入割当の場合はどうなるでしょうか。関税と比較するため，以下では輸入量を関税と同様に $a'b'$ へと制限するような状況を考えてみましょう。

図 5.2 と表 5.2 はこの輸入割当の効果をまとめたものです。いま，輸入数量制限により，輸入量を ab から $a'b'$ へと制限するとします。このとき，$aa'+b'b$ の部分は輸入が禁止されたことを意味します。このことは，次のようにも表現できます。いま，p_y^f 上に $a'b'$ と同じ輸入量をとり，$\alpha\beta$ と表します。数量制限以前の輸入量は $\alpha\gamma$ $(=ab)$ です。$\alpha\beta$ の輸入しか許可されないため，輸入が禁止された $\beta\gamma$ $(=aa'+b'b)$ の分だけ需要と供給の間にギャップが生じていることになります。

需要が供給を上回る状況にあるため，国内価格は上昇し，供給者はより高い価格で財を供給できるようになります。この価格の上昇は需要が国内生産と輸

---

[8] これに関連して，神取 (2014, 第 3 章) は部分均衡モデルをもとに，TPP の効果に関して実例をもとに解説しています。そこでは，経済政策の現場に消費者の利益を代表する人がいないことが日本の大きな問題点として指摘されています。

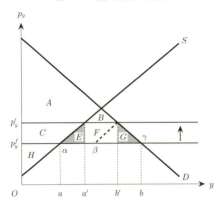

図 5.2 輸入割当の効果

表 5.2 輸入割当の効果

	自由貿易	数量制限	変化
国際価格	p_y^f	p_y^f	なし
国内価格	p_y^f	p_y'	上昇
輸入量	ab	$\alpha\beta = a'b'$	縮小
消費者余剰	$A+B$ $+C+E$ $+F+G$	$A+B$	$-(C+E$ $+F+G)$
生産者余剰	H	$C+H$	C
割当レント	0	F	F
総余剰	$A+B$ $+C+E$ $+F+G$ $+H$	$A+B$ $+C+F$ $+H$	$-(E+G)$

入で賄われる p_y' まで続きます。このとき，生産者余剰は H から $C+H$ へと拡大し，消費者余剰は $A+B+C+E+F+G$ から $A+B$ へと縮小します。また，輸入に成功した輸入業者（つまり輸入を割り当てられた業者）はもともと p_y^f でしか売れなかったものが，p_y' で売れるようになっています。このため，価格差 $(p_y' - p_y^f) \times$ 輸入量 $(a'b')$ の分，すなわち F だけ余分に利益が出ていることになります。この利益は**割当レント**（quota rent）と呼ばれます。つまり，生産者余剰が拡大し，割当レントが生じますが，これらは消費者余剰の縮小を補うほど大きいものではなく，総余剰は $E+G$ だけ減少することになります。このため，輸入数量制限も，関税と同様に損失が生じていることがわかります[9]。

また，関税と同様に，貿易自由化は輸入割当とは逆の効果を生み出すこともわかります。すなわち，輸入割当を撤廃することで貿易量は $a'b'$ から ab へと拡大します。そして，死荷重が消滅することから，総余剰も拡大することになります。ここでも，貿易自由化には，貿易と総余剰をともに拡大する効果があることが確認できます。

1.3 RTA の効果

前項では，貿易相手国を区別しない貿易自由化の効果に注目しました。貿易

---

9) なお，ここでは輸入を割り当てられるのが国内の業者であることを前提としていますが，それが海外の業者である場合，割当レントは海外へと流出することになり，輸入割当による損失は関税のそれよりも大きくなります。

相手国を区別しない場合，貿易を自由化すると価格の低下を通じて輸入量が拡大します。この結果，総余剰が拡大することから，貿易自由化には経済厚生を改善する効果があるとされています。このような貿易を生み出す効果は**貿易創出効果**（trade creation effect）と呼ばれています。この結果は，一方的貿易自由化やWTOを通じた多角的貿易自由化には，貿易や経済厚生にプラスの効果があることを意味しています。

　しかし，貿易自由化の相手を一部に限定する場合，貿易創出効果以外に，**貿易転換効果**（trade diversion effect）と呼ばれる効果が起こることがあります。一般に，同じ財であれば，生産効率の高い国は効率の低い国よりもより安価で財を供給できるはずです。しかし，詳細は後述しますが，たとえばある国がRTAを結ぶと，効率の高い国からの輸入価格が効率の低い国からの輸入価格を上回ってしまうことがあります。その結果，この国は効率の低い国からより価格の安価な財を輸入することになります。貿易転換効果とは，輸入元の国が生産効率の高い国から低い国へと転換することを意味しています。なお，貿易相手国が転換する効果だけでなく，その結果として自国の総余剰が減少してしまう効果も含めて貿易転換効果と呼ぶこともあります。

　先にも述べたように，RTAは相手国を限定した貿易自由化です。このため，貿易創出効果だけでなく，貿易転換効果が生まれる可能性があります。貿易転換効果が貿易創出効果を上回ってしまうと，せっかく貿易を自由化しても，利得を得られないことがあるのです。以下では，この貿易相手国を限定した貿易自由化の効果を説明します。

　いま，自国と2つの外国（外国1と外国2）に注目します。自国は小国，外国はともに大国であるとし，自国の輸入財yの市場に注目します。これまでと同様に財の需要曲線と供給曲線がそれぞれ図5.3のDとSで表されるとします。外国1と外国2からの財の輸入価格をp_y^*とp_y^{**}とし，外国1の生産効率が外国2の生産効率を上回っている状況を考えます。このことは，外国1からの輸入価格が外国2の輸入価格を下回っていることを意味しています（$p_y^* < p_y^{**}$）。さらに，小国の仮定より，p_y^*とp_y^{**}はともに一定の値をとることになります（図では水平な直線として表現されます）。

　自国が外国1と外国2からの輸入に$t \times 100\%$の関税をかけているとします。このとき，$p_y^*(1+t) < p_y^{**}(1+t)$となり，自国は外国1からのみ輸入することになります。ここで，これらの価格の間に次のような関係があるとします。

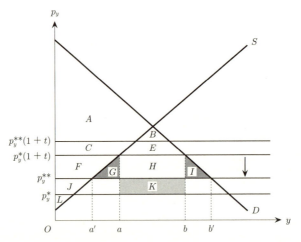

表 5.3 RTA の効果

	RTA 前	RTA 後	変化
貿易相手国	外国 1	外国 2	
国内価格	$p_y^*(1+t)$	p_y^{**}	
輸入量	ab	$a'b'$	拡大
消費者余剰	$A+B+C+E$	$A+B+C+E$ $+F+G+H+I$	$+(F+G+H+I)$
生産者余剰	$F+J+L$	$J+L$	$-F$
関税収入	$H+K$	0	$-(H+K)$
総余剰	$A+B+C+E$ $+F+H+J+K$ $+L$	$A+B+C+E$ $+F+G+H+I$ $+J+L$	$(G+I)-K$

$$p_y^* < p_y^{**} < p_y^*(1+t) < p_y^{**}(1+t)$$

いま，自国が外国 2 と RTA を結ぶとしましょう。外国 1 からの輸入に対するの関税は維持されたままですから，$p_y^{**} < p_y^*(1+t)$ となり，効率の低い外国 2 からの輸入価格が効率の高い外国 1 からの輸入価格を下回ります。このため，自国は外国 2 から輸入をするようになります。すなわち，貿易相手国は外国 1 から外国 2 へと転換することになります。

輸入価格の低下は貿易を ab から $a'b'$ へと拡大します。この結果，生産者余剰は F 減少しますが，消費者余剰は $F+G+H+I$ 増加します。一方，関税

Column 5.2　RTA[a]

RTA には FTA や CU が含まれますが，このコラムではその違いについて簡単に説明しましょう。まず，主に財貿易の自由化を目指した RTA には先述した FTA と CU の 2 種類があります。FTA では，各加盟国が非加盟国からの輸入に対し関税を独自に決められますが，CU ではすべての加盟国が非加盟国に対し共通の関税を課します。FTA の例として，カナダ，メキシコ，米国による北米自由貿易協定（North American Free Trade Agreement: NAFTA）やアセアン諸国による ASEAN 自由貿易地域（ASEAN Free Trade Area: AFTA）などがあげられます。一方，CU の例としては，欧州の 28 カ国（2016 年 9 月現在）で形成される欧州連合（European Union: EU）や南米数カ国で形成される南米南部共同市場（Mercado Común del Sur: MERCOSUR，メルコスール）などがあげられます。

Column 5.1 でも触れましたが，この RTA は GATT/WTO の最恵国待遇の原則（GATT 1 条）に反するものです。しかし，GATT 24 条に規定されている次の条件を満たせば，GATT/WTO においても例外措置として認められています。

(1) 域内で実質上すべての貿易について貿易障壁を撤廃しなければならない。
(2) 貿易障壁の撤廃は妥当な期間に完了しなければならない。
(3) 非加盟国の貿易障壁の水準を RTA 締結前よりも上げてはならない。

なお，RTA で自由化されるのは基本的には財の貿易ですが，近年は財の貿易だけでなく，サービスの貿易や直接投資，人の移動など，国境を越える経済取引を自由化・円滑化するような措置が盛り込まれる傾向にあります。このような RTA は，財の貿易自由化に限定されない FTA ということで，EPA（Economic Partnership Agreement: 経済連携協定）と呼ばれることがあります。たとえば，日本が締結する多くの RTA は EPA と呼ばれています。また，2015 年に大筋合意に至った TPP（Trans-Pacific Partnership Agreement: 環太平洋経済連携協定）や 2012 年から交渉が進んでいる RCEP（Regional Comprehensive Economic Partnership: 東アジア地域包括経済連携）も RTA の一種です。これらの協定は財の貿易の自由化だけでなくより幅広い分野の自由化・円滑化を目指したものになっています。

---

[a] このコラムは石川他 (2013, 第 10 章) を参考にしています。

収入が $H+K$ なくなるため，総余剰の変化は $(G+I)-K$ となります。輸入価格の下落を通じた貿易の拡大，すなわち貿易創出効果により総余剰が $G+I$ 上昇していますが，輸入元が効率のよい外国 1 から効率の悪い外国 2 へと転換することにより，すなわち貿易転換効果により総余剰が K 減少しています。RTA には貿易を拡大する効果がありますが，貿易転換効果が貿易創出効果を上回る場合，総余剰が拡大しないことになります。

2 保護貿易の実態をどのように捉えるか？

2.1 関 税

前節では関税・非関税障壁の効果を理論的に説明しました。それでは，関税・非関税障壁の実態はどのようになっているのでしょうか。本節では，これらの障壁の実例を簡単に説明します。

まず関税についてです。関税の税額の定め方には大きく 3 つの方法があります。従量方式，従価方式，そしてそれらの混合方式です。従量方式とは単位数量（たとえば 1 トンなど）に対して定額の関税を課す方法です。従量方式の関税は従量関税（specific tariffs）と呼ばれています。一方，従価方式とは価格に対して定率の関税を課す方法のことです。従価方式の関税は従価関税（ad valorem tariffs）と呼ばれています。

この従量関税と従価関税の違いは次のように表されます。先述の関税の説明と同様に，自国が小国で財 y を輸入するとします。自由貿易のときの輸入財の価格を p_y^f，関税賦課後の輸入財の国内価格を p_y' と表すとします。このとき，従量関税 τ は量に対して定率の関税を課すため

$$p_y' = p_y^f + \tau \tag{5.2}$$

と表すことができます。従価関税 t は価格に対して定率の関税を課すため

$$p_y' = p_y^f(1+t) \tag{5.3}$$

と表すことができます。

日本の場合，関税，すなわち関税率は関税率表から得ることができます。表 5.4 は日本の関税率を例示したものです。この表より，ビールやスパークリングワインは 1 リットル当たりの従量関税，牛肉や香水は従価関税となってい

2 保護貿易の実態をどのように捉えるか？　165

表 5.4　日本の関税率の例（2016 年 6 月）

品目コード	品名	関税率
0202.30000	牛の肉（冷凍したもの），骨付きでない肉	50%
0405.10110	バター（脂肪分が全重量の 85% 以下）	35% ＋ 1,159 円/kg
2203.00000	ビール	6.40 円/l
2204.10000	スパークリングワイン	201.60 円/l
2402.20000	紙巻きたばこ	8.5% ＋ 290.70 円/1,000 本
3303.00000	香水類及びオーデコロン類	5.3%
9506.11000	スキー	無税

（注）　関税率は基本税率。また，品目コードは商品分類番号を意味している。
（出所）　財務省貿易統計ウェブサイト，輸入統計品目表（実行関税率表）より抜粋
（http://www.customs.go.jp/tariff/index.htm）。

ることがわかります。また，バターや紙巻きたばこは従量関税と従価関税を組み合わせた混合方式になっています。スキー板は無税で輸入できます[10]。

日本の場合，表 5.4 のように，非常に詳細な「製品」分類のレベルで関税率を捉えることができます。しかし，分類が細かすぎて，障壁の全体像を把握しづらいという難点もあります。このため，「産業」や「国」のように，ある程度集計したレベルで関税を捉えようとする場合，関税収入額を輸入額で割った指標が利用されています。この指標は関税率の加重平均と等しく，関税負担率と呼ばれています[11]。

産業レベルの関税負担率は，たとえば産業連関表の最終需要項目にある産業別の関税収入額と輸入額を利用することで得ることができます[12]。一方，国

---

[10]　この関税率は，法律や協定によって非常に細かく設定されています。具体的には，関税定率法で定められる基本税率の他に，関税暫定措置法で暫定的に適用される暫定税率と呼ばれるものや，WTO 加盟国を原産地とする輸入財に対する WTO 協定税率などがあります。これらの詳細を考慮することは，精緻な分析が可能になるという利点がありますが，分析そのものが非常に複雑になってしまうという難点もあります。本章では，説明が複雑になるのを避けるため，従価関税のみに注目して分析を進めます。

[11]　いま，i 財の関税率を t_i とし，関税収入額を T_i，輸入額を M_i とすると，$t_i = T_i/M_i$ が成立します。一方，集計レベルの関税負担率を $\bar{t}$ とすると，$\bar{t} = \sum_k T_k / \sum_k M_k$ です。ここで，各財の輸入シェアを $w_i = M_i / \sum_k M_k$ とすると，$\bar{t} = \sum_k w_k t_k$ となり，$\bar{t}$ は名目関税率 t_i の加重平均になっていることがわかります。関税負担率は平均関税率と呼ばれることもあります。なお，英語では関税負担率や平均関税率は collected tariff rate (CTR) と呼ばれています。この CTR も含む貿易障壁の捉え方については Edwards (1998) にわかりやすい解説があります。

[12]　なお，国によっては，産業連関表に関税収入額を別掲せず，輸入額と合わせて公表しているところや，そもそも産業連関表を作成していないところがある点にも注意する必

第5章　貿易政策の基礎

表5.5　関税負担率（2007年）

（単位：％）

国名	日本	米国	フランス	中国	韓国	タイ
関税負担率	1.14	1.22	0.04	1.84	1.88	1.74

（出所）　関税収入額は IMF（2009）より得た。また，輸入
額は World Bank（2010）より得た。

レベルでは，IMF の *Government Finance Statistics* の「貿易と国際取引に
関する税収額（taxes on international trade and transactions）」を輸入額で割る
という方法があります。ただし，この場合，国によっては，関税だけでなく輸
出税も含まれている可能性があることに注意が必要です。

　表5.5は日本，および日本の主要貿易国について関税負担率をまとめたもの
です。関税収入額は上述の IMF の *Government Finance Statistics* から，ま
た輸入額には，世界銀行の *World Development Indicators* の財・サービスの
輸入額を利用しました。この表より，2007年のこれらの国々の関税負担率は，
高い国でも 1.9% 程度であり，2% に満たないほど低いことがわかります。た
だし，ドイツやインドネシアのように，関税収入額を公表していない国もあり
ます。必ずしもすべての国で関税収入額のデータが利用できるわけではない点
に注意が必要です。

　なお，ある産業を関税によって保護する場合，その産業の関税率を高く維
持するという方法以外に，中間財の関税率を低く設定するという方法もあり
ます。この方法について数値例をもとに考えてみましょう。いま，自動車産
業と自動車部品産業の２つの産業があるとします。また，生産要素は資本と
労働の２種類であるとします。この自動車産業は，自動車部品を中間財とし
て投入し完成品（最終消費財）の自動車を生産します。自動車１台の生産額は
100万円であり，そのために必要な中間財は 50万円かかるとしましょう。こ
こで，(1) 自由貿易のケース，(2) 完成品（自動車）と中間財（自動車部品）に
50% の関税を課すケース，(3) 完成品（自動車）のみに 50% の関税を課すケー
スの３つを考えてみます。

(1) **自由貿易の場合**：この自動車産業で生み出される付加価値額は１台当た

要があります。

り 100 万円 – 50 万円 = 50 万円となります。

(2) **完成品と中間財に 50% の関税が課される場合**：自動車と自動車部品の国内価格はそれぞれ 150 万円（= 100 万円 × 1.5）と 75 万円（= 50 万円 × 1.5）になります。このため，自動車産業で生み出される付加価値額は 1 台当たり 75 万円（= 150 万円 – 75 万円）になります。関税の下での付加価値額は自由貿易の付加価値額と比べて 50% 増えたことになります。

(3) **完成品のみに 50% の関税が課される場合**：自動車と自動車部品の国内価格はそれぞれ 150 万円（= 100 万円 × 1.5）と 50 万円になります。このため，自動車産業で生み出される付加価値額は 1 台当たり 100 万円（= 150 万円 – 50 万円）になります。自動車産業の付加価値額は自由貿易の付加価値額と比べて倍増，すなわち 100% 増えたことになります。

この数値例のポイントは 2 つあります。第 1 に，中間財と完成品の関税率が同じであれば，完成品の関税率と同じ率だけ完成品産業の付加価値額が上昇します。第 2 に，完成品の関税率と比べて中間財の関税率が低く抑えられている場合，完成品の関税率以上に完成品産業の付加価値額が上昇します。言い換えれば，完成品産業は関税率以上に保護されることになります。このため，ある産業がどの程度保護されているかを見る上では，その産業の税率だけでなく，中間財への保護も含めて見る必要があります。

ある産業がどの程度保護されているかを中間財への保護も含めて見る指標に，**有効保護率**（Effective Rate of Protection: ERP）があります。有効保護率は，自由貿易下の付加価値額が保護の下での付加価値額と比べてどの程度変わるのかを見たものであり，次のように定義されるものです（(5.4) 式の導出については練習問題 5-2 を参照してください）。

$$ERP_j = \frac{保護下の付加価値額 - 自由貿易下の付加価値額}{自由貿易下の付加価値額}$$
$$= \frac{t_j - \sum_i a_{ij} t_i}{1 - \sum_i a_{ij}} \tag{5.4}$$

ここで，a_{ij} は自由貿易下の完成品の生産額に対する i 産業の中間投入額の比率を表しています。t_i と t_j はそれぞれ中間財 i と完成品 j の関税率です。また，分母の $\sum_i a_{ij}(= a_{1j} + a_{2j} + ...)$ は完成品の生産額に対する中間投入額（合計）の比率を意味しています。

この有効保護率を導く上で次の2つの点に注意が必要です。第1に，(5.4)式はいくつかの仮定の下に成立している点です。具体的には，生産関数が規模に関して収穫一定，固定投入係数，関税の撤廃前後ともに貿易が行われている，自国の輸出に対する外国の需要弾力性，自国の輸入に対する外国の供給弾力性，および自国の非貿易財の供給弾力性が無限大という仮定です[13]。第2に，完成品と比べて中間財の関税率が非常に大きくなる場合，有効保護率はマイナスの値をとることがある点です。たとえば，j 財の関税率がゼロのとき（すなわち，$t_j = 0$ のとき），(5.4) 式より，有効保護率は（中間財がすべて無税でない限り），マイナスになることがわかります。

この有効保護率は産業連関表を利用することで計算することができます[14]。(5.4) 式の t_i と t_j は，それぞれ産業連関表から各産業の関税収入額と輸入額を利用することで求めることができます。また，a_{ij} は同じく産業連関表の各産業の投入係数に対応しています。表5.6は日本の1995〜2005年の関税負担率と有効保護率を計算したものです。ここで，関税負担率は輸入関税による収入を輸入額で割ったものとして捉えられています。この表より，飲食料品や繊維製品，鉄鋼といった産業では，有効保護率が関税負担率を上回っていることがわかります。たとえば2005年の飲食料品の場合，関税負担率は7.87%ですが，その主要な中間財である農林水産業の関税負担率が2.04%となっています。飲食料品では，中間財の関税率が低く抑えられているために，有効保護率が高く計算されています。

ここで，農林水産業の関税負担率が低く抑えられていることに疑問を持った方がいるかもしれません。一般的に，日本の農業は保護が強いと指摘されているためです。これは関税負担率，有効保護率の共通した問題に起因しています。たとえば，ある財について，輸入がまったくできないほど関税が高く設定されていると（禁止的関税），輸入額はゼロになり，関税収入も生じません。ここで，関税負担率が関税収入額を輸入額で割ったものであることに注意してください。税率の高い農産物については，そもそも輸入が行われないため，関税

---

13) この詳細に興味を持たれた方は，Markusen et al. (1994, pp. 259-262) を参照してください。なお，自国の輸出に対する外国の需要の弾力性と自国の輸入に対する外国の供給弾力性がともに無限大であることは，自国が小国であることを意味しています。

14) なお，有効保護率の計算式は財をベースに議論していますが，実際の計算はデータの制約から産業をベースとしていることに注意してください。言い換えれば，第1章のヘクシャー＝オリーン・モデルと同様に，ここでは財と産業は同じものとして扱います。

表 5.6　日本の関税負担率と有効保護率 (1995〜2005 年)

(単位：%)

産業	1995 年		2000 年		2005 年	
	関税負担率	有効保護率	関税負担率	有効保護率	関税負担率	有効保護率
農林水産業	2.16	1.58	2.22	2.08	2.04	1.69
鉱業	1.50	2.42	0.65	0.97	0.26	0.30
飲食料品	11.27	25.08	8.59	17.25	7.87	16.09
繊維製品	9.37	16.93	8.26	15.43	6.99	14.42
パルプ・紙・木製品	1.95	2.91	1.37	1.89	1.51	2.38
化学製品	1.55	2.60	1.09	1.91	0.99	1.84
石油・石炭製品	1.08	1.01	0.62	0.69	0.38	0.69
窯業・土石製品	0.90	1.15	0.57	0.73	0.60	0.89
鉄鋼	1.27	2.04	1.22	2.16	0.81	1.45
非鉄金属	0.58	0.50	0.36	0.28	0.36	0.46
金属製品	0.71	0.64	0.68	0.72	0.52	0.54
一般機械	0.00	−0.74	0.00	−0.60	0.00	−0.58
電気機械	0.00	−0.87	0.00	−0.81	0.00	−0.86
情報・通信機器	0.00	−0.97	0.00	−0.99	0.00	−0.93
電子部品	0.00	−0.52	0.00	−0.44	0.00	−0.72
輸送機械	0.00	−1.17	0.00	−1.08	0.00	−1.15
精密機械	0.12	−0.53	0.08	−0.43	0.05	−0.49
その他の製造工業製品	4.12	7.30	3.81	7.10	3.65	7.02

(注)　34 部門表 (生産者価格表) の名目値をもとに計算。農林水産業，鉱工業の結果のみ抜粋。
(出所)　総務省 (2011) に基づいて筆者作成。

収入も輸入も生じません。このような財の関税率は関税負担率にも有効保護率にもまったく反映されないため，実際の関税を過小評価してしまう可能性があるのです。また，関税以外の障壁がある場合，すなわち非関税障壁がある場合には，保護の実態を反映することができません。このため，実際に関税を計算する上では，関税負担率と有効保護率にこのような問題があること，そして非関税障壁の存在にも留意する必要があります。

2.2　非関税障壁

非関税障壁を捉えようとするこれまでのアプローチは，大きく次のような 2 つに分けられます[15]。

---

15)　この他に，計量経済学的な手法によって得た理論的な貿易額と実際の貿易額を比較し，これらの乖離を関税・非関税障壁を合わせた貿易障壁とみなす方法もあります。ただし，この手法は関税と非関税障壁を区別することができないという問題があります。

(1) **頻度比率**（frequency ratio）：頻度比率とは，ある産業の財のうち，どれだけの財に非関税障壁が課されているかを示した指標です。非関税障壁カバー比率と呼ばれることもあり，最小値 0，最大値 100 の間で，非関税障壁の課されている財が多いほど大きくなります。一般に，貿易がなされているかどうかにかかわらず計算されるため，関税負担率や有効保護率と違い，貿易額がゼロになるようなケースも考慮されるという利点があります。しかし，頻度比率は個々の財が保護されているか否かという質的な情報であり，どれだけ保護が強いかという量的な情報がまったく反映されていないという難点もあります。さらに，報告されている情報が極端に少ない場合，数値の信頼性が下がるという問題もあります。頻度比率を利用した研究の例としては，後述する安藤 (2009) などがあります。

(2) **関税相当率**（tariff equivalent rate）：関税相当率とは，関税では説明できない国内価格と輸入価格の差をまとめて非関税障壁とみなすものであり，国内価格と輸入価格の比率から関税率を差し引くという方法で求められます。この方法は非関税障壁を同等の関税に読み替えようとするものです。関税相当率は，頻度比率と違い，非関税障壁の量的な情報を反映しているという利点があります。しかし，輸入財と国内財がまったく同じでなければ，価格差が障壁を表しているのか，それとも他の要因（たとえば嗜好や品質の違い）なのかわからなくなってしまうという難点もあります。関税相当率を利用した研究の例としては，後述する佐々波他 (1996) や Urata and Kiyota (2005) があります。

非関税障壁の研究例として，ここでは安藤 (2009) と佐々波他 (1996) の 2 つの研究を紹介しましょう。安藤 (2009) は，頻度比率を利用して ASEAN 10 カ国の非関税障壁を推計しました。表 5.7 は，彼女の推計結果をまとめたものです。ASEAN 10 カ国で見ると，頻度比率は 49 となっていますが，国によって大きく異なることがわかります。たとえば，インドネシア，ミャンマー，フィリピンは 100 となっています。この結果は，すべての財に対して何らかの非

また，乖離には貿易障壁だけでなく，その他の観測できないさまざまな要因が含まれているという問題もあります (Leamer, 1988, p.168)。

表 5.7 ASEAN 10 カ国の非関税障壁（産業全体，2007 年）

（単位：%）

国名	頻度比率（%）	国名	頻度比率（%）
ASEAN 10	49	ミャンマー	100
ブルネイ	46	フィリピン	100
カンボジア	6	シンガポール	27
インドネシア	100	タイ	11
ラオス	20	ベトナム	34
マレーシア	43		

（注）　シンガポールについては 2006 年の値。
（出所）　安藤 (2009) 表 2 より抜粋。

関税障壁が存在していることを意味しています。一方，カンボジアの頻度比率は 6 となっており，全体の 6% の財にしか非関税障壁が存在しないことを意味しています。ただし，カンボジア，ラオス，ミャンマーの 3 カ国については，そもそも報告されている非関税障壁の情報が極端に少なく，頻度比率が必ずしも非関税障壁の実態を反映していない可能性も指摘されています (安藤, 2009, 44 ページ)。

　一方，佐々波他 (1996) は，日本の非関税障壁を関税相当率によって推計しました。表 5.8 は，彼らの推計結果をまとめたものです。非関税障壁は単位当たりの輸入価格に対する国内価格の比率（内外価格比率，%）から，関税率（%）を差し引いたものとして表されています。また，財と関税・非関税障壁は産業連関表の小分類のレベルで捉えられています[16]。この表の注目すべき点として，次の 2 点があげられます。第 1 に，1989 年当時，日本には関税よりはるかに大きな非関税障壁が存在していた可能性があるという点です。分析対象の財全体で見ると，国内と海外の価格差は 178.2% です。このうち関税に起因している部分はわずか 4.7% であり，残りの 173.5% は非関税障壁に起因しています。第 2 に，食料品・飲料は，高い非関税障壁が存在していた可能性があるという点です。食料品・飲料の非関税障壁は 272.5% となっており，全体の平均を大きく上回っていることがわかります。

　ただし，彼らの研究では，輸入財と国内財が同質であることが前提であり，両者の品質の違いは考慮されていません。また，分析に利用されている財の分類では捉えられないような細かな財の構成（product mix）の違いが反映されて

---

16)　小分類では，日本の産業はおよそ 200 産業に分類されています。

表 5.8　日本の関税・非関税障壁（1989 年）

(単位：%)

	単位当たり 内外価格比率	関税率	関税相当率
食料品・飲料	280.7	8.2	272.5
繊維等軽工業品	102.5	11.0	91.5
金属製品	59.5	0.8	58.7
化学製品	128.3	1.4	126.9
機械	140.2	0.3	139.9
合計	178.2	4.7	173.5

(注)　単位当たり内外価格比率は輸入価格を 100 とした国
　　　内価格の比率（%）を表している。
(出所)　佐々波他 (1996, 表 1-1) より抜粋。

いる可能性もあります。このため，彼らの推計にも，改善の余地が残されてい
るといえます[17]。このように，非関税障壁は関税と比べて数値化が難しいこ
とが知られています。このため，各国を貿易自由化を行っているかどうかで，
単純に 2 つのグループに分類するという方法もあります。この方法は，たと
えば，WTO に加盟しているか否か，RTA に参加しているか否かで国を分類
するというものです。このように 2 つのグループに分けることで，たとえば
「RTA に参加している国と参加していない国の間で貿易の規模に違いがあるか
どうか」という疑問や「ある国が RTA に参加する前後で貿易が拡大したかど
うか」という疑問が分析されています。この方法は，自由化がどの程度進んで
いるかという量的な面は考慮できないという難点がありますが，多くの国につ
いて比較的容易にデータを集められるという利点もあります。次節では，実際
の研究例について詳しく見ていくことにしましょう。

---

17)　なお，非関税障壁の計測法の問題点については，小宮・根岸 (1998) や Fukao et al.
(2005) にわかりやすい説明があります。また，関税・非関税障壁を含む貿易障壁全体
を捉えようとする指標として，貿易制限度指数（trade restrictiveness index）と呼
ばれるものもあります。現実の関税・非関税障壁の水準はさまざまで，財によっては高
いものもあれば低いものもあります。そこで貿易制限度指数は，すべての財に同じ関税
率を適用する状況を考えます。このときの条件が，現在の経済厚生（welfare）の水準
を保つというものです。言い換えれば，現在の経済厚生水準を維持しつつ，すべての財
に同じ関税率を適用した場合の仮想的な税率が貿易制限度指数と呼ばれるものになりま
す。前出の Edwards (1998) はこの貿易制限度指数についてもわかりやすく解説して
います。なお，貿易制限度指数の理論的な背景やその拡張については Anderson and
Neary (2005) を参照してください。

3 貿易自由化は貿易を拡大するか？

3.1 グラビティ・モデル

本章の第1節で，貿易自由化が貿易の拡大につながることを理論的に確認しました。そこで，貿易政策の効果として最も注目を浴びている疑問の1つが「そもそも，貿易の自由化が実際に貿易の拡大につながっているのか」というものです。たとえば，ある国が貿易の自由化後に貿易を拡大していたとします。このことは，貿易の自由化が貿易の拡大に結び付いているように見えますが，実は必ずしもそうとはいえません。2国間の貿易の拡大は，単に両国の経済成長に起因しているだけかもしれないからです。つまり，貿易政策とはまったく関係のない要因で2国間の貿易が拡大している可能性があります。このため，貿易政策の効果を厳密に議論するためには，貿易政策とそれ以外の要因を切り離す必要があるのです。

貿易自由化と貿易の規模の関係を見る上で頻繁に利用されている分析手法に，第2章で触れたグラビティ・モデル（gravity model）があります。グラビティ・モデルは，アイザック・ニュートンが発見した「万有引力の法則（the law of universal gravitation）——物体の引き合う力，すなわち重力（gravity）は引き合う物体の積に比例し，距離の二乗に反比例する」と類似した定式化によって，2国間の貿易の規模の決定要因を分析しようとする手法です[18]。このグラビティ・モデルはオランダの経済学者であり最初のノーベル経済学賞の受賞者であるヤン・ティンバーゲン（Jan Tinbergen）によって初めて貿易の分析に応用されました[19]。なお，このグラビティ・モデルは，貿易自由化の相手国を区別しないWTOの効果と貿易自由化の相手国を限定するRTAの効果を同じ枠組みで分析することが可能です。以下では，このグラビティ・モデルについて説明します。

2国間（i国とj国）の貿易額をT_{ij}，i国とj国のGDPをそれぞれY_iとY_jで表し，2国間の距離をD_{ij}で表します[20]。このとき，最もシンプルなグラ

---

[18]　このような性質から，グラビティ・モデルは重力モデル，あるいは重力方程式と呼ばれることもあります。

[19]　なお，ノーベル経済学賞は正式にはアルフレッド・ノーベル記念経済学スウェーデン国立銀行賞ですが，ここではより一般的なノーベル経済学賞という表現を用いています。

ビティ・モデルは次のように表されます。

$$T_{ij} = \frac{AY_i^{\beta_1}Y_j^{\beta_2}}{D_{ij}^{\gamma}} \qquad \beta_1, \beta_2, \gamma > 0 \tag{5.5}$$

ここで，A は任意の定数です。グラビティ・モデルによれば，2 国間の貿易額は 2 国の経済規模が大きくなればなるほど大きくなり，また距離が遠くなればなるほど小さくなります。両辺の対数をとり，誤差と時間（t 年）を考慮して，パラメータを再定義すると，

$$\ln T_{ijt} = \beta_0 + \beta_1 \ln Y_{it} + \beta_2 \ln Y_{jt} + \beta_3 \ln D_{ij} + u_{ijt} \tag{5.6}$$

と対数線形の形で書き直すことができます。ここで，$\beta_0 \equiv \ln A$，$\beta_3 \equiv -\gamma$ です。また，u_{ijt} は誤差項です。なお，2 国間の距離 D_{ij} は時間によって変わらないため，時間を表す添字 t がつかないことに注意してください。

このグラビティ・モデルをもとに，WTO が貿易に及ぼす効果について考えてみましょう。先にも見たように，WTO に加盟した国は，貿易創出効果を通じて貿易の拡大が期待されます。このため，もし WTO が貿易の拡大を促すなら，WTO に加盟した国は WTO に加盟する以前よりも，あるいは WTO に加盟していない国よりも，貿易額が大きくなるはずです。ただし，貿易は経済規模や距離にも影響を受けます。つまり，WTO の効果を見極めるためには，WTO 以外の要因を排除する必要があります。そこでグラビティ・モデルに WTO に加盟しているかどうかのダミー変数（ある一定の条件を満たすときに 1，そうでない場合 0 をとる変数 ⇒ 付録 2.6 参照）を加えるという手法が用いられます[21]。

いま，i 国と j 国が WTO に加盟しているかどうかを示すダミー変数，すなわち

---

20) T_{ij} には，i 国から j 国への輸出額（あるいは j 国の i 国からの輸入額）を利用するのが一般的です。ただし，後に紹介する Rose (2004) のように，分析によっては，i 国と j 国の輸出額と輸入額の合計が用いられることもあります。

21) ここでは WTO に加盟しているかどうかという質的な側面に注目していますが，貿易の規模という量的な側面に注目して貿易の効果を分析することもあります。このような例については第 7 章で紹介します。

$$
\mathrm{WTO1}_{ijt} = \begin{cases} 1 & i \text{ 国か } j \text{ 国のいずれか 1 カ国が WTO に加盟している場合} \\ 0 & i \text{ 国と } j \text{ 国のいずれも WTO に加盟していない場合} \end{cases}
$$

$$(5.7)$$

および

$$
\mathrm{WTO2}_{ijt} = \begin{cases} 1 & i \text{ 国と } j \text{ 国がともに WTO に加盟している場合} \\ 0 & i \text{ 国と } j \text{ 国のいずれかが WTO に加盟していない場合} \end{cases}
$$

$$(5.8)$$

を考えます。この変数をグラビティ・モデルに加えると,

$$
\ln T_{ijt} = \beta_0 + \beta_1 \ln Y_{it} + \beta_2 \ln Y_{jt} + \beta_3 \ln D_{ij} + \beta_4 \mathrm{WTO1}_{ijt}
$$
$$
+ \beta_5 \mathrm{WTO2}_{ijt} + u_{ijt}
$$

$$(5.9)$$

と表すことができます。この (5.9) 式がグラビティ・モデルによって WTO を分析するときに用いられる標準的な式であり,この式のパラメータを回帰分析によって推定するということが行われています。もし 2 国間の経済規模や距離を考慮した上でも WTO が加盟国間の貿易にプラスの効果を及ぼすなら,WTO に加盟している国の貿易額は加盟していない国のそれよりも大きくなるはずです。そしてそれは,(5.9) 式の切片 β_0 の上へのシフトとして捉えることができます。このため,WTO が加盟国間の貿易にプラスの効果を及ぼすなら,$\beta_4 > 0$,$\beta_5 > 0$,すなわち i 国は β_4 だけ,j 国は β_5 だけ貿易額が大きくなることが期待されます。逆にもし WTO への加盟が貿易にまったく効果を及ぼさない場合,$\beta_4 = \beta_5 = 0$,すなわち切片を押し上げる効果がないということになります[22]。このため,実証研究では,この符号条件が満たされるかどうかがポイントになります[23]。

---

[22]　なお,最近のグラビティ・モデルを用いた実証研究では,経済規模や距離だけでなく,所得水準や言語の類似性,通貨が共通かどうかなど,さまざまな要因が考慮されています。

[23]　なお,グラビティ・モデルは単に「万有引力の法則」と類似しているというだけでなく,第 1 章で紹介したヘクシャー＝オリーン・モデルや第 2 章で紹介したクルーグマン・モデル,そして第 3 章で紹介したメリッツ・モデルなど,さまざまな貿易理論と整合的な形で導出できることが知られています。この詳細について興味がある読者は,遠藤 (2005) や田中 (2015) を参照してください。なお,第 2 章で紹介した Feenstra

176 第5章 貿易政策の基礎

　グラビティ・モデルを実際に推定するに当たってまず必要になるデータ
が，2国間の貿易の規模，各国の GDP，そして2国間の距離です。このうち，
貿易の規模については，IMF の *Direction of Trade Statistics* から，輸出額，
輸入額のデータが入手可能です。また，各国の GDP は IMF の *International
Financial Statistics* や世界銀行の *World Development Indicators* から入手で
きます。2国間の距離については，多くの場合，各国の首都の間の距離が利用
されています。この距離のデータも多くの研究者によって公開されており，イ
ンターネットを通じて入手可能です[24]。ここからさらに WTO の効果を分析
する場合，各国がいつ WTO に加盟したかという情報が必要になりますが，
それは WTO のウェブサイトから得ることができます。これで，(5.9) 式の
T_{ijt}，Y_{it}，Y_{jt}，D_{ij} および，$\mathrm{WTO1}_{ijt}$ と $\mathrm{WTO2}_{ijt}$ のデータが揃うことにな
り，WTO の分析が可能になります。

　これまでは，WTO の効果に関する分析を例に，グラビティ・モデルを説明
してきました。同様に，RTA の効果についても分析が可能です。いま，t 年
に i 国と j 国が RTA を締結している場合に 1，そうでない場合に 0 をとるダ
ミー変数，すなわち

$$
\mathrm{RTA}_{ijt} = \begin{cases} 1 & i\,\text{国と}\,j\,\text{国が RTA を締結している場合} \\ 0 & i\,\text{国と}\,j\,\text{国が RTA を締結していない場合} \end{cases} \tag{5.10}
$$

を考えます。この変数をグラビティ・モデルに加えると，

$$
\ln T_{ijt} = \beta_0 + \beta_1 \ln Y_{it} + \beta_2 \ln Y_{jt} + \beta_3 \ln D_{ij} + \beta_4 \mathrm{RTA}_{ijt} + u_{ijt} \tag{5.11}
$$

と表すことができます。

　RTA の効果を分析する場合，分析対象国がどの協定に参加しているかを
把握する必要があります。この RTA の情報は，WTO のウェブサイトにある
RTA データベース（RTA database）から手に入れることができます（https://
rtais.wto.org）。この RTA データベースには，いつ，どの国とどの国の RTA
が発効したか，現在どの国とどの国が RTA を交渉中か，といった情報があ

---

　　et al. (2001) はグラビティ・モデルの係数の大小関係が背後にある理論モデルによっ
　て異なるという興味深い事実を明らかにしています。
24) 　たとえば，フランス CEPII はグラビティ・モデルで頻繁に利用されている説明変数
　のデータをまとめた GEODIST というデータを公開しています。

ります。この情報を利用すれば，RTA$_{ijt}$ の変数を作ることができます。

3.2 グラビティ・モデルに基づく実証研究

本項では，このグラビティ・モデルを用いて WTO の効果や RTA の効果を分析した実証研究を簡単に紹介します[25]。

WTO 加盟が貿易に及ぼす効果については，Rose (2004) の研究が有名です。彼は WTO とその前身である GATT への加盟が貿易に及ぼした効果について，1948〜1999 年の約 50 年，175 カ国を対象として，グラビティ・モデルに (5.7) 式と (5.8) 式の変数を加えて分析を行っています。分析の結果，彼は GATT/WTO への加盟は貿易の拡大に寄与していなかったことを明らかにしました。

それまで，WTO への加盟には貿易を拡大する効果があると信じられてきました。Rose (2004) の研究結果はこれまで多くの人が信じてきたものを覆すものであり，大きな反響を呼びました。しかし，後に Tomz et al. (2007) が有力な反論を行っています。Tomz et al. (2007) の反論は，Rose (2004) の「GATT加盟国」の分類が必ずしも適切でないというものです。Tomz et al. (2007) によれば，GATT の制度を詳細に見直すと，「加盟国」だけでなく「非加盟参加国」と呼ばれる国にも GATT 加盟国と同様の義務と権利が与えられており，実質的には「加盟国」と同様に扱われていました。これらの「非加盟参加国」を「加盟国」とみなして再度分析を行うと，GATT/WTO への加盟が貿易の拡大に貢献していたことがわかったのです。この研究結果は，先行研究のデータを丁寧に見直すといった地道な作業が，時には有力な研究の主張を覆すことがあるということを示しています。

一方，RTA が貿易に及ぼす効果については，Baier and Bergstrand (2007)の研究があります[26]。彼らは 1960〜2000 年の 96 カ国を対象として，グラビティ・モデルによって RTA が貿易を拡大しているかどうかを分析しました。

---

25) グラビティ・モデルを利用した分析は WTO や RTA の効果だけでなく，第 6 章第 5 節で取り上げるアンチ・ダンピングの分析にも利用されています。この詳細に興味のある方は，Vandenbussche and Zanardi (2010) をご覧ください。

26) Baier and Bergstrand (2007) は FTA に注目するとしていますが，彼らの分析の FTA には CU も含まれているため，厳密には，FTA と CU を含めた RTA の効果を分析しているといえます。このため，本書では FTA ではなく RTA と表現しています。

178 第5章 貿易政策の基礎

Column 5.3　グラビティ・モデルのフロンティア

　グラビティ・モデルは2国間の貿易を説明する上で，きわめて有効である（説明力が高い）ことが知られています。そして，近年は，理論との整合性や推定方法について精緻化が進んでいます。本コラムでは，グラビティ・モデルの推定に関する2つの問題とその対処方法について紹介しましょう。

　グラビティ・モデルの推定に当たっては，大きく次の2つの問題が指摘されています。第1に，内生性の問題です（⇒ 付録2.5 参照）。内生性の問題は，除外変数，同時性，測定誤差といった要因に起因することが知られています (Wooldridge, 2010, pp. 54-55)。このうち，グラビティ・モデルの推定でとくに深刻とされているのは除外変数の影響です。除外変数の問題とは，本来は考慮されるべき変数が考慮されていない場合に生じる問題です。たとえば，Anderson and van Wincoop (2003) はグラビティ・モデルと理論の整合性を保つためには，厳密には，各国の物価水準を考慮する必要があることを指摘しました。

　Anderson and van Wincoop (2003) は各国の物価水準のことを**多角的貿易抵抗指数**（multilateral resistance variable）と呼び，Anderson and van Wincoop (2003) 以降の研究では，グラビティ・モデルを推定する上でこの問題に対処することが必須となっています。この問題については，Baier and Bergstrand (2007) が非常に簡単な対処法を提示しています。物価水準が1国内で共通とすれば，物価水準は各年・国で1つの値しかとりません。このため，パネル・データ（⇒ 付録2.1 参照）を用いた分析に国・時間のダミー変数（⇒ 付録2.6 参照）を含めることで，この問題に対処できることになります[a]。

　第2に，貿易額がゼロになるという問題です。実際の国と国の貿易を統計で見てみると，貿易をまったく行っていない国のペアが数多く存在することが知られています。一方，グラビティ・モデルでは貿易額に対数値を用いるため，ゼロの対数値をとれないという問題がありました。この問題は「ゼロ貿易の問題」といわれています。このため，従来は，貿易額がゼロの国を落としたり，あるいは貿易額が非常に小さいために統計上（四捨五入されて）ゼロになっているとみなし，非常に小さな数値を入れるといった処理がなされていました。しかし，貿易額がゼロの国を落とすという対応は，ゼロの国を考慮できないという意味で貿易の全体像を捉えることができていないという問題があります。また，非常に小さな値を入れるという対応は，貿易の実態を正しく反映していない可能性があるという問題があります[b]。

　またグラビティ・モデルでは貿易の総額に注目しますが，たとえば輸出額の場

合は第 3 章の (3.4) 式のように，輸出企業数（外延）と 1 企業当たりの平均輸出額（内延）という形で外延と内延に分解することが可能です。クルーグマン・モデルのように企業の異質性を考慮しない場合，貿易自由化を行ったときの貿易の外延の変化は分析の対象外になってしまい，貿易自由化の効果を過小評価してしまうことが Chaney (2008) によって理論的に指摘されました。このような指摘を踏まえ，Helpman et al. (2008) は企業の異質性を考慮したグラビティ・モデルを開発しました。彼らは各国の輸出企業の割合を考慮することができれば，企業の異質性を考慮したグラビティ・モデルの推定が可能になることを明らかにしています。

　さらに，グラビティ・モデルの新しいアプローチとして，構造グラビティ・モデル（structural gravity model）というアプローチも注目を浴びています。この構造グラビティ・モデルとは，Anderson and van Wincoop (2003) で指摘された物価水準，すなわち貿易抵抗指数が満たすべき制約条件式を推定式に加え，グラビティ・モデルと物価水準からなる方程式の体系をまとめて推定しようとするものです。このような体系を推定することで，グラビティ・モデルの枠組の中で，貿易障壁の撤廃の効果を分析するといったことも可能になります。このような構造グラビティ・モデルの研究に興味を持たれた方は Anderson (2011) や Behrens et al. (2014) を参照してください。

---

[a]　Baier and Bergstrand (2007) は観測できない 2 国間固有の影響や誤差項の時間を通じた相関の影響を取り除くため，階差をとった分析（各変数について t 期と $t-1$ 期の差をとった分析）も行っています。

[b]　この問題に対処するため，より進んだ計量経済学の手法が開発されています。たとえば，Santos Silva and Tenreyro (2006) はポワソン疑似最尤推定法（Poisson pseudo-maximum likelihood: PPML）と呼ばれる推定方法を開発しました。彼らはこの推定方法を Stata の ppml というコマンドで公開しています。また，この他に，トービット・モデルを用いる方法や多項疑似最尤推定法（multinomial pseudo-maximum likelihood）と呼ばれる方法も提示されています。トービット・モデルを用いる方法は Stata の intreg というコマンドを利用することで，多項疑似最尤推定法は Stata の poisson コマンドを利用することで推定できることが Head and Mayer (2014) によって論じられています。ただし，どの推定方法が望ましいかは決定的な結論は出ていません。これは，誤差項にどのような分布を仮定するかに依存しているためです。

分析では内生性の問題（⇒付録2.5参照）に対する検討が詳細に行われています[27]。分析の結果，RTAの締結国は貿易を拡大しており，その規模は加盟後10年間で約2倍に達していることを発見しました。

また，Magee (2008) はグラビティ・モデルに基づき，RTAの貿易創出効果と貿易転換効果がどの程度の規模に上るかを分析しました。この研究の重要な貢献の1つは，貿易転換効果を明示的に扱っている点にあります。1980〜1998年の133カ国を対象とした分析の結果，RTAに伴う貿易転換効果の規模は非常に小さく，貿易創出効果の1/7程度にとどまることを明らかにしました。この結果は，RTAに加盟することで期待される貿易創出効果の大きさを再確認するものですが，同時に，RTAに加盟しなかった国への負の影響は軽微であることを示唆するものといえます。理論的にはRTAのマイナスの効果として貿易転換効果が考えられますが，現実的にはそのマイナスの効果はそれほど深刻ではないのかもしれません。

このように先行研究の多くは，WTOやRTAへの加盟が貿易にプラスの効果を及ぼすことを明らかにしています。しかし，貿易の拡大は必ずしも経済厚生の上昇を意味していません。小国の場合，貿易自由化により貿易は拡大し，経済厚生の上昇につながります。一方，大国の場合，**最適関税**（optimal tariff）の理論で知られているように，保護によって経済厚生を高めることができます[28]。このため，たとえば，現在，最適関税を課している国は，障壁の撤廃によって経済厚生が低下してしまうことになります。理論的にはどちらのケースも考えられるため，実際の経済厚生への効果は実証研究の結果をもとに判断する必要があります。次節では，貿易政策の経済厚生への効果を研究した例に注目します。

4 貿易政策は経済厚生にどのような影響を及ぼすか？ *

4.1 分析の枠組み──シミュレーション分析

本章第1節で確認したように，相手国を限定したRTAの場合，必ずしも経済厚生の拡大につながるとはいえません。貿易転換効果が貿易創出効果を上回るときには，RTAによって経済厚生が下がることになります。貿易転換効果

27） グラビティ・モデルにおける内生性の問題は，Column 5.3 でも紹介しています。

28） 最適関税については，第6章で詳しく取り上げます。

が貿易創出効果を上回るかどうかについては，理論的にはどちらのケースも考えられるため，実際の効果を見極めるためには，データをもとに確かめる必要があります。

一方，今後締結される RTA が経済厚生に及ぼす効果を見る場合，「RTA によって関税を引き下げると経済厚生にどのような影響が及ぶか」，すなわち実際には起こっていない状況を分析することになります。この「実際には起こっていない状況」は**反実仮想**（counter factual）と呼ばれ，経済モデルを構築することで初めて可能になる分析です。

このような反実仮想を分析する場合，シミュレーション分析が一般的であり，そのアプローチは大きく 2 つに分けられます。1 つは部分均衡分析であり，もう 1 つは一般均衡分析です。部分均衡分析は 1 つの市場に注目するため，直感的に理解しやすく，また必要とされるデータも（一般均衡分析と比べれば）少ないという利点があります。しかし，ある市場に対する貿易政策が他の市場にどのような影響を及ぼすかまでは見ることができないという難点もあります。

一方，一般均衡分析は複数の市場に同時に注目するため，市場を越えた影響や経済全体への影響を見ることができるという利点があります。しかし，モデルが非常に複雑になり，必要とされるデータと作業が膨大になるという難点もあります。なお，シミュレーション分析のための一般均衡モデルは**応用一般均衡モデル**（Computable General Equilibrium Model：CGE モデル）と呼ばれています。部分均衡，一般均衡のどちらのシミュレーション分析でも，分析の手順はおおむね共通しており，大きく 3 つのステップにまとめられます。このシミュレーション分析の手順を部分均衡分析で図示したものが，図 5.4 です。

(1) **モデルの構築**：経済モデルを構築し，モデルの関数形を決めます。図 5.4(i) のように，需要曲線と供給曲線をそれぞれ $\ln p_y = \alpha_0 + \alpha_1 \ln y$，$\ln p_y = \beta_0 + \beta_1 \ln y$ で対数線形に定式化するといったイメージです。この段階では，パラメータ $(\alpha_0, \alpha_1, \beta_0, \beta_1)$，自由貿易のときの価格 p_y^f，および保護下の価格 p_y' はまだ決まっていません。

(2) **パラメータの特定**：現在の状態を「障壁が存在する下での均衡」状態にあると考え，データをもとにモデルのパラメータを特定します[29]。データだけで特定できないようなパラメータ（たとえば，需要と供給の価格弾力

図 5.4 シミュレーション分析の手順

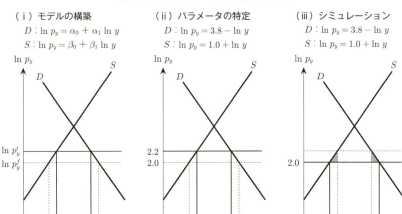

性,すなわち需要曲線と供給曲線の傾き)については,先行研究の結果を利用するのが一般的です[30]。図 5.4(ii) のように,この段階で,パラメータの値,自由貿易のときの価格 p_y^f,および保護下の価格 p_y' が決まることになります。

(3) シミュレーション:(2) で求められたパラメータをもとに,「保護を撤廃したときの均衡」を計算します(シミュレーション)。均衡の変化から,

---

[29] 数量や価格について十分なデータが得られれば,誤差を考慮しつつ,計量経済学的にモデルのパラメータを推定することが可能です。しかし,計量経済学的な手法を適用できるほど十分なデータを得ることは必ずしも容易ではありません。このような場合,ある一時点のデータを入手し,それが誤差のない均衡を表していると考え,経済モデルの均衡とデータが一致するようにパラメータを求めるという作業が行われます。このような作業は**カリブレーション**(calibration)と呼ばれています。一方,複数年,あるいは同じ産業で複数企業のデータが入手できる場合は計量経済学的な手法によってパラメータを推定するという作業が行われます。このような推定作業は,経済モデルの構造そのものを推定するという意味から**構造推定**(structural estimation)と呼ばれています。経済モデルがわかれば反実仮想の分析が可能になり,経済厚生への影響を見ることができます。いうまでもなく,経済学においては,経済厚生への影響を議論することは非常に大きな意味を持ちます。このため,近年は国際経済学の分野でも構造推定による分析が活発になっています。

[30] なお,需要曲線や供給曲線が対数線形の場合,$(dy/y)/(dp_y/p_y) = d\ln y/d\ln p_y$ より,それぞれの傾きは弾力性になります。なお,先行研究で得られないパラメータについては,自分自身で推定する必要があります。

経済厚生の増分を計算します。図 5.4(iii) の例では，保護を完全に撤廃した場合，国内価格 $\ln p_y$ は 2.2 から 2.0 へと下がり，図 5.4(iii) の網かけ部分が経済厚生の増分になります。なお，保護を一部だけ撤廃し，国内価格 $\ln p'_y$ が 2.2 から 2.1 へ変化するケースも同様に分析が可能です。

ここで，上記の分析は，需要と供給の両方の情報が得られている，つまり (1) において需要曲線と供給曲線がそれぞれ得られている点に注意してください[31]。なお，経済厚生としては等価変分が用いられています。ここで等価変分とは，価格と所得が変わったときの効用の変化分を，変化前の価格をウェイトとして金額に変換して得られる数値のことを意味しています。直感的には，第 1 節の総余剰の変化に対応するものです[32]。

4.2　シミュレーション分析の例

本項では，部分均衡分析，一般均衡分析のそれぞれについて，実際の研究例を見てみましょう。まず，部分均衡分析に基づく研究例として，ここでは日本の貿易政策の効果を分析した佐々波他 (1996) の研究を紹介します。彼らは，1989 年の日本の農産品と工業品の関税・非関税障壁の撤廃の効果を分析しました。彼らの研究では，関税・非関税障壁は関税相当率によって捉えられています。この研究の主要な結論の 1 つは，関税・非関税障壁により，少なくとも 1 兆 1000 億円から 2 兆 4000 億円の死荷重が生じているというものです。この損失は，保護されている産業の雇用に換算すると，1 人の雇用を維持するための国民の負担が 8000 万円から 1 億 1800 万円に上っていることを意味します。

CGE モデルにはパデュー大学で開発された GTAP（Global Trade Analysis

---

31)　消費の情報から需要曲線を求めることができても，企業の供給曲線を厳密に推定するのは必ずしも容易ではありません。一般に，企業の情報は企業外部の人には公開されていないことが多いためです。近年はこのような問題を回避して経済厚生を分析する手法が開発されています。その詳細については，Column 5.4 を参照してください。

32)　第 1 節の部分均衡モデルでは，所得効果が存在しないことを想定していました。一方，一般均衡分析では所得効果の存在を考慮した形で余剰の分析が行われています。所得効果が存在する場合，その所得効果が小さくなければ，あるいは価格変化が小さくなければ，等価変分と余剰は厳密には一致しないことが知られています。この詳細に興味のある方は，神取 (2014, 補論 C) を参照してください。

184　第5章　貿易政策の基礎

Project）モデルやミシガン大学で開発されたミシガン・モデルなどがあります[33]。これらのモデルは多数国・多数産業をカバーしているという共通した特徴がありますが，完全競争かどうか，効用関数をどのように定式化するかなど，細部の設定は異なっています[34]。このため，モデルの設定によって，得られる結果に若干の違いが出てくる点に注意が必要です。

　なお，多数国・多数産業をカバーした CGE モデルの場合，グラビティ・モデルと同様に，WTO の効果と RTA の効果を同じ枠組みで分析することが可能になります。さらに，CGE モデルは貿易への効果だけでなく，GDP や経済厚生への影響も分析が可能です。ただし，先にも述べたように，CGE モデルはシミュレーションの結果がモデルの設定に依存する可能性があるため，結果の解釈には注意が必要です。

　また，グラビティ・モデルは WTO や RTA がどれだけ貿易を拡大させたかといういわば事後的な分析であるのに対し，CGE モデルは，仮に WTO や RTA に加盟すると貿易や経済厚生がどれだけ拡大するか，といういわば事前的な分析です。このため，日本の EPA や TPP の効果を事前に分析する場合，たとえば TPP が日本の経済厚生をどの程度拡大するかといった疑問に答えようとする場合，グラビティ・モデルではなく CGE モデルが用いられています。一方，WTO や RTA の加盟の実際の効果を検証する場合には CGE モデルではなくグラビティ・モデルが用いられるのが一般的です。

　ここでは CGE モデルによる研究例として，Urata and Kiyota (2005) の研究を紹介しましょう。彼らはパデュー大学で開発された GTAP モデルと GTAP データを利用して，東アジアの RTA が貿易や経済厚生に及ぼす影響を分析しました[35]。GTAP データでも，関税・非関税障壁は関税相当率で捉えられています。彼らの研究では，RTA は参加国間で関税相当率が完全に撤

---

33) GTAP モデルの詳細に興味がある方は Hertel (1997) を，ミシガン・モデルに興味がある方は Brown et al. (2003) を参照してください。このうち GTAP モデルは Windows 用のソフトが開発されており，モデルやデータの一部は無償で提供されています。ただし，無償で提供されているデータについては，データの集計レベルやバージョンに制限があることに注意が必要です。その詳細については GTAP のウェブサイトを参照してください。なお，CGE モデルのプログラミングについては細江他 (2004) が参考になります。

34) なお，完全競争を前提とした CGE モデルでは，産業内貿易を捉えるため，第2章第4.1項で紹介したアーミントン・モデルがよく利用されています。

4 貿易政策は経済厚生にどのような影響を及ぼすか？　**185**

表 5.9　東アジアの RTA の効果

（単位：%）

国名	GDP 変化率	経済厚生 （GDP 比率）	国名	GDP 変化率	経済厚生 （GDP 比率）
日本	0.05	0.19	フィリピン	2.02	0.77
韓国	1.71	1.75	シンガポール	2.26	3.69
中国	1.27	0.64	タイ	15.90	12.54
香港	1.41	2.42	ベトナム	8.42	6.61
台湾	1.51	1.87	その他アジア	−0.31	−0.34
インドネシア	5.61	4.89	米国	−0.06	−0.09
マレーシア	2.83	2.15	EU	−0.01	−0.02

（注）　GDP 変化率はデータの初期値（1997 年時点の値）からの変化。経済厚生は等価変分（1997 年の GDP に対する比率）。東アジアの RTA に参加する国は日本，韓国，中国，香港，台湾，インドネシア，マレーシア，フィリピン，シンガポール，タイ，ベトナムの 11 カ国。
（出所）　Urata and Kiyota (2005) Table 7.5 より抜粋。

廃されることを意味しています。表 5.9 は分析の結果をまとめたものです。経済厚生とは経済的な意味での人々の満足度を測ったものですが，ここでは等価変分として測られています。この表より，東アジアの RTA は東アジアの国々には GDP と経済厚生にプラスの効果をもたらしますが，米国や EU など非参加国にはマイナスの効果が及ぶことが確認できます。

　これまでの多くの研究では，部分均衡分析，一般均衡分析ともに，貿易自由化が経済全体にプラスの効果を及ぼすことが確認されています。ただし，経済全体にプラスの効果があるといっても，すべての産業が等しく利益を享受するわけではありません。このプラスの効果の背後には，比較優位のない産業から比較優位のある産業へと生産要素が移動するというメカニズム（第 4 章第 1 節で説明した特化の利益）が働いているためです。比較優位のある産業では生産が拡大しますが，比較優位のない産業では生産が縮小することになります。言い換えれば，このメカニズムにブレーキをかけてしまうと，比較優位のある産業が生産を拡大することができなくなり，貿易自由化のプラスの効果が得られなくなることにも注意が必要です。

35）　GTAP データと GTAP モデルはともにパデュー大学から購入することができます。また，国の数や産業の数をそれぞれ 3 つずつに集計すれば無料で利用することが可能です（本書執筆時点）。

第 5 章 貿易政策の基礎

Column 5.4 需要関数の推定を通じた厚生分析

　　本節で紹介した部分均衡分析と一般均衡分析は，需要と供給の両方の情報が得られる，つまり図 5.4 で需要曲線と供給曲線がそれぞれ得られることを前提としていました。しかし現実には，供給側の情報，すなわち，企業活動に関する情報は企業外部の人に公開されているとは限りません。このため，生産関数の形状（あるいは供給曲線の形状）などに仮定を置いた上で，分析を進める必要がありました。このような問題を克服するため，需要側の要因から企業活動に関する情報を得るという方法も開発されています。

　　たとえば，不完全競争市場では，市場価格は企業の限界費用にマークアップが上乗せされる形で決まりますが，通常，企業の限界費用は観察できません。ここで，マークアップが需要関数によって決まることに注意すると，マークアップを推定することができれば，市場価格からマークアップを差し引くことで，限界費用の推定も可能になることがわかります。言い換えれば，需要関数の推定結果を利用することで，企業のマークアップや限界費用を導くことができるのです[a]。

　　この需要関数の推定でよく用いられる方法が，Berry et al. (1995) によるものです。彼らは，効用最大化のため，消費者が財の特性をもとに，複数の財の中から 1 つの財を選択する離散選択モデルと呼ばれるモデルとその推定方法（ランダム係数ロジット・モデルと呼ばれます）を開発しました。そして，ここから需要関数とマークアップを推定し，限界費用を導出するという方法を提示しました。

　　この方法を貿易政策の分析へと応用した研究の 1 つに，米国のセーフガード措置に注目した Kitano and Ohashi (2009) があります。1970 年代後半から，米国では，日本製自動二輪車の輸入が急速に拡大しました。この結果，米国の二輪車メー

おわりに

　　本章では貿易政策の理論的な背景を紹介し，実際に貿易政策をどのように捉えるかについて説明しました。そこでは関税や非関税障壁を数量的に捉えることが難しいことを確認しました。さらに，有効保護率のように，完成品と中間財に課す関税率を変えることで，完成品に対する実質的な関税率を高くできるといった例を紹介しました。

　　また，貿易自由化が実際に貿易を拡大しているのか，RTA が貿易や経済厚生にどのような影響を及ぼすかといった疑問に注目し，その実証研究の流れを解説しました。貿易自由化が貿易の拡大に及ぼす影響については分析手法の精緻化が進んでいますが，多くの研究が貿易自由化のプラスの効果を支持する結果を示しています。すなわち，これまでの研究は貿易自由化に貿易を拡大する

カーのハーレー・ダビッドソン（Harley-Davidson）の販売が急速に落ち込みました。米国政府はこの販売の急速な落ち込みを輸入に伴う深刻な損害と認定し，1983年にセーフガード措置を発動しました。そして1983年以降，ハーレー・ダビッドソンは急速に売上と利益を拡大することになります。この結果は，セーフガードの成功例ともいわれています。

　彼らは米国のセーフガードが本当に寄与していたのかを調べるため，セーフガードがハーレー・ダビッドソンの販売の増加にどの程度寄与したかを分析しました。分析では，離散選択モデルを用いて，米国の自動二輪車の需要関数と限界費用の推定が行われています。この限界費用の情報を利用して，セーフガードがなかった場合の反実仮想をシミュレーションによって導くという作業が行われています[b]。紙幅の都合上，細かな説明は省略しますが，興味深い結果はセーフガードに伴う輸入台数の下落は，ハーレー・ダビッドソンの販売台数の上昇の6%程度しか寄与していなかったというものです[c]。Kitano and Ohashi (2009) は，利益の拡大が，むしろハーレー・ダビッドソン自身の生産効率の上昇に起因していると論じています。これらの結果は，ハーレー・ダビッドソンの復活にセーフガードの果たした役割は，仮にあったとしても，非常に小さかったことを意味しています。

---

[a]　このような分析も，先に述べた構造推定の1つです。
[b]　貿易政策と企業の限界費用の関係については，第6章第3.1項で詳しく説明します。
[c]　Kitano and Ohashi (2009) の分析については，北野 (2016) にわかりやすい説明があります。

効果があることを確認しています。これは，貿易自由化に貿易創出効果があることを確認するものです。

　一方，RTAが経済厚生に及ぼす影響については，RTAを結んだ国々にはプラスの効果が期待されるものの，協定から外れた国々にはマイナスの効果が及ぶ可能性があることを説明しました。ただし，貿易転換効果は貿易創出効果と比べて非常に小さいと指摘する実証研究もあります。

　さて，冒頭の問いに戻ってみましょう。

問い　関税による保護は，消費者にとってプラスだと思いますか。それともマイナスだと思いますか。
答え　理論的には，関税による貿易の保護は生産者にとってはプラスですが，

> 消費者にとってはマイナスです。そして実証分析でも，貿易の自由化（保護）がその国の経済にプラス（マイナス）の効果を及ぼすことが確認されています。

このため，「関税による保護は消費者のための政策」という主張には誤解があることがわかります。

● 練習問題

5-1 貿易政策と国内政策の違いについて考えてみましょう。

　(1)　生産補助が行われるときの生産者が直面する国内価格を p'_y と表すとします。1 単位当たり s 円の生産補助が行われるとき，$p'_y = p^f_y + s$ と表すことができます。このとき，生産補助金の効果（小国，部分均衡のケース）を図 5.1 のようにまとめてください。

　(2)　(1) で得た結果と関税の効果（図 5.1）とを比較し，貿易政策の問題点を説明してください。

5-2 有効保護率の計算に挑戦しましょう。

　(1)　中間財 i の価格を p_i，数量を q_i，完成品 j の価格を p_j，数量を q_j で表すと，自由貿易下の付加価値額は $v_j = p_j q_j - \sum_i p_i q_i$，保護の下での付加価値額は $v'_j = p_j(1 + t_j)q_j - \sum_i p_i(1 + t_i)q_i$ と表すことができます。ここで，$a_{ij} = \sum_i p_i q_i / p_j q_j$ とし，(5.4) 式を導出してください。

　(2)　表 5.6 の日本の有効保護率を計算してみましょう。計算に必要なデータは本書のサポートサイトからダウンロードできます。

　(3)　なぜ関税負担率と有効保護率は，実際の関税を過小評価する可能性があるのかを説明してください。

5-3 表 5.7 では，ラオスやカンボジアの非関税障壁はシンガポールのそれよりも低いとされています。考えられる理由を説明してください。

第**6**章
貿易政策の応用

はじめに：なぜ多くの国は貿易を保護しようとするのか？

> **問い** 第5章で確認したように，理論的には，貿易自由化は自国の経済厚生
> を拡大する効果があります。それにもかかわらず，なぜ，現実には，多くの国
> は保護を維持しようとしているのでしょうか。

　第5章では，小国の場合，関税や非関税障壁による保護は，究極的には，死荷重という形で自国が損失を被ることになることを確認しました。このため，最適な関税率はゼロ，すなわち自由貿易が望ましいことになります。しかし，現実には多くの保護が残っており，また，交渉という形でいかに貿易相手国に自由化をさせるかが論点となっています。そして，このような現実は，理論から導かれる含意と矛盾します。なぜ，このような矛盾が起きてしまうのでしょうか。

　実はこの問いに対する答えは簡単ではありません。複数のメカニズムが考えられ，1つのモデルで統一的に説明することが難しいためです。たとえば，第5章の説明は静学的なモデルに基づいていました。しかし，動学的な視点から考えれば，一時的な保護や損失が実は合理的な判断となる可能性が出てきます。また，第5章の説明は小国のケースを扱っていましたが，大国のケースでは異なる帰結が得られることも知られています。

　本章では，上記のような矛盾の理由を解明するために，次の5つのケースに注目します。

第6章 貿易政策の応用

■静学的なモデルをベースとしたもの

(1) 小国であるにもかかわらず，政治的な理由から，政権与党が経済厚生の最大化を目指すとは限らなくなるケース

(2) 現実には多くの国は小国でない，すなわち大国のケース

(3) 現実には完全競争の前提が成り立っていない，すなわち不完全競争のケース

■動学的なモデルをベースとしたもの

(4) 幼稚産業保護（infant industry protection）のケース

(5) ダンピング（不当廉売，dumping）に対する対抗措置，すなわちアンチ・ダンピング（anti-dumping）のケース

　次節以降では，これらの5つのケースについてそれぞれ見ていくことにします。その準備として，ここでは国内市場と国際市場の関係を説明しましょう。

　国際市場と国内市場の関係を見る上で，以下では，まず輸入と国際市場の関係に注目します。図 6.1(i) は自国の y 財に対する需要曲線 D と供給曲線 S を描いたものです。貿易がない場合，国内の均衡価格は p_y^a となります。言い換えれば，価格が p_y^a のとき輸入量はゼロであり，p_y^a から価格が下がると輸入量は増加していきます。ここで，輸入量が国内の需要量から供給量を差し引いたものであることに注意すると，y 財の輸入量と輸入価格の関係は図 6.1(ii) の D_m のように表すことができます。この D_m は国際市場における y 財の価格と輸入量の関係を表したものであり，輸入需要曲線と呼ばれます。

　いま，自由貿易の価格が，図 6.2 のように p_y^f で与えられるとします。このとき，自国の輸入量は ab となります。一方，自国の輸入量は，国際市場における輸入需要曲線 D_m と国際価格 p_y^f の交点 E で決まる輸入量 Oc として表すこともできます。この E 点が国際市場における均衡であり，また，輸入需要曲線の性質から $ab = Oc$ となります。

　次に，輸出と国際市場の関係を見てみましょう。図 6.3(i) は自国の x 財に対する需要曲線 D と供給曲線 S を描いたものです。貿易がない場合，国内の均衡価格は p_x^a となります。つまり，価格が p_x^a のとき輸出量はゼロであり，p_x^a から価格が上がると輸出量は増加していきます。ここで，輸出量は国内の供給量と需要量の差であることに注意すると，x 財の輸出量と価格の関係は図 6.3(ii) の S_x のように表すことができます。この S_x は国際市場における x 財

図 6.1 輸入需要曲線

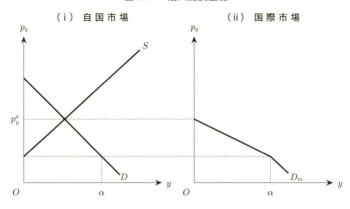

図 6.2 自国市場と国際市場の均衡——輸入のケース

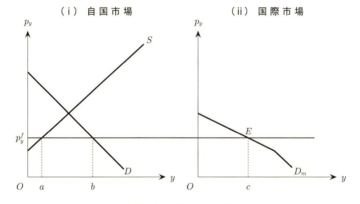

図 6.3 輸出供給曲線

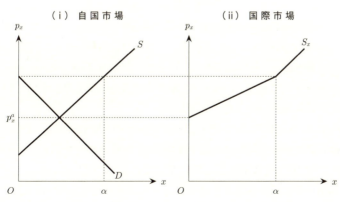

図 6.4 自国市場と国際市場の均衡——輸出のケース

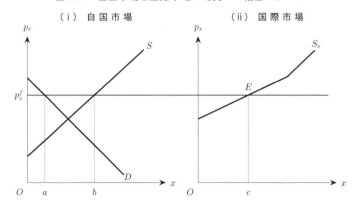

図 6.5 2国モデルにおける自国市場と国際市場の均衡

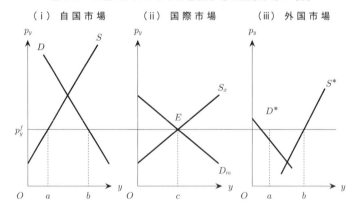

の価格と輸出量の関係を表したものであり，輸出供給曲線と呼ばれます。

いま，自由貿易の価格が，図 6.4 のように p_x^f で与えられるとします。このとき，自国の輸出量は ab となります。一方，自国の輸出量は，国際市場における輸出供給曲線 S_x と国際価格 p_x^f の交点 E で決まる輸出量 Oc として表すこともできます。この E 点が国際市場における均衡であり，また，輸出供給曲線の性質から $ab = Oc$ となります。

2国の場合，自国の y 財の輸入は外国の y 財の輸出に対応します。自国の y 財の輸入需要曲線と外国の y 財の輸出供給曲線の関係を示したものが，図 6.5 です。自国市場の需要曲線と供給曲線はそれぞれ図 6.5(i) の D と S です。また，外国市場の需要曲線と供給曲線はそれぞれ図 6.5(iii) の D^* と S^* です。

図 6.5(ii) は自国の輸入需要曲線 D_m と外国の輸出供給曲線 S_x を描いたものであり，両者の交点 E が国際市場における均衡です。国際市場が均衡するとき，図 6.5(i) の自国の y 財の輸入量 ab と図 6.5(iii) の外国の y 財の輸出量 ab が一致することになります。

1 経済厚生の最大化を目指さないことは合理的か？

1.1 理論的背景

「小国であるにもかかわらず，経済厚生の最大化を目指さないことが合理的になる」ことを説明した有力なモデルが，経済学のモデルに政治的な要素を取り入れた政治経済学のモデルです。Grossman and Helpman (1994b) によって提示されたのが保護売り出し中モデル（protection for sale model）です。以下ではこのモデルの考え方を簡単に説明しましょう。

いま，政権与党がその国の経済厚生だけでなく，政治献金額の大きさを考慮して政策決定を行う状況を考えてみましょう。経済厚生を W，政治献金額を s，政権与党が得られる利得を R で表すとし，この利得が以下のように表されるとします。

$$R = \alpha W + s \tag{6.1}$$

ここで，α (> 0) は政権与党がどれだけ経済厚生を重視しているかを表す重み（weight）です。政権与党はこの R を最大化するように行動するとします。もし，政治献金がゼロのとき，この政権与党は経済厚生のみを最大にすることになります。しかし，政治献金が存在し，また経済厚生をほとんど重視しない場合，たとえば $\alpha \simeq 0$ の場合，政権与党は経済厚生をほとんど無視して（政治献金のみを最大にするように）行動することになります。

自由貿易の下での利得と関税の下での利得を区別するため，それぞれ

$$\underbrace{R^f = \alpha W^f + s^f}_{\text{自由貿易の下での利得}} \quad \text{および} \quad \underbrace{R' = \alpha W' + s'}_{\text{関税の下での利得}} \tag{6.2}$$

で表すとしましょう。このとき，政権与党が関税を撤廃し自由化するときの利得の変化は

$$\Delta R = R^f - R' = \alpha(W^f - W') + (s^f - s') \tag{6.3}$$

と表すことができます。もし $\Delta R > 0$ なら，関税を撤廃し貿易を自由化することで，政権与党の利得は上昇します。しかし，$\Delta R < 0$ なら，関税を撤廃し貿易を自由化すると政権与党の利得は低下することになります。なお，政治献金がゼロ $(s^f = s' = 0)$ で小国の場合，$W^f > W'$ が常に成立しますから，貿易自由化は常に政権与党の利得の上昇につながります。これは第5章の結果と整合的です。

いま，この国の生産者は，関税が維持された場合に正の献金をし $(s' > 0)$，自由化されたら献金をやめる $(s^f = 0)$ としましょう。ここでもう一度，図6.6（第5章の図5.1と同じ図です）を用いて，政権与党の利得の変化を考えてみましょう。第5章で確認したように，図6.6の場合，関税を撤廃したとき，国全体の総余剰は $E + G$ だけ上昇します。つまり，$W^f - W' = E + G$ です。また，$s^f = 0$，$s' > 0$ より，$s^f - s' = -s'$ です。このため，

$$\Delta R = R' - R^f = \alpha(E + G) - s' \tag{6.4}$$

が成り立ちます。このため，$\alpha(E + G) < s'$ が成り立つとき，貿易自由化が政権与党の利得を引き下げることになります。

それでは生産者は政治献金額 s' をどのように決めるのでしょうか。図6.6より，関税の下での生産者余剰は $C + H$，貿易自由化の下での生産者余剰は H であることに注意すると，$C > s'$ であれば，つまり，$C - s' > 0$ であれば，$H + (C - s') > H$ となり，政治献金をした上でも，保護によって生産者は利得を得ることができます。逆に，政治献金の額が貿易自由化の下での生産者余剰を上回るなら，すなわち $s' > C$ なら，献金をするよりも貿易自由化の方が利得が高いことになります。このため，

$$\alpha(E + G) < s' < C \tag{6.5}$$

を満たすように政治献金が決まることになります。

以上をまとめると，生産者は図6.6の C の一部を政権与党に献金 (s') することで，関税を維持します。政権与党は関税収入 (F) に加え，新たに献金 (s') を得ることになります。しかし，関税の下での死荷重 $(E + G)$ は残ったままで，全体としては保護により損失が生じていることになります。言い換え

1 経済厚生の最大化を目指さないことは合理的か？ 195

図 6.6 関税の効果

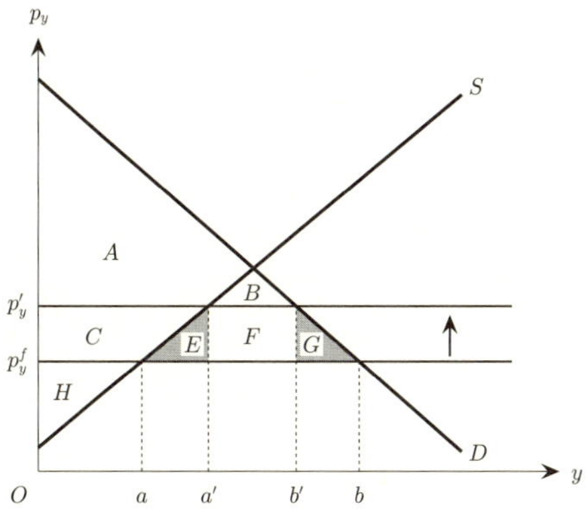

れば，図 6.6 の上では C の一部が政権与党に献金という形で移転したにすぎ
ませんが，この移転が政権与党に保護を維持させる誘因になっていることがわ
かります。

　このモデルは，貿易政策を通じた保護が生産者に売り出されているようなメ
カニズムを記述しているため，保護売り出し中モデルと呼ばれています。この
ような設定の下で，政治献金を通じたロビー活動が活発な産業ほど保護が高く
なり，また活発でない産業ほど低くなるということを示唆しています。

1.2 政治経済学の実証研究

Goldberg and Maggi (1999) はこの保護売り出し中モデルに注目し，1983
年の米国の製造業 107 産業のデータを利用して，その帰結の現実妥当性を検
証しました。彼らの分析では，貿易政策には非関税障壁の頻度比率（第 5 章第
2.2 項参照）が利用されています。さまざまな回帰分析の結果，彼らは，米国
の貿易政策を説明する上で保護売り出し中モデルの帰結が実証的に支持される
ことを明らかにしました。

　彼らはさらに興味深い事実を明らかにしています。(6.2) 式に注目してみま
しょう。経済厚生への重みを表す α がわかれば，政権与党がどれだけ経済厚
生を重視しているかがわかります。そこで，彼らは回帰分析の結果からこの α
の推定を試みました。その結果は α は 53 から 93 に上るというものです。こ
の結果は，政権与党が政治献金よりも経済厚生を 50 から 100 倍近く重視して
いることを示唆するものであり，その大きさから驚きをもって受け止められま

196　第6章　貿易政策の応用

> ### Column 6.1　日本の農業と貿易政策
>
> 　近年は，日本の貿易政策の決定要因に関する実証研究も蓄積されつつあります。貿易政策の中でもとくに注目されているのが，農業や食料品・飲料に対するものでしょう。表5.6や表5.8で見たように，日本では，工業製品よりも農産品や食料品に対して，高い関税・非関税障壁があると推計されているためです。たとえば石川他 (2013, 173ページ) によれば，日本では200%を超える関税が課されている農産品もあり，コメの場合は778%，エンドウ豆の場合は1083%，そしてこんにゃく芋の場合は1705%に上っています[a]。これは，たとえばこんにゃく芋を100万円分輸入すると，1705万円分もの税金を支払わなくてはならないことを意味しています。
>
> 　このような日本の高い農業保護の決定要因を分析した研究に，水田 (2013) があります。この研究の興味深い点は有権者1人当たりの議員議席定数（票の価値）の地域間格差，すなわち「1票の格差」に注目している点です。この研究では，まず農村地域が都市地域と比べて1票の「価値」が大きい，すなわち農業の票の「価値」は製造業の票の「価値」よりも大きいことを確認しています。この結果は，農村地域に偏った議員定数配分がなされていることを意味しています。このような事実を踏まえ，次に水田 (2013) は回帰分析によって，この「1票の格差」が大きくなると，農業保護も高まることを確認しました。この結果は議員定数の配分の偏りが農業保護を強める要因となっていることを示唆しています。
>
> 　また，Harimaya et al. (2010) はウルグアイ・ラウンドの農業対策費に注目し，その地域配分の違いの要因を分析しました。ここでウルグアイ・ラウンドとは1986

した。

　また，Gawande and Bandyopadhyay (2000) は保護売り出し中モデルに中間財の貿易を取り込むという拡張を行い，その現実妥当性を検証しました。分析には1983年の米国の製造業242産業のデータが用いられています。彼らの研究でも保護売り出し中モデルが実証的に支持されること，さらに経済厚生に対する重み α は1751から3175に上ることを明らかにしました。Gawande and Bandyopadhyay (2000) が明らかにした経済厚生への重みは Goldberg and Maggi (1999) のそれよりもさらに大きなものです。これらの結果は，政権与党が政治献金よりも経済厚生を重視していることを示唆したものであり，非常に興味深い結果といえます。この Goldberg and Maggi (1999) や Gawande and Bandyopadhyay (2000) に続く形で，米国以外の国でも，保護売り出し中

年から 1994 年にかけて行われた GATT の多角的貿易自由化交渉のことです。また，ウルグアイ・ラウンドの農業対策費とは，ウルグアイ・ラウンドの農業合意による国内農業への影響を緩和するために 1994 年に確保された予算のことです[b]。その規模は 1994〜2001 年に総事業費 6 兆 100 億円，国費 2 兆 6700 億円に上っています。分析の期間は 1994〜2001 年であり，都道府県別データを利用した回帰分析が行われています。彼らの主要な発見の 1 つは，農業人口など地域特性を考慮した上でも，与党に対する投票率が高い地域ほど，また与党議員の多い地域ほど，農業対策費が多く配分される傾向にあったというものです。

さらに，Ito (2015) は 2012 年の日本の第 46 回衆議院議員総選挙の候補者のデータをもとに，候補者の支持する政策と選挙の得票の関係を分析しています。分析の結果，選挙が接戦の場合，候補者は貿易自由化を支持しない傾向があることを明らかにしています。そしてこの結果は，農業従事者の多い選挙区から立候補した候補者だけでなく，都市部から立候補した候補者にも当てはまることが確認されています。これらの研究は，日本の貿易政策がどのように形成されているのかを理解する上で，興味深い情報を提供しているといえます。

---

[a]　石川他（2013，173 ページ）では，この他の例として，でんぷん（234%），小麦粉（245%），小麦（249%），砂糖（252%），バター（325%），落花生（482%）が紹介されています。

[b]　ウルグアイ・ラウンド農業合意とは，1995〜2000 年の 6 年間かけて，農業保護の水準を引き下げるという合意です。

モデルの実証研究が行われています。その詳細については，Feenstra (2016) を参照してください。

2　貿易の保護により，自国は常に損失を被るのか？

2.1　理論的背景

貿易の保護により，自国は常に損失を被るのでしょうか。結論からいうと，理論的にはそうでない場合もあります。その 1 つが，自国が大国であるようなケースです。第 5 章で見たように大国とは，自国の市場規模や市場での取引量が財の国際価格に影響を及ぼすような国を指します。また，交易条件の変化を通じて現れた政策の影響は**交易条件効果**（terms-of-trade effect）と呼ばれ

図 6.7 大国の関税の効果

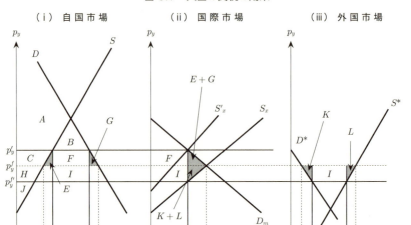

表 6.1 大国の関税の効果

	自由貿易	関税	変化
国際価格	p_y^f	$p_y^{f'}$	下落
国内価格	p_y^f	p_y'	上昇
消費者余剰	$A+B+C$ $+E+F+G$	$A+B$	$-(C+E$ $+F+G)$
生産者余剰	$H+J$	$C+H+J$	C
輸入量	$ab(=Oc)$	$a'b'(=Oc')$	縮小
関税収入	0	$F+I$	$F+I$
総余剰	$A+B+C+E$ $+F+G+H+J$	$A+B+C$ $+F+H+I+J$	$-(E+G)+I$

ます。以下では，関税の例をもとに，大国の貿易政策について考察してみましょう。

　大国の場合，小国とは異なり，その規模や取引量の大きさから，貿易政策が国際価格に影響を及ぼすことになります。これまでと同様に，輸入財を y で表すとします。小国の場合，関税により輸入量が減少しても，y 財の国際価格には何も影響を与えません。しかし，大国の場合，関税により輸入量が減少すると，それまで需要されていた y 財に超過供給の状態が発生することになります。y 財の輸出国はこの超過供給の状態を解消するために，y 財の価格を引き下げることになり，その結果，y 財の国際価格も下落することになるのです。

大国の貿易政策を見るために，自国と外国からなる世界を考えます。図 6.7 は，この大国の関税の効果をまとめたものです。小国の図との違いは，自国の市場だけでなく，外国の市場，および自国と外国を結び付ける国際市場を明示的に取り上げている点にあります。国際市場においては自国の y 財に対する需要を示した輸入需要曲線と外国の y 財の供給を示した輸出供給曲線が y 財の需給を決定します。

関税の賦課は，自国から見た輸出供給曲線と外国から見た輸出供給曲線の間にギャップを生じさせます。図 6.7(ii) の国際市場では，外国から見た輸出供給曲線は S_x のままです。一方，自国から見た輸出供給曲線は S_x から S'_x ($= p^f_y(1+t)$) へと関税率の分シフトします。この結果，y 財が国際市場で超過供給状態になり，y 財の価格は自国の需要量 Oc' と，外国から見た輸出供給曲線が等しくなる $p^{f'}_y$ へと下落します。自国の輸入量は最終的に ab から $a'b'$ へと縮小し，その国内価格は p'_y となります。このとき，p'_y は関税賦課後の国際価格 $p^{f'}_y$ を基準としており，その差が関税率と等しくなります。すなわち，次のように表すことができます。

$$p'_y = (1+t)p^{f'}_y \qquad t > 0 \tag{6.6}$$

それではこれまでと同様に，余剰の変化を見てみましょう。国内価格が p^f_y から p'_y へと変化することで，消費者余剰は $A+B+C+E+F+G$ から $A+B$ へと縮小します。一方，生産者余剰は $H+J$ から $C+H+J$ へと拡大します。さらに関税収入 $F+I$ が生じます。ここで，関税収入に I が含まれているのは，関税賦課によって国際価格が変化したため，すなわち交易条件効果のためです。国際価格が $p^{f'}_y$ と変化することで，総余剰の変化は $-(E+G)+I$ となります。このため，$I > E+G$ であれば，すなわち，関税収入が死荷重を上回るほど大きければ，関税賦課により自国の総余剰は拡大することになるのです。

また，外国の供給量の低下は，図 6.7(ii) の国際市場において，輸出供給曲線が S_x から S'_x へとシフトすることを意味しています。関税収入は $F+I$ ($= (p'_y - p^{f'}_y) \times Oc'$) です。この関税収入のうち I は外国の余剰の減少分によって生まれていることにも注意が必要です。外国市場では，y 財の価格の下落により，I だけ余剰が減っていることがわかります。さらに，関税賦課により，外国市場では $K+L$ の死荷重が生じています。世界全体では，自国の死荷重

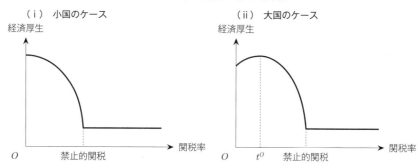

$E+G$ と外国の死荷重 $K+L$ の総和だけ余剰が失われていることになります。

このように,大国の場合,関税賦課が自国の経済厚生を改善させるケースがあります。しかし,関税を上げれば上げるほど,自国の経済厚生が改善するわけではありません。一般に,関税の上昇は輸入量の減少を伴います[1]。関税を上げていくと,やがて輸入量はゼロになり,それ以上関税を引き上げても輸入量が変化しなくなる(したがって,厚生水準にも影響しない)という状況になります。そして,輸入量をゼロにするような関税は**禁止的関税**(prohibitive tariffs)と呼ばれています。貿易収支が均衡しているという仮定の下では,輸入量がゼロになるということは,輸出量もゼロになることを意味しています。すなわち,閉鎖経済と同じ状況になり,自由貿易の厚生水準より低い状態に陥ることになります。言い換えれば,大国の場合,自国の経済厚生を最大にするような関税率が存在することになります。このような関税は**最適関税率**(optimal tariff rate)と呼ばれています。この最適関税率を t^O と表すとしましょう。これらの関税率と厚生水準の関係を小国と大国についてまとめたものが,図 6.8 です[2]。

---

[1] 理論的には,大国の場合,関税賦課によって国内価格が逆に低下し,その結果,輸入量が拡大するという状況もありえます。この状況はメッツラーの逆説(Metzler Paradox)と呼ばれていますが,その説明は本書の範囲を超えるものです。メッツラーの逆説について興味のある方は,中西 (2013) を参照してください。

[2] なお,本節では完全競争の下での大国の交易条件効果を紹介しましたが,不完全競争の下での交易条件効果も存在します。この詳細について興味のある方は,Feenstra (2016, Chapter 8) を参照してください。

2.2 交易条件効果の実証研究

完全競争市場の下では，小国の場合，関税率をゼロにすることが経済厚生上最も望ましいことを確認しました。一方，大国の場合，経済厚生を最大にする関税率はゼロではなく，プラスであることもわかりました。たとえば輸入財市場で価格支配力を持つ大国の場合，関税率の変化を通じて交易条件を変化させられれば，自国の経済厚生を大きくできる余地が出てきます。しかし，実際に関税が交易条件にどのような効果を与えるかについては，2000 年代までは明らかにされていませんでした。この問題に初めて実証的に挑戦した研究が，Broda et al. (2008) です。

彼らは 1994〜2003 年の 15 カ国の貿易データを利用して，輸出供給弾力性の推定を行いました。理論的には，小国は価格受容者（price taker，プライス・テイカー）であり，直面する輸入財の価格が一定となります。このことは，小国が直面する外国の輸出供給曲線が水平になることを意味しています。一方，大国の場合，輸入量が輸入財の価格に影響を与えるため，輸入量が拡大すると，価格は上昇します。すなわち，図 6.7 で確認したように，外国の輸出供給曲線は右上がりになります。この価格の上昇の程度が大きい場合（外国の輸出供給弾力性が小さい場合），つまり，外国からの輸出供給曲線の傾きが急な場合，自国が輸入市場においてより価格に対する影響力を持つことを意味します。Broda et al. (2008) は上記のデータを利用して，経済規模の大きな国ほど外国の輸出供給弾力性が小さくなることを発見しました。この結果は，大国が価格支配力を持つことを示唆する結果といえます。

次に，この外国の輸出供給弾力性を利用して，各国が設定する関税率との関係を分析しました。分析の結果，各国は外国の輸出供給弾力性の小さな財に対して，すなわち価格支配力の大きな財に対して，より高い関税を課す傾向にあることが明らかになりました。そして，この結果はさまざまな要因を考慮した上でも確認できることを明らかにしました。これらの結果は，大国が交易条件の変化を目的として，関税率を設定するという最適関税の議論と整合的です。貿易政策を議論する上で，交易条件効果の重要性を確認する結果といえます[3]。

---

3) Magee and Magee (2008) は 1982〜1992 年の輸入価格と貿易，産出のデータを利用して，米国は多くの産業において小国であり，その関税率の変化は世界貿易に無視できるほど小さな影響しか及ぼさないことを明らかにしました。この結果は，米国でさえ

202　第 6 章　貿易政策の応用

　なお，最適関税は相手国による報復措置を前提としていない概念であり，報
復措置がとられると，貿易量が縮小した均衡に向かう可能性が出てきます。そ
してそれは結果的に，自国の経済厚生の低下につながります。また，最適関税
による自国の経済厚生の改善の背後には，外国の経済厚生の悪化があります。
これらの理由から，大国は貿易保護によって自国の経済厚生を改善することが
できるといっても，世界全体で見た場合，それは正当化できるものではないこ
とに注意が必要です。

3　貿易政策が自国に有利に働くのはどのようなときか？

3.1　理論的背景

　完全競争市場では，ある企業の行動が他の企業の行動に影響を与える余地
はありません。しかし，独占，寡占，あるいは複占といった不完全競争市場で
は，ある企業の行動が，別の企業の行動や政府の貿易政策によって影響を受け
るという状況が生じます。すなわち，ある企業は，別の企業の行動や政府の貿
易政策を見ながら，自身の利潤を最大にするように価格や生産量を調整するこ
とになります。このようなとき，自国政府は，自国の企業や消費者に有利にな
るような状況を，貿易政策を通じて意図的に作り出すことが可能になります。
このような貿易政策は，企業行動に影響を与え，自国の利益を拡大させようと
することから，**戦略的貿易政策**（strategic trade policy）と呼ばれています。

　具体的には，どのような状況において，貿易政策が自国に有利に働くのでし
ょうか。完全競争の下では，そもそも企業の利潤がゼロとなってしまうため，
超過利潤を奪い合う余地はありません。一方，不完全競争の下では超過利潤が
生じる可能性が出てきます。このため，そのような超過利潤を奪い合う余地が
出てくるのです。ここでは，この戦略的貿易政策を理解するために，最もシン
プルな分析である Brander and Spencer (1981) に基づき，独占の下での貿易
政策の関係について見てみましょう。

　自国の y 財市場が外国企業からの輸出に独占されている状況を想定します。
y 財の国内価格を p で表します。y 財の逆需要関数が

　　交易条件効果が小さく，大国とはいえないことを示唆しています。この結果は非常に興
　　味深いものですが，Broda et al. (2008) の分析がより精緻なものだったことから，多
　　くの研究者は交易条件効果の重要性を支持する傾向にあります。

$$p = \alpha - y \qquad \alpha > 0 \tag{6.7}$$

で表されるとします。ここで，α は任意の正の定数です。また，外国企業の利潤を $\pi^*(y)$ とし，総費用を $c^* y$ $(c^* > 0)$ とします。ここで，c^* は一定の限界費用（かつ平均費用）です。

　いま，自国が y 財の輸入に対し，1 単位当たり τ 円の従量関税を課したとします[4]。外国企業の輸出価格を p^* とすると，輸出価格に関税を上乗せした分が自国の国内価格となります。すなわち，

$$p = p^* + \tau \tag{6.8}$$

です。このとき，外国企業の利潤は

$$\pi^*(y) = p^* y - c^* y = (p - \tau)y - c^* y = (\alpha - y)y - (c^* + \tau)y \tag{6.9}$$

と表すことができます。利潤最大化の一階の条件は，

$$(\alpha - 2y) - (c^* + \tau) = 0 \tag{6.10}$$

です[5]。ここで，MR（限界収入）$= \alpha - 2y$，MC（限界費用）$= c^* + \tau$ であることに注意すると，(6.10) 式より，MR $=$ MC を満たすように価格と輸入量（$=$ 外国企業の輸出量）が決まることになります。

　まず，自国の貿易政策が輸入量（すなわち，外国企業の輸出量）にどのような影響を及ぼすかを分析してみましょう。(6.10) 式を y について解くと

$$y = \frac{\alpha - (c^* + \tau)}{2} \tag{6.11}$$

が得られます。貿易政策が輸入量に及ぼす影響は (6.11) 式を関税 τ で微分して

---

4)　これまでの分析では従価関税のケースを考えてきましたが，ここでは分析が複雑になるのを避けるため，従量関税のケースを考察しています。なお完全競争市場では従価関税と従量関税の影響に違いはありませんが，不完全競争市場では従価関税と従量関税の影響に違いが出てきます。この詳細に興味のある方は，ヘルプマン＝クルーグマン（1992, 4.8 節）を参照してください。

5)　一階の条件とは，利潤関数の極大値を求めるための条件です。今回の例の場合，外国企業の利潤関数 π^* は産出 y の関数になっています。このため，「π^* を y によって 1 回微分したものが 0 と等しくなる」という条件が一階の条件に当たります。

$$\frac{\mathrm{d}y}{\mathrm{d}\tau} = -\frac{1}{2} < 0 \tag{6.12}$$

と表すことができます。この結果は，関税率の上昇は輸入量の減少を導くことを意味しています。

次に，国内市場における価格への影響を見てみましょう。(6.7) 式に (6.11) 式を代入すると

$$p = \alpha - y = \frac{\alpha + c^* + \tau}{2} \tag{6.13}$$

となります。(6.13) 式を関税 τ で微分すると

$$\frac{\mathrm{d}p}{\mathrm{d}\tau} = \frac{1}{2} > 0 \tag{6.14}$$

より，関税率の上昇は国内価格の上昇を導くことがわかります。また，国内価格の上昇が関税率の上昇と同じなら，$(\mathrm{d}p/p)/(\mathrm{d}\tau/\tau) = 1$ が成立します。しかし，(6.13) 式と (6.14) 式より

$$\frac{\mathrm{d}p}{\mathrm{d}\tau}\frac{\tau}{p} = \frac{\tau}{\alpha + c^* + \tau} < 1 \tag{6.15}$$

となり，$(\mathrm{d}p/p)/(\mathrm{d}\tau/\tau)$ が 1 よりも小さくなります。これは，国内価格の上昇は関税率の上昇ほど大きくはならないことを意味しています。

図 6.9 は，この関税の効果を図示したものです。自由貿易のとき，MR = MC ($= c^*$) となる y^* と p^* に供給量と価格が決まることになります。このとき，外国企業の独占利潤（rent，レント）は売上から費用を差し引いた p^*efc^* の四角形に相当します。

一方，自国が輸入に関税を課すと，外国企業が自国市場に財を供給するときの限界費用は，関税により τ だけ上にシフトすることになります。この結果，関税賦課後の供給量は y^* から y' へと減少し，価格は p^* から p' へと上昇します。このとき，外国企業の独占利潤は $p'e'f'(c^* + \tau)$ の四角形になり，自国の消費者余剰は $A + B + C$ 減少することになりますが，関税の賦課により，自国は G の関税収入を得ることになります[6]。

6） ここで，需要関数 D と外国企業の限界費用 c^*，そして関税 τ がわかれば，関税がない場合の価格と生産量も求めることが可能になることに注意してください。第 5 章 Column 5.4 で紹介した需要関数の推定を通じた貿易政策の効果の分析は，この考え方を応用したものです。

図 6.9　独占市場における関税の効果

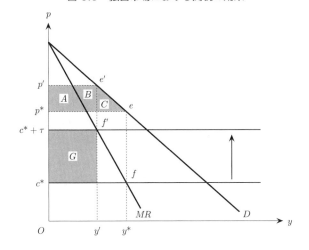

　関税の賦課が自国の経済厚生にプラスの影響を与えるかどうかは，この関税収入が消費者余剰の減少分を上回るかどうかに依存します。国内価格の上昇が関税率の上昇ほどは大きくはならないということは，消費者余剰の減少分を関税収入が上回ることを意味しています。このため，自国の関税の賦課は，自国の経済厚生にプラスの影響を与えることになります。このような貿易政策が，独占市場における戦略的貿易政策の例であり，独占によって生じている独占利潤の一部（図の例の場合，関税収入 G）を貿易政策によって外国から自国にシフトさせているのです。このような利潤のシフトはレント・シフティング（rent shifting）と呼ばれています。

　なお，関税の賦課により，外国企業は（限界費用 c^* を引き下げることで）価格 p' の上昇を抑制しようとするかもしれません。これは自国の貿易政策により，相手国企業の輸出価格（自国にとっての輸入価格）の低下，すなわち交易条件の改善を意味しています。このように，関税賦課によって外国企業が輸出価格を引き下げるような場合，本章第 2.1 項で見た交易条件効果が生じていることになります。

　このモデルは入門的なミクロ経済学の教科書に出てくるような単純な独占のモデルですが，外国企業による独占を考えることで，貿易政策が外国と自国の利潤の配分に影響を与えうることを示した好例といえます。この戦略的貿易政策の研究はその後，寡占市場のモデルに数量競争や価格競争を取り入れる形で，

206　第 6 章　貿易政策の応用

関税以外の貿易政策に注目する形，あるいはモデルを 3 国に拡張する形で発展していきます。

3.2　戦略的貿易政策の実証研究

　前項では交易条件効果を説明しました。ここで交易条件効果とは，自国の貿易政策が国際価格，すなわち交易条件に及ぼす影響を意味しています。戦略的貿易政策の場合，自国の貿易政策により相手国企業の輸出価格（自国にとっての輸入価格）が下がれば，自国は交易条件が改善します。このため，戦略的貿易政策で交易条件効果を見る場合，自国の貿易政策によって相手国企業の輸出価格がどう変化するかがポイントになります。この貿易政策を通じた輸出価格の変化の検証を行ったのが，Feenstra (1989) です。彼は 1980 年前後の日米貿易摩擦で，米国が日本からの小型トラックと大型自動二輪車の輸入にそれぞれ25％ と 45％ の関税を課した状況に注目しました。もし，関税の賦課により日本の小型トラックと大型自動二輪車の輸出価格が低下していたなら，それは交易条件の改善を意味しており，米国にプラスの効果があったと判断できるためです。

　1974〜1987 年の小型トラックと大型自動二輪車の輸入データを用いた分析により，次のような結果を得ました。まず，小型トラックに関しては，関税の賦課により日本の輸出価格が引き下げられたというものです。1980 年に米国の小型トラックに対する関税は，4％ から 25％ へと引き上げられました。これにより米国内の日本製小型トラックの価格は 21％（= 25％ − 4％）ポイント上昇するはずですが，実際には 12％ ポイントしか上昇しませんでした。つまり，残りの 9％（= 21％ − 12％）ポイントは日本の企業の輸出価格の低下によるものであり，米国にとってプラスの交易条件効果があったことを意味します。

　一方，大型自動二輪車の場合は効果がまったく違いました。関税の賦課により，米国内の日本製大型自動二輪車の価格は関税の上昇分とまったく同じだけ上昇したことが確認されたのです。この結果は保護による交易条件効果がまったく現れなかったこと，すなわち関税の上昇による価格の上昇はそのまま米国の消費者の負担増へとつながったことを意味しています。この研究は四半世紀前の日米貿易摩擦に関する実証研究ですが，現代においても示唆に富むものです。すなわち，関税によって自国を保護しようとしても，それは必ずしも交易条件効果を生み出すとは限りません。交易条件効果がまったく生じなければ，

3 貿易政策が自国に有利に働くのはどのようなときか？　207

表 6.2　日本の対米輸出自主規制が米国の経済厚生に及ぼした影響

	企業の利潤の変化	補償変分の変化	変化の合計	失われた関税収入	関税のときの厚生の増分
合計	102.1	−131.4	−29.3	112.7	83.4
1986 年	16.2	−16.4	−0.1	13.4	13.2
1987 年	30.9	−40.2	−9.3	32.7	23.3
1988 年	27.6	−33.4	−5.7	30.1	24.4
1989 年	15.8	−25.1	−9.2	21.3	12.1
1990 年	11.5	−16.4	−4.8	15.2	10.4

(注)　単位は億ドル（1983 年価格）。ここで，「変化の合計」は「企業の利潤の変化」と「補償変分の変化」の和。「失われた関税収入」とは，輸出自主規制がない状態で日本車を輸入した場合に見込めた関税収入を意味している。「関税のときの厚生の増分」は，「変化の合計」と「失われた関税収入」の和であり，日本の対米輸出自主規制の代わりに米国が関税を課していた場合の厚生の増分を意味している。なお，小数点 2 桁以下の四捨五入のため合計は必ずしも各数値の和と一致しない。

(出所)　Berry et al. (1999) Table 9 より抜粋。

それは小国のケースと同様に，消費者の負担増，および自国の損失につながることになるのです。貿易政策を戦略的に運用することの難しさを示した結果ともいえます。

　このほか，戦略的貿易政策の実証研究の中でとくに注目されたのが，日本の自動車の輸出自主規制に関する Berry et al. (1999) の研究です。輸出自主規制とは，輸出数量制限の 1 つであり，輸出国が輸出数量に「自主的に」上限を設けるという措置です。日本政府は，日米の自動車貿易摩擦を回避する目的で，1981 年から 1994 年にかけて，自動車の輸出台数に上限を設けることに合意しました。Berry et al. (1999) は，この輸出自主規制の代わりに，関税で（戦略的に）対応していたとしたら，米国の経済厚生にどのような効果があったのかを分析しました。分析には，離散選択モデルをベースとした高度な計量経済学的手法が利用されています[7]。分析の期間は 1970～1990 年であり，分析には，*Automotive News Market DataBook* から，各自動車の価格や数量，馬力などのデータが利用されています。表 6.2 は彼らの分析の結果をまとめたものです。

　この表の注目すべき点として，次の 3 点があげられます。第 1 に，米国の

---

7)　この手法の詳細は本書の範囲を超えるものであるため，ここでは彼らの研究の概要だけ簡単に説明します。なお，Feenstra (2016, Appendix B) は，貿易政策の実証研究という視点から，離散選択モデルを詳しく解説しています。

生産者にはプラスの効果が及んだ点です。日本の対米輸出自主規制は，1986〜1990 年の間に，米国の生産者に 102.1 億ドルのプラスの効果をもたらしました。第 2 に，消費者にはマイナスの効果が及んだ点です。補償変分に注目すると，消費者の損失は 131.4 億ドルに上っていることがわかります[8]。この結果，輸出自主規制を通じて，米国全体に 29.3 億ドル（＝ 102.1 億ドル － 131.4 億ドル）の損失が生じることになりました。

そして第 3 に，もし日本が輸出自主規制を行わず，逆に米国が日本車の輸入に関税を課していたなら，112.7 億ドルの関税収入が見込めたという点です。輸出自主規制か関税かにかかわらず，消費者は輸入される日本車により高い価格を支払わなくてはなりません。このため，生産者の利潤と消費者の損失を合わせると，貿易政策によって 29.3 億ドルの損失が生じます。しかし，関税による保護の場合，米国には関税収入が発生します。それが損失を大きく上回る 112.7 億ドルに上ると推定されているのです。Berry et al. (1999) の結果は，もし米国が関税の貿易政策で（戦略的に）対応していたならば，逆に 83.4 億ドル（＝ −29.3 億ドル ＋ 112.7 億ドル）のプラスの効果が見込めたことを意味しています[9]。この結果は，戦略的な貿易政策の帰結を考える上で，非常に興味深い結果であるといえます。

4 幼稚産業を保護することは正当化できるか？

4.1 理論的背景

貿易政策によって産業を保護するこの他のケースとして，動学的な側面に注目するものもあります。その典型的なものが，**幼稚産業保護**と呼ばれるもので

---

[8] 補償変分とは，価格と所得が変わったときの効用の変化分を，変化後の価格をウェイトとして金額に変換して得られる数値のことです。第 5 章で触れた等価変分との違いに注意してください（等価変分は，価格と所得が変わったときの効用の変化分を，変化前の価格をウェイトとして金額に変換して得られる数値のことです）。なお，補償変分，等価変分，消費者余剰の違いについては，神取 (2014, 補論 C) を参照してください。

[9] また，彼らの分析では，対米輸出自主規制によって日本車の価格が上昇したにもかかわらず，日本企業の利益にはほとんど影響しなかったことも確認されています。この理由の 1 つに，彼らは，米国にいる日本車の消費者の需要が価格に対してそれほど弾力的ではなかったことをあげています。なお，伊藤 (2005) では，「輸出自主規制が敷かれてから，米国のメーカーばかりか日本のメーカーも大きな利益を得た」と記載されていますが，その根拠までは記載されていません。

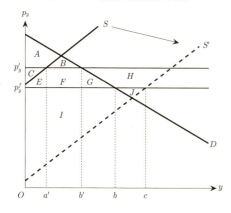

図 6.10 幼稚産業保護の効果

表 6.3 幼稚産業保護の効果

	自由貿易 (保護前)	関税による 保護	保護による 供給曲線の シフト
国際価格	p_y^f	p_y^f	p_y^f
国内価格	p_y^f	p_y'	p_y^f
輸入量	Ob	$a'b'$	0
輸出量	0	0	bc
消費者余剰	$A+B$ $+C+E$ $+F+G$	$A+B$	$A+B$ $+C+E$ $+F+G$
生産者余剰	0	C	$I+J$
関税収入	0	F	0
総余剰	$A+B$ $+C+E$ $+F+G$	$A+B$ $+C+F$	$A+B$ $+C+E$ $+F+G$ $+I+J$

す。幼稚産業とは，その成長の初期の段階では国際競争に耐える力を持っていませんが，生産を拡大していくことで生産性を上げることができ，将来的には国際競争力を身につけて自立するような産業を意味します。

この幼稚産業保護のメカニズムを考える上では，動学的な視点が必要になっています。いま，図 6.10 のように，需要曲線が D，国際価格が p_y^f で与えられるケースを考えてみましょう。また，初期時点の供給曲線が S で与えられるとします。このとき，国際価格 p_y^f は国内の供給曲線の下に位置していることに注意してください。すなわち，保護をしなければ，国内の生産はゼロであり，輸入によって国内のすべての需要を賄う必要があります。そして，そのときの輸入量は Ob です。

ここで仮に，関税を賦課し，国内価格が p_y' へと上昇したとします。すると，Oa' の国内生産が可能になりますが，輸入量は $a'b'$ へと減少します。第 5 章で見たように，関税による保護は $E+G$ の死荷重を生み出します。

時が流れ，この産業の生産効率が上昇することで，供給曲線が S から S' へと大きくシフトしたとしましょう。このシフトは，第 5 章の生産性の向上と同様に，同じ量をより低い価格で供給できるようになっていることを意味しています。また，生産効率の上昇により，この産業が輸入産業から輸出産業へと転じていることにも注意してください。自由貿易の下では国際価格は p_y^f です。このため，この時点で，この国は y 財を bc だけ輸出することになります。

210 | 第6章 貿易政策の応用

このとき，輸出によりこの国は $A+B+C+E+F+G+I+J$ の余剰を得ることになり，保護する前の初期時点の余剰と比べると $I+J$ だけ余剰が増加していることがわかります。この $I+J$ が $-(E+G)$ を上回れば，初期時点の損失を中長期的に補うことを意味していますので，幼稚産業保護の主張が妥当性を持つことになります[10]。

ただし，初期時点の損失を中長期的に補えるかどうかは保護の時点では明確ではありません。また，どの産業が幼稚産業かを事前に判断することは困難です。さらに，将来成長することが見込めるのであれば，そもそもなぜ民間企業が生産を拡大しないのか（供給曲線をシフトさせないのか）という疑問も出てきます。このため，幼稚産業保護の理論的な背景は，必ずしも強いものではありません。

4.2 幼稚産業保護の実証研究

前項では幼稚産業保護の理論的な背景を解説しました。しかし，上述したように，どの産業が幼稚産業かを事前に判断することは困難です。このため，幼稚産業保護が妥当性を持つかどうかという議論は事後的な評価に焦点が当てられてきました。幼稚産業保護を実証的に分析した初期の例として，Krueger and Tuncer (1982) があります。Krueger and Tuncer (1982) はトルコで 1960 年代と 70 年代に行われた保護政策に注目しました。彼らは，幼稚産業として保護することが事後的に正当化される上での必要条件の1つとして，保護された産業の**全要素生産性**（TFP）の伸びが他産業の TFP の伸びを上回ることをあげました。トルコの有効保護率と TFP 成長率の関係を分析した結果，有効保護率が高かったからといって，TFP の伸びが高いとは限らないことを明らかにしました。

Krueger and Tuncer (1982) の結果は，幼稚産業保護の妥当性に疑問を投げかける興味深い結果ですが，分析には根本的な問題がありました。Krueger and Tuncer (1982) は保護されていた産業を保護されていなかった産業と比較して議論を進めていますが，幼稚産業保護の妥当性を厳密に論じるためには，保護されていた産業がもし保護されていなかったらどうなっていたか，すなわ

---

10) 異時点間の余剰を比較しているため，厳密には，現在から将来の価格変化を考慮して，将来の余剰を現在の余剰と同じ価値になるよう調整する必要があります。このように将来の価値を現在の価値に調整したものは**割引現在価値**と呼ばれます。

ち，同じ産業で保護がある場合となかった場合を比べる必要があります。しかし，現実には，どちらか一方しか観測できません。このため，幼稚産業保護の妥当性を厳密に論じるためには，第5章と同様に，現実には起こっていなかった状況，すなわち反実仮想の状況を作るという作業が必要になります。

この問題に取り組んだ研究例として，米国のレール鋼に注目した Head (1994) があります。米国は 1800 年代，レール鋼を英国からの輸入に依存していましたが，1910 年頃にはレール鋼を輸出するようになりました。Head (1994) は 1800 年代の輸入に高い関税がかけられていたことを踏まえ，シンプルな部分均衡モデルを構築し，米国と英国のレール鋼の供給曲線，および米国のレール鋼の需要曲線を推定しました。そして，この推定された供給曲線と需要曲線から，関税を撤廃した場合の反実仮想を作り出すという作業を行いました。分析の結果，関税による保護は米国のレール鋼産業の成長を助け，また，価格の引き下げに寄与したことが明らかにされています。ただし，経済厚生への影響は，プラスではあるものの，非常に小さかったことも確認されています。

近年の研究では，ある1つの政策や産業に注目しながら，より複雑な経済構造を前提にするという構造推定の分析が活発になっています。たとえば，Ohashi (2005) は動学的な経済モデルを構築し，日本の鉄鋼産業に対する輸出補助金の効果を検証しています。実は，幼稚産業保護の成功例の1つとしてしばしばあげられるのが，日本の産業政策です。戦後の日本の貿易や技術の導入は，当時の通商産業省（以下，通産省）によって厳しく統制されていましたが，この通産省による政策が効果的だったことが，その後の日本の高度成長につながったという主張があります。

Ohashi (2005) の分析の手法は動学的最適化の条件として導かれた企業の供給曲線を推定しようとするというものであり，分析の特徴は経験による学習 (learning-by-doing)，すなわち経験を通じた学習効果を考慮していることにあります。さらに，構造推定の結果から，輸出補助金がなかった場合に産出がどの程度落ち込んでいたかというシミュレーション分析も行われています。分析の詳細は本書の範囲を超えるため，以下では結果のみを紹介しましょう。

Ohashi (2005) は分析を通じて2つの興味深い事実を明らかにしています。第1に，経験による学習から，費用削減の効果は大きかったというものです。その規模は，経験が2倍になると，費用の低下は 20% を超えるというものでした。第2に，このような大きな学習効果にもかかわらず，輸出補助金が産

業の成長に及ぼした影響は限定的だったというものです。その理由として，鉄鋼産業の供給曲線が補助金に対して非弾力的であったことが明らかにされています。

Head (1994) も Ohashi (2005) も，ともに構造推定と呼ばれる手法から，シミュレーション分析を行うことで，非常に示唆に富む結果を提示しています。しかし，第 5 章でも述べたように，このような構造推定を行うためには財の数量や価格といった詳細な情報が求められます。そして，そのような（財の数量や価格の）情報は，多くの産業では，研究者が必ずしも容易に入手できるものではありません。このため，分析の対象となりうる産業が限られているという限界もあります。このような分析をより多くの産業に広げていくためにも，データの整備が進むことが望まれます。

5 ダンピングは問題か？

5.1 アンチ・ダンピングとは？

動学的な側面に注目したもう 1 つの例に，アンチ・ダンピングと呼ばれるものがあります。ダンピングとは不当廉売と呼ばれるものであり，後述するように，ある国の製品がその正常価額よりも低い価格で輸出されるケースを指します。同じ財であるにもかかわらず国内に出荷する価格よりも安い価格で海外に出荷しているとすれば，それは「不当」な「廉売（安売り）」だとみなされます。アンチ・ダンピングとは，このような「不当」な「廉売」への対抗措置を意味します。

それでは，なぜダンピングが問題なのでしょうか。このダンピングの問題を考える上で，動学的な視点が重要になってきます。いま，現在と将来の 2 つの期からなる状況を考えます。現在，外国企業が国内市場に低価格で財を供給（輸出）するとしましょう。それにより，国内の企業が市場から撤退するなら，外国企業は将来この国の市場を独占し，価格を大きく引き上げることが可能になるかもしれません。その場合，現在，赤字覚悟で低価格を設定しても，将来その損失を補う利益が得られるなら，現在における外国企業の低い価格付けは理に適っていることになります。同時に，将来，国内市場が外国企業に独占されることで，その国の生産者も消費者も損失を被ることになります。このため，ダンピングが問題とされるのです。そしてこのようなダンピングは略奪的

ダンピング（predatory dumping）と呼ばれています。

このような略奪的ダンピングは，一見，もっともらしい説明ですが，実は必ずしも現実的とはいえません。もし将来の市場の独占が大きな利益をもたらすことがわかっているなら，自国の企業も同様に低価格の戦略をとることになり，消耗戦に持ち込まれることになります。外国企業がこの消耗戦に勝利するためには，消耗戦に持ちこたえられるだけの十分な体力が必要であり，もしそのような体力がなければ，外国企業による独占は阻止されることになります。

また，仮に外国企業が国内市場を独占したとしても，価格を高く設定したとすれば，それよりも少しだけ安い価格を設定する企業が参入することで，独占価格は引き下げられていき，独占の利益は得られなくなります。略奪的ダンピングが成功するためには，ダンピングをする企業が十分な体力を持ち合わせていること，そして企業の新規参入が難しいことが条件となりますが，現実にそのような事例を見つけるのは必ずしも容易ではありません[11]。

このようにダンピングが問題かという点は必ずしも自明ではありませんが，GATT および WTO では，以下の 3 つの要件が満たされる場合，輸出企業がダンピングを行っていると認定されます。

■ GATT 6 条：ダンピングの認定要件（アンチ・ダンピングの発動要件）

(1) ダンピング：ある国の製品がその正常価額（normal value）よりも低い価格で輸出されていること[12]。

(2) 損害：ダンピングにより輸出先の国の国内企業が実質的損害を受けていること。

(3) 因果関係：ダンピングと実質的損害には因果関係が認められること。

そして実際にダンピングが認められれば，政府はダンピングを行っている企業に対し，アンチ・ダンピングと呼ばれる対抗措置をとることが可能になりま

---

[11]　なお，ここではダンピングの動学的な側面に注目していますが，より厳密には，静学的にもダンピングが生じることがあります。この詳細については，第 2 章補論 1 を参照してください。

[12]　この「正常価額」は法律用語であり，経済学ではあまり目にすることはありませんが，外国の輸出財の外国国内の価格を意味しています。国内価格がない場合は，第三国の輸出価格，あるいは生産費に妥当な販売経費と利潤を足して計算されます。

す．具体的には，ダンピング・マージン（dumping margin）を上限として，ダンピングを行っている企業に対して関税を課すことが可能になります．ここで，ダンピング・マージンとは輸出価格と国内価格の差を意味しています．また，このような関税はアンチ・ダンピング税（anti-dumping duty）と呼ばれており，国内産業を保護するための貿易救済措置の1つとされています．

仮にアンチ・ダンピング税が課されれば，外国企業の輸出価格が上昇することになります．その結果，国内企業との価格差が縮小し，国内企業の被る損失が解消に向かうことになります．ただし，アンチ・ダンピング税が課される期間には原則5年以内という期限があり，恒久的に続く措置ではないことに注意が必要です．また，ダンピング・マージンや正常価額，実質的な損害の測り方はアンチ・ダンピングを発動する国と発動される国によって見解に違いが出てくることもあります．このように両者の見解に隔たりがある場合，WTOの紛争解決制度にその解決が委ねられることになります．アンチ・ダンピングは本来はダンピング（違反行為）への対抗措置としてWTOで認められているものですが，発動件数は徐々に拡大しています．WTOのウェブサイトによれば，世界全体のアンチ・ダンピングの発動件数は1995年の120件から2015年は181件へと増加しています．このようなアンチ・ダンピングの発動件数の拡大は，世界の貿易の重要な問題の1つになっています．

5.2　アンチ・ダンピングの実証研究

アンチ・ダンピングの実証研究で注目されている疑問の1つは，アンチ・ダンピング措置がどのような要因で引き起こされるのかというものです．この疑問に答えるため，Irwin (2005) は1947～2002年の米国のアンチ・ダンピングに注目し，その要因を分析しました．具体的には，被説明変数に各年のダンピングとして調査された財の数，および損害認定された財の数を用い，説明変数に失業率や為替レート，輸入の規模（輸入・GDP比率）などを用いて回帰分析を行うというものです．この結果をまとめたのが，表6.4です．

この分析結果のポイントとして，次の2点があげられます．第1に，失業率が高くなるほど，ドル高になるほど，そして輸入が拡大するほど，ダンピングの調査が開始されやすいことです．第2に，これらの要因は損害認定についても同様に働いていることです．これらの結果は，米国のアンチ・ダンピングが米国の経済状況に左右されていることを示唆しています．このうち，ダン

表 6.4　アンチ・ダンピングを決める要因

	調査された財の数	損害認定された財の数
失業率	0.20*	0.23*
	(0.07)	(0.10)
名目実効為替レート	1.83*	1.35*
(前期)	(0.57)	(0.84)
輸入・GDP 比率	0.85*	2.22*
	(0.49)	(0.64)
R^2	0.32	0.70

(注)　推定は負の二項回帰モデル（negative binomial regression model）に基づく。括弧内は不均一分散に対し頑強（robust）な標準誤差。*は有意水準 10% を表す。また，R^2 は疑似決定係数（Pseudo-R^2）を表す。
(出所)　Irwin (2005) Table 4 より抜粋。

ピングの調査が為替レートの変動に左右されるという結果は，分析対象国をオーストラリア，カナダ，EU，米国へと拡張した Knetter and Prusa (2003) でも確認されています。つまり，アンチ・ダンピングの調査が為替レートの変動に左右されるのは米国に限ったことではなく，複数の国に共通して観測される事実だということになります。この結果を受けて，Knetter and Prusa (2003) は，アンチ・ダンピングの濫用の背後に，国固有の問題ではなく，アンチ・ダンピングの濫用を許すような法制度の問題があることを指摘しています。

　それでは，アンチ・ダンピングはその発動国にどのような影響をもたらすのでしょうか。Prusa (2001) は米国の財レベルの輸入データを利用して，アンチ・ダンピングが輸入に及ぼす影響を分析しました。回帰分析の結果，アンチ・ダンピングは輸入を 30% から 50% も減少させる効果があること，この輸入の減少は，アンチ・ダンピングが和解に向かったケースとそうでないケース（アンチ・ダンピング税が課されたケース）の間で同程度であること，そして，損害認定が認められなかったケースでも同様に輸入を減らす効果があることを明らかにしました。ダンピングの調査対象となる企業は，アンチ・ダンピングの調査に応じる場合，ダンピングでないことを示すデータの提出を求められることから，作業負担が大きくなります。このため，上記の結果の背後には，作業負担に耐えられない企業が，ダンピングが認定される前に輸出を自粛せざるをえなくなっているという事情が考えられます。

　一方，Gallaway et al. (1999) はアンチ・ダンピングと相殺関税（countervailing duty）が経済厚生に与える影響を分析しました。相殺関税とは，原産国，あるいは輸出国で財の製造・輸出に直接・間接に与えられた補助金を相殺する目的で輸入国が課す関税のことです。アンチ・ダンピングの措置と同様に，輸入国の産業への損害を防ぐために，WTOで認められている措置の1つです。分析の手法は第5章で紹介したCGEモデルに基づくものです。第5章で見た貿易自由化は関税を引き下げる効果に関するものですが，アンチ・ダンピングや相殺関税の場合は逆に関税が課される，あるいは引き上げられるため，貿易自由化とは逆の効果を見ることになります。1993年の米国を対象とした分析の結果，アンチ・ダンピングと相殺関税によって失われた経済厚生は推定40億ドルに上ることが明らかになりました。アンチ・ダンピングのみを対象とした分析ではありませんが，この結果は，アンチ・ダンピングが実は発動国自身の厚生に多大な損失をもたらすことを明らかにした興味深い結果といえます。

おわりに
冒頭の問いに戻ってみましょう。

> **問い** 第5章で確認したように，理論的には，貿易自由化は自国の経済厚生を拡大する効果があります。それにもかかわらず，なぜ，現実には，多くの国は保護を維持しようとしているのでしょうか。
>
> **答え** 少なくとも次の5つの理由が考えられるためです。
> (1) 自国が小国であっても，政治的な理由が働くため。
> (2) 自国が大国であるため。
> (3) 市場が不完全競争の状態にあるため。
> (4) 幼稚産業保護を目的としているため。
> (5) ダンピングに対する対抗措置，すなわちアンチ・ダンピングのため。

以下，それぞれの理由を簡単に振り返ってみましょう。

(1) 政治的な理由：小国であっても，政治献金の影響が強く働く場合，政権与党は経済厚生だけでなく政治献金も考慮して貿易政策を決めることになり，政府の合理的な行動が経済厚生の最大化に結び付かないことがあります。ただし，実証研究では，政府は経済厚生を重視する傾向にあることが確認されています。

(2) 大国のケース：交易条件効果が働く場合，貿易を保護することが自国の経済厚生の拡大につながることを理論的に確認しました。実証研究はこのような交易条件効果の存在を支持する結果を示しています。ただし，また，自国の経済厚生の改善の背後には，外国の経済厚生の悪化があります。このため，世界全体で見た場合，それは正当化できるものではないことに注意が必要です。

(3) 市場が不完全競争の状態にあるケース：貿易政策を戦略的に活用することで，自国の企業や消費者に有利な状況を作り出すことが可能な場合，政府には貿易を保護する誘因が発生します。しかし，筆者が知る限り，戦略的貿易政策により自国の経済厚生が改善したことを示した実証研究は存在しません。これは，貿易政策を戦略的に利用することの難しさを表しているといえます。

(4) 幼稚産業保護を目的としたケース：ある産業において，将来，成長が見込める場合，損失を覚悟でその産業を一時的に貿易政策で保護するということも考えられます。しかし，幼稚産業保護の理論的な背景は，必ずしも強いものではありません。また，実証的にも明確な成功例は見当たらないのが現状です。

(5) アンチ・ダンピングのケース：外国企業が自国の市場を略奪する目的で意図的に低い価格で輸出してきた場合，その対抗措置として，貿易の保護が認められることがあります。しかし，このアンチ・ダンピングも，幼稚産業保護と同様に，その理論的背景は必ずしも強いものではありません。アンチ・ダンピングの目的が国内産業の一時的な保護にあるとすれば，その目的は達成されていると言えるかもしれません。しかし，保護されていない産業や消費者への影響も含めて考えると，アンチ・ダンピングは大きな経済厚生の損失を伴うことを，これまでの実証研究は確認しています。

　ただし，これまでの実証研究で貿易政策をめぐる議論に決着がついているかというと，そうではありません。これまでの研究の分析手法に改善の余地はないか，また，これまでの研究の主張が他の国や産業でも同様に成り立つのかといったことが日々議論されており，まだまだ研究の余地が残されています。今後，分析の精緻化が進み，また多くの国，産業の研究例が蓄積されることで，

貿易政策の要因と効果の理解が深まることが期待されます[13]。

● 練習問題

6-1 図 6.1 の輸入需要曲線と図 6.3 の輸出供給曲線は α で屈折し，α より大きくなるとそれらの傾きが急になっています。この理由を説明してください。

6-2 表 6.5 は本文で紹介した Feenstra (1989) の回帰分析の結果をまとめたものです。この表をもとに，本文で紹介した交易条件効果について説明してください。

6-3* 表 6.6 は本文 Column 6.1 で紹介した Ito (2015) の回帰分析の結果をまとめたものです。分析はプロビット・モデルに基づくものであり，被説明変数は衆議院議員の候補者が国内産業の保護を支持している場合に 1，その他の場合に 0 をとるプロビット・モデルが利用されています。ここで，プロビット・モデルはロジット・モデルと同様に離散選択モデルの 1 つです。この結果からどのようなことが読み取れるかを考察してください。

表 6.5　関税の変化が輸入価格に及ぼした影響

	コンパクト トラック	大型 自動二輪車
関税率	$0.570^{\S}$	$0.949^{\S}$
	(0.138)	(0.219)
$\bar{R}^2$	0.989	0.907
観測値数	41	28

(注)　被説明変数は各製品の輸入単価。
$\S$ は統計的有意水準 5% を表す。括弧
内は標準誤差。
(出所)　Feenstra (1989) Table 1 よ
り抜粋。

---

[13] 近年の新しい試みの 1 つとして，行動経済学の知見を生かした貿易政策の研究があります。たとえば Tomiura et al. (2016) はどのような人が貿易自由化に反対しているのかを 1 万人を超えるアンケート調査から検証しています。分析の結果，初期保有効果 (endowment effect) に影響されやすい人ほど貿易自由化に反対する傾向にあることが確認されています。ここで初期保有効果とは，すでに持っているものを売るときの希望売却価格が，同じものを持っていないときの希望購入価格を上回る現象のことです。初期保有効果は現在保有している財，あるいは現状により高い評価を与えることを意味しており，現状維持を好む傾向につながります。Tomiura et al. (2016) の結果は，経済的な要因ではなく心理的な要因が貿易政策の形成に深く関わっているというものであり，貿易政策を議論する上で示唆に富むものといえます。

おわりに　219

表 6.6　衆議院議員候補者が保護を支持する要因

1 人当たり票数	$0.00680^{\S}$	0.00941
	(0.00327)	(0.00338)
農業従事者の割合	$0.0641^{\S}$	-0.0117
	(0.0135)	(0.0138)
選挙の接戦の度合い	$-0.367^{\S}$	-0.375
	(0.119)	(0.140)
候補者の特性	含めない	含める
観測値数	1231	1231

（注）　$\S$ は統計的有意水準 5% を表す。括弧内は
不均一分散に対し頑強（robust）な標準誤差。
1 人当たり票数は投票総数を候補者数で除したも
の。選挙の接戦の度合いは，当選者の場合は自
身の得票数と第 2 位の得票者の得票数の比率と
して，落選者の場合は当選者の得票数とその落
選者の得票数の差として定義されている。候補
者の特性を含める回帰分析では，候補者の性別
や年齢，現職かどうかなどの候補者の特性が説
明変数として追加されていることを意味してい
る。
（出所）　Ito (2015) Table 3 より抜粋。

6-4* 幼稚産業保護に関する海外の（学術雑誌に掲載された）実証研究を探し，
(a) その研究で取り上げられている問題と研究の貢献が何か，(b) どのような
分析手法を用いていて，(c) どのようなデータを利用し，(d) どのような結果
が得られているのかを A4 で 2 枚以内でまとめてください。さらに可能であ
れば，(e) 分析方法についてどのような改善の余地があるかを論じてくださ
い。

第**7**章

貿易と経済成長，生産性向上

はじめに：自由貿易は経済成長や企業の生産性向上をもたらすか？

> 問い　貿易に対して開放的であるかどうかで国の経済成長に違いはあるでしょ
> うか。また，貿易自由化は個々の企業の生産性にどのような影響を与えるでし
> ょうか。

　第5章と第6章では，貿易政策の効果や，政府が貿易政策を用いるさまざ
まな動機について見てきました。では，国にとって経済が成長することは重要
ですが，貿易政策と経済成長との間にはどのような関係があるのでしょうか。

　貿易と経済成長との関係を考える上で，まず簡単に両者の相関関係を見てみ
ましょう。図7.1は，世界172カ国の2000年のデータを用いて，横軸に貿易
開放度（trade openness）と呼ばれる指標をとり，縦軸に1人当たり GDP（国
内総生産）成長率をとっています。後に紹介するように貿易開放度にはさまざ
まな指標がありますが，ここでは貿易シェア（trade share），すなわち輸出額
と輸入額の合計をその国の GDP で割った値である輸出入総額の対 GDP 比を
用いています。この貿易開放度の指標は，その国の経済規模を表す GDP と比
べて貿易額がどの程度の規模であるかを測ることで，その国の貿易自由化がど
の程度進んでいるかを捉えようとしていると考えられます。

　図を見ると，貿易開放度と1人当たり GDP 成長率との間には正の相関関係
があるように見えます。しかし，このことからすぐに「貿易開放的な国ほど経
済成長率が高い」といえるわけではありません。図が示しているのはあくまで
も両者の相関関係であって，因果関係ではないからです[1]。実際に，貿易に対

図 7.1 貿易開放度と 1 人当たり GDP 成長率（2000 年）

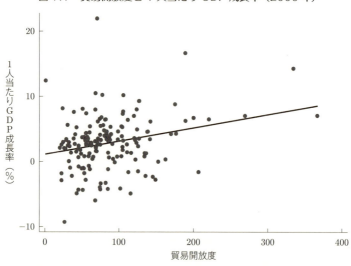

（出所）世界銀行の *World Development Indicators* のデータに基づいて筆者作成。

して開放的であるほど，あるいは貿易の自由化が進んでいるほど国の経済成長率が高いかどうかを調べるためには，そもそも国の経済が成長するメカニズムを知る必要があります。

　この点で，マクロ経済学における内生的成長モデルが参考になります。これまでの研究でいくつか重要な経済成長の源泉が指摘されてきていますが，そのうちの1つが研究開発（research and development: R & D）やイノベーション（innovation）です。実際にR & Dを行うのは個別の企業ですから，R & Dやイノベーションによって個々の企業の生産性が上昇し，それが経済全体の成長につながるのです。したがって，貿易自由化が個々の企業の生産性に対してどのような影響を与えるのかという点も重要になります。また，世界の中でR & Dやイノベーションが活発に行われているのは比較的限られた国にすぎないのですが，R & Dやイノベーションによって生み出された新しい知識や技術が国際的に波及することで，R & Dやイノベーションが必ずしも活発でない多くの国々も恩恵を受けています。このような現象は国際的な知識や技術

---

1) なお，2000年については，単純な回帰分析を行うと，実際に貿易開放度の係数は正で統計的にも有意です。しかし，年によっては統計的な有意性のない結果になる場合もあります。

の伝播とか技術の波及（spillovers，スピルオーバー）などと呼ばれています。実際にどの程度知識の国際的な伝播があり，それが企業の生産性や経済成長にどの程度の影響をもたらしているのかも気になるところです。

　そこで本章では，まず貿易政策と経済成長との関係について理論的な観点から考えてみることにします。そして，理論的枠組みを踏まえた上で，貿易政策と経済成長との関係についてこれまでの実証研究の知見を詳しく見ていきます。次に，貿易自由化と企業のＲ＆Ｄやイノベーション，さらには企業の生産性の変化との関係を見ていきます。すでに第４章でも貿易が生産性に与える効果について解説しました。しかし，そこでは特化（すなわち産業構造の調整）による国全体としての生産性の変化や，生産要素の産業内再配分による産業の平均生産性の変化について考えましたが，貿易が個々の企業の生産性をどのように変化させるかということにまでは目を向けませんでした。それに対して，本章では個々の企業の生産性の変化に着目します。そして最後に，国際的な知識の伝播と企業の生産性や国の経済成長との関係を見ることにします。

1 貿易自由化によって経済は成長するか？

1.1 経済成長のモデル

　経済成長（economic growth）とは，経済活動が時間を通じて増加していくことを意味します。通常は国単位で経済活動を捉えることが多く，その場合に経済成長とは一定期間に国内で生み出された付加価値の合計であるGDPの変動や，GDPを人口で割った１人当たりGDPの変動によって計測されます。したがって，経済成長について考えるためには，時間を通じた経済活動の変動を捉える必要があります。

　貿易政策と経済成長との関係について，実は，ロバート・ソローが考案した，ソロー・モデル（Solow Model）と呼ばれる有名な新古典派経済学の経済成長モデルでは，長期の定常状態における経済成長率は外生的に与えられた人口成長率や技術進歩率だけで決められてしまいます。したがって，政府の政策が経済成長率に影響を与えることができません。これは貿易についても同じで，貿易を自由化しようと，保護貿易的な政策をとろうと，国の長期の定常状態における経済成長率には影響がないのです。しかし，これまでの多くの国々の経験を見る限り，よくも悪くも貿易政策が国の経済成長に何らかの影響を与

224　第7章　貿易と経済成長，生産性向上

えてきたと考えられる事例をいくつもあげることができます。したがって，ソロー・モデルが示唆するような，貿易政策は経済成長率には影響しないという予測は現実に合致していないように思われます。

　それに対して，1986年にポール・ローマーが発表した研究 (Romer, 1986) を契機として，1980年代半ばから内生的成長モデル（endogenous growth model）と呼ばれる一連の新しい経済成長モデルが考案されました。これらのモデルの特徴は，ソロー・モデルのように外生的な要因によって経済が成長するのではなく，経済システムの内部に経済成長をもたらす源泉があり，経済活動によって内生的に変化する要素によって経済が成長するという点にあります。経済成長をもたらす内生的な要因としては，企業のR＆Dや労働者の経験による学習などがあげられます。内生的な要因によって経済成長がもたらされるならば，さまざまな政策によってその内生的な要因を刺激することで経済成長率を変化させられる余地があります。貿易政策もそうした政策の1つであり，貿易自由化によって経済成長率を上昇させられる可能性が考えられます。ここではR＆Dに着目したモデルを使ってそうした可能性について考えてみましょう。

1.2　R＆Dを組み込んだ内生的成長モデル*

　R＆Dを組み込んだ内生的成長モデルには，大きく分けて2種類あります。1つはR＆Dによって既存の製品の品質や性能が向上するモデルで，もう1つはR＆Dによって新しい種類の製品が開発されるモデルです。どちらもプロダクトR＆D (product R＆D) と呼ばれるタイプの研究開発をモデル化したものですが，定式化は両者で異なります。たとえば，パソコンを考えてみれば，同じメーカーのパソコンでも，CPUの速度がよくなったり，ハードディスクの容量やメモリーのサイズが大きくなることで，新しい機種はどんどん性能が向上しています。これはパソコンの各メーカーやパソコンの部品を生産する企業が品質向上型のR＆Dを行っているおかげです。

　それに対して，同じパソコンでもたとえば東芝の製品とアップルの製品を比べると，品質や性能が違うということもありますが，そもそも種類（ブランド）が違います。また，初期の頃はデスクトップ・パソコンが開発され，その後ノートパソコンが開発され，最近はさまざまなタブレット端末が開発されてきています。このような変化は新製品開発型R＆Dによって生み出されてき

1 貿易自由化によって経済は成長するか？ 225

たといえます。内生的成長モデルに基づいて貿易政策と経済成長との関係について分析を行ったジーン・グロスマンとエルハナン・ヘルプマンによる一連の研究では、どちらの種類の R & D も扱われていますが、ここでは、より直感的な理解がしやすい新製品開発型 R & D のモデルについて取り上げます[2]。

ある国で消費財 Y が n 個の中間財を組み立てることで生産されるとします。消費財 Y の生産関数は次の通りです。

$$Y = \left(\sum_{i=1}^{n} x_i^{\alpha} \right)^{1/\alpha} \tag{7.1}$$

ただし、α は $0 < \alpha < 1$ を満たす定数で、x_i は第 i 中間財の投入量です[3]。単純化のために中間財はすべて対称的であると仮定しています[4]。この定式化において n の増加が消費財の生産性を向上させます[5]。

消費財 Y は完全競争の下で生産されるのに対して、中間財市場は独占的競

---

[2] グロスマンとヘルプマンの一連の研究については Grossman and Helpman (1991) にまとめられています。

[3] これは、第 2 章で解説した CES 型効用関数（(2.6) 式）と同じ関数形を生産関数に用いたものです。この場合、任意の 2 つの中間財間の代替の弾力性 σ を $\sigma \equiv 1/(1 - \alpha)$ と定義することができます。

[4] 現実には、消費財を生産するのに使われる中間財とはそれぞれ異なる部品であるはずです。しかし、ここではモデルを単純化するために、n 個の中間財が使われるという、中間財の個数だけに着目し、それぞれの中間財の特性は捨象して考えます。つまり、中間財が「対称的である」というのは、n 個の中間財はすべて不完全代替的な関係にあり、どの 2 つの中間財をとってきても、それらの間の代替の弾力性が同じであるということを意味します。

[5] n の増加が消費財の生産性を向上させることは次のような例を考えると簡単に確認できます。いま 1 単位の労働で中間財 x_i を生産するとします。$n = 2$ のとき、$x_1 = x_2 = 1/2$ だけ生産されます。(7.1) 式で $\alpha = 1/2$ として計算すると、1/2 乗するということはルートをとることですから、消費財 Y の生産は

$$Y = \left(\sqrt{\frac{1}{2}} + \sqrt{\frac{1}{2}} \right)^2 = \left(\frac{2}{\sqrt{2}} \right)^2 = 2$$

となります。それに対して、$n = 3$ に増えると、$x_1 = x_2 = x_3 = 1/3$ と各中間財の生産量は減少します。しかし、消費財 Y の生産は

$$Y = \left(\sqrt{\frac{1}{3}} + \sqrt{\frac{1}{3}} + \sqrt{\frac{1}{3}} \right)^2 = \left(\frac{3}{\sqrt{3}} \right)^2 = 3$$

となるので、生産量が 2 から 3 へ増加します。

争になっていると仮定します。また，この国には L だけの労働があり，労働は中間財の生産とR＆Dに投入されると仮定します。

労働者を雇用してR＆Dを行うと，新しい中間財が開発される一方で，経済における知識資本ストック K_n を増加させる効果もあります。新しい中間財の生産について特許を取得したとすると，この中間財については特許を取得した企業が独占的に生産できます。他方，特許情報そのものは公開されるため，誰でもその生産方法を知ることができて，また新たな中間財の開発に役立てることができるというわけです。K_n は中間財の種類の総数に比例すると考えられますので，ここでは単純化のために $K_n = n$ を仮定します。

中間財の開発にはこの知識資本ストックを利用しながら L_n だけの労働を投入して行われます。R＆Dの成果は n の変化によって測られますが，n の t 時点における瞬間的な変化（つまり n を t で微分した値）を dn/dt と表し，次式の関係が成立すると仮定します。

$$\frac{dn}{dt} = \frac{L_n K_n}{a} \tag{7.2}$$

ただし，$a > 0$ は定数です。(7.2) 式は，R＆Dによって新しい中間財が開発されて中間財の種類数 n が増加するスピードは，R＆Dへの労働投入量 L_n と知識資本ストック K_n に依存して決まることを示しています。また，中間財の種類数 n が増加して知識資本ストックが増加すると，より少ない労働投入量で同じ増加スピードが達成できます。

このモデルにおいて，中間財の種類の増加率を g（すなわち $g \equiv (dn/dt)/n$）とします。(7.2) 式に $K_n = n$ を代入して移項すると $g \equiv (dn/dt)/n = L_n/a$ になります。さらに，Grossman and Helpman (1991, Chapter 3) は動学均衡の諸条件を考慮することで，中間財の増加率が一定となるような長期の均衡では，g について次式が成立することを示しました[6]。

$$g = (1-\alpha)\frac{L}{a} - \alpha\rho \tag{7.3}$$

ここで $\rho > 0$ は消費者の主観的割引率（または時間選好率）と呼ばれるもので，消費者が現在の消費と比べて将来の消費をどれだけ低く評価するかを表してい

---

6) この式の導出はモデル全体の理解が必要になり，上級レベルになるため，本章の補論に示すにとどめます。

ます[7]。(7.3) 式は，長期の均衡において中間財の種類の増加率がプラス（つまり $g > 0$）になることが可能であることを示しています。その要因として，知識資本ストックの蓄積によって，(7.2) 式で仮定したように，新しい中間財の開発に必要となる労働投入量が減少するのに伴い，R & D にかかる費用 $C_n = wa/n$ が低下することがあげられます[8]。なお，このモデルで長期の均衡における GDP の成長率は g に比例した一定の値になるため，$g > 0$ であるとき，GDP の成長率も正になります。

　次にまったく同一の条件にある 2 国（H と F）を考えます。2 国間で財の貿易は行われません。しかし，通信手段の発達によってお互いに情報を伝達できるようになった場合を考えます。情報の伝達により，中間財の研究開発において，自国で生産されている種類だけでなく，他国で生産されている種類からも知識を得ることができます。しかし，財の取引が行われないため，可能性としては他国で生産されている中間財の一部は自国で生産されているものと同一かもしれません。i 国にとって，他国で生産されている中間財のうち，自国内では生産されていない種類の割合を ψ^i で表します（$0 \leq \psi^i \leq 1$）。このとき，i 国の知識資本ストックは $K_n^i = n^i + \psi^i n^j$ と表すことができます（$i, j = H, F$，$j \neq i$）。この式で $\psi^i n^j$ の部分は他国で生産されている中間財からの知識伝播を表します。その結果，i 国における長期の中間財の種類の増加率は次式で与えられます (Grossman and Helpman, 1991, Chapter 9)。

$$g^i = (1 - \alpha) \frac{L^i + \psi^i L^j}{a} - \alpha \rho \tag{7.4}$$

(7.4) 式の g を (7.3) 式の g と比べると，$\psi^i = 0$ でない限り，知識の伝播のみで R & D が活発化し，それによって経済成長率も上昇することがわかります。その要因は，$K_n^i = n^i + \psi^i n^j$ と仮定したように，知識の伝播によって i 国の知識資本ストックの蓄積がさらに進むため，他国からの知識の伝播がないときと比べて，R & D の費用がより大きく低下することにあります。

　では知識の伝播に加えて，2 国間で財の貿易も行われるようになったらどうでしょうか。このとき，一方の国で開発された種類の中間財を他方の国にも供給することができます。そうなると，相手国ですでに開発されたのと同じ種類

---

7) ρ の値が大きいほど，消費者が現在の消費を重視し，将来の消費をあまり評価しないことを表します。

8) R & D の費用 C_n の導出は本章の補論を参照してください。

の中間財を自国で開発しても利益が得られません。つまり，R＆Dによる開発競争がグローバル化するのです。そのため，長期の均衡において2つの国の間で中間財の種類の重複がまったくなくなります。その状況において g は

$$g^i = (1 - \alpha)\frac{L^H + L^F}{a} - \alpha\rho \tag{7.5}$$

となります。(7.4) 式と比べると，$\psi^i < 1$ であれば，財の貿易が始まることで成長率が高まります。しかし，$\psi^i = 1$ のときは，財の貿易自由化は成長率に何の影響も与えないことになります。

　ここでは，財の貿易がなくても知識が伝播する可能性を考えました。しかし，第4.3項で説明するように，現実には貿易が知識の伝播の重要な経路であり，財の貿易の有無によって国際的に伝播する知識の量は大きく異なると考えられます。その場合，知識の国際的な伝播も貿易自由化の効果の1つであるといえます。さらに，R＆D競争のグローバル化によって開発の重複がなくなることや，市場の拡大によりR＆Dの誘因が高まることなども貿易自由化が経済成長を押し上げることにつながります (Grossman and Helpman, 1994a)。

1.3　貿易自由化によって経済成長率が上昇しない可能性*

　前項では貿易自由化によって経済成長率が上昇する場合について説明しましたが，貿易自由化が必ず経済成長を促進するとは限りません。たとえば，Grossman and Helpman (1991, Chapter 9) が示すように，2国の規模が大きく異なり，また知識が国際的に伝播しないと，R＆Dによる中間財の増加スピードが2国で大きく異なります。このとき，規模の小さい国は，貿易が行われると閉鎖経済よりも長期の均衡における経済成長が低下してしまう場合があります。なぜなら，知識資本ストックの規模が2国間で大きく異なる中で貿易が行われると，小国でR＆Dに従事する企業は，国内の知識資本ストックが大国よりも少ないため，R＆Dの費用が高く，大国における中間財の増加スピードについていけません。その結果，閉鎖経済の場合と比べて，小国では貿易自由化によって中間財の増加率が逆に低下してしまう可能性があるのです。

　また，Grossman and Helpman (1991) 等のモデルには，経済規模が大きいほど経済成長率が高まるという**規模効果**（scale effect）と呼ばれる性質が見られます。この効果に関して，1950年以降の米国において，研究者やエンジニ

アの数が増加してきたにもかかわらず，経済成長率がほぼ一定であったという事実から，Jones (1995) がその存在に対して疑問を投げかけました。その後は，規模効果を伴わないような半内生的成長モデルと呼ばれるモデルが用いられるようになっています。

そのような規模効果を伴わない半内生的成長モデルによる分析として，Eaton and Kortum (2001) があります。彼らは，N 国によって構成されるリカード・モデル的な経済において，貿易開放度が技術進歩率や1人当たり所得の成長率に対して中立的になる可能性を示しました。彼らのモデルでは，R&Dによって新製品を開発するのではなく，既存製品の生産コストを削減するのですが，生産コストの削減に成功した企業は，その財の市場を独占できるような設定になっています。このモデルにおいて貿易開放度が高まることはR&Dに従事する企業にとってプラスとマイナスの両方の効果を持ちます。一方では，貿易開放度が高まると他国の市場へのアクセスが改善するため，R&Dに成功したときの利潤が増加します。しかし他方で，貿易開放度が高まると外国企業とのR&D競争が激しくなり，独占の利潤を得にくくなるというマイナスの効果があります。彼らのモデルではこの2つの効果がちょうど打ち消し合うことで，貿易開放度の変化がR&Dに影響を与えないという状況が生まれます。

以上のように，これまでの研究を見ると，少なくとも理論的には，貿易自由化が経済成長率を高める可能性はあるものの，貿易開放的であれば必ず経済成長率が高まるわけではありません。また，貿易自由化が経済成長率を高めるためには，財の貿易に伴って知識が国際的に伝播するかどうかが重要な鍵になっている可能性があります。

2 貿易開放度と経済成長の実証的知見は何か？

前節では貿易自由化と経済成長に関する理論的研究を見てきましたが，これまでの世界の国々の経験において，貿易に対して開放的であるほど経済成長率が高いという関係は見られるのでしょうか。この問題について，これまでにさまざまな実証研究が行われてきました[9]。それらの実証研究の多くは，国別

---

9) 戸堂 (2008, 第3章) が 2000 年代前半までの主な研究について知見をまとめており，参考になります。

の 1 人当たり実質 GDP ないし 1 人当たり実質 GDP の成長率を被説明変数と
し，貿易開放度を測る指標を主な説明変数とする回帰分析によって貿易開放度
と経済成長との関係を分析しています。

具体的には，GDP_{it} を i 国の t 年における 1 人当たり実質 GDP，OPEN_{it}
を i 国の t 年における貿易開放度の指標とすると，

$$\ln \mathrm{GDP}_{it} = \beta_0 + \beta_1 \mathrm{OPEN}_{it} + \gamma_1 z_{it}^1 + \gamma_2 z_{it}^2 + \cdots + \gamma_k z_{it}^k + u_{it} \qquad (7.6)$$

または

$$\Delta \ln \mathrm{GDP}_{it} = \beta_0 + \beta_1 \mathrm{OPEN}_{it} + \gamma_1 z_{it}^1 + \gamma_2 z_{it}^2 + \cdots + \gamma_k z_{it}^k + u_{it} \qquad (7.7)$$

という回帰式の推定を行います。各式で $z_{it}^1, \ldots, z_{it}^k$ はさまざまなコント
ロール変数を表します。(7.6) 式では，1 人当たり実質 GDP の対数値が被
説明変数になっているのに対して，(7.7) 式では，左辺は $\Delta \ln \mathrm{GDP}_{it} =$
$\ln \mathrm{GDP}_{it} - \ln \mathrm{GDP}_{i,t-1}$ を表します。これは，1 人当たり実質 GDP の対数値
の階差をとったものであり，1 人当たり実質 GDP の成長率に当たります。

一見単純そうな分析に思われるかもしれませんが，実はそれほど簡単ではあ
りません。分析上の問題点を取り上げながら，これまでの研究から得られてい
る知見を見ていきましょう。

2.1 貿易開放度の指標

まず，貿易開放度の指標である OPEN_{it} としてどのような指標を用いるの
が適切かということが問題になります。これまでに多くの指標が提案されてき
ています[10]。最初に考えられるのは，第 5 章第 2 節で解説した関税負担率や
有効保護率などの指標です。しかし，関税負担率は関税による貿易障壁しか捉
えられませんし，有効保護率はさまざまな制約的な仮定の下で成立する指標で
す。

それに対して，本章冒頭の図 7.1 でも用いた「貿易シェア」は，貿易開放度
の指標として広く用いられてきています (Squalli and Wilson, 2011)。i 国の t 年
における輸出総額を EX_{it}，輸入総額を IM_{it}，GDP を GDP_{it} とすると，貿易

---

10) Edwards (1998) がこれまでに提案されてきた主な貿易開放度の指標を紹介してい
るので，関心のある人は参照してください。

シェア（TS）は，$TS_{it} = (EX_{it} + IM_{it})/GDP_{it}$ と計算されます[11]。これは，その国の経済規模に対して貿易額がどの程度の大きさであるかを測っており，この値が高いほどその国の経済活動において貿易がより重要な役割を果たしていると考えられます。貿易シェアは，多くの国について長期に入手可能なデータから計算することができるという利点があるため，経済成長だけでなく，さまざまな研究において広く用いられてきている指標です。しかし，この指標によれば，2000年時点で日本と米国は貿易開放度がそれぞれ世界136カ国中136位（最下位！）と133位となり，最も「閉鎖的」なグループの国々に分類されてしまいます (Squalli and Wilson, 2011)。これは，日本や米国のような国内の市場規模が大きい国は，実際には貿易に対して開放的であっても（つまり保護的な政策が行われていなくても），GDPの規模に比べて相対的に貿易の規模が小さくなる傾向があるからです。このように，貿易シェアは計算が容易で広く普及した指標ではありますが，問題点がないわけではありません。

　他には，Sachs and Warner (1995) が考案した貿易開放度の指標もあります。具体的には，Sachs and Warner (1995) は次のような5つの基準を設定して，そのうちのいずれかに該当する国を「閉鎖的」，いずれにも該当しない国を「開放的」であると定義しました。

(1) 非関税障壁のある品目が輸入額の40%以上を占める
(2) 平均関税率が40%以上
(3) ブラックマーケット・プレミアム（black-market premium: BMP）[12]の平均が1970〜1980年代に20%以上
(4) 社会主義国家
(5) 主要な輸出品目について国家が独占

つまり，彼らが考案した指標は，開放的であれば1，そうでなければ0となるダミー変数（⇒ 付録2.6参照）になっています。ここでは考案者の頭文字をもとに，「SW貿易開放度ダミー」と呼ぶことにします。

　Sachs and Warner (1995) は，世界各国のマクロ経済統計のデータベースで

---

11) その他に，EX_{it}/GDP_{it} や IM_{it}/GDP_{it} など，いくつかの変種があります。詳しくは Squalli and Wilson (2011) を参照してください。

12) BMP は闇市場での為替レートが公定レートよりもどれだけ割高かを示す指標です。

232　第7章　貿易と経済成長，生産性向上

表7.1　1970~1989年の1人当たりGDP成長率の平均値

	開放的	閉鎖的
途上国	4.49%	0.69%
先進国	2.29%	0.74%

（出所）　Sachs and Warner (1995)。

あるPenn World Tableのデータ（⇒付録1.1参照）を用いて，1970~1980年代の1人当たりGDP成長率の平均値を，所得水準によって途上国と先進国に分け，それぞれについて開放的か閉鎖的かで比較しました（表7.1）。表から明らかなように，先進国でも途上国でも貿易開放的な国の方が閉鎖的な国よりも1970~1989年の期間には経済成長率が平均的に高かったことがわかります。

　さらにSachs and Warner (1995) は，SW貿易開放度ダミーを説明変数として，1970~1989年の期間における1人当たり実質GDP成長率（年率）を被説明変数とする回帰分析を行い，SW貿易開放度ダミーの係数の推定値について正で統計的に有意な結果を得ました。具体的には，閉鎖的な国と比べて開放的な国は1人当たり実質GDP成長率が平均で2.45ポイント高くなるという推定結果が示されています。SW貿易開放度ダミーは，1990年代に他の研究者にも広く使われました。

　しかしRodriguez and Rodrik (2001) は，SW貿易開放度ダミーが貿易開放度の指標としては適切でないことを論じました。彼らは，Sachs and Warner (1995) が設定した5つの基準を別々の説明変数として回帰分析を行ってみたり，BMPの基準と国家独占の基準だけを反映したダミー変数とそれ以外の3つの基準を反映したダミー変数に分けて分析を行ったりしました。その結果，BMPと国家独占の指標だけが統計的に有意で，他の指標は統計的な有意性がないことを示しました。つまり，SW貿易開放度ダミーは，主にBMPの度合いと国家独占の度合いを反映した指標だということを意味します。

　そもそもBMPが貿易開放度の指標となる根拠は，外国為替の制約が貿易障壁になりうるからです。しかし，貿易開放度とは関係ないマクロ経済的な不均衡や政策的な失敗，汚職等によってもBMPの値が高くなることをRodriguez and Rodrik (2001) は論じています。また彼らは，国家独占の指標に関して，アフリカの29カ国を対象とした研究に基づいて指標が作成されていて偏りのある指標となっているという問題も指摘しています。さらに，Wacziarg and

Welch (2008) がデータを 1990 年代まで延長して Sachs and Warner (1995) と同じ分析を行ったところ，1970〜1980 年代とは異なり，1989〜1998 年の期間において SW 貿易開放度ダミーの係数は統計的に有意ではありませんでした。

このように，さまざまな貿易開放度の指標が考案されてきてはいるものの，どれが最もよい指標であるかについて，今のところ研究者の間で合意はありません。貿易開放度を正確に測定するのは容易でないことがわかります。

2.2 分析上の技術的な問題*

次に，貿易開放度と経済成長との関係について分析する際に考慮しなければならない，技術的な問題について見てみましょう。

貿易開放度の指標の1つとして貿易シェアが広く用いられていることを紹介しました。しかし，所得水準や経済成長率などを被説明変数とする回帰分析において，貿易シェアを説明変数として用いる場合に，逆の因果関係や同時決定性等を原因とする内生性の問題（⇒ 付録 2.5 参照）に対処する必要が生じます。たとえば，Frankel and Romer (1999) は地理的な要因から予測される貿易シェアを実際の貿易シェアの操作変数として用いて，2 段階最小二乗法（2SLS）（⇒ 付録 2.5 参照）による推定を行っています。Frankel and Romer (1999) の分析によれば，内生性の問題に対処しない最小二乗法（OLS）で推定を行うと貿易シェアの係数の推定値は 0.85 で，統計的に有意ではあるものの，貿易シェアの 1% 上昇は 1 人当たり実質 GDP を 0.85% 上昇させるにすぎません。他方，内生性の問題に対処した 2SLS で推定を行うと，係数の推定値は 1.97 にまで上がりました。つまり，貿易シェアの 1% 上昇が 1 人当たり実質 GDP を 2% 程度押し上げる効果があることになり，貿易の効果はかなり大きいと考えられます[13]。

---

13) ただし，Frankel and Romer (1999) が用いている操作変数について Rodriguez and Rodrik (2001) が問題点を指摘しています。具体的には，Frankel and Romer (1999) の分析では，貿易シェアの予測において人口や面積，距離などの地理的な要因を考慮していますが，緯度や地域（東アジア，南米，サブサハラ・アフリカ等）等の要因までは考慮していませんでした。これらの追加的な地理的要因も加えてより厳密に 2SLS を行ってみると，貿易シェアの係数が統計的に有意ではなくなることを Rodriguez and Rodrik (2001) は示しました。このように操作変数の選択には注意が必要です。

234 第7章 貿易と経済成長，生産性向上

　また，回帰分析によって貿易開放度と経済成長との間に正の関係が見られて
も，その結果から直ちに「貿易に対して開放的であるほど経済成長が高い」と
いうことはできません。因果関係の検証を行うためには，第2章で紹介した
差の差推定や第3章で紹介した傾向スコア・マッチング法などの手法，ある
いは時系列データの分析で用いられるグレンジャーの因果性検定を用いること
が考えられます[14]。

　因果関係をより厳密に分析した例として Wacziarg and Welch (2008) があり
ます。彼らは133カ国を対象に1950〜1998年の期間のデータを用いて差の差
推定を行い，貿易自由化の前後で経済成長率がどの程度変化するかを分析しま
した。その結果，対象期間全体では貿易自由化によって1人当たり実質 GDP
の成長率が1.42ポイント上昇するという推定結果を得ました。しかもこの値
は1950〜1970年，1970〜1990年，1990〜1998年と期間を区切ると，後の期
間ほど値が大きくなり，1990〜1998年では貿易自由化が経済成長率を2.55ポ
イント上昇させる効果が見られました。

　また，Billmeier and Nannicini (2009, 2013) は合成コントロール法 (syn-
thetic control method) という手法を使って，貿易自由化を行った国とそうで
ない国とで1人当たり実質 GDP がどの程度異なるかを統計的に分析しまし
た。この手法は第3章第4.1項で説明したマッチング法の一種で，比較対象と
なる貿易自由化を行っていない国について，適切な重み付けをして計算するこ
とで，貿易自由化を行った国と同じような特徴を持つ仮想的な国を作り，それ
によって貿易自由化の効果を調べようとするものです。1963〜2005年のデー
タを用いた分析の結果，おおむね貿易自由化が1人当たり実質 GDP の成長に
正の効果をもたらしたことが示されました。ただし，1990年代になってから
自由化を行ったアフリカの国々については，自由化の効果は弱いか結果が頑健
でないということも報告されています。

2.3　貿易自由化が経済成長を押し上げる条件

　分析の手法的な問題とは別に，貿易開放度と経済成長との関係についてさま
ざまな研究による知見が必ずしも一致していない原因として，貿易自由化が無

---

14)　時系列データの分析およびグレンジャーの因果性検定については計量経済学のテキス
　　トや，沖本 (2010) などの時系列分析に関するテキストを参照してください。

条件で経済成長を押し上げるのではなく，両者の関係はさまざまな要因に依存しているのではないかということがいわれています。

まず，これまで紹介してきた研究のほとんどは 1950 年以降のデータを用いて分析していますが，もう少し長期的なデータを分析してみると違った傾向が見えてきます。Vamvakidis (2002) は 1870～1990 年のデータを使った分析を行いました。その結果，1970 年以前は貿易と経済成長に正の関係は見られず，とくに 1920～1940 年については両者の相関は負であることを示しました。この結果は，貿易開放度と経済成長の正の関係は最近の現象であることを示唆しています。

他方，Clemens and Williamson (2004) は 1869～1999 年のデータを使った分析を行いました。1869～1913 年の期間について関税率と 1 人当たり実質 GDP 成長率に正の相関が見られるのに対して，1919～1938 年については両者の間に明確な結果が得られませんでした。1950 年以降になると，関税率と経済成長との間に統計的に有意な負の相関が見られたので，彼らの結果からも貿易自由化の程度と経済成長との正の関係は戦後の現象であることが示唆されます。彼らの分析結果は世界各国の関税率が高かった時代には関税率と経済成長との間に正の関係があり，逆に世界各国の関税率が低下した第 2 次世界大戦後には両者の間に負の相関があることを示しています。この結果から，貿易相手国の関税率が高いときは自らの関税率を引き上げることで経済成長が促進される一方で，相手国の関税率が低いと，逆に関税の引き下げによって経済成長が促進されるという関係が考えられます。

他方，Kneller et al. (2008) は他の要因が貿易自由化と経済成長との間の関係をどのように変えるのかを調べました。具体的には，経済成長率を被説明変数にして，Sachs and Warner (1995) の貿易開放度ダミーを主な説明変数とする回帰分析を行いました。その回帰分析において，貿易自由化と経済成長との関係に差異をもたらす可能性がある変数について，貿易開放度ダミーとの交差項（⇒ 付録 2.6 参照）を入れることによって，それらの変数の影響を推定しました。そのような変数として，教育水準や，地理的な貿易障壁，制度的な障壁などが含まれています。彼らの分析によれば，貿易開放度ダミーと教育程度を示す変数との交差項の係数については正で統計的に有意な結果が得られています。教育水準はその国の人的資本の形成と関係しますので，人的資本の豊富な国ほど，貿易に対して開放的にすることで高い経済成長を達成できると解釈で

きます。それに対して，他の地理的な貿易障壁や制度的な障壁に関する変数と貿易開放度との交差項については統計的に有意な結果が得られておらず，これらの要因は貿易自由化と経済成長との関係においてあまり重要ではない可能性が考えられます。

3 貿易はＲ＆Ｄ投資や技術投資を活発化させるか？[*]

　前節では，国（政府）が貿易開放的な政策を実施することと国レベルの経済成長との関係について，これまでの実証研究から得られている知見や，分析上の技術的な問題点等について見てきました。貿易と経済成長との関係について，第1節で学習した内生的成長モデルでは，個別企業の研究開発（Ｒ＆Ｄ）が経済成長の源泉の1つでした。したがって，前節で紹介したようなマクロ・レベルでの貿易開放度と経済成長との関係に加えて，企業レベルや事業所レベルのようなミクロ・レベルで，貿易が自由化されるとＲ＆Ｄへの投資が活発化したり，新技術を導入したりする効果が見られるかどうかということも，研究者の注目を集めているトピックです。

3.1 貿易自由化と個別事業所の生産性向上

　貿易自由化による産業の平均的な生産性の向上に関する研究については，すでに第4章第2.3項で取り上げました。それに対して Lileeva and Trefler (2010) は，米国とカナダの自由貿易協定（CUSFTA）がカナダの製造業の生産性に与えた効果として，産業の平均的な生産性の変化だけでなく，個別の事業所の生産性の変化についても分析しています。

　彼女らは，事業所レベルの生産性の上昇が技術に対する投資を行うかどうかの選択に起因すると考え，各事業所が輸出を行うかどうかと技術投資を行うかどうかの両方を選択する場合に，初期の生産性水準と技術投資による生産性の伸びによって，各事業所の選択が図7.2のように分かれることを理論的に示しました。ここでは，初期の生産性水準を Θ_0，技術投資後の生産性水準を Θ_1 とします。そのとき，技術投資による生産性の伸びは $\Theta_1 - \Theta_0$ となります。

　図では，横軸に初期の生産性水準 Θ_0 をとり，縦軸に技術投資による生産性の伸び $\Theta_1 - \Theta_0$ をとっています。輸出に固定費がかかるのと同様に，技術投資にも固定費がかかるという仮定により，技術投資による生産性の伸びがあま

図 7.2　初期の生産性の違いによる各事業所の輸出と技術投資の選択

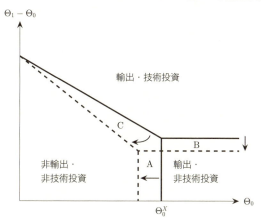

（出所）　Lileeva and Trefler (2010) Figure I と Figure II に基づいて筆者作成。

り高くないと，初期の生産性にかかわらず，技術投資を行いません。しかし，技術投資を行わない企業でも，初期の生産性が一定以上であれば輸出は行います。逆に，技術投資による生産性の伸びが十分大きければ，たとえ初期の生産性が低くても，技術投資を行って生産性を上げることで輸出が可能になります。

　このような理由により，Θ_0 と $\Theta_1 - \Theta_0$ の組み合わせによって，図に示すように事業所は3つのグループに分類されます。1つめは Θ_0 も $\Theta_1 - \Theta_0$ も低いグループで，このグループの事業所は輸出もせず，技術投資も行いません（「非輸出・非技術投資」）。2つめは，$\Theta_1 - \Theta_0$ は低いが，初期の生産性が Θ_0^X 以上であるような事業所です。このグループの事業所は技術投資は行いませんが，輸出は行います（「輸出・非技術投資」）。最後は，$\Theta_1 - \Theta_0$ がある程度以上の事業所で，このグループは技術投資を行って輸出も行います（「輸出・技術投資」）。図に示すように，初期の生産性が Θ_0^X 以上の事業所はすべて輸出を行います。しかし，技術投資を行うかどうかは，生産性の伸び $\Theta_1 - \Theta_0$ がある水準以上かどうかで分かれます。

　それに対して，初期の生産性水準が Θ_0^X よりも低い事業所については，Θ_0 と $\Theta_1 - \Theta_0$ の組み合わせによって，「輸出・技術投資」のグループと「非輸出・非技術投資」のグループに分かれます。この2つのグループの境界線が

右下がりの直線になっていますが、その理由は初期の生産性水準の低い企業ほど、輸出市場から得られる利潤が低いので、技術投資を行って輸出を開始するには、技術投資による生産性の伸びがより高い必要があるからです。

さらに、輸出相手国の貿易自由化が各事業所の選択をどのように変えるかを、図7.2では矢印と破線で示しています。輸出相手先の関税削減によって、技術投資の効果にかかわらず輸出を行う生産性の水準 Θ_0^X が低下します。図中のAの領域に位置する事業所は、技術投資は行わないまま輸出を開始しますので、生産性の変化はありません。Bの領域の事業所は輸出は継続したまま、新たに技術投資を行います。この領域の事業所については、技術投資による生産性の伸びは一様になっています。最後にCの領域に位置する事業所については、輸出相手先の関税削減によって新たに技術投資を行い、輸出も開始します。境界線が右下がりの直線であることから、初期の生産性水準が低い企業ほど新たな技術投資による生産性の伸びが高いことがわかります。

図7.2に示すような関税削減の効果が実際に見られるかどうかを、Lileeva and Trefler (2010) はCUSFTAのケースについて検証しました。彼女らが分析に使ったデータには、CUSFTA発効前の1984年時点で輸出を行っておらず、かつ1996年時点で操業していた5233事業所と、CUSFTA発効前の1984年時点で輸出していて1996年時点でも輸出を行っていた1607事業所が含まれています。1984年時点で輸出を行っていなかった事業所のうちで、3114事業所は1996年も引き続き輸出していなかったのに対して、2119事業所は1996年までに輸出を開始しました。

そこで、1984年時点で輸出を行っていなかった事業所を対象に、CUSFTA発効による関税削減の効果について分析を行いました。彼女らの研究の独創的な点は、カナダの各事業所が生産している財をHSコード（⇒付録1.2参照）の6桁レベルという細かい水準で分類し、それを米国が各財に課している関税率の情報と接続した点にあります。その結果、CUSFTA発効に伴う米国側の関税削減によって各事業所が実際にどの程度の関税削減の恩恵を受けたのかを、各事業所が生産している財全体の平均的な関税削減率として計算したのです。

この事業所ごとの関税削減率を各事業所の輸出行動を説明する操作変数として用いて、局所平均処置効果（local average treatment effect: LATE）推定量と呼ばれる手法で2段階推定を行いました[15]。事業所の輸出行動を表す変数 T が第1段階の推定の被説明変数で、T は非輸出事業所であれば $T=0$、輸出開

3 貿易は R & D 投資や技術投資を活発化させるか？　239

表 7.2　CUSFTA によるカナダの事業所の労働生産性の成長率

初期の生産性・規模区分	(1) β	(2) t 値	(3) ΔT	(4) $\beta \times \Delta T \times 8$
A. ベースライン				
第 1（最低）	0.012	(7.34)	1.58	0.147
第 2	0.010	(7.77)	2.85	0.237
第 3	0.009	(6.21)	3.46	0.241
第 4	0.005	(2.54)	2.02	0.085
第 5（最高）	0.002	(1.01)	1.51	0.022
平均				0.107
B. Δt^{input} を操作変数に追加				
第 1（最低）	0.012	(8.82)	1.96	0.180
第 2	0.010	(8.22)	3.24	0.267
第 3	0.008	(6.70)	4.04	0.262
第 4	0.006	(3.27)	2.71	0.132
第 5（最高）	0.002	(1.02)	1.59	0.023
平均				0.128

（注）　平均は 5 つの区分の値を各区分の雇用者数で重み付けした加重平均値。

（出所）　Lileeva and Trefler (2010) Table V と VI より抜粋。

始事業所については 1996 年の輸出額の対数値である $T = \ln EX_{1996}$ となる変数となっています。また第 2 段階の推定の被説明変数は労働生産性の 1988〜1996 年の変化率を年率換算したものです。初期の生産性水準による効果の違いを見るために，事業所を 1988 年時点での生産性と企業規模によって 5 つの区分に分けて推定を行っています。第 2 段階の推定結果は表 7.2 の上段（「A. ベースライン」）に示す通りです。表中の (1) 列目は，第 1 段階の推定によって得られた事業所の輸出行動 T の推定値を説明変数として用いたときの係数 β の推定値を示しており，輸出開始による労働生産性改善効果の程度を測っていると解釈できます。(2) 列目はそれに対応する t 値です。(3) 列目の ΔT は関税削減による輸出行動の変化の推定値で，(4) 列目は (1) 列目に示す β の推定値に ΔT を掛けて，さらに分析対象期間の 8 年間における効果を算出したものです。

15）　局所平均処置効果（LATE）とは，操作変数によって推定される因果効果が，カナダの事業所全体（すなわち母集団）に対する効果ではなく，その一部のグループ（局所，この場合は輸出事業所）に対する平均効果であることを意味します。つまり，輸出開始が生産性の伸びに与える因果効果には，すべての事業所に共通な効果に加えて，事業所

240　第7章　貿易と経済成長，生産性向上

(1) 列目を見ると，β の推定値は生産性の低い区分から高い区分へと単調減少しており，図 7.2 の C に示されたような傾向が確認されます。また，第 5 区分の β の推定値は t 値が 1.01 と小さいことからわかるように，統計的に有意ではありません。これは，CUSFTA 発行前に輸出をしていなかった事業所のうちで，最も生産性の高い事業所は輸出を開始しても技術投資は行わないことを示しています。これは図 7.2 の A に示された理論的予測に合致します。さらに，(4) 列目に示されている 8 年間における生産性の伸びで見ると，最も生産性の低かった第 1 区分では 14.7%，その上の 2 つの区分では 24% 前後の生産性の伸びが見られたのに対して，上位の区分では生産性の伸びは 2.2～8.5% 程度にとどまっています。各区分の結果を雇用者数で重み付けをした加重平均をとると，輸出開始によって 10.7% の生産性の伸びがあったという結果になっています。

他方，CUSFTA によってカナダが米国から輸入する中間財に課す関税も削減されており，それもカナダの事業所の生産性に影響したと考えられます。そこで，米国の関税と同様に，米国からの輸入を HS コード 6 桁で分類し，各事業所がそのうちのどの中間財を輸入しているかという情報から，各事業所が経験した米国からの中間財輸入にかかる関税削減率 (Δt^{input}) を算出しました。これを第 1 段階の推定における操作変数に加えて 2 段階推定を行った結果が表 7.2 の下段にまとめられています。結果を見ると，β の推定値は上段の結果とほとんど変わりません。しかし，(4) 列目に示す労働生産性の伸びについては，初期の生産性が最も高い第 5 区分を除いて，各区分の値は上段よりも大きくなっています。平均値でも約 12.8% と，上段に示す結果よりも値が大きくなっています[16]。したがって，中間財の関税削減による効果を考慮しないと，CUSFTA によるカナダの事業所の生産性を改善する効果を過小推定することになると考えられます。

ごとに異なる効果もあります。そのため，事業所ごとの関税削減率を操作変数として用いることで，カナダの事業所全体について輸出開始が生産性の伸びに与える平均効果が推定できるのではありません。推定される効果は，関税削減率に応じてより多い額を輸出開始する事業所に大きな重み付けをして加重平均した，局所の平均効果であるということです。

16)　新規輸出開始事業所が 1996 年時点で製造業の雇用シェアで 23% を占めている点を考慮すると，新規輸出開始事業所における 12.8% の生産性上昇は，製造業全体の生産性を約 2.9% 上昇させたと考えられます。

さらに，1984 年時点ですでに輸出を行っていて 1996 年時点でも引き続き
輸出を行っている事業所について分析を行ったところ，米国の関税削減に伴
う輸出額の増加により，労働生産性の上昇率を押し上げる効果が見られるもの
の，初期の生産性と企業規模による区分の間で統計的に有意な効果の差はあり
ませんでした。これは，図 7.2 の B に示された予測と一致する結果です。

以上のように，Lileeva and Trefler (2010) の研究は，カナダの事業所レベル
のデータによって，貿易自由化によって輸出を開始したり，輸出を拡大させた
りすると，それと同時に事業所の生産性が改善する効果が見られるものの，ど
のような生産性改善効果が見られるかについては，各事業所の貿易自由化前の
生産性水準によって異なることを示しました[17]。

3.2 貿易自由化と新技術導入

Lileeva and Trefler (2010) の研究では，どのようなメカニズムで貿易自由化
が個別事業所の生産性を向上させるかが必ずしも明確ではありませんでした。
それに対して，貿易自由化による新技術導入が個別企業の生産性上昇に結び付
くことをより詳しく分析した研究として，Bustos (2011) があります。Bustos
(2011) は，第 3 章で紹介したメリッツ・モデルを拡張したモデルによる理論
的な分析とともに，南米南部共同市場（メルコスール）によるブラジルの関税
削減がアルゼンチンの企業に与えた効果について実証分析を行いました。具体
的には，メリッツ・モデルにおいて，各企業が（労働生産性の逆数に当たる）自
社の可変的な労働投入 c_i を観察した後に，固定費を支払って生産の限界費用
を削減できるような新技術を導入するかどうかを選択できるという形にモデル
の設定を拡張しました。新技術を導入しない場合は，限界費用と生産の固定費
用は第 3 章のメリッツ・モデルと同じで，そのときの総生産費用（TC）は，

---

17) 彼女らは，補足的な分析として，サンプルの 5233 事業所中の 512 事業所というごく
限られた数ですが，それらの事業所に関して別のデータベースから入手できた新技術
導入やイノベーションに関する情報を使って，初期の生産性が低かった第 1〜第 3 区分
の事業所と，生産性が高かった第 4〜第 5 区分の事業所で，輸出開始が技術導入やイノ
ベーションに与える効果を分析しました。その結果，初期の生産性が低かった事業所に
ついては，輸出開始によって高度な生産技術の導入率が上昇したり，イノベーションの
取り組みが活発化したりするのに対して，初期の生産性が高かった事業所については，
輸出を開始しても技術導入率が高まったり，イノベーションを活発化させたりするよう
な効果は見られなかったことが報告されています。

$$\mathrm{TC} = f_D + c_i q_i$$

になります[18]。ただし，q_i は企業 i の生産量で，各消費者が消費するブランド i の消費量 x_i に労働者数（＝消費者数）で測った市場規模 L を掛けたものに等しい，つまり $q_i = Lx_i$ が成立します。

　他方，新技術を導入すると総生産費用は

$$\mathrm{TC}^h = \eta f_D + \gamma c_i q_i$$

となります。ただし，$\eta > 1$ と $0 < \gamma < 1$ が成立すると仮定します。つまり，$\eta > 1$ であることは新技術導入によって固定費が増加することを表している一方で，$0 < \gamma < 1$ であることから，新技術が可変的な労働投入量を c_i よりも低下させることで限界費用を削減することを表しています。

　メリッツ・モデルには輸出企業と非輸出企業を分ける生産性の閾値（カットオフ水準）が存在しましたが，Bustos (2011) のモデルでは，それに加えて新技術を導入する企業としない企業を分ける閾値があります。そこで，新技術を導入しない企業のうちで輸出企業と非輸出企業を分ける生産性の閾値を Θ^X とします。他方，輸出企業のうちで，新技術を導入する企業としない企業を分ける生産性の閾値を Θ^H とします[19]。それらに加えて，メリッツ・モデルと同様に，国内市場に財を供給するのに最低限必要な生産性水準 Θ^D も存在します。ここでは $\Theta^X < \Theta^H$ を仮定します。この仮定の下では，生産性が $\Theta^D \leq \Theta_i < \Theta^X$ の範囲にある非輸出企業はすべて旧技術を使用します。輸出企業のうちで，生産性が $\Theta^X \leq \Theta_i < \Theta^H$ の範囲にある企業も新技術は導入しません。生産性が $\Theta^H \leq \Theta_i$ であるような輸出企業だけが新技術を導入します[20]。

　メリッツ・モデルと同様に輸出には固定費用 f_X と氷塊型輸送費用 τ がかかります。関税は τ に含まれるため，貿易自由化の効果は τ の低下として捉え

---

[18]　ここで，労働の賃金は $w = 1$ に基準化しています。

[19]　新技術を導入せずに輸出市場から得られる利潤を $\pi_i^{LX}(\Theta_i)$ と表し，新技術を導入して輸出市場から得られる利潤を $\pi_i^{HX}(\Theta_i)$ と表すと，Θ^X については，$\pi_i^{LX}(\Theta^X) = 0$ が成立し，Θ^H については $\pi_i^{LX}(\Theta^H) = \pi_i^{HX}(\Theta^H)$ が成立します。

[20]　$\Theta^X > \Theta^H$ である可能性も考えられます。その場合輸出企業はすべて新技術を導入することになります。しかし，データと一致しないことから Bustos (2011) はこの可能性を排除しています。

ることができます。τ が低下すると輸出市場から得られる利潤が増加し，しかもその増加幅は新技術を導入した方が大きくなります。つまり，貿易自由化により新技術導入の便益が増加します。新技術導入にかかる固定費は貿易自由化の影響を受けないため，貿易が自由化されると Θ^H が低下し，輸出企業の中で新技術を導入する企業が増加すると予想されます。

この理論的予測について，Bustos (2011) は南米南部共同市場の効果を分析することで検証しました。南米南部共同市場は，アルゼンチン，ブラジル，パラグアイ，ウルグアイの南米4カ国によって1991年3月に設立されました。合意された条約に基づき，1991年12月から段階的な関税の引き下げが開始され，1994年12月までに加盟国間での関税の撤廃が完了し，1995年1月に関税同盟として発足しました。これを踏まえて，アルゼンチンの製造業1380社に関する企業レベルのデータを用いて，1992〜1996年の変化に焦点を当てた分析を行いました。

アルゼンチンの企業がブラジルに輸出する際にかかる関税は，1992〜1996年の間に率にして平均で24ポイント低下しました。他方，アルゼンチンは南米南部共同市場結成以前からある程度関税を引き下げていたため，アルゼンチンに輸出するブラジル企業が経験した関税の引き下げは平均で13ポイント程度でした。

Bustos (2011) の分析によれば，まずブラジルによる平均で24ポイントの関税率削減によって，アルゼンチンの企業がブラジルに輸出できる確率を10〜12ポイント程度上昇させる効果がありました。他方，新技術導入への効果については，個別企業の技術投資額 (spending on technology) ST を (1) コンピュータとソフトウェアへの支出，(2) 技術移転および特許への支払い，(3) 企業内でのイノベーション活動に関わる機器，原料，労働等への支出，に関するデータから計算し，関税削減が ST をどのように変化させたのかを分析しました[21]。その結果，ブラジルの関税率削減（平均で24ポイント）によって，ST で測った技術投資額が約24%程度増加したことがわかりました。

さらにもう少し細かく見ていくと，理論分析からの予測によれば，貿易自由化によって新たに新技術を導入する企業は輸出企業のうちで相対的に生産性の低い企業です。また，貿易自由化によって Θ^X と Θ^H の両方が低下するの

---

21) 回帰分析では，（関税削減前の）1992年の ST と，（関税削減後の）1993〜1996年の4年間の ST の平均との変化をとって被説明変数にしています。

表 7.3　貿易自由化によるアルゼンチン企業の技術投資の変化

	(1) 技術投資の変化 ($\Delta \log ST$)	(2) 1 人当たり 技術投資の変化 ($\Delta \log(ST/L)$)	(3) イノベーション の程度 ($Innov$)
ブラジルの関税率の変化			
× 第 1 四分位	−0.872	−0.706	−0.041
	(0.604)	(0.649)	(0.116)
× 第 2 四分位	−0.846	−0.857	−0.199
	(0.569)	(0.546)	(0.149)
× 第 3 四分位	−2.106[†]	−2.061[†]	−0.359[†]
	(0.609)	(0.564)	(0.133)
× 第 4 四分位	−0.372	−0.352	−0.190
	(0.534)	(0.523)	(0.130)
観測値数	894	894	1,301
R^2	0.05	0.08	0.20

(注)　括弧内は標準誤差。[†] は 1% 水準で統計的に有意であることを示す。分析は ST が 1992 年と 1993〜1996 年の平均でいずれも正の値になっている企業のみを対象としている。
(出所)　Bustos (2011) Table 7 および Table E.2 より抜粋。

で，新たに輸出市場に参入するようになった企業のうちで，相対的に生産性の高い企業も新技術を導入する可能性があります。これらの企業は生産性の分布のうちで中程度の生産性水準の企業ということになります。この点について Bustos (2011) は，生産性の水準と企業規模との間に正の相関があるという性質を利用して，企業規模の分布の四分位における位置（第 1 四分位が最も規模の小さい企業群で第 4 四分位が最も規模の大きい企業群）を示すダミー変数とブラジルの関税変化との交差項を回帰分析の説明変数に含めました。それによって，企業が企業規模分布のどこに位置するか次第で貿易自由化の影響がどのように異なるかを分析しました。

　分析では，技術投資額の対数値について 1996 年と 1992 年の差をとったもの（$\Delta \log ST$）に加えて，異なる 2 つの被説明変数を用いて結果の頑健性を確認しました。具体的には，技術投資額を雇用者数で割った，1 人当たり技術投資の対数値の変化（$\Delta \log(ST/L)$）と，イノベーション活動に関する 9 つの質問項目のうちで「はい」と答えた項目の割合（$Innov$）です。結果は表 7.3 に示す通りです。いずれの分析でも，ブラジルの関税率の変化と第 3 四分位ダミーとの交差項だけが統計的に有意になっており，企業規模の分布で第 3 四分位に含まれる企業だけが，ブラジルの関税削減によって，技術投資を増加し

たりイノベーションを活発化させたりする変化が見られたことがわかります。

影響の大きさとしては，技術投資の変化で見ると，ブラジルの関税率の変化 × 第3四分位ダミーとの交差項の係数の推定値が -2.106 です。したがって，ブラジルの関税率削減幅が24ポイントであることを考えると，$2.106 \times 0.24 = 0.505$ となり，約51%程度技術投資額を増加させる効果があったと考えられます。

表には示していませんが，ブラジルの関税削減によって輸出を開始する確率が上昇する効果が第3四分位において最も高いことも考慮すると，表7.3に示す結果は理論モデルによる予測を支持する結果であるといえます。なぜなら，第3四分位に位置する企業には，貿易自由化によって輸出を開始した企業の中では（第2四分位の企業と比べて）相対的に生産性の高い企業が含まれていると考えられ，理論では輸出開始企業の中で生産性の高い企業だけが新技術を導入すると予測しているからです。また，関税削減以前から輸出していた企業の中では（第4四分位の企業と比べて）相対的に生産性が低い企業も第3四分位に含まれると考えられます。そうした企業も貿易自由化以前は新技術を導入していなかったのに対して，貿易自由化によって新たに新技術を導入すると理論分析で予測されているので，その予測とも合致します。

3.3 輸出とR＆D・技術投資の相互関係

ここまでは主に貿易自由化という，企業や事業所にとっては外生的な変化が技術投資やR＆Dの選択を通じて企業・事業所の生産性にどのような影響を与えるかという観点で考えてきました。しかし，そもそもメリッツ・モデルで考えられているような，個別企業の市場への参入・退出や外国市場へ輸出を行うかどうかといった選択と，本節で考えてきた技術投資やR＆Dを行うかどうかといった選択は，企業活動において相互に関係していて，独立に決められるようなことではないと考えられます。この点について，企業活動において輸出とR＆D・技術投資が相互にどのような関係にあるのかという点に着目した研究が，2000年代後半頃から行われるようになりました。

理論的には，メリッツ・モデルでは各企業の生産性は外生的に与えられて，かつ時間を通じて変化しません。それに対して，各企業のR＆Dや技術投資などの選択によって，時間を通じて各企業の生産性が内生的に変化するような，メリッツ・モデルを動学的な枠組みに拡張した分析をいくつかの論文が行

っています (たとえば Atkeson and Burstein, 2010; Baldwin and Robert-Nicoud, 2008; Constantini and Melitz, 2008; Gustafsson and Segerstrom, 2010)。これらの研究において，企業の生産性は輸出と技術投資・R＆Dの両方に影響されながら，時間を通じて内生的に変化していくということが理論的に示されています。

これは，第3章第2.3項で紹介した「輸出による学習仮説」とも密接に関係します。輸出による学習というと，輸出企業が輸出先の市場から何らかの情報を得ることで生産性が高まるようなイメージがあります。しかし，本章の第3節で説明したように，輸出による学習は，実際には輸出を開始した企業の輸出開始後の生産性や生産性の伸びが，輸出を開始しなかった場合よりも高くなることを指しています。したがって，輸出開始と同時に企業が技術投資やR＆Dを活発化させれば，輸出による学習仮説を支持する結果となります。

Atkeson and Burstein (2010) や Constantini and Melitz (2008) などの理論分析は次のようなメカニズムを示しています。すなわち，輸出の開始によって，R＆Dや技術投資からの収益率が上昇するため，それらを行う誘因が高まり，結果として生産性が上昇するのです。

この点について，Aw et al. (2011) は台湾の電子産業の1237事業所に関する2000〜2004年のパネル・データを用いて分析を行いました。その結果，理論研究で示されているように，事業所の生産性 (TFP) は輸出活動とR＆Dの両方から影響を受けながら，内生的に変化することを示しました。具体的には，輸出市場への参入とR＆D投資のどちらも，意思決定時点における生産性の高い事業所による自己選別のメカニズムが強く働いていて，しかも各選択が将来の生産性を向上させる効果によって，そのメカニズムが強められる傾向があることがわかりました。つまり，意思決定を行う時点における当該事業所の生産性が輸出とR＆D投資の両方に強い正の効果を持っているのです。しかも，輸出とR＆D投資のそれぞれが将来の生産性を高める効果を持つため，自己選別のメカニズムがよりいっそう強く働くというわけです。彼女らの推定では，輸出とR＆Dはそれぞれ将来の生産性を1.96%，4.79%押し上げる効果があり，輸出とR＆Dの両方を行うと5.56%押し上げる効果があります。

その一方で，各事業所の意思決定において，過去の輸出およびR＆D活動の経験は，もう一方の活動にあまり影響を与えないことが明らかになりました。つまり，前年にR＆Dを行ったかどうかは，今年の輸出からの収益や輸

出を行う確率に影響を与えず，同様に，前年に輸出を行ったかどうかが今年の
R＆Dからの収益やR＆Dを行う確率に影響を与えないことを示す分析結果
が得られました。

4 知識や技術はどのように国際伝播するか？

　本章の第1節で紹介した内生的成長モデルにおいては，国際的な知識や技
術の伝播が経済成長をもたらす重要な要因になっていました。実際，知識や技
術に関する情報が共有されることで，次の新しい知識や技術が生み出されるわ
けですから，知識や技術の国際的な伝播の程度は，世界全体でどのような速さ
で技術革新が進んでいくのかを決める重要な決定要因の1つです。その一方
で，世界の国々を見ると，イノベーションのスピードは国によってかなり異な
っています。とくに先進国と途上国の差は大きいといえます。そのため，もし
新しい知識や技術が国際的に伝播しなければ，国際的な所得格差は拡大する一
方でしょう。逆に，知識や技術の国際的な伝播の程度が大きければ，先進国で
生み出された新しい知識や技術の恩恵を途上国も受けることができます。した
がって，知識や技術の国際的な伝播は国際的な所得格差の縮小に貢献すると考
えられます (Keller, 2004)。

　では，知識や技術はどのようにして国境を越えて伝播するのでしょうか。ま
た，どの程度伝播して，どの程度の影響があるのでしょうか。

4.1 技術の国際伝播をどのようにして測るか？

　最初に用語の定義を確認しておくと，新しい技術や知識などがある国から他
の国に普及することを技術の**国際伝播** (international technology diffusion) とい
います。知識の伝播 (knowledge diffusion) や技術の波及 (technology spillovers)
などともいわれます[22]。本書では「技術の国際伝播」と呼ぶことにします。

　技術の国際伝播について実証的に分析するためには，それに関するデータ
が必要になります。しかし，技術の国際伝播をデータによって捉えるのは容

---

[22]　技術を持つ側が意図的に伝える場合や技術を持たない側が費用を支払って学ぶ場合は
　　「技術移転 (technology transfer)」と呼ばれます。広い意味ではこれも技術伝播に含
　　まれますが，波及には含めない場合もあります。逆に，技術を持たない側が対価を払わ
　　ずに学ぶ場合は「模倣 (imitation)」と呼ばれます。通常，模倣は波及に含まれます。

易ではありません。まず,「国際伝播」の前に「技術」そのものをどうやって測るかを考える必要があります。これについては,これまでの研究で用いられてきている,技術を測る間接的な方法として,(1) R & D 支出額,(2) 特許,(3) 生産性(TFP)のいずれかのデータを用いる方法があげられます (Keller, 2004)。

最初の R & D 支出額は,いわば技術や知識を生み出すための要素投入の観点から技術を測ろうというアプローチです。R & D 支出額に関しては,OECDが 1965 年以降について国際的に比較可能なデータを公表しているため,かなり多くの国を対象に分析が可能であるという点が最大の利点です[23]。R & D支出額は「フロー」のデータであるのに対して,技術は「ストック」の概念です。そこで,多くの場合は,毎期の R & D 支出額から恒久棚卸法(perpetual inventory method)と呼ばれる計算方法で「R & D ストック」を推計します。その際には,知識や技術が陳腐化することに対応した減耗率も考慮します[24]。R & D への支出額が多ければ,それだけ R & D によって生み出される新しい技術や知識も多いと予想されます。そのため,R & D 支出額によって技術水準を測ることには一定の合理性があると考えられます。しかし,実際には R & D はかなりの不確実性を伴っていて,多額の R & D 支出をしても,必ずしもそれに見合った成果が得られるとは限りません。R & D 支出額のデータを用いる場合は,そうした側面を捉えきれないという欠点があります。

2 番目の特許は,1 つ 1 つの特許には何らかの新しい知識や技術に関する情報が含まれていますので,まさに技術の指標となります。日本の特許庁をはじめ,各国の特許に関する専門機関が特許のデータを公表しています。各特許庁には,国内からだけでなく外国からも特許の申請が行われます。各特許取得者の国籍や所属機関を含め,さまざまな詳しい情報が含まれていますので,国レベルのマクロ的な分析だけでなく,ミクロ的な分析も可能です。また,国によっては過去 150 年以上の特許データがあり,長期的な分析も可能であるという利点があります。その一方で,特許データによって技術を測る欠点とし

---

[23] OECD が公表している各国の R & D 支出額のデータは OECD.Stat のウェブサイトから入手できます。

[24] S_t を t 期の R & D ストック,I_t を t 期の R & D 支出額,δ を R & D ストックの減耗率(ただし $0 < \delta < 1$)とすると,恒久棚卸法によって,S_t は $S_t = I_t + (1 - \delta)S_{t-1}$ と計算されます。

ては，特許によって捉えることができるのは一部の技術に限られるという点です。企業が持つ技術や知識は必ずしも特許申請されるとは限りません。特許申請すると，特許によって技術や知識が守られる反面，情報が公開されてしまいます。したがって，公開したくない技術や知識については企業秘密（trade secret）として企業内部に保持する場合があります。有名な例は，コカ・コーラ社のコーラの原液の製法です。

技術を測る3つめの方法は生産性を用いる方法です。本書にこれまでにも何回も登場してきている全要素生産性（TFP）は，生産における技術の効果を測る指標です[25]。しかし，TFPの問題点としては，投入物や産出物に関するデータから推定されたものであるということがあげられます。推定方法によって値が変わる可能性がありますし，測定誤差や推定時のバイアスなども考えられます[26]。

このようにそれぞれの方法には利点と欠点があって，どの方法が最も望ましいとは一概にいえません。目的に応じてそれらの利点・欠点を考慮しながら，どの方法を用いるのが適切かを考える必要があります。

次に，技術の「国際伝播」を測るのは，技術を測るのよりもさらに難しい問題です。国際伝播のうち，技術移転のような意図的な技術の伝播については，特許権や実用新案権，意匠権等の知的財産（intellectual property）に関する支払額や受取額等，企業間の国際的な技術取引に関する情報を利用することが可能です。しかし，それは国際的な伝播のごく一部にすぎません。金銭の支払いを伴わない技術の波及が国際的な伝播のかなりの部分を占めているはずですが，残念ながら，技術の波及に関するデータなどというものは存在しません。したがって，技術の波及を含む広い意味での国際的な伝播を測ろうとする場合には，何らかの方法で間接的に捉えるしかありません。ここでは，2つの方法を紹介します。1つは回帰分析によって係数の推定値として捉える方法です。もう1つは特許引用データを利用する方法です。

---

25) TFPのデータについては，先進国が中心となりますが，OECDやEU EL-EMSデータベースが各国のデータを公表しています。OECDのデータはOECD.Statのウェブサイトから入手できます。EU ELEMSデータベースはhttp://www.euklems.net からアクセスできます。また日本のデータは経済産業研究所のJIPデータベースから入手できます。詳しくは本書の付録1.3を参照してください。

26) TFPを測る上での問題点は本書の付録4を参照してください。

最初の回帰分析によるアプローチは広く使われています。一般的には次のような回帰式を推定します (Keller, 2004)。

$$\mathrm{DTO} = f(\boldsymbol{X}, FA) + u \tag{7.8}$$

ここで，DTO は技術の国際伝播を受ける国にとって，何らかの国内の技術的な結果（domestic technology outcome: DTO）を表します。よく用いられるのは TFP や TFP の成長率ですが，特許数を使う場合もあります。$f(\cdot)$ は関数を表し，$\boldsymbol{X} = (x^1, x^2, \cdots, x^m)$ は対象国のさまざまなコントロール変数を表します。FA が技術伝播の源泉となる外国の活動（foreign activity: FA）です。たとえば，後で紹介する FDI を通じた多国籍企業からホスト国の国内企業への技術伝播の効果について分析する場合は，FA として産業別の外資系企業（foreign-owned firms）の雇用シェアが用いられたりします (Aitken and Harrison, 1999)。また，u は誤差項です。この回帰分析によって，技術の国際伝播の有無や程度は，FA の係数の推定値として得られます。実際の推定では，(7.8) 式の右辺は線形（足し算の形）であることが多いですが，さまざまな定式化がありうることを考慮して，ここでは一般的な関数形の形で表現しています。(7.8) 式には添え字を付けていませんが，観測値の単位によって，たとえば，国 (i)・産業 (k)・年 (t) 単位であれば，DTO_{ikt} というように添え字が付き，右辺の変数についても同様です。

　また，(7.8) 式による回帰分析では，いわゆる誘導形 (reduced form) の回帰式で単に DTO と FA との相関関係を見るだけになりますが，もう少し構造的な回帰式によって，理論から導かれた変数間の関係を検証する方法もあります。その場合は，次式を推定します (Keller, 2004)。

$$\mathrm{DTO} = f(\boldsymbol{X}, M, FT) + u \tag{7.9}$$

(7.8) 式の FA が (7.9) 式では FT，すなわち外国の技術に関する変数（foreign technology: FT）に変わり，M は技術伝播が起きる特定の経路ないし伝播のメカニズムを表しています。たとえば，第 4.3 項で紹介する Coe and Helpman (1995) に代表されるような，輸入を通じた技術伝播に関する研究では，FT は外国の R ＆ D ストックで，M は対象国から見た各輸入相手国の輸入シェアになります。(7.8) 式と同様に，(7.9) 式にもとくに添え字を付けていませんが，実際の分析では，観測値の単位に応じた添え字が付けられます。

これらの回帰分析アプローチによって技術の国際伝播を測る場合に問題となるのは，これまで本書でも繰り返し述べてきたような，内生性への対処です。また，単なる相関関係ではなく，因果関係を分析する難しさもあげられます。

技術の国際伝播を測定する2つめの方法は，**特許引用データ**（patent citation data）を利用する方法です。この方法はJaffe et al. (1993) によって考案され，その後広く用いられるようになりました[27]。

特許引用というのは，各特許に含まれている情報で，当該特許の発明に至る過程で参考にした既存特許のことです。専門書や論文では参考文献や引用文献として，研究をしたり論文や書籍を書いたりする上で参考にした既存の文献に関する情報を記載します。本書にも巻末に多くの参考文献をあげていますが，これは本書の内容の多くが筆者が自力で考えたものではなく，先人たちの多くの努力や成果に支えられて成り立っていることを示しています。特許引用はそのような「参考文献」と同じようなものだと考えてください。つまり，特許を取得できるような何らかの発明ができたのは，多くの場合発明者が1からすべて自分の力で考案したのではなく，既存の特許に含まれている情報を参考にしながら，新しい何かを生み出せたからなのです。

実はこの情報は，当該発明が特許を与えるのに相応しいかどうかを審査する際に重要な情報となります。つまり，特許を付与される発明には一定の基準以上の新規性（novelty）が求められます。特許庁が申請のあった発明に対して特許を付与するかどうかを審査する際には，既存の特許と比べて，どの程度の新規性があるかが重要な判断材料になります。そのとき比較の対象となるのが「特許引用」に記載されている既存特許です[28]。

この特許引用データを技術や知識の伝播という観点から見ると，どの特許がどの特許を引用しているかを見ることで，まさに知識の流れを追うことができるという性質があります。しかも，上述のように特許情報には，特許保有者や所属企業の国籍に関する情報が含まれています。そこで，特許の引用–被引用

---

27) この方法を用いている研究例として，Branstetter (2006), Haruna et al. (2010), Jaffe and Trajtenberg (1999), Jinji et al. (2015), MacGarvie (2006), Maurseth and Verspagen (2002) 等があげられます。

28) 余談ですが，筆者のような研究者が書いた学術論文を査読付学術雑誌に投稿すると，掲載に値する研究かどうかが審査されます。その際には，同様に参考文献に記載された関連する既存研究と比べて，研究成果にどれだけの新規性があるかが重要な判断材料の1つになります。

間の国籍情報を使うことによって，どの国からどの国に知識が流れたかという国際的な伝播を追うことができます[29]。

ただし，特許引用データを技術の国際伝播の研究に用いることにもいくつか注意が必要です。まず，特許引用によって観測することができる技術の国際伝播は，実際の伝播のごく一部にすぎないということです。特許引用データに記録されるためには，まず申請している発明に対して特許が付与されなければなりません。したがって，実際には既存の特許からの知識の波及があっても，特許が申請されなかったり，申請しても特許が付与されなかったものについてはデータに含まれません。また，審査官によって引用が加えられる場合が少なからずあるという問題があります[30]。つまり申請者本人が引用に含めていなくても，審査の過程で審査官が引用に含めるのが妥当であると判断した既存特許があった場合は，審査官によって引用に加えられます。そうした既存特許について，申請者が実際には知らない可能性があります。そうなると，実際には知識の伝播がなかったにもかかわらず，データ上は知識の伝播があったことになってしまいます。

4.2 技術はどの程度国際的に伝播するのか？

前項では技術の国際伝播を測定する方法について解説しましたが，実際に知識や技術はどの程度国際的に伝播するのでしょうか。これまでの研究からわかっていることを見てみましょう。

まず，Eaton and Kortum (1996) は一般均衡モデルから回帰式を導出して，特許データを用いた分析を行いました。その結果，米国を除く OECD 18 カ国は，1986～1988 年の期間において，生産性の上昇の半分以上は外国で生み出された技術によることを示しました。また，米国・日本・ドイツの 3 カ国

---

29) 特許引用データの別の利用方法として，各特許の重要度を測ることにも用いられています。重要性の高い発明であればあるほど，その発明に刺激されて，次々と新しい発明が生み出されて，多くの特許が申請されます。したがって，多く引用されている特許ほど，より価値の高い発明であるといえます。そのため，研究開発の成果を測る際に，国単位や産業単位，企業単位で取得した特許の数を単純に数えるだけでなく，各特許がどれだけ引用されているかで価値を測り，そうした情報も加味して成果を測ることが行われています。

30) この問題に関する研究としては，たとえば Alcacer and Gittelman (2006) や Criscuolo and Verspagen (2008) などがあります。

におけるイノベーションがOECD各国の同期間内の経済成長の半分以上をもたらしたという分析結果を示しています。また，Eaton and Kortum (1999) による，同じく特許データを用いた分析によれば，1988〜1990年の期間において米国，日本，ドイツ，英国，フランスの5カ国を対象に分析したところ，日本とドイツで生み出された知識が最も早く波及したのに対して，フランスとドイツは他国の技術を最も早く吸収しました。また，米国と日本の2国で生み出された技術が5カ国の経済成長の65%以上の貢献をしたことを報告しています。

Keller (2002) は，地理的な距離がどの程度技術の国際伝播の障害になるのかを，OECD 14カ国の1970〜1995年のデータを用いて分析しました。彼は(7.9)式のような定式化を用いて，DTOとしては各国の産業別TFPを用いて，FT にはG5諸国（フランス，ドイツ，日本，英国，米国）における累積的なR&D支出額，M としては，G5各国と対象国との地理的距離を用いています。その結果，技術の国際伝播について，統計的に有意な局所化（localization）の傾向を示す結果が得られました。具体的には，G5諸国からの地理的な距離が離れるほど，G5諸国における累積的なR&D支出額から対象国の産業別TFPに対する正の効果は小さくなる傾向が見られます。また，国による違いも見られ，ドイツと米国からの伝播についてはG5諸国の平均よりも強い局所化が見られるのに対して，フランスと英国は逆に平均よりも局所化の傾向が弱いという結果が示されました。

4.3　貿易とFDIを通じた技術の国際伝播

次に，どのような経路で国際的に技術が伝播するかを見てみることにします。これまでの多くの実証研究により，国際貿易とFDIが技術の国際伝播の主要な経路であることが確認されています[31]。貿易を通じて技術が国際的に伝播する理由としては，たとえば高技術国の技術が体化された資本財や中間財を輸入して生産に投入することで生産性が向上するという効果が考えられま

31） なお，第4.1項で紹介した特許引用の話からわかるように，既存の特許の情報を見て，そこから知識を得るという方法で知識・技術が伝播することが考えられます。そうした経路も実際にはそれなりにあるのかもしれませんが，これまでの研究では特許情報を技術の国際伝播の主要な経路の1つとは考えていません。それは，あくまでも貿易やFDIを通じて技術・知識が伝達され，その後に詳しい情報を既存の特許で確認するという流れになっているからだと考えられます。

す。他方，FDI を通じて多国籍企業（外資系企業）から投資受入国（ホスト国）の企業に対する技術伝播がある理由としては，外資系企業における生産の様子を実際に見ることで効率的な生産方法を学ぶことができるデモンストレーション効果や，外資系企業に勤務していた労働者が，地元の企業に移籍して，外資系企業で学んだ知識を伝えることなどがあげられます。

　最初に貿易を通じた技術の国際伝播について見てみましょう。この分野の先駆けとなった Coe and Helpman (1995) による研究では，外国の R & D ストックが自国の生産性（TFP）と相関していることを回帰分析によって検証することを通じて，輸入が技術の国際伝播の重要な経路であることを示しました。彼らは 1971〜1990 年の OECD 21 カ国にイスラエルを加えた国単位のパネル・データを分析対象としました。回帰式は (7.9) 式に基づく次のようなものです（式中の添え字 i は国を表します）。

$$\log \text{TFP}_i = \alpha_i^0 + \alpha_i^d \log S_i^d + \alpha_i^f \log S_i^f \tag{7.10}$$

左辺の被説明変数は国単位の生産性（TFP）で次のように定義されます。

$$\log \text{TFP}_i = \log Y_i - (1 - \beta_i) \log K_i - \beta_i \log L_i$$

ただし，Y_i，K_i，L_i はそれぞれ i 国の付加価値額，資本量，労働量で，β_i は i 国の労働分配率を表します。S_i^d と S_i^f はそれぞれ i 国にとっての国内 R & D ストックと外国 R & D ストックを表します。前者は i 国の毎年の実質 R & D 投資額から注 24 で紹介した恒久棚卸法によって計算します。他方，外国 R & D ストックの方は，i 国の輸入相手国の国内 R & D ストックを各国の実質 R & D 投資額から計算し，それを各国の輸入シェアで重み付けをして平均をとったものになっています。(7.10) 式中の α_i^d と α_i^f はそれぞれ S_i^d と S_i^f の変化によって TFP がどの程度変化するかを示す弾力性を表します。

　なお，(7.10) 式では，S_i^f を構築する際に用いられている i 国の輸入相手国の国内 R & D ストックが，(7.9) 式における FT に相当し，平均を計算する際に用いられている i 国の輸入相手国各国のシェアが M に相当します。

　彼らの分析から明らかになったことは，(1) S_i^d と S_i^f はともに TFP に対して正で統計的に有意な効果が見られること，(2) TFP の S_i^d に対する弾力性は，G 7 諸国はそれ以外の 15 カ国よりも大きいこと，(3) S_i^f の TFP に対する弾力性は国によって大きく異なり，また時間を通じて大きく変化している

ことなどです。たとえば，S_i^f の TFP に対する弾力性は，日本の 1990 年の値は 0.027 と比較的小さいですが，ベルギーは 1970 年の 0.129 から 1990 年には 0.260 という大きな値に変化していますし，アイルランドも 1970 年には 0.124 だったのが 1990 年には 0.165 になっています。

Coe et al. (1997) は途上国 77 カ国の 1971〜1990 年のデータを使って同様の分析を行いました。その結果，やはり先進国からの輸入を通じて，先進国におけるR＆Dストックが途上国の TFP を向上させる有意な効果が見られました。平均して先進国 22 カ国におけるR＆Dストックが 1％ 増加すると，途上国の TFP が 0.06％ 程度上昇することがわかりました。

しかし，こうした Coe and Helpman (1995) 等のアプローチに対して，Keller (1998) は，S_i^f を計算する際に用いる重み付けとして，実際の輸入シェアではなく，ランダムに発生させた数字を使って推定を行っても，平均的に正で有意な結果が得られることを示しました。したがって，Coe and Helpman (1995) 等の結果から，輸入が技術の国際伝播の主要な経路であるということは必ずしもいえないのではないかという疑問が生じます。しかし，その後の特許引用データを用いた研究などによっても，貿易が技術の国際伝播の主要な経路であることが示されています (たとえば Jinji et al., 2015; MacGarvie, 2006)。

次に FDI を通じた多国籍企業 (外資系企業) からホスト国 (投資受入国) 内の企業への技術伝播についてはどうでしょうか。すでに説明しているように，この分野の研究の一般的なアプローチとしては，(7.8) 式に従った回帰分析において，DTO がホスト国内の企業の TFP (または労働生産性) で，FA が産業別の外資系企業の雇用シェア (または売上シェア) で測られる各産業の外資比率になっています。FDI を通じたホスト国の同一産業内の企業の生産性上昇効果に関して，Haskel et al. (2007) は英国，Keller and Yeaple (2009) は米国，Blomström and Sjöholm (1999) はインドネシアについてそれぞれ分析を行い，統計的に有意な正の波及効果を確認しています。その一方で，ベネズエラについて分析した Aitken and Harrison (1999) や，モロッコについて分析した Haddad and Harrison (1993) などは，FDI を通じた技術の波及効果が統計的に有意でなかったり，あるいは有意でも非常に弱い効果しか確認できませんでした。

また，外資系企業からの技術の波及効果は同一産業内とは限りません。外資系企業との取引関係を通じて技術が波及することも考えられます。たとえば，

外資系企業が中間財を生産している場合は，その中間財の購入を通じて技術が波及する可能性が考えられます。逆に，外資系企業に地元企業が中間財を納品する場合に，顧客である外資系企業から製品の品質などについて注文がつけられて，それに対応するために努力して技術を向上させたり，あるいは外資系企業側から技術指導を受けたりする可能性が考えられます。産業連関の関係として，前者のような中間財を生産する「川上産業」から最終消費財を生産する「川下産業」への流れを**前方連関**（forward linkage），後者のような川下産業から川上産業への流れを**後方連関**（backward linkage）と呼びます。Javorcik (2004) はリトアニアのデータを使って，後方連関を通じた川下産業の外資系企業から川上産業の国内企業への技術の波及効果があることを示しました。Girma et al. (2008)（英国）や Blalock and Gertler (2008)（インドネシア）などの研究でも同様の効果が報告されています。他方，前方連関を通じた川上産業の外資系企業から川下産業の国内企業への技術の波及効果については，統計的に有意な効果を報告している研究はあまり多くありません。しかし，中国について分析を行った Lin et al. (2009) は，後方連関とともに，前方連関についても統計的に正の波及効果を報告しています。Ito et al. (2012) も，中国において前方連関を通じた正の波及効果を確認しています。

なお，特許引用データを用いた企業レベルの分析によって，Branstetter (2006) は日本企業の米国への FDI を通じて，投資を行った日本企業と投資先の米国内の企業との間でどのような技術の波及効果があったのかを研究し，興味深い分析結果を報告しています。1980〜1997 年のデータを用いた彼の分析によれば，日本から米国への FDI によって，FDI を行った日本企業から米国企業へ技術の波及効果があるだけでなく，米国企業から日本企業へも波及効果が確認されました。前者はとくに，日本企業が米国内に新規に子会社を設立するグリーンフィールド投資と呼ばれる種類の FDI を行った場合に効果が大きいと報告されています。後者については，米国内の子会社が研究開発を行っている場合に，米国企業の優れた技術を吸収できる効果が大きいためか，とくに大きな波及効果が見られました。

このように，FDI を通じた技術伝播については，国によって，あるいは伝播の方向（同一産業内，前方連関，後方連関）によって，異なる結果が報告されています。

おわりに | 257

Column 7.1　移　民

　財の貿易や FDI に加えて，国境を越えたヒトの移動も知識や技術の国際伝播に貢献します。ビジネスの出張など短期的な移動もありますが，移動先への居住を伴う**移民**（immigration）は受入国と出身国の双方にさまざまな影響を与えます。移民がもたらす経済的効果について多くの研究が行われてきています (近藤, 2000; Peri, 2016; Dustmann et al., 2016, などを参照してください)。移民といっても，難民や不法移民の問題もあれば，高学歴で優れた技術を持つ高技能労働者が他国へ移動してしまう**頭脳流出**（brain drain）などの問題もあります (Docquier and Rapoport, 2012)。

　実証研究では，移民の決定要因に関する研究や，移民が受入国と出身国の経済活動や経済厚生に与える影響に関する研究など，さまざまな視点から研究が行われています。移民による民族的なネットワークの形成が貿易や FDI に与える影響に関する研究 (Rauch and Trindade, 2002; Javorcik et al., 2011) や，第 5 章で紹介したグラビティ・モデルを移民の分析に応用した研究 (Lewer and Van den Berg, 2008; Bertoli and Moraga, 2013) などもあります。

おわりに

　本章では，貿易政策と経済成長との関係について学びました。自由貿易を行うことで経済成長が促進されるのかどうかについて，R & D を組み込んだ内生的成長モデルによって，貿易自由化が経済成長率を押し上げることを理論的に示すことができます。そこでは貿易に加えて知識が国際的に伝播することが成長促進の重要な要因になっています。しかし，貿易自由化が経済成長に影響を与えないようなモデルや，逆に経済成長を阻害することを示すようなモデルもあり，これまでの理論研究に基づけば，貿易に対して開放的であることが必ずしも経済成長率を高めるわけではありません。

　実証研究では，そもそも貿易開放度の測り方にさまざまな方法がある上に，貿易政策と経済成長率との関係についてもさまざまな結果が報告されていて，一定の結論を導き出すことは難しいようです。しかし，貿易自由化が経済成長を押し上げるためにはいくつかの条件が満たされている必要があることがこれまでの研究から明らかにされてきています。

　また，経済成長の原動力となる企業の R & D 投資や技術投資に対して，貿易自由化がどのような影響を与えるかについても研究が行われてきています。

第7章 貿易と経済成長，生産性向上

カナダの事業所レベルのミクロデータを使った Lileeva and Trefler (2010) の研究によれば，貿易自由化によって輸出を開始したり，輸出を拡大させたりすると，イノベーションが活発化し事業所の生産性が改善する効果が見られたことが報告されています。ただし，効果は各事業所の貿易自由化前の生産性水準によって異なり，もともと生産性の高かった事業所については，輸出を開始しても生産性の上昇効果は見られませんでした。また，貿易自由化によって企業が新技術を導入する効果について，新技術を導入するのは生産性の分布で中程度の生産性水準の企業であることをアルゼンチンの企業レベルのデータを使った Bustos (2011) の研究が報告しており，この結果は理論的予測と一致します。

さらに，貿易自由化が経済成長率を押し上げるための重要な要素である知識の国際的な伝播について，実際に知識の国際伝播が各国の経済成長に貢献していることを示す分析結果や，貿易や FDI が知識の国際伝播の経路であることを示す分析結果などが報告されています。しかし，地理的な距離が知識の国際伝播の障害になることが報告されていたり，FDI を通じた知識の伝播は国や伝播の方向によって異なる結果が報告されていたりします。

では，本章冒頭の問いに戻ってみましょう。

> **問い** 貿易に対して開放的であるかどうかで国の経済成長に違いはあるでしょうか。また，貿易自由化は個々の企業の生産性にどのような影響を与えるでしょうか。
>
> **答え** これまでの多くの実証研究から得られている知見を踏まえると，この問いに対する答えは必ずしも明確ではありません。貿易に対して開放的であれば必ず国の経済成長が高まるわけではなく，正の関係が成立するためには，いくつかの条件が満たされている必要があるようです。また，貿易自由化が個々の企業の生産性を高める効果についても，自由化前の生産性水準や輸出行動など，さまざまな条件によって効果は異なるようです。

これらの問いに関しては，世界の第一線で活躍する研究者たちによって現在も活発な研究が行われており，今後の研究成果が期待されます。

● 練習問題

7-1* 図 7.2 について次の問いに答えてください。

(1) 初期の生産性水準 Θ_0 が Θ_0^x 以上であると技術投資の有無にかかわらず輸出を選択するのはなぜですか。

(2) $\Theta_0 < \Theta_0^x$ のとき,「非輸出・非技術投資」と「輸出・技術投資」の境界線が右下がりであるのはなぜですか。

(3) RTA 締結による貿易自由化が事業所の輸出と技術投資の選択に与える影響を説明してください。

7-2 Vamvakidis (2002) は長期的なデータを用いて貿易と経済成長に関する実証分析を行いました。1920〜1990 年の期間を 3 つ(1920〜1940 年,1950〜1970 年,1970〜1990 年)に区切って,それぞれ 1 人当たり GDP 成長率を被説明変数とし,貿易開放度を測る変数を主な説明変数とする回帰分析を行いました。推定結果は表 7.4 に示す通りです。貿易開放度の指標には 3 つの指標を使いました。このうち表中の SW ダミーは第 2.1 項で説明した SW 貿易開放度ダミーです。データの制約から,1920〜1940 年の期間は平均関税率のみで,1950〜1970 年は平均関税率の代わりに関税負担率を用いました。表では省略していますが,各推定では初期年の 1 人当たり GDP や人口成長率などのコントロール変数を含めています。

(1) 貿易と経済成長との関係について,表の推定結果からわかることを考察してください。

(2) 年代ごとになぜ異なる結果が得られたと考えられますか。異なる結果が得られた要因について論じてください。

表 7.4 貿易と経済成長に関する回帰分析結果

	1920〜1940	1950〜1970		1970〜1990	
	(1)	(2)	(3)	(4)	(5)
SW ダミー		0.00		0.02[†]	
		(0.07)		(3.44)	
平均関税率	0.04[§]				-0.02[§]
	(2.07)				(-2.34)
関税負担率			-0.00		
			(-0.68)		
観測値数	22	46	34	83	54
修正済 R^2	0.40	0.45	0.52	0.64	0.63

(注) (a) 被説明変数は 1 人当たり GDP 成長率。推定方法は OLS。(b) 括弧内の数字は t 値。(c) [†] は 1% 有意,[§] は 5% 有意を示す。

(出所) Vamvakidis (2002) Tables 1-3 より抜粋。

7-3* 第 2.2 項で紹介した Frankel and Romer (1999) の研究にならって，2005 年のデータを用いて，貿易開放度と所得水準との関係について分析をしてみましょう。分析に必要なデータは本書のサポートサイトからダウンロードできます。

(1) まず，1 人当たり実質 GDP の対数値を被説明変数，貿易シェアと人口の対数値，面積の対数値を説明変数とする重回帰分析を最小二乗法（OLS）で推定してください。貿易シェアと 1 人当たり実質 GDP との間には統計的に有意な正の関係が見られますか。

(2) 次に，(a) i 国と j 国の 2 国間貿易額の i 国の GDP 比（T_{ij}/GDP_i）を被説明変数，2 国間の距離（D_{ij}）や各国の人口（N_i, N_j），面積（A_i, A_j），国境を接するダミー変数（B_{ij}）等のさまざまな地理的変数を説明変数とするグラビティ・モデルを推定し，得られた係数の推定値から予測される T_{ij}/GDP_i を求めてください。(b) そこから貿易シェアの予測値を計算してください。(c) 最後に，貿易シェアの予測値を操作変数とする 2 段階最小二乗法（2SLS）の推定を行ってください。この推定方法でも貿易シェアと 1 人当たり実質 GDP との間には統計的に有意な正の関係が見られますか。

7-4* 第 4.3 項で解説した，FDI を通じた多国籍企業からホスト国企業への技術の波及効果について，日本のミクロデータを用いて分析した伊藤 (2013)，岩崎 (2013)，Todo (2006) のいずれかを読んで，(a) どのような種類の波及効果を明らかにしようとしていて，(b) どのようなデータを用いて，(c) どのような分析手法を採用して，(d) どのような結果が得られているのかを A4 で 2 枚以内でまとめてください。さらに可能であれば，(e) 分析方法についてどのような改善の余地があるかを論じてください。

補論：内生的成長モデルにおける (7.3) 式の導出

(7.3) 式は中間財の増加率が一定となるような長期の均衡における中間財の種類の増加率に関する式です。最初に中間財企業の利潤最大化条件を求めます。まず，1 単位の労働から 1 単位の中間財が生産され，中間財市場は独占的競争です。このとき CES 型の生産関数を用いると，第 2 章第 1.1 項で解説したように，各中間財の価格 p は限界費用である賃金 w にマークアップ率 $1/\alpha$ を掛けたものになります。つまり，$p = w/\alpha$ です。中間財はすべて対称的であるという仮定から，価格は同じになります。

補論：内生的成長モデルにおける (7.3) 式の導出 　261

(7.1) 式の技術を使って生産される消費財 Y に対する消費者の毎期の総支出 E を $E=1$ に基準化すると，消費財産業は完全競争的で均衡では利潤がゼロになることと，消費財を生産する企業は各中間財を x 単位だけ購入し，消費財が n 種類あって個々の価格が p であることから，$E=1=pnx$ が成立します。したがって，$x=1/(np)$ となります。このことから，x 単位だけ生産する各中間財企業が毎期得る利潤 π は $\pi=px-wx=(1-\alpha)/n$ になります。

他方，各中間財企業の企業価値（すなわち株価）を v で表すと，v は将来にわたって得られる利潤の現在価値の合計に等しくなります。中間財企業への投資から得られる毎期の収益は，利潤 π に企業の株価の値上がり分（キャピタル・ゲイン）を加えたものです。他方，資本市場が均衡するためには，中間財企業への投資が，同じだけの資金を利子率 r で貸し付けることから得られる収益と等しくなければなりません。そのため，次式が成立します。

$$\pi + \frac{\mathrm{d}v}{\mathrm{d}t} = rv \tag{7.11}$$

マクロ経済学でよく知られるように，無限期間生きる家計が異時点間の予算制約の下で生涯効用を最大化するように消費計画を選択すると，総支出の時間変化率について次のオイラー方程式が導出されます[32]。

$$\frac{(\mathrm{d}E/\mathrm{d}t)}{E} = r - \rho$$

ここでは，$E=1$ で一定と仮定しているので，$r=\rho$ が成立します。そこで，$r=\rho$ と $\pi=(1-\alpha)/n$ を代入して (7.11) 式を変形すると次式が得られます。

$$\frac{(\mathrm{d}v/\mathrm{d}t)}{v} = \rho - \frac{1-\alpha}{vn} \tag{7.12}$$

次に労働市場の均衡条件を考えます。この経済には L だけの労働供給があります。中間財の生産に投入される労働 L_x は，上記のように，個々の中間財企業は $x=1/(np)$ 単位だけ生産するので，同量の労働が投入され，中間財産業全体では $L_x=1/p$ だけの労働が投入されます。他方，Ｒ＆Ｄに投入される労働 L_n は (7.2) 式に $K_n=n$ を代入すると，$L_n=a(\mathrm{d}n/\mathrm{d}t)/n$ です。したがって，労働市場の均衡条件式は次の通りです。

$$\frac{a(\mathrm{d}n/\mathrm{d}t)}{n} + \frac{1}{p} = L \tag{7.13}$$

この式を変形して $p=w/\alpha$ を代入すると次式のようになります。

$$\frac{(\mathrm{d}n/\mathrm{d}t)}{n} = \frac{L}{a} - \frac{\alpha}{aw} \tag{7.14}$$

---

[32] オイラー方程式については，二神・堀 (2017) 等のマクロ経済学の教科書を参照してください。

262　第 7 章　貿易と経済成長，生産性向上

　企業は自由に参入して R & D を行うと仮定します。R & D に成功して新しい種類の中間財を生産できるようになると v だけの価値を生み出します。他方，(7.2) 式より R & D の限界生産性が $K_n/a = n/a$ であるから，新しい種類の中間財を開発する費用は $C_n = wa/n$ になります。自由参入条件のもとで実際に R & D が行われるための条件は，この費用が v に等しくなることなので，$wa/n = v$ です。これを代入して，本章第 1.2 項で定義した $g \equiv (\mathrm{d}n/\mathrm{d}t)/n$ を用いると，(7.14) 式は次のようになります。

$$g = \frac{L}{a} - \frac{\alpha}{vn} \tag{7.15}$$

ここでは，$L/a > \alpha/vn$ である場合のみを扱います。

　次に $V \equiv 1/(vn)$ と定義します。この両辺の時間変化率をとると次式が得られます。

$$\frac{(\mathrm{d}V/\mathrm{d}t)}{V} = -\frac{(\mathrm{d}n/\mathrm{d}t)}{n} - \frac{(\mathrm{d}v/\mathrm{d}t)}{v}$$

この式に，(7.12) 式を代入して $g \equiv (\mathrm{d}n/\mathrm{d}t)/n$ を用いると，次式が得られます。

$$\frac{(\mathrm{d}V/\mathrm{d}t)}{V} = -g - \rho + \frac{1-\alpha}{vn}$$

ここで考える中間財の増加率が一定となるような長期の均衡では，$\mathrm{d}V/\mathrm{d}t = 0$ となります。したがって，上の式の右辺をゼロと置いて $V \equiv 1/(vn)$ を使うと $V = (\rho + g)/(1 - \alpha)$ が得られます。この式を (7.15) 式に代入して g について解くと (7.3) 式が得られます。

263

終章
モデルの比較と実証分析の課題

　本書では，国際的な経済活動や貿易政策に関する諸問題について，理論モデルを踏まえながら，これまでの実証分析から得られてきた知見や，研究を行う上でのポイントなどについて解説をしてきました。本章では，まず本書で紹介してきた国際経済学の主要なモデルについて比較を行い，次に実証分析における課題をあげることにします。

1 どのモデルが優れているのか？

　本書では，国際貿易を説明するために考案されてきたさまざまなモデルを紹介してきました。それぞれ国際貿易の異なる側面に注目してモデルが構築されているため，異なる特徴を持っています。しかし読者の中には，前章まで読んできて「いろいろあるモデルの中で，いったいどれが最も優れたモデルなのだろうか？」という疑問を持たれた方も少なくないのではないかと思います。そこで，本書で紹介してきたモデルの優劣について，実証分析の知見を踏まえて考察することにします。

　標準的な国際経済学のテキストの前半に登場する，2国2財のリカード・モデルやヘクシャー＝オリーン・モデルは，理論モデルとしてはとてもシンプルで，かつエレガントです。技術や要素賦存の違いに基づく比較優位が，どのようにして2国間の貿易パターンを決定するのかを明確に示すことができます。しかし，どちらのモデルも，そのままでは実証分析で検証することは困難です。現実には国の数も財の数も多数あるからです。そこで，第1章で解説し

264 終章 モデルの比較と実証分析の課題

たように，ヘクシャー＝オリーン・モデルはヘクシャー＝オリーン＝バーネック・モデルによって多数国・多数財・多数要素の枠組みに拡張されて，実証分析による検証が可能になりました。実は，リカード・モデルについても同じような拡張がされてきました。モデルの優劣について議論する前に，まずリカード・モデルがどのように拡張されてきたのかを簡単に紹介しておきます。

1.1 現代版リカード・モデル——DFS モデルと EK モデル

デービッド・リカードが最初に比較優位の概念を提示したのは 200 年も前のことです。その当時と今とでは国際貿易のあり方も大きく変わりました。そのため，リカード・モデルは時代遅れのモデルと思われるかもしれません。しかし，これまでにリカード・モデルを拡張したさまざまなモデルが考案され，理論研究と実証研究の両方に用いられてきました。ここでは，その代表例を 2 つ紹介します。

まず，Dornbusch et al. (1977) はリカード・モデルを多数財に拡張しました。このモデルは，Dornbusch と Fischer, Samuelson という 3 人の著者の頭文字をとって「DFS モデル」と呼ばれています。基本的な考え方としては，経済に多数の産業があるというものですが，モデルを数学的に扱いやすくするために，産業が連続的に存在するという仮定を導入しました。これは，第 4 章第 3.2 項で紹介した中間財の生産モデルで使われているのと同じ考え方です。つまり，産業に z という番号を付けて，z が $0 \leq z \leq 1$ の範囲の値をとるものです。どの財も労働だけを投入して生産されますが，産業ごとに労働の投入係数（すなわち 1 単位の財を生産するために何単位の労働を必要とするか）は異なり，かつ同じ産業でも国によって労働投入係数が異なると仮定します。

多数財の場合，比較優位を見極める上で，比較優位がどのくらい強いか，すなわち「比較優位の程度」が重要になってきます。いま，自国と外国の第 z 産業の労働投入係数をそれぞれ $a(z)$ と $a^*(z)$ と表します。ここで，労働投入係数の逆数が労働生産性（1 単位の労働で何単位の財が生産できるか）となる点に注意してください。つまり，労働投入係数が小さいほど，労働生産性が高くなることを意味します。

ここで $a(z)$ に対する $a^*(z)$ の比を $A(z)(\equiv a^*(z)/a(z))$ と表すとしましょう。労働投入係数の逆数が労働生産性であることに注意すると，$A(z)$ は外国の労働生産性と比べた自国の相対的な労働生産性を表すことがわかります。したが

って，$A(z)$ の値が大きいほど自国の相対的な労働生産性が高いことを意味します。多数財のリカード・モデルでは，この労働生産性の差が大きいほど比較優位の程度が強いとみなされます。言い換えれば，$A(z)$ の値が大きい産業ほど自国の比較優位が強いことを意味します。

　そこで，$0 \leq z \leq 1$ の範囲で，z が大きくなるほど $A(z)$ の値が小さくなるように産業の番号を付け直します。このため，z の値が大きくなるにつれて自国の比較優位の程度が弱まり，外国の比較優位の程度が強くなることになります。そして，$z = 0$ の産業が自国の比較優位が最も強く，$z = 1$ の産業が外国の比較優位が最も強くなります。

　Dornbusch et al. (1977) はこのモデルを使って，自国と外国が自由貿易を行うと，均衡では，ある産業 $\bar{z}$ を境にして，自国では $0 \leq z \leq \bar{z}$ の財が生産され，外国では $\bar{z} \leq z \leq 1$ の財が生産されることを示しました。つまり，境界となる第 $\bar{z}$ 産業と比べて，それぞれの国がより比較優位の程度の強い財の生産に特化するということです。これはリカード・モデルの基本的な特徴を自然な形で多数産業のケースに拡張したと考えられます。DFS モデルはたいへん扱いやすいモデルであるため，その後国際貿易だけでなく，マクロ経済学など他分野も含めて多くの研究に応用されてきました。

　2000 年代になってから DFS モデルをさらに発展させたモデルが考案されました。それがジョナサン・イートンとサミュエル・コータムによるイートン＝コータム（EK）・モデルです (Eaton and Kortum, 2002)。EK モデルは，3 つの点で DFS モデルを発展させました。まず，2 国モデルだった DFS モデルを多数国モデルに拡張しました。第 2 に，第 2 章で紹介したような輸送費を導入しました。しかも，多数国間の貿易を考えられるように，国の組み合わせによって輸送費が異なるという仮定を置きました。これは各国の地理的な位置関係を考慮するという，新経済地理学や空間経済学のアプローチを取り入れたものです。第 3 に，各国の各産業の労働投入係数 $a(z)$ が，DFS モデルでは外生的に与えられていましたが，これが確率的に決定されるという設定にしました。

　このように DFS モデルを拡張・一般化することによって，EK モデルは，地理的な要素も考慮された多数国・多数財という一般的な枠組みの中で，絶対優位や比較優位というリカード・モデルにおける重要な要素がどのように機能するかを明らかにすることに成功しました。さらに，Eaton and Kortum

(2002) は，このモデルからグラビティ方程式を導出し，彼らのモデルに基づいたグラビティ・モデルを OECD 19 カ国の貿易データに適用して，2 国間貿易の決定要因に関する実証研究を行いました。

EK モデルはリカード・モデルのような単純なモデルではなく，大学院レベルになってから学ぶモデルです。しかし，広く応用できるモデルであるため，国際経済学の実証研究に加えて，広い分野の研究に応用されています。

1.2 主要モデルの比較

さて，リカード・モデルの拡張である DFS モデルや EK モデルも考慮した上で，本書で紹介してきた主なモデルについて比較してみましょう。

まず，第 1 章で解説したように，ヘクシャー＝オリーン＝バーネック・モデルは，通常のヘクシャー＝オリーン・モデルで設けられる仮定を維持したままではモデルの説明力が弱く，現実のデータに合致する程度が低いことが示されてきました。それに対して，ヘクシャー＝オリーン＝バーネック・モデルにおいて，要素価格均等化の仮定を緩めて複数の要素価格均等化領域を考慮したり，あるいはリカード・モデルと融合する方向でモデルを拡張したりすることによって，モデルの説明力が大幅に改善し，データへの適合度がかなりよくなることがわかってきています。したがって，ヘクシャー＝オリーン・モデルは，現実の貿易の説明力という点では，基本モデルの設定のままでは必ずしも優れたモデルであるとはいえません。しかし，同じく比較優位の原理によって貿易パターンを説明するリカード・モデル的な要素を取り入れることによって，モデルの実証的なパフォーマンスが大幅に改善します。つまり，ヘクシャー＝オリーン・モデルとリカード・モデルは互いに補完的であり，両者に共通な比較優位の原理は，最初にこの原理を提唱したリカードが活躍していた 19 世紀初頭の時代と同様に，現代の貿易においても重要な決定要因であるといえます。

では，第 2 章で紹介したクルーグマン・モデルや第 3 章で紹介したメリッツ・モデルはどうでしょうか。両者はどちらも産業内貿易を説明することを主な目的としたモデルです。しかし，産業内貿易において，必ずしも国内で生産するすべての企業が輸出を行うのではなく，関税や輸送費の変化によって，輸出する企業数が変化するため，貿易される財のブランド数が変化するという事実が実証研究によって示されました。このような貿易の内延と外延について説

明できるようにクルーグマン・モデルを改良したのがメリッツ・モデルです。その意味では，メリッツ・モデルの方がクルーグマン・モデルよりも優れています。

しかし，それは1つの側面にすぎません。メリッツ・モデルの方がクルーグマン・モデルよりも複雑なモデルであり，その分，データが示すより多くの事実を説明することができるのは，ある意味当然です。それに対して，よりシンプルなモデルで同じことを説明できるのであれば，モデルとしてはそちらの方が優れているともいえます。その点では，メリッツ・モデルのような企業の異質性という要素を導入しなくても，対称的な企業を仮定した，よりシンプルなクルーグマン・モデルで現実の国際貿易に見られるさまざまな特徴を説明することができることを，これまでの実証研究は示してきました。

たとえば，第2章で紹介したように，国の経済規模が近いほど2国間の貿易額が増加するという特徴は，リカード・モデルやヘクシャー＝オリーン・モデルでは説明ができず，産業内貿易を考慮したクルーグマン・モデルならではの特徴です。しかし，これまでの実証研究が示していることは，国の組み合わせや産業によって産業内貿易が活発な場合とそうでない場合があり，それによってクルーグマン・モデルの適合度も変わってくるということです。

また，クルーグマン・モデルにしてもメリッツ・モデルにしても，産業間貿易を含む2国間の貿易全体の特徴を説明しようとするには，ヘクシャー＝オリーン・モデルのような枠組みに組み入れる必要があるという点も重要です。そうした取り組みは，クルーグマン・モデルについては，Helpman (1981) やHelpman and Krugman (1985) などによって行われ，メリッツ・モデルについては，Bernard et al. (2007) などによって行われてきました。これは，産業間貿易と産業内貿易の両方を含む貿易全体を説明するには，クルーグマン・モデルやメリッツ・モデルの要素に加えて，ヘクシャー＝オリーン・モデル的な要素も必要になるということです。つまり，両者は互いに補完的な関係にあります。

さらに，2国間貿易全体を説明するということではなく，ある1つの側面に注目して，モデルの優劣を比較することもできます。たとえば，自国市場効果がそれです。第2章第4.1項で解説したように，現実の貿易データにおいて自国市場効果が観察されるかどうかで，クルーグマン・モデルとアーミントン・モデルや相互ダンピング・モデルの優劣を検証する研究が行われてきました。

しかし，これまでに得られている結果では，産業によって自国市場効果が見られる場合とそうでない場合があり，いずれかのモデルが圧倒的に優れているということではなさそうです。

他方，輸出企業の方が非輸出企業よりも生産性が高いという，メリッツ・モデルが示す輸出プレミアムについては，多くの国のデータでそのような特徴が観察されています。しかし，現実には，モデルが示すように輸出企業と非輸出企業を分ける生産性のカットオフ（閾値）が明確にあるわけではなく，一部には生産性が高くても輸出しない企業もあれば，逆に生産性が低くても輸出している企業もあります。輸出とFDIにしても，メリッツ・モデルを拡張したモデルで示されているように，FDIをしている企業の方が輸出企業よりもさらに生産性が高い傾向が見られます。しかし，モデルから得られる予測とは異なり，輸出とFDIの両方を行っている企業も少なくありません。これはモデルで想定されていない要素が影響している可能性が考えられます。

これまでの議論をまとめると，現実のデータによって理論モデルの優劣を明確に示すことができそうに思われるかもしれませんが，実際にはそれほど簡単ではありません。ある側面についてはあるモデルの説明力が高くても，別の側面については別のモデルの方が説明力が高いということがあります。また，それぞれのモデル単独で用いられるだけでなく，複数のモデルの要素を取り入れたモデルから理論的予測を導き出すということも行われています。したがって，どのモデルが優れていてどれは劣っているというよりも，各モデルは互いに補完的な関係にあるといえます。このことは現実の国際貿易が，それだけ複雑であるということを示してると考えられます。

さらに，貿易そのものが時代とともに大きく変化してきているということも重要です。昔は原料（鉱物資源など）と完成品（すなわち最終消費財）が貿易のほとんどを占めていたのに対して，現代では，序章でも触れたように，機械部品などの中間財が多く貿易されるようになってきました。このように貿易そのものが変化すれば，必要とされるモデルも変化してきます。したがって，分析の対象期間によってもモデルの優劣は変わってきます。

最後にグラビティ・モデルについて触れておきたいと思います。第5章で紹介したグラビティ・モデルは，現実の2国間貿易のデータに対するモデルの説明力という意味では，とても優れたモデルです。Anderson and van Wincoop (2003) は，グラビティ・モデルについて，「経済学の実証研究の中で最

も成功したものの1つ」であると評しています。第5章でも紹介したような，WTO や RTA による貿易拡大効果の推定に用いられたり，さまざまな貿易政策の効果の分析に用いられたりしてきました。第5章の Column 5.3 でも紹介したように，2000 年代に入ってからいくつかの技術上の問題点が検討され，モデルの精緻化が行われてきています。それによって，モデルの説明力や信頼性がさらに高まってきたといえます。しかし，グラビティ・モデルの理論的基礎付けという点では，どれか1つの理論モデルに対応しているということではありません。リカード・モデル（EK モデル）やヘクシャー＝オリーン・モデルのほか，クルーグマン・モデルやメリッツ・モデルなど，さまざまなモデルと整合的な形でグラビティ・モデルの方程式を導出することができます。したがって，グラビティ・モデルの説明力が高いとはいっても，それが必ずしも個々の理論モデルの優劣を決めることにはならないという点に注意が必要です。

2 国際経済学の実証分析における課題は何か？

次に，国際経済学の分野で実証分析に取り組む上で課題となる点をいくつかあげておきます。

2.1 因果関係の検証

国際経済学に限らず，経済学の多くの分野で，最近の実証研究ではどのようにして因果関係を推定するかということが厳しく問われるようになっています。この点については，本書の中でも繰り返し触れてきました。OLS の回帰分析を行っただけでは，説明変数と被説明変数の間の相関関係を示したにすぎず，仮に統計的に有意な係数の推定値が得られたとしても，「説明変数が被説明変数に影響を与えた」という因果関係を主張することはできません。計量経済学的な手法によって因果関係を検証するには，本書で紹介してきた，操作変数法や，傾向スコア・マッチング法や合成コントロール法などのマッチングの手法，差の差推定法，パネル・データ分析などを用いる方法があります。分析するデータの特徴に応じて適切な分析手法を用いることで，因果関係の検証が可能になります。なお，計量経済学の手法も日進月歩で，日々新しい手法が開発されています。それらの新しい手法を積極的に取り入れて研究を行っていく

ことが重要です。

しかし，これらの計量経済学的な手法による因果推論には限界があります。適切な操作変数を見つけることは容易ではありませんし，マッチング法によって効果を測定するのに必要な比較対象の個体も完全ではありません。より厳密に因果関係を検証するには，**無作為化比較実験** (randomized controlled trials: RCT) を行うのが計量経済学的に望ましいということになります。経済学では，過去30年ほどの間に行動経済学や実験経済学と呼ばれる分野の研究が急速に発展しました。心理学などでは以前からおなじみの実験的な手法が，経済学でも広く用いられるようになってきました。ミクロ経済学では，ゲーム理論などの理論研究で得られる結果に関して，現実に人々はどのように行動するかということを実験で検証するということが今では一般的に行われています。それに対して，国や産業レベルでどのような国際的な取引が行われるかということに主な関心がある国際経済学では，実験的な手法はあまりなじまないように思われます。しかし，第3章や第4章でも解説したように，最近は企業や労働者個人がどのように行動したり，貿易からどのような影響を受けたりするかということに目が向けられるようになり，よりミクロなレベルでの分析が行われるようになってきました。その点では，RCTによってデータを集めて因果関係の検証を行うことが，国際経済学でも今後は一般的に行われるようになるかもしれません[1]。

そうはいっても，国際経済学が対象とする課題で，研究者がRCTを行ってデータを収集できるものはそれほど多くありません。したがって，意図せずにRCTと同じような状況が作り出される「自然実験」のデータを見つけてくる努力が必要になります。そのような例として，第4章では幕末の日本の開国を自然実験の一例としてあげましたが，他にも自然災害や予期せぬ社会的変化など，自然実験として捉えることができるような事象を探すことができます。そうした事象をうまく活用することで，国際経済学の分野でも因果効果のより厳密な検証ができると考えられます。

2.2　データをめぐる問題

次に，データをめぐる問題について触れておきます。国際経済学では，従来

---

1)　たとえば Atkin et al. (2017) があげられます。国際経済学の隣接分野である開発経済学では，フィールド実験などの手法を取り入れた研究が非常に活発に行われています。

は国レベルや産業レベルのデータを用いた研究を中心に実証研究が行われてきました。ところが，第3章でも解説したように，2000年代以降の最先端の研究では，企業や事業所などのミクロデータを用いた研究が活発に行われるようになりました。国レベルや産業レベルのデータとは異なり，こうしたデータは誰でも簡単にアクセスできるものではありません。きちんとした手続き・審査を経てようやくアクセスすることができるか，あるいは高額な料金を支払って購入しなければならない場合がほとんどです。そのため，大学教員などの研究者でも簡単に利用することはできません。ましてや，大学の学部生の皆さんがこれらのデータを利用して研究することは非常に困難です。したがって，ミクロデータを用いたミクロ的な実証研究が発展すると，データへのアクセスという実証研究の最初の段階で大きな壁にぶち当たることになってしまいます。

それでも，探してみれば利用可能なミクロデータもあります。たとえば，上場企業の財務データは一般に公表されています。第7章で取り上げた特許データや特許引用データなども公表データです。あるいは大学の図書館で利用できるデータベースには，個別企業のデータが含まれている場合があります。したがって，それらのデータベースを活用することで，学部生の皆さんでも企業のミクロデータを用いた研究を行うことが可能です。社会人の方々についても同様です。ウェブ上の情報や公共図書館等を通じてアクセスが可能なミクロデータがあります。

このように，ミクロデータを用いた研究を行うことは容易ではありませんが，不可能ではありません。関心を持たれた方は，諦めずにどのようなデータが入手可能であるかを探してみてください。

また，今後問題になりうる可能性があるのが，電子商取引の拡大の影響です。電子商取引が拡大することで，国際貿易に関する実証分析は大きな問題に直面する可能性があります。貿易データは税関で通関手続きが行われることで，取引される金額や数量に関する情報が記録されます。ところが，インターネットを通じて取引が行われると，税関を通らないため，当局（日本では財務省関税局）が取引に関する情報を把握できません。たとえば，ある外国の有名なアーティストの曲を聴くために，CDを輸入して消費者が購入すれば，そのCDの取引は貿易統計に反映されます。ところが，同じ曲をiTunesからダウンロードして購入すると，電子商取引になるため，貿易統計には反映されません。本についても同じことがいえます。米国でベストセラーになったペーパー

バックを Amazon を通じて購入した場合，その取引は貿易統計に記録されます。ところが，もし同じ本を Kindle 版で購入して，スマートフォンで読むとしたら，貿易統計には記録されません。このように，電子商取引が拡大すると，貿易統計に反映されない国際取引の割合が増え，これまでのように貿易統計を使って分析をしていては，国際貿易の実態の全体像を把握できなくなる恐れがあるのです。もちろん電子商取引に関わっている個々の事業者は，国際取引の正確なデータを持っていますが，貿易統計のように公的機関が無償で公開してくれるデータのように利用することはできません。

　ビッグデータの利用が国際経済学の分野でも進展すれば，こうした問題に悩まずにすむようになるかもしれませんが，今後の動向を注視する必要があります。

おわりに

　国際経済学では，これまで理論分析と実証分析が車の両輪となって研究が発展してきました。理論分析から得られた仮説を実証分析で検証してみると，仮説が支持される場合もありますが，支持されない場合もあります。仮説が支持されない原因には，実証分析の方法に問題があることも多々ありますが，元の理論モデルに誤りがある可能性もあります。後者の場合には，理論モデルを修正するきっかけになります。逆に，実証分析によってデータから発見された事実が既存の理論モデルでは説明できないときには，その事実を説明できるような新たな理論モデルを構築しようと理論分析が発展します。本書では，そのような事例をいくつも紹介してきました。このように，理論分析と実証分析が互いにパスを出し合うことで，次の研究につながっていきます。

　また理論分析では，外生変数の変化によって内生変数がどのような影響を受けるかという因果関係を，比較静学によって分析します。政策の変化に対して，均衡における財の貿易量や価格がどのように変化するかという分析も同様です。それに対して，前節でも述べたように，そうした因果関係の検証を実証的に行うことは容易ではありません。理論分析から示唆される因果関係を検証したことを主張する既存の実証分析の結果を見る場合には，どのような方法で因果関係を検証しているかに注意する必要があります。分析結果だけに目を向けてしまいがちですが，ぜひ分析方法にも注目してください。また，自分でそうした実証分析を行う場合には，どのような手法を使えば因果関係を検証でき

るかについて十分に検討しなければなりません。関連する既存研究があるはずですので，そうした研究でどのような手法が用いられているかを見てみると参考になるでしょう。

　さらに，理論的には正の効果と負の効果の両方が考えられ，効果全体は不明確であるということがよくあります。そういうときには，実際に効果全体が正であるか負であるかを実証分析によって確認することが重要になります。変数の値によって効果の大きさが異なる場合に，現実においてその変数がどの範囲の値をとりうるかをデータで確認して，現実的にありうる可能性を示すことが役立ちます。

　このように，理論分析と実証分析にはそれぞれの役割があります。私たちが現実に直面する国際経済に対する理解を深め，何が真実であるかを明らかにしていくためには，その両方が不可欠です。国際経済学の研究は日々発展しています。私たち研究者は，これまでの研究を一歩でも前に進められるように日夜努力しています。次の新たな研究成果に期待してください。

275

付録　データ分析の基礎

　この付録では，実証分析に関係するデータや統計分析の基礎的な手法について解説します。

1 データ

　本節では貿易や直接投資といった国際経済に関するさまざまなデータについて，簡単に紹介します。なお，データの中には無料で手に入らないもの（購入しなければならないものや契約を結ばなくてはならないもの）もありますので注意してください。ただし，個人で手に入れることが難しいデータでも，大学等の図書館で購入されている場合や大学のネットワークを通じて入手が可能な場合があります。希望するデータが見つからない場合は，大学図書館等に相談してみるとよいでしょう[1]。

1.1 国レベルのデータ

　一国全体の GDP や輸出入額，為替レートといったデータは世界銀行（World Bank）の *World Development Indicators* や国際通貨基金（International Monetary Fund: IMF）の *International Financial Statistics* で入手が可能です。前者は人口や教育水準といった情報が手に入り，本書の図 7.1 で利用したものです。後者は金融の情報を詳しく集めていることが特徴です。いずれもインターネットを通じて入手が可能ですが，世界銀行，国際通貨基金ともに国連に関連する組織であり，国連に加盟していない国や地域，たとえば台湾のデータなどは含まれていません。このため，国連に加盟していない国については，データを利用される方自身が個々の国のデータに当たる必要があることに注意してください。なお，台湾のデータの場合，台湾国家発展委員会が毎年発表する *Taiwan Statistical Data Book* が *World Development Indicators* や *International Financial Statistics* と同様の形式で経済指標を発表しており，インターネットから手に入れることができます。

　これらの国際機関の整備するデータは有用ですが，これらのデータで入手が難しいものもあります。その 1 つが資本ストックのデータです。資本ストックは過去の投資を（償却分を考慮しつつ）積み上げたものでなくてはなりません。また，各国間で比較可能なものにするためには，国際的に統一された基準でデータが整備される必要がありま

---

1)　木村・椋（2016, 付録）は国際貿易や直接投資に関するさまざまなデータを簡潔にまとめており，データを探す際の参考になります。

す。この資本ストックが国際的に比較可能な形で整備されていなければ，生産性の国際
比較も難しくなります。なぜなら，生産性の国際比較を行う場合，産出と投入が比較可
能な形で計測されなければならないからです。

このような問題意識から構築されたデータの1つに，Penn World Table (PWT) と
呼ばれるデータがあります。PWT は GDP や労働，資本ストックといったデータを整
備したものであり，本書の執筆時点（2017 年 9 月現在）では 1950〜2014 年の 182 カ
国がカバーされています。利用可能な変数は限られていますが，国際比較が可能な形で
整備されており，また多くの国を 50 年以上にわたってカバーしていることから，長期
的な分析を行う場合に有用です。この PWT の詳細については，Feenstra et al. (2013)
を参照してください。

1.2 貿易データ

《日本の貿易データ》　日本の貿易を分析する場合，財務省の発表する「貿易統計」が有
用です。いつ何をどの国に輸出したのか，あるいは輸入したかが月ごとにわかる統計で
す。「貿易統計」は財務省のウェブサイトから入手可能です。また，何を輸出入したか
という財の種類には 9 桁という非常に細かい分類（品目コード）が利用されています。
たとえば乗用自動車の場合（品目コード 87.03），シリンダーの容積や中古かどうかとい
った形で 29 種類に分類されています。さらに，一部の財については金額だけでなく数
量も記載されています。この情報から，輸出入の単価を計算することも可能です。

なお，財の品目分類の 9 桁のうち 6 桁までは HS 条約（商品の名称及び分類につい
ての統一システムに関する国際条約：International Convention on the Harmonized
Commodity Description and Coding System）に基づき輸出入とも共通しています。
しかし，7 桁目以降については，輸出と輸入で財の品目コードが必ずしも一致していま
せん。このため，産業内貿易を細かい品目分類で捉えようとする場合（細かい品目レベ
ルの輸出と輸入のデータを同時に利用する場合）には，輸出と輸入で同じ品目を捉えて
いるかどうかといった点に注意が必要です。また，HS 条約に基づく分類は数年ごとに
見直されているため，時系列で利用する場合には同じ財に同じ品目コードが使われてい
るかを確認する必要があります。たとえば 2000 年のあるコードの品目は 2015 年の同
じコードの品目とは違っているかもしれません。品目コードが同じでも，輸出と輸入で
同じ品目か，また，時間を通じて同じ品目かといった点は確認が必要です[2]。

《国際貿易のデータ》　日本の貿易データは詳細な品目分類で利用できますが，このよう
な詳細な分類を必要としていない人もいるかもしれません。さらに，ある程度集計され

---

2)　なお，日本の貿易統計の品目分類については，公益財団法人日本関税協会が公表する輸入統
　計品目表（輸出統計品目表）の新旧対照表を利用することで，品目コードの時系列の変遷を追
　跡することが可能です。

た分類で，各国，たとえば日中韓の比較をしたいという方もいるかもしれません。このような場合に有用なデータが国連の発表する貿易データ，国連商品貿易統計データベース（UN Comtrade Database）です。このデータは国連加盟国の統計機関によって国連に報告された輸出入統計をデータベース化したものであり，HS の 6 桁という比較的細かい分類だけでなく，4 桁や 2 桁という比較的集計された分類で，また相手国別，世界計といった形で輸出入額を把握することが可能です。このデータは UN Comtrade Database のウェブサイトから手に入れることができます。

さらに，読者の方の中には，品目分類別ではなく一国全体のデータで十分という方もいらっしゃるかもしれません。とくにグラビティ・モデルを用いた分析の場合，詳細な品目レベルのデータは必ずしも必要ではないでしょう。そのような方に有用なデータが IMF の発表する Direction of Trade Statistics (DOT) のデータです。こちらも IMF の IMF eLibrary Data のウェブサイトから手に入れることができます。

1.3 投入・産出のデータ

国際貿易の実証分析では投入・産出の国内のデータと貿易データを組み合わせて用いるのが一般的です。ここで注意しなければならないのは，投入・産出のデータと貿易データの分類が異なっているという点です。一般に，投入・産出のデータは産業分類，貿易データは商品分類であり，異なる分類に基づいていることから，両者を接続するという作業が必要になります。日本の統計は**日本標準産業分類**（Japan Standard Industrial Classification: JSIC）と呼ばれる分類に基づき整備が行われています[3]。この日本標準産業分類は大分類（1 桁），中分類（2 桁），小分類（3 桁），細分類（4 桁）と最大 4 桁のコードからなる分類です。

ここで注意しなければならないのは，産業分類が数年ごとに改定されるという点です。たとえば，日本標準産業分類の 2007 年の改定の際，それまで別に分類されていた「11 繊維工業（衣服，その他の繊維製品を除く）」と「12 衣服・その他の繊維製品製造業」が「11 繊維工業」に統合されました。このため，たとえば改訂以前に 17 番だった化学工業は改定後は 16 番に変更といった具合に，産業分類のコードに変更が出ています。ある産業の時系列の変化に注目する場合，同じ産業コードで同じ産業を時系列に追跡できているかどうかを確かめる必要があります。

このような問題に対応するため，近年，日本を含めたいくつかの国では，産業データと貿易データの分類を合わせて，時系列のデータを整備するという試みが行われています。たとえば，経済産業研究所（RIETI）の整備する日本産業生産性データベース

---

3) JSIC は国連の発表する**国際標準産業分類**（International Standard Industrial Classification: ISIC）に近いものですが，JSIC と ISIC では分類項目の概念や定義が必ずしも一致しない場合があります（総務省ウェブサイト）。同様に，産業レベルで国際比較を行う場合，日本と諸外国の産業分類が比較可能な形になっているかという点に注意が必要です。

（Japan Industrial Productivity Database：JIP データベース）と呼ばれるものもあります。このデータベースは 1970 年以降の産業連関表と資本，労働を 108 産業について整備したものです。第 3 節で詳しく説明しますが，産業連関表では産業ごとに輸出額と輸入額がわかります。このため，各産業の投入・産出と貿易を組み合わせて分析することが可能になっています。

これらのデータを用いると，生産要素の投入，産出，および貿易データが同じ産業分類で利用可能です。また，産業連関表のデータも一緒に利用できることから，第 1 章で紹介したレオンティエフのテストやリーマーのテストを行うことが可能になります。ただし，貿易データは非常に細かい分類で利用可能ですが，投入・産出のデータは貿易データほどには分類が細かくない点に注意が必要です。また，このような投入・産出と産業連関表がともに整備されている国は限られており，とくに途上国では入手が難しい点も注意してください。

1.4　直接投資のデータ

直接投資の国際的なデータは貿易データほど細かくは整備されていません。その理由は，どの国のどの企業がどの産業に投資をしたのか，といったことを細かく把握することが難しいためです。しかし，一国全体のマクロ・レベルの動き，すなわちどの国からどの国に直接投資が向かっているのかということについては，OECD の発表する *Foreign Direct Investment Statistics* から把握ができます。また，UNCTAD の発表する *Foreign Direct Investment Database* を利用すると，約 200 カ国の対外・対内直接投資について，フロー（1970 年以降）だけでなくストック（1980 年以降）のデータが入手可能です。また，UNCTAD の統計には，グリーンフィールドによる投資額とＭ＆Ａによる投資額についても記載されています。ただし，UNCTAD のデータは一国全体の対外・対内直接投資のデータであり，OECD のデータのように相手国別には分かれていない点に注意してください。

日本の直接投資については，詳細な調査が行われています。以下では，日本の直接投資の統計データについて，国レベル，産業レベル，企業レベルの 3 つに分けて簡単に紹介しましょう。まず，国レベルの直接投資は，日本銀行と財務省が共同で公表している「国際収支統計」で把握することができます。「国際収支統計」とは一定期間（月，年など）における一国のあらゆる対外経済取引を体系的に記録した統計です。日本企業が直接投資をどれだけ行ったのか，あるいは外資系企業が対日直接投資をどれだけ行ったのか，といった情報が記録されているものです。この他に，日本の輸出入額や外貨準備額がどのように変動したのかも記載されています。

たとえば財務省のウェブサイトの「国際収支状況」から「国際収支の推移」というページに移ると，「時系列データ：対外・対内直接投資」という項目があります。そこから，年，四半期，月といった期間別に日本の対外直接投資，対内直接投資のデータを

ダウンロードできるようになっています。

産業・地域別の直接投資についても，日本銀行が「国際収支統計」をもとに発表しています。日本銀行の「国際収支統計（IMF国際収支マニュアル第6版ベース）」というページで「業種別・地域別直接投資」という項目を見ると，対外・対内直接投資それぞれについて，業種別・地域別のデータが利用できることがわかります[4]。なお，日本の国際収支統計は投資国を債権者や筆頭出資者の所属国で特定しています。このため，債権者や筆頭出資者がタックス・ヘイブンに属する場合，そのタックス・ヘイブンを経由する投資であっても，タックス・ヘイブンが投資国とみなされます。このような問題を避けるためには，米国のように，究極的な利益の所有者がどこの国に属するかを調査することが必要になってきます。

企業レベルでは，次の5つの統計が研究によく利用されています。最初の3つは経済産業省が調査している政府統計です。ある程度集計された情報は公表されていますが，個々の企業の情報は目的外使用申請と呼ばれる申請を通じてしか利用できないという制限があります。残りの2つは民間企業の販売するもので，一般の方でも利用可能なものです。

第1は「企業活動基本調査」です。従業者50人以上，資本金または出資金3000万円以上の製造業，卸・小売業を中心とした調査であり，その目的は海外活動に限らず，企業活動の実態全般を明らかにすることにあるとされています。このため，調査されている内容は，企業の従業者の規模や資産額，研究開発費，海外子会社を持っているかどうか，輸出を行っているかどうかなど多岐にわたっています。2016年時点では，2万8000社を超える企業が調査対象となっており，上場企業だけでなく上場していない企業も含む大規模な統計です。

第2は「海外事業活動基本調査」です。日本企業の海外事業活動の現状を把握する目的で行われている調査であり，毎年3月末に海外に現地法人を有する（金融・保険業，不動産業を除く）すべての企業が調査対象となっています。2015年3月時点では，調査対象となる企業数は約9600社（有効回答は約6800社），その海外子会社の総計は2万社を超えています。海外子会社の雇用や売上，配当送金などが調査されています。

第3は「外資系企業動向調査」です。この統計の目的は日本に進出する外資系企業の経営動向を把握することにあり，雇用の規模や売上高，仕入高，研究開発費などの内容が調査されています。この統計は，出資比率3分の1を外資系企業とみなす基準，すな

---

4) 細かいことですが，「国際収支マニュアル 第6版」に基づくデータは，2014年から整備されていることに注意が必要です。つまり，2013年以前のデータはこのページには記載されていません。2013年以前のデータは「国際収支統計（IMF国際収支マニュアル第5版ベース）」というページの「業種別・地域別直接投資」という項目で入手できます（2005年から）。ただし，第5版から第6版へ移行したためか，このページは2014年以降更新されていない点に注意してください。

わち調査対象とする基準としています。調査対象は 2016 年時点で約 5900 社となっています。

第 4 は東洋経済新報社が公表する「海外進出企業総覧」です。この統計は海外進出している企業と子会社をまとめたものです。いつどこにどの企業が進出したのかといった情報が詳細に記録されているため，立地要因の分析などに頻繁に利用されています。売上や雇用といった情報は，調査はされているものの，欠損値（未回答）が多く，定量分析に使いにくいという難点もあります。2017 年版では約 4900 社（海外現地法人約 2 万 9700 社）の情報が収録されています。

そして第 5 は，同じ東洋経済新報社が公表する「外資系企業総覧」です。「海外進出企業総覧」と同様に日本に進出する外資系企業をまとめたものであり，どの国のどの企業がいつどこに進出したのかといった情報が詳細に収録されています。2017 年版では，3175 社が調査対象となっています。

数千〜数万社を対象とした調査は，時間と労力がかかるものであり，研究者個人のレベルで扱えるものではなく，政府や民間企業の力でようやく調査が可能になるものです。エビデンスに基づく政策形成のためにも，地道に統計を整備していくこと，そしてその統計が広く活用されるよう環境整備を進めていくことも，地味ではあるものの，重要な政策的な課題の 1 つといえます。

2 回帰分析

本節では実証分析で頻繁に利用される回帰分析の概略を簡単に説明します。また，その前提となる統計学の基礎知識についても解説します。さらに，やや発展的であるものの，近年の実証分析で頻繁に用いられているパネル・データ分析や内生性の問題，差の差検定といったトピックについても紹介します。

2.1 統計学の基礎知識

回帰分析に入る前に，まず基本的な統計指標についておさらいしておきましょう。

《平均》 通常，平均（mean）というときは，算術平均を意味します。すなわち，データをすべて足したものをデータの数で割ったものです。

$$\bar{x} = \frac{x_1 + x_2 + \cdots + x_n}{n} \tag{A.1}$$

ここで，x_i $(i = 1, \ldots, n)$ は各データの値，n はデータの数を表します。

《分散，標準偏差》 分散（variance）はデータの散らばり具合を表すものです。データの平均（$\bar{x}$）からの差を二乗したものの平均値として定義されます。

$$\sigma_x^2 = \frac{(x_1 - \bar{x})^2 + (x_2 - \bar{x})^2 + \cdots + (x_n - \bar{x})^2}{n}$$

なお，分散の分子の部分は全変動と呼ばれることがあります。

分散はデータの二乗の平均をとっているため，元のデータと単位が変わってしまうことに注意してください。**標準偏差**（standard deviation）は，分散を元の単位に戻してあげたもの，つまり分散の平方根をとったものとして定義されます。

$$\sigma_x = \sqrt{\sigma_x^2} = \sqrt{\frac{(x_1 - \bar{x})^2 + (x_2 - \bar{x})^2 \cdots + (x_n - \bar{x})^2}{n}} \tag{A.2}$$

《共分散，相関係数》 分散と似たような指標に**共分散**（covariance）と呼ばれるものがあります。これは 2 つの変数に注目するものであり，2 つの変数の変化の関係を表す指標です。この共分散は，各変数の平均からの偏差を掛け合わせたものの和をデータの数で割ったものとして定義されます。x と y の共分散は次のように表されます。

$$\sigma_{xy} = \frac{(x_1 - \bar{x})(y_1 - \bar{y}) + \cdots + (x_n - \bar{x})(y_n - \bar{y})}{n} \tag{A.3}$$

変数の値が大きくなれば，共分散の値も大きくなります。**相関係数**（correlation coefficient）は共分散を変数の値に依存しない形に変換したものです。こうすることで，x と y の相関関係の強弱がわかるようになります。具体的に，相関係数 (r) は，x と y の共分散を x と y の標準偏差の積で割ったものとして定義されます。

$$r = \frac{x \text{ と } y \text{ の共分散}}{x \text{ の標準偏差} \times y \text{ の標準偏差}} = \frac{\sigma_{xy}}{\sigma_x \sigma_y} \tag{A.4}$$

相関係数は，データの値の大きさに関係なく，必ず -1 から 1 の間に収まります。相関係数が 1 の場合は完全に正の相関があり，逆に -1 の場合は完全に負の相関があります。0 の場合は無相関です。

《データの種類》 1 時点で複数の経済主体について集められたデータは，**クロスセクション・データ**（cross-section data）と呼ばれます。たとえば 2016 年の 1 人当たり GDP を 200 カ国について集められたデータは，クロスセクション・データの 1 つです。これに対して，ある経済主体について継続した複数期にわたって集められたデータは，**時系列データ**（time-series data）と呼ばれます。日本の 1 人当たり GDP のデータを 1980 年から四半期ごとに 2016 年まで集められたデータは，時系列データの 1 つです。そして，複数の経済主体について継続した複数期にわたって集められたデータ，つまりクロスセクションと時系列の両面からなるデータは，**パネル・データ**（panel data）と呼ばれます[5]。パネル・データはデータの整備，収集に労力が必要ですが，その分，さまざまな計量経済分析が可能になります。その一例を次節で紹介します。

2.2 回帰分析とは？

x と y という 2 つのデータの間に，$y = \beta_0 + \beta_1 x$ という関係を想定するとき，β_0 と β_1 をデータから統計学的に求めようとする分析手法のことを回帰分析（regression analysis）といいます。この β_0 と β_1 がわかれば，x が変化したときに y がどれだけ変化するかがわかることになります。

いま仮に，日本の各産業の資本集約度と純輸出（＝ 輸出 − 輸入）の関係を見るとします。ヘクシャー＝オリーンの定理は「労働（資本）が相対的に豊富な国は，労働（資本）集約的な財を輸出する」というものでした。日本が資本豊富国であるとすれば，日本は資本集約的な財を輸出し，労働集約的な財を輸入することになります。つまり，ある産業が資本集約的であればあるほど輸出も大きくなり，逆に労働集約的であればあるほど輸入が大きくなることが予想されます。以下では，この予想が成り立つかどうかを考えてみましょう。

まず，次のような関係を想定します。

$$y_i = \beta_0 + \beta_1 x_i + u_i \tag{A.5}$$

ここで，y_i は産業 i の純輸出，x_i は資本集約度を表します。また，u_i は誤差であり，誤差項と呼ばれます。y_i は x_i に依存しているため，y_i は被説明変数（あるいは従属変数），x_i は説明変数（あるいは独立変数）と呼ばれます。これらの変数には，現実のデータが利用されます。回帰分析が信頼ある結果を導くためには，誤差項はいくつかの条件を満たす必要がありますが，これは後程解説します。なお，説明変数が 1 つのときは単回帰，複数のときは重回帰と呼ばれます。以下では，単回帰の例をもとに説明しましょう。

2.3 最小二乗法

(A.5) 式の β_0 と β_1 はパラメータ（parameter）と呼ばれるもので，このパラメータの値を統計的に特定することは推定（estimation）と呼ばれます。問題は，この β_0 と β_1 をどのように推定するかという点にあります。β_0 と β_1 を推定する最も一般的な方法は，最小二乗法（Ordinary Least Squares: OLS）と呼ばれるものです。OLS は，誤差の二乗（u_i の二乗の和 $= \sum_i u_i^2$）を最小にする β_0 と β_1 を求めるというものです。

回帰分析によって得られたパラメータは（あくまで統計的に推測されたものという意味で）$\hat{\beta}_0$, $\hat{\beta}_1$ と表されます。そして，$u_i = y_i - (\hat{\beta}_0 + \hat{\beta}_1 x_i)$ です。このとき，誤差の二乗和を最小にする $\hat{\beta}_0$ と $\hat{\beta}_1$ は以下の 2 つの方程式の解ということになります。

---

5) なお，対象となる経済主体が企業の場合，参入や退出により観測期間を通じて追跡できないことがあります。このようなデータの場合，アンバランス・パネル（unbalanced panel）と呼ばれます。一方，すべての経済主体が観測期間を通じて追跡できる場合はバランス・パネル（balanced panel）と呼ばれます。

$$\frac{\partial \sum_i u_i^2}{\partial \hat{\beta}_0} = -2 \sum_i (y_i - \hat{\beta}_0 - \hat{\beta}_1 x_i) = 0$$

$$\frac{\partial \sum_i u_i^2}{\partial \hat{\beta}_1} = -2 \sum_i (y_i - \hat{\beta}_0 - \hat{\beta}_1 x_i) x_i = 0$$

これらの方程式の解は

$$\hat{\beta}_0 = \bar{y}_i - \hat{\beta}_2 \bar{x}_i \quad \text{および} \quad \hat{\beta}_1 = \frac{\sum_i (x_i - \bar{x}_i)(y_i - \bar{y}_i)}{\sum_i (x_i - \bar{x}_i)^2} \tag{A.6}$$

です（詳細は Wooldridge (2015) などの計量経済学の標準的な教科書をご覧になって
ください）。

　回帰分析の結果を利用すると，誤差がまったくない場合の値を導くことができます。

$$\hat{y}_i = \hat{\beta}_0 + \hat{\beta}_1 x_i \tag{A.7}$$

つまり，ある x_i が与えられると，理論的には，$\hat{y}_i$ という値が予測されることになりま
す。この $\hat{y}_i$ は予測値（predicted value）あるいは理論値と呼ばれ，$\hat{y}_i = y_i - u_i$ と表
されます。この回帰分析によって $\hat{\beta}_0$ と $\hat{\beta}_1$ が得られたとしても，それで終わりではあ
りません。得られた結果が信頼に足るものかということを確認する必要があります。

2.4　決定係数と t 値

　決定係数（R-squared: R^2）とは，説明変数がどの程度うまく被説明変数を説明して
いるか，つまり x がどの程度 y のばらつきを説明しているかを見る指標のことです。よ
り具体的には，y_i の変動のうち，x_i で説明（決定）できる変動の割合のことです。

$$R^2 = \frac{\sum_i (\hat{y}_i - \bar{y})^2}{\sum_i (y_i - \bar{y})^2} = 1 - \frac{\sum_i (y_i - \hat{y}_i)^2}{\sum_i (y_i - \bar{y})^2} \tag{A.8}$$

ここで，分母の $\sum_i (y_i - \bar{y})^2$ は観測値と平均値の差の二乗の和であり，分散の分母に
当たるもので，全変動と呼ばれています。一方，分子の $\sum_i (\hat{y}_i - \bar{y})^2$ は回帰分析の理論
値と平均値の差の二乗の和であり，回帰分析によって説明できた変動部分を表していま
す。このため，R^2 は 0 から 1 の間の値をとり，1 に近づくほど説明できる割合が大き
い（説明力が高い）ことを意味します。

　R^2 は，説明変数の数を増やせば増やすほど大きくなるという特徴があります。この
問題を修正するため，重回帰分析のときは自由度修正済決定係数（修正済 R^2）という
指標が利用されます。

$$\bar{R}^2 = 1 - \frac{n-1}{n-k} \times \frac{\sum_i (y_i - \hat{y}_i)^2}{\sum_i (y_i - \bar{y})^2} = 1 - \frac{\sum_i (y_i - \hat{y}_i)^2/(n-k)}{\sum_i (y_i - \bar{y})^2/(n-1)}$$

ここで，n は観測値の数，k は説明変数の数です。また，R^2 は次のように書き直すことができることに注意してください。

$$R^2 = \frac{\sum_i(\hat{y}_i - \bar{y})^2}{\sum_i(y_i - \bar{y})^2} = 1 - \frac{\sum_i(y_i - \hat{y}_i)^2}{\sum_i(y_i - \bar{y})^2} = 1 - \frac{\sum_i(y_i - \hat{y}_i)^2/(n-1)}{\sum_i(y_i - \bar{y})^2/(n-1)}$$

つまり，修正済 R^2 では，説明変数 (k) の増加に伴う誤差 $(\sum_i(y_i - \hat{y}_i)^2)$ の減少を自由度 $n - k$ によって調整するということが行われています。

次に，パラメータ $\hat{\beta}_0$ と $\hat{\beta}_1$ に注目しましょう。これらのパラメータは一意に決まるのではなく，分布を持ちます。すなわち，ある散らばりの中の平均の値でしかわかりません。このパラメータの標準誤差を $\sigma_{\hat{\beta}_0}$ と $\sigma_{\hat{\beta}_1}$ と表すとしましょう。得られた x_i のパラメータ $\hat{\beta}_1$ がプラスの値であったとしても，その標準誤差が大きければ，パラメータがゼロになる確率が出てきます。つまり，標準誤差はパラメータの信頼度を測る尺度となります。説明変数 x_i が被説明変数 y_i と相関があることを示すためには，$\hat{\beta}_1 = 0$ になる確率がどのくらいかを調べる必要があります。もし $\hat{\beta}_1 = 0$ になる確率が低ければ，x_i と y_i は相関関係があると考えることができます。

この「係数がゼロと異なる」かどうかは，仮説検定の 1 つの t 検定によって確かめられます。仮説検定とは，「係数がゼロである」という仮説を立て，「この仮説が成立するのは非常に小さい確率である」ことを示すものです。誤差が存在する以上，ピンポイントで「係数がゼロでない」ということを「証明」するのは現実的ではありません（例外＝反例がありうるため）。このため，「係数がゼロである」という仮説を立て，「係数がゼロである」という仮説を確率的に否定（棄却）することで，「係数はゼロではない」という結論を導くのです。なお，「係数はゼロである」は帰無仮説 (H_0)，「係数はゼロでない」は対立仮説 (H_1) と呼ばれます。

t 検定に利用される検定統計量は t 値と呼ばれ，次のように定義されます。

$$t\,値 = \frac{パラメータの推定値 - 検定したい定数}{パラメータの標準誤差} \tag{A.9}$$

このように変換された t 値は t 分布と呼ばれる分布に従う性質を持っていることが知られています。この t 値は，パラメータの推定値が検定したい定数からどのくらい離れているかを，散らばり具合を調整した上で見るという指標です。たとえば，係数がゼロと異なるかどうかを検定したい場合，検定したい定数は 0 になります。(A.9) 式から，検定したい定数 $=0$ となり，t 値はパラメータの推定値をパラメータの標準誤差で割ったものとして計算されます。また，t 分布と t 値から，パラメータの推定値が検定したい定数と同じになる確率を計算することができ，その確率は p 値と呼ばれています。

先の「係数がゼロである」という仮説を棄却するかどうかという基準は，この p 値をもとに判断されます。この p 値はパラメータの推定値，すなわち係数がゼロと同じになる確率を表していますので，この値が小さければ小さいほど，係数がゼロになる可能性

が低くなります。たとえば，p 値が 0.02 の場合，係数がゼロとなる確率は 2% しかないということを意味しています。それでは何 % であれば仮説は棄却されるのでしょうか。明確な基準はありませんが，経済学では，慣例的に 1%，5%，10% という基準が利用されています。これらは意味のある水準ということで，有意水準と呼ばれることもあります。p 値が 0.02 の場合は有意水準 1% では仮説を棄却できませんが，有意水準 5% で仮説を棄却できることになります[6]。推定結果を示す場合，係数の他に係数の t 値，あるいは標準誤差や p 値を表すのが一般的です。

なお，後述する重回帰分析のように複数の係数が同時にゼロであることを検定する方法もあります。この場合の検定法は F 検定と呼ばれるもので，そのときに用いられる検定統計量は F 値と呼ばれています。

2.5 回帰分析の仮定と内生性

《回帰分析の仮定》 回帰式が

$$y_i = \beta_0 + \beta_1 x_i + u_i$$

であるとき，回帰係数のパラメータ $\hat{\beta}_1$ の標準誤差は

$$\sigma_{\hat{\beta}_1} = \frac{s}{\sqrt{\sum_i (x_i - \bar{x})^2}}$$

と求めることができます。ここで s は回帰の標準誤差と呼ばれます。ここで，次のような 4 つの仮定を考えます。

(1) u_i の平均は 0: $E(u_i) = 0$。

(2) u_i の分散は一定: $E(u_i^2) = \sigma^2$。この仮定が満たされない状況は，不均一分散（heteroscedasticity）があると呼ばれます。σ と s の違いは，前者が母集団の標準誤差，後者が標本の標準誤差という点にあります。

(3) u_i と説明変数 x_i は無相関: $E(u_i x_i) = 0$。この仮定が満たされない状況は，内生性（endogeneity）があると呼ばれます。

(4) u_i は互いに無相関: $E(u_i u_j) = 0$, $i \neq j$。時系列データのときに注意すべき仮定です。この仮定が満たされない状況は，系列相関（autocorrelation）があると呼ばれます。

これらの 4 つの仮定が満たされれば，推定量として望ましい性質を満たすことが知られています。すなわち，最小二乗推定量は偏りがなく（不偏性），サンプルの増加に伴

---

6) このとき「係数の推定値が 5% 水準で統計的に有意である」といいます。これは「係数がゼロである」という仮説が正しい確率は 5% 未満であり，95% 以上の信頼性をもってその仮説を棄却できることを意味しています。

い真の値に近づきます（一致性）。さらに，これらの4つの仮定が満たされるなら，最小二乗推定量は線形の回帰分析の不偏推定量の中で最も分散が小さい推定量になることも知られており，このような推定量は最小分散線形不偏推定量（Best Linear Unbiased Estimator: BLUE）と呼ばれています。

また，以上の4つの仮定に加えて，

(5) u_i は平均0，分散 σ^2 の正規分布に従う：$E(u_i) \sim N(0, \sigma^2)$

という仮定が満たされるなら，最小二乗推定量は最尤推定量となることが知られています。さらに，このとき，最小二乗推定量は（線形に限らず）すべての不偏推定量の中で最も分散が小さい性質を持ちます。このような最小二乗推定量は**最良不偏推定量**（Best Unbiased Estimator: BUE）と呼ばれます。なお，不均一分散や系列相関の問題は，パラメータの分散の計算法を変えたり，推定方法を変えたりすることで，対処できることが知られています。この詳細に興味を持たれた方は，Wooldlidge (2015) などの計量経済学の標準的な教科書をご覧になってください。

《内生性》 上述の回帰分析の諸仮定が満たされない場合の問題の中でも，国際経済学の実証分析でとくに重視されているのが，内生性の問題です。内生性の問題は，除外変数，同時性，測定誤差といった要因に起因することが知られています (Wooldridge, 2010, pp.54-55)。ここでは，第2章で取り上げた Debaere (2005) に基づき，この内生性の問題について少し詳しく説明しましょう。

Debaere (2005) はヘルプマンの仮説1（第2章第2.1項を参照）を検証するため，次の式の推定を行いました。

$$\ln \frac{V_{jkt}}{\text{GDP}_{jkt}} = \beta_1 \ln s_{jkt} + \beta_2 \ln \text{Sim}_{jkt} + v_{jk} + u_{jkt} \tag{A.10}$$

ここで，V_{jkt} は j 国と k 国の2国間の t 時点の貿易額，GDP_{jkt} は j 国と k 国の t 時点の GDP の和を表します。つまり，被説明変数は j 国と k 国の貿易額の対 GDP 比の自然対数値です。他方，右辺の説明変数は，s_{jkt} が世界の GDP に占める j 国と k 国のシェアで，Sim_{jkt} は2国の経済規模の類似度です。どちらも自然対数値をとっています。j 国と k 国の GDP をそれぞれ GDP_{jt}, GDP_{kt} と表すと，$\text{Sim}_{jkt} = 1 - (\text{GDP}_{jt}/\text{GDP}_{jkt})^2 - (\text{GDP}_{kt}/\text{GDP}_{jkt})^2$ と定義されます。ヘルプマンの仮説1が正しければ，どちらの係数も符号は正で統計的に有意になることが期待されます。

ここで，被説明変数と説明変数にともに GDP が含まれている点に注意が必要です。GDP には貿易額が含まれていることから，たとえば j 国から k 国以外への輸出が拡大すれば，j 国の GDP が増加し，結果として被説明変数は小さく，一方，説明変数 s_{jkt} は大きくなります。つまり，j 国と k 国の貿易額とは無関係に，説明変数と被説明変数

の間に負の相関が生じることになりますが，この関係を無視して回帰分析をすると，あたかも説明変数 s_{jkt} が被説明変数に負の影響を与えているように見えてしまいます。

第三国への輸出は (A.10) 式には明示的には含まれておらず，誤差項に含まれることになります。すなわち，第三国への輸出が拡大すると，被説明変数が小さくなることで，誤差項も小さくなります。一方，説明変数は大きくなることから，誤差項と説明変数の間に正の相関が発生します。これは，回帰分析の満たすべき $E(u_i x_i) = 0$ の仮定が満たされないことを意味します。

このような問題に対処する方法が**操作変数法**（instrumental variable method）と呼ばれるものです。操作変数法とは，説明変数と相関がある一方で誤差項とは無相関であるような操作変数を用いることで内生性の問題に対処する方法です。いま操作変数を z_i で表すとしましょう。操作変数法は 2 段階の推定からなります。まず第 1 段階で説明変数 x_i と操作変数 z_i の回帰分析を OLS によって推定します。

$$x_i = \alpha_0 + \alpha_1 z_i + v_i$$

ここから，x_i の理論値 $\hat{x}_i \, (= \hat{\alpha}_0 + \hat{\alpha}_1 z_i)$ を得ます。ここで $\hat{x}_i$ は x_i から誤差項 v_i を除いたもの，すなわち説明変数 x_i のうち，操作変数 z_i で説明できた部分であることに注意してください。操作変数 z_i は説明変数 x_i とは相関を持ちますが，誤差項 u_i とは相関を持たないような変数です。このため，第 1 段階の v_i は，説明変数 x_i のうち誤差項と相関を持つ部分であり，$\hat{x}_i$ は説明変数 x_i のうち誤差 u_i と相関しない部分を取り出したものと解釈できるのです。すなわち，$E(u_i \hat{x}_i) = 0$ です。そこで，第 2 段階で，x_i の代わりに $\hat{x}_i$ を用いて，次のように回帰式を OLS によって推定します。

$$y_i = \beta_0 + \beta_1 \hat{x}_i + u_i$$

このように操作変数を利用することで，内生性の問題に対処できるのです。

仮に操作変数を見つけることができたとして，それが適切かどうかをどのように判断すればよいのでしょうか。その 1 つの基準は，操作変数と内生変数の相関が十分に強いことを確認するというものです。具体的には，第 1 段階の回帰分析で，操作変数の係数がゼロであるという帰無仮説を F 検定します。そしてこの F 値が 10 以上であれば操作変数は十分に強いといわれています（Stock and Yogo, 2005）。なお，内生変数は 1 つではなく，複数ある場合もあります。また，内生変数の数と操作変数の数が一致する場合は **2 段階最小二乗法**（two-stage least squares: 2SLS）と呼ばれます。

Debaere (2005) は要素賦存の変数，具体的には各国の人口と資本ストックを操作変数として用いました。ただし，これらの操作変数が内生変数と十分に強い相関を持っているかまでは検証されていません。このため，Debaere (2005) の用いた操作変数が適切かどうかは意見の分かれるところであり，こうした点でも研究を改良していく余地は残されているといえます。

2.6 重回帰分析

《重回帰分析とダミー変数》 説明変数が2つ以上のとき，たとえば次のような回帰式の場合，重回帰分析と呼ばれます。

$$y_i = \beta_0 + \beta_1 x_{1i} + \beta_2 x_{2i} + u_i \tag{A.11}$$

第5章のグラビティ・モデルの (5.11) 式，すなわち

$$\ln T_{ijt} = \beta_0 + \beta_1 \ln Y_{it} + \beta_2 \ln Y_{jt} + \beta_3 \ln D_{ij} + \beta_4 \text{RTA}_{ijt} + u_{ijt} \tag{A.12}$$

も重回帰分析の1つです。ここで T_{ij} は2国間（i 国と j 国）の貿易，Y_i と Y_j はそれぞれ i 国と j 国の GDP，D_{ij} は2国間の距離です。なお，2国間の距離は（一般的には）時間を通じても変わらないため，t の添え字が付いていない，すなわち時間に依存しないことに注意してください。また，RTA_{ijt} はダミー変数（dummy variable）と呼ばれるものです。ダミー変数とは，ある条件を満たすときに1，それ以外のときに0をとる変数のことです。この分析の場合，RTA_{ijt} は t 年に i 国と j 国が RTA を締結している場合に1，そうでない場合に0をとる変数，すなわち

$$\text{RTA}_{ijt} = \begin{cases} 1 & i \text{ 国と } j \text{ 国が RTA を締結している場合} \\ 0 & i \text{ 国と } j \text{ 国が RTA を締結していない場合} \end{cases} \tag{A.13}$$

として定義されています。

　ダミー変数は量的に捉えることが難しい情報を回帰分析に取り入れようとするもので，質的な変数とも呼ばれます。RTA の締結以外にも，さまざまな応用が可能です。たとえば，共通の言語が利用されていることが貿易を促進している可能性がある場合，2国が同じ言語を用いている場合（たとえば英語の場合）に1，その他の場合に0をとるダミー変数を用いることも可能です。

　さらに，ダミー変数は分析者ではよくわからない（観測できない）2国間固有の効果を捉えることも可能になります。たとえば，米国とメキシコの間に量的に捉えられない何かが働いているとすれば，米国・メキシコダミーというダミー変数（i 国と j 国が米国とメキシコの場合に1，その他の場合に0をとる変数）を含めることも可能です。

《パネル・データ分析》 このような私たち分析者では観測できない2国間固有の関係は，実はすべての国に存在するかもしれません。それでは，すべての2国間の組み合わせについてダミー変数を含めることはできるのでしょうか。クロスセクション・データの場合，それは不可能です。データの数だけダミー変数が必要になるためです。たとえば2国間の組み合わせが100個ある場合，ダミー変数の数も100個になります。これでは推定はできません。しかし，パネル・データの場合はそれが可能になります。再びグラビティ・モデルに戻って考えてみましょう。

いま，2 国間の貿易額，1 人当たり GDP，そして 2 国間の距離のデータが，2 国間の組み合わせ 100 個，20 年間について得られたとします。ここで，2 国間特有のダミー変数 β_{ij} を考えます。β_{ij} は i と j の組み合わせが i 国と j 国の場合に 1，そうでない場合に 0 をとる変数です。2 国間固有の関係ですので，時間には依存していません。この変数を (A.12) 式に取り入れると

$$\ln T_{ijt} = \beta_{ij} + \beta_1 \ln Y_{it} + \beta_2 \ln Y_{jt} + \beta_4 \mathrm{RTA}_{ijt} + u_{ijt} \tag{A.14}$$

と表すことができます。ここでデータの数は 2000 個（= 100 個 × 20 年）です。一方，説明変数の数はダミー変数 β_{ij} の数 100，それに 1 人当たり GDP が 2 つ，RTA ダミーが 1 つの合わせて 103 です。データの数と比べて説明変数が小さいこと（すなわち，自由度が大きいこと）がわかります。このようにパネル・データを用いると，分析者が直接観測できないような固有の効果を考慮することができるのです。そして，このようにパネル・データを用いて固有の効果を考慮する回帰分析は固定効果モデル（fixed effect model）と呼ばれており，このときの β_{ij} は固定効果と呼ばれています。

なお，固定効果モデルの場合，距離の変数 D_{ij} を含めることができません。なぜなら，距離も固定効果もともに時間を通じて変わらない変数であり，両者の相関係数が 1 となってしまうためです。このように重回帰分析の場合，説明変数同士が高い相関を示し，それが結果を不安定にすることがあります[7]。この現象は多重共線性（multi-collinearity）と呼ばれており，相関関係が 1 になってしまうと標準的な統計ソフトは片方の変数（上の例の場合，距離の変数）を分析から自動的に落としてしまいます。

また，ここでは 2 国間特有の効果をダミー変数として説明変数の一部として扱いましたが，2 国間特有の効果が他の説明変数と相関を持たない場合，2 国間特有の効果を誤差項の一部として扱うことができます。これは，回帰分析の仮定の 1 つである $E(\beta_{ij}x_{it}) = 0$ が成り立つことを意味しているためです。2 国間特有の効果を誤差項の一部として扱うモデルは変量効果モデル（random effect model）と呼ばれています。

それでは，固定効果モデルと変量効果モデルのどちらを用いるのが望ましいのでしょうか。この疑問に対する現時点での答えとして，大きく 2 つの考え方があります。1 つは統計的な検定法にその判断を完全に委ねるというものです。標準的な計量経済学のテキストでは，固定効果モデルか変量効果モデルかを判断する統計的な検定法としてハ

---

7) より厳密には，説明変数間の相関が高くなると，係数の標準誤差が大きくなるという現象が生じます。ただし，どの程度の相関関係で「高い相関がある」とみなすかという点については合意があるわけではなく，また，先述した回帰分析の 5 つの仮定はいずれも満たされているため，問題とすべきではないという主張もあります。さらに，係数の標準誤差はサンプル・サイズが小さい場合にも同様に大きくなることから，この現象はサンプル・サイズの小さいことの問題と変わらないと主張する研究者もいます。これらの点に関心を持たれた方は，Wooldridge (2015) などをご覧になってください。

ウスマンの特定化検定（Hausman specification test）が紹介されています[8]。この検定では，帰無仮説を「2国間特有の効果が説明変数と無相関（つまり，変量効果が望ましい）」，対立仮説を「2国間特有の効果が説明変数と相関している（固定効果が望ましい）」とし，帰無仮説が棄却されるかどうかで変量効果モデルか固定効果モデルかを判断します。もし帰無仮説が棄却されないなら，2国間特有の効果が説明変数と相関しているとはいえないということになり，変量効果モデルが妥当ということになります。逆に，帰無仮説が棄却されるなら，2国間特有の効果が説明変数と無相関とはいえないということになり，固定効果モデルが妥当ということになります。

固定効果と変量効果の選択を判断するいま1つの考え方は，固定効果が適切でないとする合理的な理由がない限り，固定効果を採用するというものです。たとえば，Wooldridge (2015, 14.2) は，グラビティ・モデルのようにデータが国レベルに集計されているような場合，直接観測できないような固有の効果が説明変数と相関しないと考えるのは難しいと指摘しています。さらに，奥井 (2015) は，経済学だけでなく社会科学の実証分析全般において，変量効果の仮定である説明変数との無相関の仮定は通常満たされないと指摘しています。このような立場の背後には，ハウスマンの特定化検定はあくまで統計的検定であり，ある確率で誤った判断を下してしまう（本来，固定効果が支持されるべきところを誤って変量効果を支持してしまう）という問題があります[9]。これらの考え方のどちらを支持するかは研究者によっても意見が分かれており，必ずしも決着がついているわけではありません。

《交差項》　重回帰分析で注意すべき点の1つに，交差項の係数があげられます。ここで交差項とは，2つの変数の積を意味します。たとえば次のような回帰式を考えてみましょう。

$$y_i = \beta_0 + \beta_1 x_{1i} + \beta_2 x_{1i} x_{2i} + u_i \tag{A.15}$$

交差項は $x_{1i} x_{2i}$，その係数は β_2 です[10]。ここでは次の3つのケースに分けて説明します。また，以下では説明を簡単にするため，因果関係ではなく単に相関関係に注目するとしましょう。

(1) x_{1i} と x_{2i} がともにダミー変数のケース
(2) x_{1i} が通常の（量的な）変数，x_{2i} がダミー変数のケース
(3) x_{1i} と x_{2i} がともに通常の（量的な）変数のケース

---

8)　統計的検定によって固定効果モデルと変量効果モデルの選択を行うことを説明している計量経済学のテキストとしては，たとえば山本 (2015) があります。

9)　この問題に興味のある方は，たとえば Guggenberger (2010) を参照してください。

10)　なお，(A.16) 式の説明変数に x_{2i} を加えることもできますが，説明を簡略化するため，ここでは加えない形で説明しています。

まず，x_{1i} と x_{2i} がともにダミー変数のケースを考えてみます。たとえば y_i は企業 i の生産性，x_{1i} は企業 i が輸出をしている場合に1の値をとるダミー変数。そして，x_{2i} は企業 i が直接投資をしている場合に1の値をとるダミー変数であるとします。このとき，x_{1i} が1になるのは企業が輸出をしているときです。このため，輸出をしている企業と輸出をしていない企業の生産性の違いは β_1 で捉えることができます。一方，交差項 $x_{1i}x_{2i}$ が1になるのは企業が輸出をし，かつ直接投資をしている場合です。このため，β_2 は直接投資を行っている輸出企業の追加的な生産性の違いを捉えることになります（このため，$\beta_1 + \beta_2$ が輸出と直接投資を同時に行っている企業と輸出を行っていない企業の生産性の違いを意味することになります）。

次に，x_{1i} が通常の（量的な）変数，x_{2i} がダミー変数のケースを考えてみましょう。y_i は企業 i の生産性，x_{1i} は企業 i の輸出額，x_{2i} は上と同様に企業 i が直接投資をしている場合に1の値をとるダミー変数であるとします。このとき，輸出の規模と生産性の関係は β_1 で捉えられます。一方，交差項 $x_{1i}x_{2i}$ が正の値をとるのは直接投資を行っている企業の場合です。このため，β_2 は輸出の規模と生産性の関係の中でも直接投資を行っている企業に追加的に見られる違いを捉えることになります。つまり，もし β_2 がプラスで有意であれば，直接投資を行っている輸出企業は，直接投資を行っていない輸出企業に比べて，輸出の規模と生産性の関係がいっそう強くなることを意味します。

最後に，x_{1i} と x_{2i} がともに通常の（量的な）変数のケースを考えてみます。y_i は企業 i の生産性，x_{1i} は企業 i の輸出額，x_{2i} は企業 i の直接投資額であるとします。このとき，輸出の規模と生産性の関係は先と同様に β_1 で捉えることができます。一方，交差項 $x_{1i}x_{2i}$ は輸出額と直接投資額がともに大きくなればなるほど大きくなりますので，β_2 は両者の相乗効果を捉えることになります。もし β_2 がプラスで有意であれば，直接投資と輸出の規模が相互に補完的に生産性と関係を持つことを意味します。

このように交差項を利用することで，説明変数間の複雑な関係を把握することが可能になります。ただし，交差項にどのような変数を利用するかによって係数の持つ意味が変わってくることに注意が必要です。たとえば，2つの変数がマイナスの値をとる場合，その積はプラスになり，2つの変数がプラスの値をとる場合と区別がつかなくなります。交差項を利用する場合，それが質的な変数かどうか，そしてマイナスの値をとるかどうかといった点を確認するようにしてください。

2.7 差の差推定

次に，差の差（difference-in-differences: DID）推定とは次のような分析方法です。ここでは差の差推定の考え方をわかりやすく説明するために，典型的な差の差推定の方法を取り上げます[11]。

11） この差の差の推定法については，山本（2015）にわかりやすい説明があります。

292　付録　データ分析の基礎

表 A.1　差の差推定の例

	事前期間	事後期間	差
貿易自由化した国々（処置群）	a_0%	a_1%	$a_1 - a_0$
貿易自由化しなかった国々（比較群）	b_0%	b_1%	$b_1 - b_0$
差	$a_0 - b_0$	$a_1 - b_1$	$(a_1 - a_0)$ $-(b_1 - b_0)$

（出所）　筆者作成。

　たとえば，第7章のテーマに関連して，貿易自由化が経済成長率を押し上げる効果があるかどうかについて分析するとしましょう。それについて差の差推定によって分析する場合に，ある時期に貿易自由化をした国々（「処置群」といいます）としなかった国々（「比較群」といいます）との1人当たり実質 GDP 成長率の変化に差があるかどうかを比較します。具体的には表 A.1 の通りです。表中の「事前期間」，「事後期間」というのは，処置群の国々が貿易自由化をした年よりも前の数年間と後の数年間を表します。表中の a_0, a_1, b_0, b_1 というのは，処置群と比較群の国々の年間1人当たり実質GDP 成長率の各期間内の平均値になります。

　ちなみに，貿易自由化をしたタイミングとして，たとえば GATT 加盟国間で 1964 ～1967 年にかけて「ケネディ・ラウンド」と呼ばれる多角的貿易自由化交渉が行われ，その結果平均で 35% の関税引き下げが合意されました。この場合，当時の GATT 加盟国は 1968 年に貿易自由化をしたと考えることができます。

　それぞれのグループごとに事後期間の平均値から事前期間の平均を引いた $a_1 - a_0$ と $b_1 - b_0$ は，1人当たり実質 GDP 成長率の平均値がどれだけ変化したかを示しています。さらにその差をとった「差の差」である $(a_1 - a_0) - (b_1 - b_0)$ は，処置群と比較群の間で，1人当たり実質 GDP 成長率の平均値の変化にどれだけ差があるかを測っています[12]。これが「平均的処置効果（average treatment effect）」と呼ばれるもので，差の差推定で識別される効果（この例では貿易自由化が経済成長率に与える効果）になります。なお，縦方向に差をとってから「差の差」をとっても同じ結果になります。

　第2章第4.1項で紹介した Hanson and Xiang (2004) の研究では，差ではなく比をとっているという点が，ここで説明している典型的な差の差推定と異なっているように見えるかもしれません。しかし，(2.14) 式の被説明変数（つまり左辺側の項）は分母・分子の両方が輸出額の比になっているものを自然対数で変換しています。したがって，$\ln(X/Y) = \ln X - \ln Y$ という対数法則を使うと，「比の比」は「差の差」に直すことができるという点に注意してください。

　さらに，差の差推定による回帰分析を行うには，処置群と比較群を区別するダミー変数と，期間（事前年と事後年）を区別するダミー変数に加えて，それらの交差項を入れ

12） 2つの差（differences）の差（difference）を見ていることが，差の差（difference-in-differences）の由来になっています。

ます。ここでは，Slaughter (2001) が行った，貿易自由化が国々の所得水準を平準化させるかどうかに関する分析を例にとって見てみましょう。具体的には，$j=1$ を貿易自由化をした国（処置群），$j=0$ を貿易自由化をしなかった国（比較群）を表すインデックスとします。また，$r=1$ を事後期間，$r=0$ を事前期間を表すインデックスとします。このとき，j 群の国々の r 期間における t 年の 1 人当たり所得の対数値の標準偏差 σ_{rt}^{j} を被説明変数とする次のような回帰分析を行います。

$$\sigma_{rt}^{j} = \alpha_1 + \alpha_2 d_r + \alpha_3 d^j + \alpha_4 d_r \times d^j + \beta_1 t + \beta_2 t d_r + \beta_3 t d^j + \beta_4 t d_r \times d^j + u_{rt}^{j}$$

(A.16)

ここで，d_r は $r=1$ のときに 1，それ以外は 0 のダミー変数，d^j は $j=1$ のときは 1，それ以外は 0 のダミー変数で，$d_r \times d^j$ はそれらの交差項になります。また，t は各期間の最初の年から最終年まで，つまり $t=1$ から $t=T$ まで変化する，年を表すインデックスです。u_{rt}^{j} は誤差項です。

この回帰分析で，貿易自由化が国々の 1 人当たり所得を平準化させる効果を捉える「差の差」は β_4 の推定値になります。これが正で統計的に有意であれば平準化させることを表し，逆に負で統計的に有意であれば，格差を拡大させることを表します。

3 産業連関表

本節では産業連関表と呼ばれる統計について紹介します。産業連関表そのものは古くからある統計ですが，近年，国際間で貿易される付加価値を捉える上で，再び脚光を浴びつつあります。本節では産業連関表の構造や逆行列の意味，そして国際間の取引を記述した国際産業連関表と付加価値貿易について解説します。

3.1 産業連関表とは？

産業連関表とは，ある年のある国（地域）の産業間取引をまとめた表のことであり，たとえば表 A.2 のようなものです（単位は 10 億円）。ある産業に注目し，横の行に沿って読むと，その産業の産出がどの産業に分配（需要）されたかがわかります。各産業の需要は大きく 2 つに分けられます。1 つは中間財需要であり，各産業への中間財として利用された場合を指します。もう 1 つは完成品への需要であり，消費，投資，輸出など完成品として利用された場合を指します[13]。一方，表の縦の列に沿って読むと，各産業が 1 年間の生産のために必要とした投入の構成がわかります。

産業連関表は経済の投入と産出の構造を記述していることから，投入・産出表とも呼ばれることもあります。ここで，投入は大きく 2 つに分けられます。1 つは中間投入で

---

13) なお，輸入は自国の産出のうち国外に出ていったものとして，差し引かれる（控除される）形で計上されている点に注意してください。

	付録　データ分析の基礎

表 A.2　産業連関表の例

（単位：10 億円）

投入産出	農林水産業	製造業	サービス業	消費	投資	輸出	輸入	総需要
農林水産業	1,647	20,436	5,226	3,548	814	94	−17,602	14,163
製造業	2,626	131,093	63,515	60,218	35,888	56,249	−44,035	305,553
サービス業	2,505	61,417	177,676	324,951	79,169	17,426	−10,846	652,299
付加価値	7,385	92,607	405,882					
総供給	14,163	305,553	652,299					

（出所）総務省（2009）『平成 17 年（2005 年）産業連関表』。

あり，各産業が他の産業から投入した部分です。もう 1 つは要素投入であり，生産要素
を投入した部分（付加価値）です。

産業連関表を理解するために，産業が 2 つのケースを考えてみましょう。一般的には
表 A.3 のように表すことができます。ここで最終需要 F_i は

$$F_i = i\,産業の消費 + i\,産業の投資 + i\,産業の輸出 - i\,産業の輸入$$
$$= C_i + G_i + E_i - M_i$$

です。産出方向に注目し，この表を行列で表すと

$$\begin{pmatrix} q_{11} + q_{12} \\ q_{21} + q_{22} \end{pmatrix} + \begin{pmatrix} F_1 \\ F_2 \end{pmatrix} = \begin{pmatrix} Q_1 \\ Q_2 \end{pmatrix} \tag{A.17}$$

これは次のように書き直すことができます。

$$\begin{pmatrix} q_{11}/Q_1 & q_{12}/Q_2 \\ q_{21}/Q_1 & q_{22}/Q_2 \end{pmatrix}\begin{pmatrix} Q_1 \\ Q_2 \end{pmatrix} + \begin{pmatrix} F_1 \\ F_2 \end{pmatrix} = \begin{pmatrix} Q_1 \\ Q_2 \end{pmatrix} \tag{A.18}$$

ここで q_{ij}/Q_j は各中間投入を総供給で割ったもの，すなわち j 部門で生産された
ものが，どの部門にどれだけの割合で投入（供給）されたかを表すものです。ここで，
$q_{ij}/Q_j = a_{ij}$ と表すとすると，

$$\begin{pmatrix} q_{11}/Q_1 & q_{12}/Q_2 \\ q_{21}/Q_1 & q_{22}/Q_2 \end{pmatrix} = \begin{pmatrix} a_{11} & a_{12} \\ a_{21} & a_{22} \end{pmatrix} = \underbrace{\mathbf{A}}_{2 \times 2} \tag{A.19}$$

となります。この a_{ij} は投入係数と呼ばれ，また $\mathbf{A}$ は 2 行 2 列の行列を表します。
総供給と総需要が等しいことに注目すると，

$$\underbrace{\mathbf{A}}_{2 \times 2}\underbrace{\mathbf{Q}}_{2 \times 1} + \underbrace{\mathbf{F}}_{2 \times 1} = \underbrace{\mathbf{Q}}_{2 \times 1}$$

となります。ここで $\mathbf{AQ}$ が中間投入を表していることに注意すると，最終需要 $\mathbf{F}$ は

3 産業連関表　295

表 A.3　産業連関表：2 産業のケース

投入産出	産業 1	産業 2	最終需要	総需要
産業 1	q_{11}	q_{12}	F_1	Q_1
産業 2	q_{21}	q_{22}	F_2	Q_2
付加価値	V_1	V_2		
総供給	Q_1	Q_2		

(注)　q_{ij} は i 産業から j 産業への投入額。F
は最終需要額。V は付加価値額。Q は総需要
（＝ 総供給）額を表す。

$$\mathbf{F} = \mathbf{Q} - \mathbf{AQ} = (\mathbf{I} - \mathbf{A})\mathbf{Q}$$

と表すことができます。ここで $\mathbf{I}$ は主対角線上が 1 で他はすべて 0 の単位行列を表しています。$\mathbf{Q}$ について整理すると，

$$\underbrace{\mathbf{Q}}_{2\times 1} = \underbrace{(\mathbf{I}}_{2\times 2} - \underbrace{\mathbf{A}}_{2\times 2})^{-1} \underbrace{\mathbf{F}}_{2\times 1} \tag{A.20}$$

が得られます。ここで $(\mathbf{I} - \mathbf{A})^{-1}$ は $(\mathbf{I} - \mathbf{A})$ の逆行列を表したものです。(A.20) 式は，最終需要が 1 単位与えられたときに，生産がどれだけ誘発しているかを示している式になります。

なお，第 1 節でも触れたように，JIP データベースは 108 産業からなりますが，日本の総務省の発表する「産業連関表」はさらに詳細な分類で利用可能です。たとえば 1995 年，2000 年，2005 年の 3 カ年を接続した（時系列で産業分類が統一された）産業連関表は 185 産業から構成されています。ただし，総務省の発表する「産業連関表」は 5 年ごとしか利用できない点に注意が必要です[14]。

3.2　逆行列の意味

先にも述べたように，ある生産量 $\mathbf{Q}$ を考えるとき，その産出のためには，他の産業からの投入が必要となります。自動車の生産台数が 1 台から 2 台に増えれば，タイヤの数も 4 つから 8 つになり，さらにゴムや金属への投入が増加することになります。

いま，生産量 $\mathbf{Q}$ を最終需要からくる直接的な効果（1 次的な効果）と中間投入の増加からくる間接的な効果に分解することを考えてみましょう。r 次的な効果から発生した生産量を $\mathbf{Q}(r)$ と表すとすると，まず最終需要を満たすための直接的な効果（$r = 1$）は

---

14)　総務省の発表する「産業連関表」もインターネット（e-Stat と呼ばれる政府統計をまとめたページ）から入手することができます。

$$\mathbf{Q}(1) = \mathbf{F}$$

と表されます。各産業は最終需要の増加に伴い，中間投入を増やします。この 2 次的な効果 $(r = 2)$ は

$$\mathbf{Q}(2) = \mathbf{A}\mathbf{Q}(1) = \mathbf{A}\mathbf{F}$$

です。ここで波及効果が 2 次的な中間投入の増加にとどまらない点に注意してください。2 次的な中間投入の増加はさらなる中間投入の増加を生み出します。3 次的な効果 $(r = 3)$ は

$$\mathbf{Q}(3) = \mathbf{A}\mathbf{Q}(2) = \mathbf{A}^2\mathbf{F}$$

です。このため，究極的には

$$\mathbf{Q} = \mathbf{Q}(1) + \mathbf{Q}(2) + \mathbf{Q}(3) + \cdots = \mathbf{F} + \mathbf{A}\mathbf{F} + \mathbf{A}^2\mathbf{F} \ldots$$

と表されます。生産量 $\mathbf{Q}$ は直接的な効果 $\mathbf{F}$ と間接的な効果 $\mathbf{A}\mathbf{F} + \mathbf{A}^2\mathbf{F} + \ldots$ に分解できることがわかります。またこの式は

$$\mathbf{Q} = (\mathbf{I} + \mathbf{A} + \mathbf{A}^2 \ldots)\mathbf{F}$$

とすることで，最終需要の増加がもたらす究極的な効果と読み替えることも可能です。

ここで，次の関係を思い出しましょう。任意の実数 a $(0 < a < 1)$ について

$$(1 - a)^{-1} = \frac{1}{1 - a} = 1 + a + a^2 + \ldots$$

となります。投入係数行列 $\mathbf{A}$ は $\sum_i a_{ij} < 1$, $j = 1, 2$ を満たしています（ソローの列和条件と呼ばれます）。このため，$(\mathbf{I} - \mathbf{A})$ の逆行列 $(\mathbf{I} - \mathbf{A})^{-1}$ は次のように展開されます。

$$(\mathbf{I} - \mathbf{A})^{-1} = \mathbf{I} + \mathbf{A} + \mathbf{A}^2 + \ldots$$

したがって，(A.20) 式は

$$\begin{aligned}
\mathbf{Q} &= (\mathbf{I} - \mathbf{A})^{-1}\mathbf{F} = (\mathbf{I} + \mathbf{A} + \mathbf{A}^2 + \ldots)\mathbf{F} \\
&= \mathbf{F} + \mathbf{A}\mathbf{F} + \mathbf{A}^2\mathbf{F} + \ldots \\
&= \mathbf{Q}(1) + \mathbf{Q}(2) + \mathbf{Q}(3) + \ldots
\end{aligned} \tag{A.21}$$

と表すことができます。したがって，逆行列による表示は，最終需要の究極的な波及効果を表していることがわかります。

3.3 国際経済と産業連関表

《要素コンテンツ》 ここで，産業連関表を用いて，第 1 章の要素コンテンツを計算する方法，すなわち，

$$\mathbf{F} \equiv \mathbf{AT} \tag{A.22}$$

とデータの関係を解説します。なお，表現が煩雑になるのを避けるため，ここでは国を示す添え字 i は省略します。

まず，純輸出の労働コンテンツの求め方を紹介します。第 1 章で解説したように，Feenstra (2016) などの国際経済学の標準的なテキストでは，各財 1 単位の生産に必要な要素投入量は $\mathbf{A}$ と表現されます。一方，これまで本付録で用いてきたように，一般に「産業連関表」の投入係数行列も $\mathbf{A}$ と表現されます。しかし，両者は異なるものです。表記の区別のため，ここでは国際経済学の標準的なテキストに従い，各財 1 単位の生産に必要な要素投入量は $\mathbf{A}$ と表現し，投入係数行列を $\tilde{\mathbf{A}}$ と表すとしましょう（以下では投入係数行列が前項までの $\mathbf{A}$ から $\tilde{\mathbf{A}}$ へと変わることに注意してください）。

輸出の労働コンテンツのベクトルを $\mathbf{F}_L$，各産業の 1 単位当たりの労働投入量の対角行列を $\mathbf{L}_Y$，各産業の純輸出のベクトルを $\mathbf{T}$ で表すとしましょう[15]。このとき，純輸出の労働コンテンツは

$$\mathbf{F}_L = \mathbf{L}_Y (\mathbf{I} - \tilde{\mathbf{A}})^{-1} \mathbf{T} \tag{A.23}$$

によって得られます。なお，$(\mathbf{I} - \tilde{\mathbf{A}})^{-1}$ はレオンティエフ逆行列と呼ばれています。

ここで，$\mathbf{F}_L$，$\mathbf{L}_Y$，$(\mathbf{I}-\tilde{\mathbf{A}})^{-1}$，$\mathbf{T}$ の各要素をそれぞれ f_L，l，b，t で表すとすると，2 財のときは，次のように表すことができます。

$$\begin{pmatrix} f_{L1} \\ f_{L2} \end{pmatrix} = \begin{pmatrix} l_1 & 0 \\ 0 & l_2 \end{pmatrix} \begin{pmatrix} b_{11} & b_{21} \\ b_{12} & b_{22} \end{pmatrix} \begin{pmatrix} t_1 \\ t_2 \end{pmatrix} = \begin{pmatrix} l_1 b_{11} t_1 + l_1 b_{21} t_2 \\ l_2 b_{12} t_1 + l_2 b_{22} t_2 \end{pmatrix} \tag{A.24}$$

ここで，式の左辺は，一国全体の各要素の純輸出，すなわち労働であれば $f_L = f_{L1} + f_{L2}$ となっていることに注意してください。すなわち，

$$\begin{aligned} f_L &= f_{L1} + f_{L2} \\ &= l_1 b_{11} t_1 + l_1 b_{21} t_2 + l_2 b_{12} t_1 + l_2 b_{22} t_2 \\ &= (l_1 b_{11} + l_2 b_{12}) t_1 + (l_1 b_{21} + l_2 b_{22}) t_2 \end{aligned} \tag{A.25}$$

が成り立ちます。同様に資本については

---

15) $\mathbf{L}_Y$ の対角部分には，労働投入量（人数や人数 × 時間など）を各産業の生産額で割ったものが入ります。

$$f_K = (k_1 b_{11} + k_2 b_{12})t_1 + (k_1 b_{21} + k_2 b_{22})t_2 \tag{A.26}$$

ここで k は資本について l に対応するものです。(A.25) 式と (A.26) 式より，

$$\begin{pmatrix} f_L \\ f_K \end{pmatrix} = \begin{pmatrix} l_1 b_{11} + l_2 b_{12} & l_1 b_{21} + l_2 b_{22} \\ k_1 b_{11} + k_2 b_{12} & k_1 b_{21} + k_2 b_{22} \end{pmatrix} \begin{pmatrix} t_1 \\ t_2 \end{pmatrix} \tag{A.27}$$

この式が (A.22) 式に対応します。すなわち，ヘクシャー＝オリーン＝バーネック・モデルにおける $\mathbf{A}$ と産業連関表の間には

$$\mathbf{A} = \begin{pmatrix} a_{1L} & a_{2L} \\ a_{1K} & a_{2K} \end{pmatrix} = \begin{pmatrix} l_1 b_{11} + l_2 b_{12} & l_1 b_{21} + l_2 b_{22} \\ k_1 b_{11} + k_2 b_{12} & k_1 b_{21} + k_2 b_{22} \end{pmatrix} \tag{A.28}$$

という関係があります。この関係を利用することで，産業連関表を用いて要素コンテンツを計算することができます。

《国際産業連関表》 国際産業連関表は産業連関表を 2 国以上に拡張したものであり，たとえば 2 国からなる国際産業連関表は次の表 A.4 のように表されます。ポイントは中間財の扱いにあります。国際産業連関表では，国内からの中間投入と輸入の中間投入を分けて扱うことになります。このため，どの国のどの産業がどの国のどの産業から中間財を輸入しているのかがわかるため，より詳細に国際的な産業間取引を把握することが可能になります。

　国際産業連関表の意義を理解する上で，中国が日本から中間財を輸入し，それで完成品を組み立て，その完成品が米国で消費されるという例を考えてみましょう。たとえば，中国の iPhone の生産に日本から輸入した部品が利用され，そして完成した iPhone が米国に輸出されるというイメージです。日本の中間財が高付加価値であるとすると，日本から輸入された高付加価値の中間財は iPhone という完成品に含まれる形で米国で消費されることになります。しかし，産業連関表で国内と国外の中間財の区別がなされていなければ，日本から輸入された中間財と中国国内で投入された中間財の区別はつきません。このため，日本の高付加価値の中間財は中国で消費され，中国の中間財があたかも（日本の中間財と同様に）高付加価値な中間財として計上されることになります。

　このような産業連関表を利用すれば，日本から輸入された中間財と中国国内で投入された中間財の区別を付けることが可能になり，その付加価値の国際間の取引，すなわち付加価値貿易（value-added trade）を捉えることが可能になります。近年の研究では，この付加価値貿易にも注目が集まっています。たとえば，Johnson and Noguera (2012) の研究は付加価値貿易に基づく 2 国間の貿易収支を計算しました。彼らの研究では，通常の貿易ではなく付加価値の貿易で見ると，米国と中国の間の貿易収支赤字は

表A.4　国際産業連関表：2国のケース

	国1 中間財産業	国2 中間財産業	国1 最終需要	国2 最終需要	総計
国1 産業	国1から国1への 中間投入	国1の国2からの 中間投入 （国2から国1へ の中間財の輸出＝ 国1の国2から の中間財の輸入）	国1の国内最 終需要	国1から国2 への最終需要 への輸出	国1の総需要
国2 産業	国2の国1からの 中間投入 （国1から国2へ の中間財の輸出＝ 国2の国1からの 中間財の輸入）	国2の国2への中 間投入	国2から国1 への最終需要 への輸出	国2の国内最 終需要	国2の総需要
付加価値	付加価値	付加価値			
総計	国1の総供給	国2の総供給			

3割から4割縮小するのに対し，米国と日本の間の貿易収支赤字は33%拡大するという結果が確認されています。これは日本の付加価値が中国を経由して米国に輸出されていることを捉えた興味深い結果といえます。

　国際産業連関表の例としては，日本貿易振興機構アジア経済研究所の整備する「アジア国際産業連関表」や World Input-Output Database のプロジェクトで整備されている *World Input Output Tables* があります。これらの産業連関表にはそれぞれ異なる長所があります。「アジア国際産業連関表」は 2005 年から 1985 年まで（5 年ごとに）さかのぼることができ，さらにフィリピンやシンガポール，タイといった東南アジアの国をカバーしているという強みがあります。*World Input Output Tables* は日本，米国，EU 諸国を中心に，中国やインドなどの主要な新興国をカバーしている点，そして 1995〜2011 年まで毎年作成されている点が強みです。ただし，国際産業連関表は，複数の国の産業分類を比較可能な分類へと統合する必要があることから，産業分類が一国の産業連関表ほどは詳細ではない点に注意が必要です[16]。

4 生産性の計測

　本節では生産性の計測法を紹介します。生産性の計測そのものも古くからあるトピックですが，近年の企業データの整備に伴い，企業レベルでの生産性の計測が重要なテーマとなっており，その精緻化が進んでいます。最新の手法は複雑で，本書の範囲を超え

16）　たとえば，*World Input Output Tables* の産業分類は 35 産業です。

300 付録　データ分析の基礎

るものですが，そのような研究の理解のための第一歩として，本節では，国際経済学の
実証分析でとくに利用されている指数の方法と回帰分析の方法を紹介します。

4.1　全要素生産性

生産性とは，一定期間の間に生み出された生産量と，その生産に費やされた投入量の
比率を意味しており，生産活動の効率性を表す指標です。生産性の指標として最も一般
的なものは，総生産量を労働投入量で除した1人当たりの生産量，すなわち労働生産性
でしょう。労働生産性が高ければ高いほど，労働者1人当たりの生産量が多い，すなわ
ち労働者1人当たりの生産効率がよいことを意味しています。生産量が一定の下で投入
量を減らすか，あるいは投入量が一定の下で生産量を増やすことができれば，労働生産
性は改善します。

ただし，企業の生産には，労働以外にも，資本や原材料などさまざまな生産要素が投
入されていることに注意が必要です。いま仮に高性能のコンピュータ（資本設備）が導
入されて生産量が2倍になったとします。このとき，働く時間や雇用量に何も変化がな
ければ，労働生産性は2倍に上昇することになります。しかし，この労働生産性の上昇
は，労働者自身の能力の向上というよりは，資本設備の増強に起因していると考えるの
が自然でしょう。このため，生産性を考える上では，資本設備の増強に見合う生産量の
拡大が起こっているかどうかがポイントになります。言い換えれば，生産性を考える上
では，労働投入の変化だけでなく，資本や原材料などの投入の変化も考慮した上で，生
産量の変化を見ていく必要があるのです。

このような理由から，学術的な研究では，労働以外のすべての生産要素も考慮して生
産性を測ることが望ましいとされており，すべての生産要素を考慮した生産性が**全要素
生産性**（Total Factor Productivity: TFP）と呼ばれる指標です。TFP は総生産量を
総投入量で除したものであり，総投入量は労働や資本設備などを集計したものとして測
られます。経済学の実証研究では，TFP をどのように測るかについてさまざまな議論
が行われています。以下，本節では，この TFP の推定方法をいくつか紹介しましょう。

いま，ある産業の企業 i が資本 K と労働 L を投入し，付加価値 V を生産する状況を
考えます。企業 i の t 年の生産関数は，

$$V_{it} = A_{it} F(K_{it}, L_{it}) \qquad (\text{A.29})$$

で与えられるとしましょう。ここで A_{it} は TFP，また V_{it} は付加価値を表していま
す[17]。

---

[17]　(A.29) 式のように右辺に労働と資本のみがくる場合，すなわち中間投入がない場合，中間
投入は左辺で考慮する必要があります。すなわち，右辺の産出は付加価値となる必要がありま
す。一方，右辺に中間投入がくる場合は，左辺は総産出になります。両者の違いに注意してく
ださい。

表 A.5 TFP の計測方法の違い（コブ゠ダグラス型生産関数）

	指数 による方法	回帰分析 による方法
投入，産出のデータ	必要	必要
コストシェアのデータ	必要	不要
$\alpha_i,\ \beta_i$	企業間で異なる	同じ産業では企業間で同じ
規模の経済性	一定	仮定必要なし
財市場	完全競争	不完全競争でもよい

ここで，労働生産性が総生産量を労働投入量で除したもの，TFP が総生産量を総投入量で除したものであることに注意すると，労働生産性と TFP はそれぞれ

$$\frac{V_{it}}{L_{it}} \quad \text{および} \quad \frac{V_{it}}{F(K_{it}, L_{it})} = A_{it} \tag{A.30}$$

と表すことができます。説明の簡略化のため，関数 $F(\cdot)$ は次のようなコブ゠ダグラス型の生産関数に基づくとします。

$$F(K_{it}, L_{it}) = K_{it}^{\alpha_{it}} L_{it}^{\beta_{it}} \tag{A.31}$$

(A.31) 式を (A.29) 式へ代入し，両辺対数をとり，対数値を小文字で表す（たとえば，$v_{it} = \ln V_{it}$）と，

$$v_{it} = a_{it} + \alpha_{it} k_{it} + \beta_{it} l_{it} \tag{A.32}$$

と書き直すことができます。このため，

$$a_{it} = v_{it} - (\alpha_{it} k_{it} + \beta_{it} l_{it}) \tag{A.33}$$

となり，右辺の情報が揃えば，左辺の a_{it}，すなわち TFP が求まることになります。一般的に，企業データが得られれば，付加価値 Q，資本 K，労働 L は入手可能です。問題は α_{it} と β_{it} をどのように求めるかという点にあります。国際経済学の実証研究では，指数による方法と回帰分析による方法という 2 つの方法がよく利用されています。

　以下では，これらの 2 つの方法について紹介しましょう。なお，表 A.5 のように，これらの方法はそれぞれ長所と短所があり，どちらが優れているというものではありません。それぞれの長所と短所を踏まえ，利用可能なデータや目的に応じて使い分ける必要があります[18]。

4.2 指数による方法

(A.33) 式から TFP を求める手っ取り早い方法は，α_i と β_i を計算で求めるというも

---

[18] それぞれの手法の長所と短所については，van Biesebroeck (2007) を参照してください。

のです。いま，財市場と生産要素市場は完全競争であるとし，労働と資本の価格（それぞれ，賃金と資本価格）を w と r で表します。企業の費用最小化問題を解くと，

$$\alpha_{it} = \frac{r_{it}K_{it}}{r_{it}K_{it} + w_{it}L_{it}} \quad \text{および} \quad \beta_{it} = \frac{w_{it}L_{it}}{r_{it}K_{it} + w_{it}L_{it}} \tag{A.34}$$

が得られます。いま，コブ゠ダグラス型生産関数が規模に関して収穫一定であると仮定すると，$\beta_{it} = 1 - \alpha_{it}$ が成り立ちます。このため，α_{it} と β_{it} はそれぞれ資本と労働の総費用（$= r_{it}K_{it} + w_{it}L_{it}$）に占める割合，すなわち資本と労働のコストシェアとなります。このコストシェアはそれぞれ資本分配率と労働分配率と呼ばれることもあります。このため，賃金 w_{it} と資本価格 r_{it} の情報が得られれば，コストシェアが計算でき，α_{it} と β_{it} が求まることになります。

ここまでは説明を簡単にするため，コブ゠ダグラス型生産関数に基づく TFP の計算方法を説明しましたが，産出，資本，労働，そして資本と労働のコストシェアが得られる場合，実際の実証研究ではトランスログ型と呼ばれるより一般的な形が用いられています。トランスログ型とは 2 回微分可能な任意の規模に関して収穫一定の関数を 2 次近似したものです。実際の実証分析では，TFP を指数化した TFP 指数と呼ばれる指標が用いられます。

$$a_{it} \simeq (v_{it} - \bar{v}_t) - \frac{1}{2}(\alpha_{it} + \bar{\alpha}_t)(k_{it} - \bar{k}_t) - \frac{1}{2}(\beta_{it} + \bar{\beta}_t)(l_{it} - \bar{l}_t) \tag{A.35}$$

ここで v_{it}, k_{it}, l_{it} はそれぞれ企業 i の t 年の産出（付加価値），資本，労働の対数値です。同様に，α_{it} と β_{it} はそれぞれ資本と労働のコストシェアを表します（$\alpha_{it} + \beta_{it} = 1$）。一方，$\bar{v}_t$, $\bar{k}_t$, $\bar{l}_t$ は仮想的企業の産出，資本，労働，そして $\bar{\alpha}_t$ と $\bar{\beta}_t$ は仮想的企業の資本と労働のコストシェアです。仮想的企業とはデータから作り出された平均企業のことを意味しています。具体的には，生産要素と産出が幾何平均，コストシェアが算術平均からなる企業です。

(A.35) 式の右辺第 1 項は企業 i の産出が平均からどの程度乖離しているかを示したものになります。同様に，右辺第 2 項と第 3 項はそれぞれ企業 i の資本と労働が平均からどの程度乖離しているかを示したものになります。仮想的企業の TFP を A_{rt} とし，$A_{rt} = 1$ に基準化すると，その対数値 a_{rt} はゼロになります。このため，$a_{it} - a_{rt} = a_{it}$ です。すなわち，左辺は仮想的企業を基準とした TFP と同じ意味になります。言い換えれば，(A.35) 式から求まる企業 i の TFP は仮想的企業を基準とした指数となっていることから，(A.35) 式をもとにした TFP は TFP 指数と呼ばれます。

なお，(A.35) 式の TFP 指数は t 年の仮想的企業を基準とした TFP ですが，成長率を計算する場合，たとえば $t = 0$ 年の仮想的企業を基準とすることも可能です。このような場合には次式が利用されます。

$$a_{it} \simeq (v_{it} - \bar{v}_t) - \frac{1}{2}(\alpha_{it} + \bar{\alpha}_t)(k_{it} - \bar{k}_t) - \frac{1}{2}(\beta_{it} + \bar{\beta}_t)(l_{it} - \bar{l}_t)$$

$$+ \sum_{\tau=1}^{t}(\bar{v}_\tau - \bar{v}_{\tau-1}) - \sum_{\tau=1}^{t}\left[\frac{1}{2}(\bar{\alpha}_\tau + \bar{\alpha}_{\tau-1})(\bar{k}_\tau - \bar{k}_{\tau-1})\right]$$

$$- \sum_{\tau=1}^{t}\left[\frac{1}{2}(\bar{\beta}_\tau + \bar{\beta}_{\tau-1})(\bar{l}_\tau - \bar{l}_{\tau-1})\right] \tag{A.36}$$

TFP 指数はコストシェアが企業によって異なるという点で現実的な計測法ですが，資本価格 r を求めるためには，減価償却率や金利，法人税率などを利用したやや複雑な計算が必要になります。また資本価格だけでなく，賃金の情報も得られない場合，コストシェアの計算ができなくなってしまいます。このような場合，簡便法として，Tomiura (2007) のように，$\alpha = 2/3$（$\beta = 1/3$）と仮定して計算することもあります。ここで $\alpha = 2/3$（$\beta = 1/3$）は，先進国において，労働分配率が平均的に 1/3 程度という経験則に基づくものです (Hall and Jones, 1999)。しかし，企業レベルのデータにこの仮定を適用する場合，すべての産業のすべての企業が同じ労働分配率を持つことを仮定することになります。これはいうまでもなく強い仮定です。このため，簡便法の結果については慎重な解釈が必要です。

4.3 回帰分析による方法

指数による方法では完全競争や規模に関して収穫一定の仮定が必要でしたが，産業によっては不完全競争や規模の経済が重要になることもあります。そこで，(A.32) 式において，同じ産業であれば，α_i や β_i が企業間で共通とすることで，完全競争や規模に関して収穫一定の仮定を外して TFP を求めるという方法があります。

いま，(A.32) 式で α_i や β_i が企業間で共通であるとすると，(A.32) 式は次のように α_i と β_i から添え字 i を除く形で書き直すことができます。

$$v_{it} = a_{it} + \alpha k_{it} + \beta l_{it} \tag{A.37}$$

ここで a_{it} を誤差項と同様に考えれば，(A.37) 式は回帰分析によって推定する方法が考えられます。すなわち，v_{it}, k_{it}, l_{it} のデータを利用して α と β を求め，その誤差である a_{it} を求めるというものです。

ただし，(A.32) 式を単純に OLS で推定することには問題があることが知られています (Marschak and Andrews, Jr., 1944)。なぜなら，a_{it} が TFP であるなら，TFP に応じて投入量を調節することが考えられるためです。すなわち，企業は TFP が高いときに投資を活発に行い，TFP が低いときには投資を控えるようになることが考えられます。このような場合，誤差である a_{it} と説明変数 k_{it} は相関を持つことになり，いわゆる内生性の問題が発生します。このため，OLS による推定は問題があるのです。

付録　データ分析の基礎

この問題に対処する有効な方法として，Olley and Pakes (1996) の示した方法があります。以下では，この方法の概要を説明しましょう。Olley and Pakes (1996) は a_{it} が TFP の要素 φ_{it} と純粋な誤差 u_{it} に分解できると仮定します。このとき，(A.37) 式は次のように書き直すことができます。

$$v_{it} = \alpha k_{it} + \beta l_{it} + \varphi_{it} + u_{it} \tag{A.38}$$

内生性を考慮するため，投資 i_{it} が資本 k_{it} と生産性 φ_{it} の関数であるとします。

$$i_{it} = f(k_{it}, \varphi_{it}) \tag{A.39}$$

この逆関数は $\varphi_{it} = f^{-1}(i_{it}, k_{it})$ と書くことができ，この逆関数を元の生産関数の (A.38) 式に代入すると，

$$v_{it} = \alpha k_{it} + \beta l_{it} + f^{-1}(i_{it}, k_{it}) + u_{it} \tag{A.40}$$

が得られます。ここで，第 1 項と第 3 項に k_{it} が現れているため，これらをまとめた関数として，

$$\Phi(i_{it}, k_{it}) = f^{-1}(i_{it}, k_{it}) + \alpha k_{it} \tag{A.41}$$

を考えると，(A.40) 式は次のように書き直すことができます。

$$v_{it} = \beta l_{it} + \Phi(i_{it}, k_{it}) + u_{it} \tag{A.42}$$

(A.41) 式と (A.42) 式より，Φ の推定値から αk_{it} の推定値を差し引けば，TFP の推定値が得られることになります。すなわち，

$$\hat{\varphi}_{it} = \hat{\Phi} - \hat{\alpha} k_{it} \tag{A.43}$$

です。ここで，ハット（＾）は推定値を意味します。

ここで，TFP は次のような単純マルコフ過程に従うと仮定します[19]。

$$\varphi_{it} = E[\varphi_{it}|\varphi_{i,t-1}] + \xi_{it} \tag{A.44}$$

ここで ξ_{it} は $t-1$ 期における生産性の期待値 $E[\varphi_{it}|\varphi_{i,t-1}]$ と実現値 φ_{it} の差を表すランダムな変数であり，資本 k_{it} とは相関しないとします。

これらの設定の下で，実際の推定は次のような 2 段階の手順が踏まれます。

---

[19]　単純マルコフ過程とは，t 期の事象の起こる確率が過去の 1 期（たとえば，直前の $t-1$ 期）の事象のみに依存するような確率過程のことです。1 階マルコフ過程と呼ばれることもあります。

(1) $\Phi(i_{it}, k_{it})$ を多項式で近似し，(A.42) 式を推定することで，$\hat{\beta}$ と $\hat{\Phi}$ を得ます。

(2) $\hat{\beta}$ を利用して次式を推定します。

$$v_{it} - \hat{\beta} l_{it} = \alpha k_{it} + E[\varphi_{it} | \varphi_{i,t-1}] + \eta_{it} \tag{A.45}$$

ここで，$\eta_{it} = \xi_{it} + u_{it}$ です。ξ_{it} も u_{it} もともに k_{it} とは相関しないため，α の推定が可能になります。この $\hat{\alpha}$ と手順 1 で得られた $\hat{\Phi}$ を (A.43) 式に代入すれば，TFP の推定値 $\hat{\varphi}_{it}$ が得られます。Stata では，opreg というコマンドを利用することで，この Olley and Pakes (1996) の推定が可能になっています。

Olley and Pakes (1996) の方法は理論的には内生性を除去するきわめて有効な方法と考えられていましたが，内生性を除去する上で投資のデータを利用しなくてはなりませんでした。しかし，投資のデータは一般的にはゼロが多いため，この方法を利用すると多くの（投資がゼロの）企業のデータを失うことになります。この方法をより実践的にした研究が Levinsohn and Petrin (2003) です。彼らは設備投資の代わりに中間投入を使っても，同様の帰結が得られることを明らかにしました[20]。

さらに，Wooldridge (2009) は Levinsohn and Petrin (2003) の方法を発展させて，一般化モーメント法（Generalized Method of Moments: GMM）の枠組みで Levinsohn and Petrin (2003) と同様の推定が可能であることを明らかにしました。Olley and Pakes (1996) や Levinsohn and Petrin (2003) の方法は 2 段階からなるものでしたが，GMM の方法はこれらの推定を 1 段階で行うことを可能にしています[21]。近年はそこからさらに発展する形で，生産関数の推定の改良が進んでいます。たとえば，産出が複数の財からなるケース (De Loecker, 2011) や労働市場の不完全性を考慮するケース (Dobbelaere and Mairesse, 2013) などについての研究が進んでいます[22]。

---

[20] Levinsohn and Petrin (2003) では，$i_{it} = f(k_{it}, \varphi_{it})$ の代わりに，$m_{it} = f(k_{it}, \varphi_{it})$ という式が用いられています（m_{it} は中間投入です）。Stata では，levpet というコマンドを利用することで，この Levinsohn and Petrin (2003) の推定が可能になっています。

[21] アミル・ペトリンは，Stata による Wooldridge (2009) の推定のプログラムを自身のウェブサイトで公開しています。

[22] このような生産関数の推定法については，Ackerberg et al. (2007) を参照してください。

ギリシャ文字の読み方

大文字	小文字	読み	大文字	小文字	読み
A	α	アルファ	N	ν	ニュー
B	β	ベータ	Ξ	ξ	クサイ
Γ	γ	ガンマ	O	o	オミクロン
Δ	δ	デルタ	Π	π	パイ
E	ε	イプシロン	P	ρ	ロー
Z	ζ	ゼータ	Σ	σ	シグマ
H	η	イータ	T	τ	タウ
Θ	θ	シータ	Υ	υ	ウプシロン
I	ι	イオタ	Φ	ϕ	ファイ
K	κ	カッパ	X	χ	カイ
Λ	λ	ラムダ	Ψ	ψ	プサイ
M	μ	ミュー	Ω	ω	オメガ

参 考 文 献

阿部顕三・遠藤正寛 2012.『国際経済学』, 有斐閣。

安藤光代 2009.「ASEAN における非関税措置と貿易・投資円滑化：その経済学的評価」,『三田商学研究』, 52 (2), 37-60。

石川城太・椋寛・菊地徹 2013.『国際経済学をつかむ』, 第 2 版, 有斐閣。

伊藤恵子 2013.「外資系企業の参入と国内企業の生産性成長：『企業活動基本調査』個票データを利用した実証分析」,『経済分析』, 186, 1-29。

伊藤秀史 2003.『契約の経済理論』, 有斐閣。

伊藤元重 2005.『ゼミナール国際経済入門』, 改訂 3 版, 日本経済新聞社。

岩崎雄斗 2013.「対内直接投資の産業間スピルオーバー効果」, 日本銀行ワーキングペーパーシリーズ, No. 13-J-9。

遠藤正寛 2005.『地域経済協定の経済分析』, 東京大学出版会。

小川一夫・神取道宏・塩路悦朗・芹澤成弘（編）2013.『現代経済学の潮流 2013』, 東洋経済新報社。

沖本竜義 2010.『経済・ファイナンスデータの計量時系列分析』, 朝倉書店。

奥井亮 2015.「固定効果と変量効果」,『日本労働研究雑誌』, 657, 6-9。

小田切宏之 2001.『新しい産業組織論』, 有斐閣。

鹿野繁樹 2015.『新しい計量経済学：データで因果関係に迫る』, 日本評論社。

神取道宏 2014.『ミクロ経済学の力』, 日本評論社。

北野泰樹 2016.「貿易救済措置の経済分析：定量評価による政策効果の検証」, 木村福成・椋寛（編）『国際経済学のフロンティア：グローバリゼーションの拡大と対外経済政策』, 東京大学出版会, 421-469。

木村福成 2000.『国際経済学入門』, 日本評論社。

木村福成・安藤光代 2016.「多国籍企業の生産ネットワーク：新しい形の国際分業の諸相と実態」, 木村福成・椋寛（編）『国際経済学のフロンティア：グローバリゼーションの拡大と対外経済政策』, 東京大学出版会, 291-331。

木村福成・大久保敏弘・安藤光代・松浦寿幸・早川和伸 2016.『東アジア生産ネットワークと経済統合』, 慶應義塾大学出版会。

木村福成・小浜裕久 1995.『実証国際経済学入門』, 日本評論社。

木村福成・椋寛（編）2016.『国際経済学のフロンティア：グローバリゼーションの拡大と対外経済政策』, 東京大学出版会。

清田耕造 2014.「日本は今なお熟練労働集約的な財を純輸出しているか？」, 日本銀行ワーキングペーパーシリーズ, No. 14-J-1。

———— 2015.『拡大する直接投資と日本企業』, NTT 出版。

———— 2016.『日本の比較優位：国際貿易の変遷と源泉』, 慶應義塾大学出版会。

クルーグマン, P. = ウェルス R. 2009.『クルーグマン　マクロ経済学』, 東洋経済新報社,（大山道広他訳）。

経済産業省 2002.『工業統計調査』, 経済産業省.

小浜裕久 2012.「日本の TPP 参加と農業改革・産業構造調整」,『国際経済』, 63, 63-87。

小宮隆太郎・根岸広 1998.『貿易障壁：六つの誤解』, 通商産業省通商産業研究所。

近藤健児 2000.『国際労働移動の経済学』, 勁草書房。

財務省・経済産業省・農林水産省 2001.「ねぎ等 3 品目に関するセーフガード暫定措置について」。

佐々木仁・桜健一 2004.「製造業における熟練労働への需要シフト：スキル偏向的技術進歩とグローバル化の影響」，日本銀行ワーキングペーパーシリーズ，No. 04-J-17。

佐々波楊子・浦田秀次郎・河井啓希 1996.『内外価格差の経済学』，東洋経済新報社。

佐藤泰裕・田渕隆俊・山本和博 2011.『空間経済学』，有斐閣。

下村耕嗣 2001.「貿易利益」，大山道広（編）『国際経済理論の地平』，東洋経済新報社，195-208。

総務省 2004.『平成14年全国物価統計調査』，総務省。

―――― 2011.『平成7-12-17年接続産業連関表』，総務省。

田中鮎夢 2015.『新々貿易理論とは何か』，ミネルヴァ書房。

戸堂康之 2008.『技術伝播と経済成長』，勁草書房。

―――― 2011.『日本経済の底力』，中央公論新社。

冨浦英一 2014.『アウトソーシングの国際経済学』，日本評論社。

中西訓嗣 2013.『国際経済学：国際貿易編』，ミネルヴァ書房。

深尾京司 1996.「国内か海外か：わが国製造業の立地選択に関する実証分析」，『経済研究』，47 (1)，47-63。

深尾京司・程勲 1996.「直接投資先国の決定要因について：わが国製造業に関する実証研究」，『フィナンシャル・レビュー』，38，1-31。

二神孝一・堀敬一 2017.『マクロ経済学』，第2版，有斐閣。

ヘルプマン，E.＝クルーグマン，P. R. 1992.『現代の貿易政策：国際不完全競争の理論』，東洋経済新報社（大山道広訳）。

星岳雄 2006.「ゾンビの経済学」，岩本康志・太田誠・二神孝一・松井彰彦（編）『現代経済学の潮流 2006』，東洋経済新報社，41-68。

星岳雄・カシャップ，A. K. 2013.『何が日本の経済成長を止めたのか：再生への処方箋』，日本経済新聞出版社。

細江宣裕・我澤賢之・橋本日出男 2004.『テキストブック 応用一般均衡モデリング：プログラムからシミュレーションまで』，東京大学出版会。

松浦克己・マッケンジー，C. 2009.『ミクロ計量経済学』，東洋経済新報社。

マンキュー，N. G. 2014.『マンキュー経済学 II マクロ編』第3版，東洋経済新報社，（足立英之他訳）。

水田岳志 2013.「「一票の格差」と農業保護水準：1979-2006」，『国際経済』，63，91-111。

宮沢健一 2002.『産業連関分析入門』，7版，日本評論社。

矢野誠 2001.『ミクロ経済学の基礎』，岩波書店。

山本勲 2015.『実証分析のための計量経済学：正しい手法と結果の読み方』，中央経済社。

若杉隆平 2009.『国際経済学』第3版，岩波書店。

若杉隆平（編）2011.『現代日本企業の国際化：パネルデータ分析』，岩波書店。

Abe, K., K. Hattori, Y. Kawagoshi 2014. Trade liberalization and environmental regulation on international transportation. *Japanese Economic Review*, 65 (4), 468-482.

Acemoglu, D., D. Autor, D. Dorn, G. H. Hanson, B. Price 2016. Import competition and the great US employment sag of the 2000s. *Journal of Labor Economics*, 34 (S1), S141-S198.

Ackerberg, D., C. L. Benkard, S. Berry, A. Pakes 2007. Econometric tools for analyzing market outcomes. In Heckman, J., E. Leamer eds. *Handbook of Econometrics*. 6A, Elsevier, 4171-4276.

Aitken, B. J., A. E. Harrison 1999. Do domestic firms benefit from direct foreign investment? Evidence from Venezuela. *American Economic Review*, 89 (3), 605-618.

参 考 文 献 309

Alcacer, J., M. Gittelman 2006. Patent citations as a measure of knowledge flows: The influence of examiner citations. *Review of Economics and Statistics*, 88 (4), 774-779.

Anderson, J. E. 2011. The gravity model. *Annual Review of Economics*, 3, 133-160.

Anderson, J. E., J. P. Neary 2005. *Measuring the Restrictiveness of Trade Policy*. Cambridge, MA: MIT Press.

Anderson, J. E., E. van Wincoop 2003. Gravity with gravitas: A solution to the border puzzle. *American Economic Review*, 93 (1), 170-192.

——— 2004. Trade costs. *Journal of Economic Literature*, 42, 691-751.

Ando, M., F. Kimura 2012. How did the Japanese exports respond to two crises in the international production networks?: The Global Financial Crisis and the East Japan Earthquake. *Asian Economic Journal*, 26 (3), 261-287.

Antràs, P., E. Helpman 2004. Global sourcing. *Journal of Political Economy*, 112 (3), 552-580.

Antweiler, W., B. R. Copeland, M. S. Taylor 2001. Is free trade good for the environment. *American Economic Review*, 91 (4), 877-908.

Armington, P. S. 1969. A theory of demand for products distinguished by place of production. *IMF Staff Papers*, 16 (1), 159-178.

Atkeson, A., A. T. Burstein 2010. Innovation, firm dynamics, and international trade. *Journal of Political Economy*, 118 (3), 433-484.

Atkin, D., A. K. Khandelwal, A. Osman 2017. Exporting and firm performance: Evidence from a randomized experiment. *Quarterly Journal of Economics*, 132 (2), 551-615.

Autor, D. H., D. Dorn, G. H. Hanson 2013. The China syndrome: Local labor market effects of import competition in the United States. *American Economic Review*, 103 (6), 2121-2168.

——— 2016. The China shock: Learning from labor-market adjustment to large changes in trade. *Annual Review of Economics*, 8, 205-240.

Autor, D. H., D. Dorn, G. H. Hanson, J. Song 2014. Trade adjustment: Worker-level evidence. *Quarterly Journal of Economics*, 129 (4), 1799-1860.

Autor, D. H., L. F. Katz, A. B. Krueger 1998. Computing inequality: Have computers changed the labor market? *Quarterly Journal of Economics*, 113 (4), 1169-1213.

Autor, D. H., F. Levy, R. J. Murnane 2003. The skill content of recent technological change: An empirical exploration. *Quarterly Journal of Economics*, 118 (4), 1279-1333.

Aw, B. Y., M. J. Roberts, D. Y. Xu 2011. R&D investment, exporting, and productivity dynamics. *American Economic Review*, 101, 1312-1344.

Baier, S. L., J. H. Bergstrand 2007. Do free trade agreements actually increase members' international trade? *Journal of International Economics*, 71 (1), 72-95.

Balassa, B. 1966. Tariff reductions and trade in manufacturers among the industrial countries. *American Economic Review*, 56 (3), 466-473.

Baldwin, R., J. Harrigan 2011. Zeros, quality, and space: Trade theory and trade evidence. *American Economic Journal: Microeconomics*, 3 (2), 60-88.

Baldwin, R. E., F. Robert-Nicoud 2008. Trade and growth with heterogeneous firms. *Journal of International Economics*, 74 (1), 21-34.

Behrens, K., G. Mion, Y. Murata, J. Südekum 2014. Trade, wages, and productivity. *International Economic Review*, 55 (4), 1305-1348.

Berman, E., J. Bound, Z. Griliches 1994. Changes in the demand for skilled labor within US manufacturing: Evidence from the annual survey of manufacturers. *Quarterly Journal of Economics*, 109 (2), 367-397.

Berman, E., J. Bound, S. Machin 1998. Implications of skill-biased technological change: International evidence. *Quarterly Journal of Economics*, 113 (4), 1245-1279.

Bernard, A. B., J. B. Jensen 1997. Exporters, skill upgrading, and the wage gap. *Journal of International Economics*, 42 (1), 3-31.

——— 1999. Exceptional exporter performance: Cause, effect, or both? *Journal of International Economics*, 47 (1), 1-25.

Bernard, A. B., J. B. Jensen, S. J. Redding, P. K. Schott 2010. Intrafirm trade and product contractibility. *American Economic Review*, 100 (2), 444-448.

Bernard, A. B., J. B. Jensen, P. K. Schott 2009. Importers, exporters, and multinationals: A portrait of firms in the U.S. that trade goods. In Dunne, T., J. B. Jensen, M. J. Roberts eds. *Producer Dynamics: New Evidence from Micro Data*. Chicago, IL: University of Chicago Press, 513-552.

Bernard, A. B., S. J. Redding, P. K. Schott 2007. Comparative advantage and heterogeneous firms. *Review of Economic Studies*, 74 (1), 31-66.

——— 2011. Multiproduct firms and trade liberalization. *Quarterly Journal of Economics*, 126 (3), 1271-1318.

Bernhofen, D. M., J. C. Brown 2004. A direct test of the theory of comparative advantage: The case of Japan. *Journal of Political Economy*, 112 (1), 48-67.

——— 2005. An empirical assessment of the comparative advantage gains from trade: Evidence from Japan. *American Economic Review*, 95 (1), 208-225.

Berry, S., J. Levinsohn, A. Pakes 1995. Automobile prices in market equilibrium. *Econometrica*, 63 (4), 841-890.

——— 1999. Voluntary export restraints on automobiles. *American Economic Review*, 89 (3), 400-431.

Bertoli, S., J. F.-H. Moraga 2013. Multilateral resistance to migration. *Journal of Development Economics*, 102, 79-100.

Billmeier, A., T. Nannicini 2009. Trade openness and growth: Pursuing empirical glasnost. *IMF Economic Papers*, 56 (3), 447-475.

——— 2013. Assessing economic liberalization episodes: A synthetic control approach. *Review of Economics and Statistics*, 95 (3), 983-1001.

Blalock, G., P. J. Gertler 2008. Welfare gains from foreign direct investment through technology transfer to local suppliers. *Journal of International Economics*, 74 (2), 402-421.

Blomström, M., F. Sjöholm 1999. Technology transfer and spillovers: Does local participation with multinationals matter? *European Economic Review*, 43 (4), 915-923.

Bound, J., G. Johnson 1992. Changes in the structure of wages in the 1980's: An evaluation of alternative explanations. *American Economic Review*, 82 (3), 371-392.

Bowen, H. P., E. E. Leamer, L. Sveikauskas 1987. Multicountry, multifactor tests of the factor abundance theory. *American Economic Review*, 77 (5), 791-809.

Brander, J. A. 1981. Intra-industry trade in identical commodities. *Journal of International Economics*, 11 (1), 1-14.

Brander, J. A., P. Krugman 1983. A 'reciprocal dumping' model of international trade. *Journal of International Economics*, 15 (3), 313-321.

Brander, J. A., B. J. Spencer 1981. Tariffs and the extraction of foreign monoploy rents under potential entry. *Canadian Journal of Economics*, 14 (3), 371-389.

Branstetter, L. 2006. Is foreign direct investment a channel of knowledge spillovers? Evidence from Japan's FDI in the United States. *Journal of International Economics*, 68 (2), 325-344.

Brecher, R. A., E. U. Choudhri 1982. The Leontief Paradox, continued. *Journal of Political Economy*, 90 (4), 820-823.

Broda, C., N. Limao, D. E. Weinstein 2008. Optimal tariffs and market power: The evidence. *American Economic Review*, 98 (5), 2032-2065.

Broda, C., D. E. Weinstein 2004. Variety growth and world welfare. *American Economic Review*, 94 (2), 139-144.

―――― 2006. Globalization and the gains from variety. *Quarterly Journal of Economics*, 121 (2), 541-585.

Brown, D. K., A. V. Deardorff, R. M. Stern 2003. Multilateral, regional and bilateral trade-policy options for the United States and Japan. *World Economy*, 26 (6), 803-828.

Bustos, P. 2011. Trade liberalization, exports, and technology upgrading: Evidence on the impact of MERCOSUR on Argentinian firms. *American Economic Review*, 101 (1), 304-340.

Castellani, D. 2002. Export behavior and productivity growth: Evidence from Italian manufacturing firms. *Review of World Economics*, 138 (4), 605-628.

Chaney, T. 2008. Distorted gravity: The intensive and extensive margins of international trade. *American Economic Review*, 98 (4), 1707-1721.

Cieślik, A. 2005. Intraindustry trade and relative factor endowments. *Review of International Economics*, 13 (5), 904-926.

Clemens, M. A., J. G. Williamson 2004. Why did the tariff-growth correlation change after 1950? *Journal of Economic Growth*, 9 (1), 5-46.

Coe, D. T., E. Helpman 1995. International R&D spillovers. *European Economic Review*, 39 (5), 859-887.

Coe, D. T., E. Helpman, A. W. Hoffmaister 1997. North-South R&D spillovers. *Economic Journal*, 107 (440), 134-149.

Copeland, B. R., M. S. Taylor 1994. North-South trade and the environment. *Quarterly Journal of Economics*, 109 (3), 755-787.

Corden, W. 1984. The normative theory of international trade. In Jones, R. W., P. B. Kenen eds. *Handbook of International Economics*. 1, Elsevier, 63-130.

Costantini, J., M. Melitz 2008. The dynamics of firm-level adjustment to trade liberalization. In Helpman, E., D. Marin, T. Verdier eds. *The Organization of Firms in a Global Economy*. Cambridge, MA: Harvard University Press, 107-141.

Crinò, R. 2009. Offshoring, multinationals and labour market: A review of the empirical literature. *Journal of Economic Surveys*, 23 (2), 197-249.

Criscuolo, P., B. Verspagen 2008. Does it matter where patent citations come from? Inventor vs. examiner citations in European patents. *Research Policy*, 37 (10), 1892-1908.

Davis, D. R. 1995. Intra-industry trade: A Heckscher-Ohlin-Ricardo approach. *Journal of International Economics*, 39 (3), 201-226.

Davis, D. R., D. E. Weinstein 1999. Economic geography and regional production structure: An empirical investigation. *European Economic Review*, 43 (2), 379-407.

―――― 2001. An account of global factor trade. *American Economic Review*, 91 (5), 1423-1453.

―――― 2003. Market access, economic geography and comparative advantage: An empirical test. *Journal of International Economics*, 59 (1), 1-23.

Debaere, P. 2005. Monopolistic competition and trade, revisited: Testing the model without testing for gravity. *Journal of International Economics*, 66 (1), 249-266.

De Loecker, J. 2011. Product differentiation, multiproduct firms, and estimating the impact of trade liberalization on productivity. *Econometrica*, 79 (5), 1407-1451.

―――― 2013. Detecting learning by exporting. *American Economic Journal: Microeconomics*, 5 (3), 1-21.

Dobbelaere, S., J. Mairesse 2013. Panel data estimates of the production function and product and labor market imperfections. *Journal of Applied Econometrics*, 28 (1), 1-46.

Docquier, F., H. Rapoport 2012. Globalization, brain drain, and development. *Journal of Economic Literature*, 50 (3), 681-730.

Dornbusch, R., S. Fischer, P. A. Samuelson 1977. Comparative advantage, trade, and payments in a Ricardian model with a continuum of goods. *American Economic Review*, 67 (5), 823-839.

Dustmann, C., U. Schönberg, J. Stuhler 2016. The impact of immigration: Why do studies reach such different results? *Journal of Economic Perspectives*, 30 (4), 31-56.

Eaton, J., S. Kortum 1996. Trade in ideas: Patenting and productivity in the OECD. *Journal of International Economics*, 40 (3), 251-278.

―――― 1999. International technology diffusion: Theory and measurement. *International Economic Review*, 40 (3), 537-570.

―――― 2001. Technology, trade, and growth: A unified framework. *European Economic Review*, 45 (4), 742-755.

―――― 2002. Technology, geography, and trade. *Econometrica*, 70 (5), 1741-1779.

Edwards, S. 1998. Openness, productivity and growth: What do we really know? *Economic Journal*, 108 (447), 383-398.

Fadinger, H., P. Fleiss 2011. Trade and sectoral productivity. *Economic Journal*, 121 (555), 958-989.

Falvey, R. E. 1981. Commercial policy and intra-industry trade. *Journal of International Economics*, 11 (4), 495-511.

Feenstra, R. C. 1989. Symmetric pass-through of tariffs and exchange rates under imperfect competition: An empirical test. *Journal of International Economics*, 27 (1-2), 25-45.

―――― 2010. *Offshoring in the Global Economy: Microeconomic Structure and*

Macroeconomic Implications. Cambridge, MA: MIT Press.

────── 2016. *Advanced International Trade: Theory and Evidence*. Princeton, NJ: Princeton University Press, 2nd edition.

Feenstra, R. C., G. H. Hanson 1996. Globalization, outsourcing, and wage inequality. *American Economic Review*, 86 (2), 240-245.

────── 1997. Foreign direct investment and relative wages: Evidence from Mexico's Maquiladoras. *Journal of International Economics*, 42 (3), 371-393.

────── 1999. The impact of outsourcing and high-technology capital on wages: Estimates for the United States, 1979-1990. *Quarterly Journal of Economics*, 114 (3), 907-940.

Feenstra, R. C., R. Inklaar, M. Timmer 2013. The next generation of the Penn World Table. *NBER Working Paper*, No. 19255, National Bureau of Economic Research (NBER).

Feenstra, R. C., J. R. Markusen, A. K. Rose 2001. Using the gravity equation to differentiate among alternative theories of trade. *Canadian Journal of Economics*, 34 (2), 430-447.

Flam, H., E. Helpman 1987. Vertical product differentiation and north-south trade. *American Economic Review*, 77 (5), 810-822.

Fontagné, L., M. Freudenberg 1997. Intra-industry trade: Methodological issues reconsidered. Working Papers No. 1991-01, CEPII Paris.

Francois, J. F., I. Wooton 2001. Trade in international transport services: The role of competition. *Review of International Economics*, 9 (2), 249-261.

Frankel, J. A., D. H. Romer 1999. Does trade cause growth? *American Economic Review*, 89 (3), 379-399.

Frankel, J. A., A. K. Rose 2005. Is trade good or bad for the environment? Sorting out the causality. *Review of Economics and Statistics*, 87 (1), 85-91.

Fukao, K., H. Ishido, K. Ito 2003. Vertical intra-industry trade and foreign direct investment in East Asia. *Journal of the Japanese and International Economies*, 17 (4), 468-506.

Fukao, K., G. Kataoka, A. Kuno 2005. How to measure non-tariff barriers? A critical estimation of the price-differential approach. In Ahn, C. Y., I. Cheong, Y. Fukagawa, T. Ito eds. *Korea-Japan FTA: Towards a Model Case for East Asian Economic Integration*. Seoul: Korea Institute for International Economic Policy, 296-340.

Gallaway, M. P., B. A. Blonigen, J. E. Flynn 1999. Welfare costs of the U.S. antidumping and countervailing duty laws. *Journal of International Economics*, 49 (2), 211-244.

Gawande, K., U. Bandyopadhyay 2000. Is protection for sale? Evidence on the Grossman-Helpman theory of endogenous protection. *Review of Economics and Statistics*, 82 (1), 139-152.

Girma, S., H. Görg, M. Pisu 2008. Exporting, linkages and productivity spillovers from foreign direct investment. *Canadian Journal of Economics*, 41 (1), 320-340.

Goldberg, P. K., G. Maggi 1999. Protection for sale: An empirical investigation. *American Economic Review*, 89 (5), 1135-1155.

Gray, H. P. 1973. Two-way international trade in manufactures: A theoretical underpinning. *Weltwirtschaftliches Archiv*, 109 (1), 19-39.

Greenaway, D., R. Kneller 2004. Exporting and productivity in the United Kingdom. *Oxford Review of Economic Policy*, 20 (3), 358-371.

―――― 2007. Firm heterogeneity, exporting and foreign direct investment. *Economic Journal*, 117 (517), F134-F161.

Grossman, G. M., E. Helpman 1991. *Innovation and Growth in the Global Economy.* Cambridge, MA: MIT Press.

―――― 1994a. Endogenous innovation in the theory of growth. *Journal of Economic Perspectives*, 8 (1), 23-44.

―――― 1994b. Protection for sale. *American Economic Review*, 84 (4), 833-850.

Grossman, G. M., A. B. Krueger 1993. Environmental impacts of a North American Free Trade Agreement. In Garber, P. M. ed. *The U.S.-Mexico Free Trade Agreement.* Cambridge, MA: MIT Press, 13-56.

Grossman, G. M., E. Rossi-Hansberg 2008. Trading tasks: A simple theory of offshoring. *American Economic Review*, 98 (5), 1978-1997.

Grubel, H. G. 1967. Intra-industry specialization and the pattern of trade. *Canadian Journal of Economics and Political Science*, 33 (3), 374-388.

Grubel, H. G., P. J. Lloyd 1971. The empirical measurement of intra-industry trade. *Economic Record*, 47 (4), 494-517.

Guggenberger, P. 2010. The impact of a Hausman pretest on the size of a hypothesis test: The panel data case. *Journal of Econometrics*, 156 (2), 337-343.

Gustafsson, P., P. Segerstrom 2010. Trade liberalization and productivity growth. *Review of International Economics*, 18 (2), 207-228.

Haddad, M., A. E. Harrison 1993. Are there positive spillovers from direct foreign investment?: Evidence from panel data for Morocco. *Journal of Development Economics*, 42 (1), 51-74.

Hahn, F., R. Matthews 1989. The theory of economic growth: A survey. *Economic Journal*, 74 (296), 779-902.

Hall, R. E., C. I. Jones 1999. Why do some countries produce so much more output per worker than others? *Quarterly Journal of Economics*, 114 (1), 83-116.

Hanson, G. H., C. Xiang 2004. The home-market effect and bilateral trade patterns. *American Economic Review*, 94 (4), 1108-1129.

Harimaya, K., K. Kagitani, H. Tominaga 2010. Political economy of government spending for trade liberalization: Politics of agriculture related government spending for the uruguay round in Japan. *Japanese Economic Review*, 61 (2), 159-174.

Haruna, S., N. Jinji, X. Zhang 2010. Patent citations, technology diffusion, and international trade: Evidence from Asian countries. *Journal of Economics and Finance*, 34 (4), 365-390.

Haskel, J. E., S. C. Pereira, M. J. Slaughter 2007. Does inward foreign direct investment boost the productivity of domestic firms? *The Review of Economics and Statistics*, 89 (3), 482-496.

Hayakawa, K., T. Machikita, F. Kimura 2012. Globalization and productivity: A survey of firm-level analysis. *Journal of Economic Surveys*, 26 (2), 332-350.

Head, K. 1994. Infant industry protection in the steel rail industry. *Journal of International Economics*, 37 (3-4), 141-165.

Head, K., T. Mayer 2014. Gravity equations: Workhorse, toolkit, and cookbook. In Gopinath, G., E. Helpman, K. Rogoff eds. *Handbook of International Economics*. 4, Elsevier, 147-200.

Head, K., J. Ries 2001. Increasing returns versus national product differentiation as an explanation for the pattern of US-Canada trade. *American Economic Review*, 91 (4), 858-876.

―――― 2002. Offshore production and skill upgrading by Japanese manufacturing firms. *Journal of International Economics*, 58 (1), 81-105.

Helpman, E. 1981. International trade in the presence of product differentiation, economies of scale and monopolistic competition: A Chamberlin-Heckscher-Ohlin approach. *Journal of International Economics*, 11 (3), 305-340.

―――― 1987. Imperfect competition and international trade: Evidence from fourteen industrial countries. *Journal of the Japanese and International Economies*, 1 (1), 62-81.

―――― 2006. Trade, FDI, and the organization of firms. *Journal of Economic Literature*, 44 (3), 589-630.

Helpman, E., P. R. Krugman 1985. *Market Structure and Foreign Trade*. Cambridge, MA: MIT Press.

Helpman, E., M. J. Melitz, S. R. Yeaple 2004. Export versus FDI with heterogeneous firms. *American Economic Review*, 300-316.

Helpman, E., M. J. Melitz, Y. Rubinstein 2008. Estimating trade flows: Trading partners and trading volumes. *Quarterly Journal of Economics*, 123 (2), 441-487.

Hertel, T. W. 1997. *Global Trade Analysis: Modeling and Applications*. Cambridge, UK: Cambridge University Press.

Hijzen, A., T. Inui, Y. Todo 2007. The effects of multinational production on domestic performance: Evidence from Japanese firms. *RIETI Discussion Paper Series* No. 07-E-006. Tokyo: Research Institute of Economy, Trade and Industry.

Hummels, D., P. J. Klenow 2005. The variety and quality of a nation's exports. *American Economic Review*, 704-723.

Hummels, D., J. Levinsohn 1995. Monopolistic competition and international trade: Reconsidering the evidence. *Quarterly Journal of Economics*, 110 (3), 799-836.

International Monetary Fund (IMF) 2009. *Government Finance Statistics*. Washington, D.C.: IMF.

Irwin, D. A. 2005. The rise of US anti-dumping activity in historical perspective. *The World Economy*, 28 (5), 651-668.

Ito, B. 2015. Does electoral competition affect politicians' trade policy preferences? Evidence from Japan. *Public Choice*, 165 (3), 239-261.

Ito, B., E. Tomiura, R. Wakasugi 2007. Dissecting offshore outsourcing and R&D: A survey of Japanese manufacturing firms. *RIETI Discussion Paper Series* No. 07-E-060. Tokyo: Research Institute of Economy, Trade and Industry.

Ito, B., N. Yashiro, Z. Xu, X. Chen, R. Wakasugi 2012. How do Chinese industries benefit from FDI spillovers? *China Economic Review*, 23 (2), 342-356.

Jacks, D. S., C. M. Meissner, D. Novy 2011. Trade booms, trade busts, and trade costs. *Journal of International Economics*, 83 (2), 185-201.

Jaffe, A. B., M. Trajtenberg 1999. International knowledge flows: Evidence from patent citations. *Economics of Innovation and New Technology*, 8 (1-2), 105-136.

Jaffe, A. B., M. Trajtenberg, R. Henderson 1993. Geographic localization of knowledge spillovers as evidenced by patent citations. *Quarterly Journal of Economics*, 108 (3), 577-598.

Javorcik, B. S. 2004. Does foreign direct investment increase the productivity of domestic firms? In search of spillovers through backward linkages. *American Economic Review*, 94 (3), 605-627.

Javorcik, B. S., Ç. Özden, M. Spatareanu, C. Neagu 2011. Migrant networks and foreign direct investment. *Journal of Development Economics*, 94 (2), 231-241.

Jinji, N., X. Zhang, S. Haruna 2015. Trade patterns and international technology spillovers: Evidence from patent citations. *Review of World Economics*, 151 (4), 635-658.

Johnson, R. C. 2014. Five facts about value-added exports and implications for macroeconomics and trade research. *Journal of Economic Perspectives*, 28 (2), 119-142.

Johnson, R. C., G. Noguera 2012. Accounting for intermediates: Production sharing and trade in value added. *Journal of International Economics*, 86 (2), 224-236.

Jones, C. 1995. R&D-based models of economic growth. *Journal of Political Economy*, 103 (4), 759-784.

Juhn, C., K. M. Murphy, B. Pierce 1993. Wage inequality and the rise in returns to skill. *Journal of Political Economy*, 101 (3), 410-442.

Katz, L. F., K. M. Murphy 1992. Changes in relative wages, 1963-1987: Supply and demand factors. *Quarterly Journal of Economics*, 107 (1), 35-78.

Kawaguchi, D., Y. Mori 2016. Why has wage inequality evolved so differently between Japan and the US? The role of the supply of college-educated workers. *Economics of Education Review*, 52 (1), 29-50.

Keller, W. 1998. Are international R&D spillovers trade-related?: Analyzing spillovers among randomly matched trade partners. *European Economic Review*, 42 (8), 1469-1481.

―――― 2002. Geographic localization of international technology diffusion. *American Economic Review*, 92 (1), 120-142.

―――― 2004. International technology diffusion. *Journal of Economic Literature*, 42 (3), 752-782.

Keller, W., S. R. Yeaple 2009. Multinational enterprises, international trade, and productivity growth: Firm-level evidence from the United States. *Review of Economics and Statistics*, 91 (4), 821-831.

Kemp, M. C., K. Shimomura 1997. Trade gains: A unified exposition based on duality. *Japanese Economic Review*, 48 (2), 121-131.

Kimura, F., K. Kiyota 2006. Exports, FDI, and productivity: Dynamic evidence from Japanese firms. *Review of World Economics*, 142 (4), 695-719.

Kitano, T., H. Ohashi 2009. Did US safeguards resuscitate Harley-Davidson in the 1980s? *Journal of International Economics*, 79 (2), 186-197.

Kiyota, K. 2012. A many-cone world? *Journal of International Economics*, 86 (2), 345-354.

Kiyota, K., S. Maruyama 2017. ICT, offshoring, and the demand for part-time workers: The case of Japanese manufacturing. *Journal of Asian Economics*, 48, 75-86.

Kneller, R., C. W. Morgan, S. Kanchanahatakij 2008. Trade liberalisation and economic growth. *World Economy*, 31 (6), 701-719.

Knetter, M. M., T. J. Prusa 2003. Macroeconomic factors and antidumping filings: Evidence from four countries. *Journal of International Economics*, 61 (1), 1-17.

Krueger, A. O., B. Tuncer 1982. An empirical test of the infanct industry argment. *American Economic Review*, 721 (5), 1142-1152.

Krugman, P. R. 1979. Increasing returns, monopolistic competition, and international trade. *Journal of International Economics*, 9 (4), 469-479.

—— 1980. Scale economies, product differentiation, and the pattern of trade. *American Economic Review*, 70 (5), 950-959.

—— 1991. Increasing returns and economic geography. *Journal of Political Economy*, 99 (3), 483-499.

Leamer, E. E. 1980. The Leontief Paradox, reconsidered. *Journal of Political Economy*, 88, 495-503.

—— 1988. Measures of openness. In Baldwin, R. E. ed. *Trade Policy Issues and Empirical Analysis*. Chicago, IL: University of Chicago Press/NBER, 147-200.

Leontief, W. W. 1953. Domestic production and foreign trade: The American capital position re-examined. *Proceedings of the American Philosophical Society*, 97 (4), 332-349.

Levinsohn, J., A. Petrin 2003. Estimating production functions using inputs to control for unobservables. *Review of Economic Studies*, 70 (2), 317-341.

Lewer, J. J., H. Van den Berg 2008. A gravity model of immigration. *Economics Letters*, 99 (1), 164-167.

Lileeva, A. 2008. Trade liberalization and productivity dynamics: Evidence from Canada. *Canadian Journal of Economics*, 41 (2), 360-390.

Lileeva, A., D. Trefler 2010. Improved access to foreign markets raises plant-level productivity... For some plants. *Quarterly Journal of Economics*, 125 (3), 1051-1099.

Lin, P., Z. Liu, Y. Zhang 2009. Do chinese domestic firms benefit from FDI inflow?: Evidence of horizontal and vertical spillovers. *China Economic Review*, 20 (4), 677-691.

MacGarvie, M. 2006. Do firms learn from international trade? *Review of Economics and Statistics*, 88 (1), 46-60.

Magee, C. S. P. 2008. New measures of trade creation and trade diversion. *Journal of International Economics*, 75 (2), 349-362.

Magee, C. S. P., S. P. Magee 2008. The United States is a small country in world trade. *Review of International Economics*, 16 (5), 990-1004.

Managi, S., A. Hibiki, T. Tsurumi 2009. Does trade openness improve environmental quality? *Journal of Environmental Economics and Management*, 58 (3), 346-363.

Markusen, J. R., J. R. Melvin, W. M. Kaempfer, K. Maskus 1994. *International Trade: Theory and Evidence*. New York: McGraw-Hill/Irwin.

Marschak, J., W. H. Andrews, Jr. 1944. Random simultaneous equations and the theory of production. *Econometrica*, 12 (3/4), 143-205.

Martins, P. S., Y. Yang 2009. The impact of exporting on firm productivity: A meta-analysis of the learning-by-exporting hypothesis. *Review of World Economics*, 145 (3), 431-445.

Maurseth, P. B., B. Verspagen 2002. Knowledge spillovers in Europe: A patent citations analysis. *Scandinavian Journal of Economics*, 104 (4), 531-545.

Mayer, T., G. I. Ottaviano 2007. *The Happy Few: The Internationalisation of European Firms*. Bruegel Blueprint Series, Brussels.

Melitz, M. J. 2003. The impact of trade on intra-industry reallocations and aggregate industry productivity. *Econometrica*, 71 (6), 1695-1725.

Mokhtari, M., F. Rassekh 1989. The tendency towards factor price equalization among OECD countries. *Review of Economics and Statistics*, 71 (4), 636-642.

Morrow, P. M. 2010. Ricardian-Heckscher-Ohlin comparative advantage: Theory and evidence. *Journal of International Economics*, 82 (2), 137-151.

Obashi, A. 2010. Stability of production networks in East Asia: Duration and survival of trade. *Japan and the World Economy*, 22 (1), 21-30.

Ohashi, H. 2005. Learning by doing, export subsidies, and industry growth: Japanese steel industry in the 1950s and 1960s. *Journal of International Economics*, 66 (2), 297-323.

Olley, G. S., A. Pakes 1996. The dynamics of productivity in the telecommunications equipment industry. *Econometrica*, 64 (6), 1263-1297.

Peri, G. 2016. Immigrants, productivity, and labor markets. *Journal of Economic Perspectives*, 30 (4), 3-30.

Prusa, T. J. 2001. On the spread and impact of anti-dumping. *Canadian Journal of Economics*, 34 (3), 591-611.

Rauch, J. E., V. Trindade 2002. Ethnic chinese networks in international trade. *Review of Economics and Statistics*, 84 (1), 116-130.

Rodriguez, F., D. Rodrik 2001. Trade policy and economic growth: A skeptic's guide to the cross-national evidence. In *NBER Macroeconomics Annual 2000*, Volume 15. MIT Press, 261-338.

Romer, P. M. 1986. Increasing returns and long-run growth. *Journal of Political Economy*, 94 (5), 1002-1037.

Rose, A. K. 2004. Do we really know that the WTO increases trade? *American Economic Review*, 94 (1), 98-114.

Sachs, J. D., H. J. Shatz 1994. Trade and jobs in U.S. manufacturing. *Brookings Papers on Economic Activity*, 1994 (1), 1-84.

Sachs, J. D., A. Warner 1995. Economic reform and the process of global integration. *Brookings Papers on Economic Activity*, 1995 (1), 1-118.

Samuelson, P. A. 1954. The transfer problem and transport costs, II: Analysis of effects of trade impediments. *Economic Journal*, 64 (254), 264-289.

Santos Silva, J. M. C., S. Tenreyro 2006. The log of gravity. *Review of Economics and Statistics*, 88 (4), 641-658.

Schott, P. K. 2003. One size fits all? Heckscher–Ohlin specialization in global production. *American Economic Review*, 93 (3), 686-708.

Shaked, A., J. Sutton 1982. Relaxing price competition through product differentiation. *Review of Economic Studies*, 3-13.

Silva, A., O. Afonso, A. P. Africano 2012. Learning-by-exporting: What we know and what we would like to know. *International Trade Journal*, 26 (3), 255-288.

Slaughter, M. J. 2001. Trade liberalizaion and per capita income convergence: A difference-in-differences analysis. *Journal of International Economics*, 55, 203-228.

Squalli, J., K. Wilson 2011. A new measure of trade openness. *World Economy*, 34 (10), 1745-1770.

Stock, J. H., M. Yogo 2005. Testing for weak instruments in IV regression. In Andrews, D. W. K., J. H. Stock eds. *Identification and Inference for Econometric Models: A Festschrift in Honor of Thomas Rothenberg*. Cambridge, UK: Cambridge University Press, 80-108.

Syrquin, M., S. Urata 1986. Sources of changes in factor intensity of trade. *Journal of Development Economics*, 24 (2), 225-237.

Tatemoto, M., S. Ichimura 1959. Factor proportions and foreign trade: The case of Japan. *Review of Economics and Statistics*, 41 (1), 442-446.

Todo, Y. 2006. Knowledge spillovers from foreign direct investment in R&D: Evidence from Japanese firm-level data. *Journal of Asian Economics*, 17 (6), 996-1013.

―――― 2011. Quantitative evaluation of the determinants of export and FDI: Firm-level evidence from Japan. *World Economy*, 34 (3), 355-381.

Tomiura, E. 2007. Foreign outsourcing, exporting, and FDI: A productivity comparison at the firm level. *Journal of International Economics*, 72 (1), 113-127.

Tomiura, E., B. Ito, H. Mukunoki, R. Wakasugi 2016. Individual characteristics, behavioral biases, and trade policy preferences: Evidence from a survey in Japan. *Review of International Economics*, 24 (5), 1081-1095.

Tomz, M., J. L. Goldstein, D. Rivers 2007. De we really know that the WTO increases trade? Comment. *American Economic Review*, 97 (5), 2005-2018.

Trefler, D. 1993. International factor price differences: Leontief was right!. *Journal of Political Economy*, 101 (6), 961-987.

―――― 1995. The case of the missing trade and other mysteries. *American Economic Review*, 85 (5), 1029-1046.

―――― 2004. The long and short of the Canada-US Free Trade Agreement. *American Economic Review*, 94 (4), 870-895.

Trefler, D., S. C. Zhu 2010. The structure of factor content predictions. *Journal of International Economics*, 82 (2), 196-207.

United Nations Conference on Trade and Development 2012. *International Classification of Non-Tariff Measures, 2012 Version*. New York: United Nations.

Urata, S., K. Kiyota 2005. The impacts of an East Asia FTA on foreign trade in East Asia. In Ito, T., A. K. Rose eds. *International Trade in East Asia, East Asia Seminar on Economics*, Volume 14, Chicago, IL: University of Chicago Press/NBER, 217-247.

Vamvakidis, A. 2002. How robust is the growth-openness connection? Historical evidence. *Journal of Economic Growth*, 7 (1), 57-80.

van Biesebroeck, J. 2007. Robustness of productivity estimates. *Journal of Industrial Economics*, 55 (3), 529-569.

Vandenbussche, H., M. Zanardi 2010. The chilling trade effects of antidumping proliferation. *European Economic Review*, 54 (6), 760-777.

Vanek, J. 1968. The factor proportions theory: The n-factor case. *Kyklos*, 21 (4), 749-756.

Wacziarg, R., K. H. Welch 2008. Trade liberalization and growth: New evidence. *World Bank Economic Review*, 22 (2), 187-231.

Wagner, J. 2007. Exports and productivity: A survey of the evidence from firm-level data. *World Economy*, 30 (1), 60-82.

—— 2012. International trade and firm performance: A survey of empirical studies since 2006. *Review of World Economics*, 148 (2), 235-267.

Wood, A. 1998. Globalisation and the rise in labour market inequalities. *Economic Journal*, 108 (450), 1463-1482.

Wooldridge, J. M. 2009. On estimating firm-level production functions using proxy variables to control for unobservables. *Economics Letters*, 104 (3), 112-114.

—— 2010. *Econometric Analysis of Cross Section and Panel Data*. 2nd edition, Cambridge, MA: MIT Press.

—— 2015. *Introductory Econometrics: A Modern Approach*. 6th edition, Mason, OH: South-Western.

World Bank 2010. *World Development Indicators*. Washington, D.C.: World Bank.

—— 2016. *Little Data Book*. Washington, D.C.: World Bank.

Xing, Y., N. Detert 2011. How the iPhone widens the United States trade deficit with the People's Republic of China. *Aussenwirtschaft*, 66 (3), 339-350.

索　引

太字の数字書体は，本文中でキーワードとして表示されている語句の掲載ページを示す。※の付いた数字は，脚注で扱われている語句のページを示す。

事項索引

● アルファベット

ASEAN 自由貿易地域（AFTA）　163
BLUE　→最小分散線形不偏推定量
BMP　→ブラックマーケット・プレミアム
BUE　→最良不偏推定量
CES 型効用関数　→代替の弾力性一定型効用関数
CGE モデル　→応用一般均衡モデル
CU　→関税同盟
CUSFTA（カナダ・米国自由貿易協定）　130, 236
DFS（Dornbusch, Fischer, Samuelson）モデル　264
DID 推定　→差の差推定
DOT（Direction of Trade Statistics）　277
EPA　→経済連携協定
ERP　→有効保護率
EU　→欧州連合
FDI　→海外直接投資
Foreign Direct Investment Statistics　278
FTA　→自由貿易協定
F 検定　285, 287
F 値　285, 287
GATT　→関税と貿易に関する一般協定
GMM　→一般化モーメント法
GTAP（Global Trade Analysis Project）モデル　183
GVC　→グローバル・バリュー・チェーン
HIIT　→水平的産業内貿易
HS コード　238
HS 条約　276

ICT　→情報通信技術
International Financial Statistics　275
ISIC　→国際標準産業分類
JIP データベース　→日本産業生産性データベース
JSIC　→日本標準産業分類
LATE　→局所平均処置効果
M&A　→合併と買収
MERCOSUR　→南米南部共同市場
MNE　→多国籍企業
NAFTA　→北米自由貿易協定
OECD　→経済協力開発機構
OLS　→最小二乗法
OWT　→一方向貿易
PPF　→生産可能性フロンティア
PPML　→ポワソン疑似最尤推定法
PSM　→傾向スコア・マッチング法
PWT（Penn World Table）　232, 276
p 値　284
RCEP　→東アジア地域包括経済連携
RCT　→無作為化比較実験
R&D　→研究開発
RTA　→地域貿易協定
SIC　→標準産業分類
SW 貿易開放度ダミー　231
TFP　→全要素生産性
TPP　→環太平洋経済連携協定
t 検定　284
t 値　284
VIIT　→垂直的産業内貿易
World Development Indicators　275
World Input Output Tables　299
WTO　→世界貿易機関

● あ 行

アウトソーシング　107, 113, 136
アーミントン・モデル　47[*], 69, 97[*], 184[*]
アンチ・ダンピング　156, 177[*], 212, 214
　——税　**214**
アンバランス・パネル　**282**[*]
異質な企業モデル　**85**
一次同次　**17**[*]
一方向貿易（OWT）　**63**, 64
一致性　286
一般化モーメント法（GMM）　**305**
一般均衡モデル（一般均衡分析）　**157**, 181
一方的貿易自由化　**155**
イートン＝コータム（EK）・モデル　265
イノベーション　**222**, 241[*], 247, 253
移　民　**257**
因果関係　269
失われた貿易　**36**
ウルグアイ・ラウンド　196
オイラー方程式　261
欧州連合（EU）　163
横断面データ　→クロスセクション・データ
応用一般均衡モデル（CGE モデル）　69[*], **181**, 184
汚染集約度　**146**
オフショア・アウトソーシング　107
オフショアリング　83, 136, 138, 140, 143

● か 行

外　延　179
　輸出の——　**95**, 96
海外アウトソーシング　**83**, 107
海外事業活動基本調査　279
海外進出企業総覧　280
海外直接投資（直接投資，FDI）　**5**, **83**, 98, 255, 256, 278
　——による学習仮説　101
回帰分析　**56**, **282**

外資系企業総覧　280
外資系企業動向調査　279
価格指数　128
価格支配力　201
仮説検定　284
寡　占　204
　——競争　62, 70, 77
価値尺度財　→ニュメレール
カットオフ水準　89, 119
合併と買収（M&A）　**98**
カナダ・米国自由貿易協定　→ CUSFTA
カリブレーション　**182**[*]
臥龍企業　91
川上産業／川下産業　256
関税（輸入税，輸入関税）　53, **153**, 157, 158, 183, 196, 199
　——相当率　**170**
　——負担率（平均関税率）　4[*], 165, 168
　——率　164-166, 172
関税回避型直接投資　**107**
関税同盟（CU）　**5**, **155**, 163
関税と貿易に関する一般協定（GATT）　4, 73, **156**, 177
完全競争　**17**, 49, 202
完全雇用　17
完全特化　17
環太平洋経済連携協定（TPP）　**7**, **122**, 163, 184
完備契約　109
企業価値　261
企業活動基本調査　103, 279
企業内貿易　**102**
企業の異質性　179
技　術　248
　——移転　247[*], 249
　——革新　74, 247
　——投資　236, 243, 245
　——の国際伝播　**247**, 253
　——の波及　247, 256
技術効果　**146**, 150
技能集約度　137
技能偏向的技術進歩　**135**, 141, 143

事項索引　　323

技能労働者　134, 140
規模効果　**146, 150, 228**
規模に関して収穫一定　**17**, 53
規模に関して収穫逓減／収穫逓増　**17**[※]
規模の経済性　**41**[※], **47**, 55
帰無仮説　284
逆自国市場効果　69
逆需要関数　49
キャピタル・ゲイン　261
競争促進効果　**52**, 125
共分散　**281**
局所平均処置効果（LATE）　**238**
禁止的関税　168, **200**
グラビティ・モデル（重力モデル，重力方程
　　式）　**70**, 74, 96, **173**, 178, 266,
　　268, 290
グリーンフィールド投資　**98**, 256
クルーグマン・モデル　48, 53, 60, 66,
　　83, **97**[※], 125, 266
クールノー競争　→数量競争
グルーベル＝ロイド指数　→産業内貿易指数
グレンジャーの因果性検定　234
クロス・インダストリー分析　**34**[※]
クロス・カントリー分析　**34**
クロスセクション・データ（横断面データ）
　　56, **281**
グローバル化　7, 74
グローバル・バリュー・チェーン（GVC）
　　116
経験による学習　**211**
傾向スコア・マッチング法（PSM）
　　102
経済協力開発機構（OECD）　5, 38, 55,
　　56, 59, 68, 147, 248, 253, 266, 278
経済厚生　**124**, 157
経済集積　105
経済成長　221, **223**
経済連携協定（EPA）　**5, 155**, 163
系列相関　**285**
決定係数　**283**
ケネディ・ラウンド　292
研究開発（R&D）　**222**, 224, 236, 245
　　——支出額　248

——ストック　248, 254
交易条件　**123**, 157
　　——効果　**197**, 201, 205, 206
交換の利益　**123**
恒久棚卸法　248, 254
工業統計調査　39
交差項　**105**, 235, 290
合成コントロール法　234
構成比効果　**146**, 150
構造グラビティ・モデル　179
構造推定　**182**[※], 211
行動経済学　**127**[※], **218**[※], 270
後方連関　**256**
効率性　**15**, 36
国際価格　**158**
国際競争力　15
国際収支統計　278
国際生産ネットワーク（生産ネットワーク）
　　106, 116
国際伝播　249
国際標準産業分類（ISIC）　**277**[※]
国内委託　107
国連商品貿易統計データベース　277
誤差項　282
コストシェア　302
固定効果モデル　**57, 289**
コブ＝ダグラス型の生産関数　301
コーン　→不完全特化錘

● さ　行

最恵国待遇　156, 163
最小二乗法（OLS）　**57**, 282
最小分散線形不偏推定量（BLUE）　**286**
最適関税　**180**, 202
　　——率　**200**
財の構成　**171**
財の多様化（財の多様性）　125, 128
最尤推定法　104
最尤推定量　286
最良不偏推定量（BUE）　**286**
差の差推定（DID 推定）　**71**, 234, 291
産業間貿易　**45**, 55, 63, 78, 267
産業内貿易　**45, 47**[※], 55, 60, 78, 267

——指数（グルーベル＝ロイド指数）　**45**

産業連関表（投入・産出表）　**24**, 168, 293

　国際——　298

死荷重　**158**, 183

自給自足経済　121

時系列データ　234, **281**

資源の再配分効果　126[*]

自国市場効果　**53**, 67, 70, 267

自己選別仮説　**92**

自然実験　126, 270

実験経済学　127[*], 270

実質国内総生産（実質GDP）　3

実質所得　128

実質値　3[*]

実証分析（実証研究）　**8**, 269

資本集約財（資本集約的な財）　17, 78

資本ストック　275

資本分配率　117[*], 302

資本豊富国　17, 33

資本・労働比率　17, 23, 29, 40, 54-58, 79, 147

シミュレーション分析　127, 181

社会的無差別曲線　**17**, 18[*]

重回帰　**282**, **288**

従価関税　**164**, 203[*]

従属変数　→被説明変数

自由度　289

自由度修正済決定係数（修正済 R^2）　41, 283

自由貿易　126

自由貿易協定（FTA）　**5**, **155**, 163

従量関税　**164**, 203[*]

重力モデル（重力方程式）　→グラビティ・モデル

主観的割引率　226

需要の価格弾力性　50, 125

順位テスト　**34**

条件付きロジット・モデル　**104**

商工業実態基本調査　113

小　国　**157**, 198

消費者余剰　**158**

情報通信技術（ICT）　7, 144

除外変数　178

初期保有効果　**218**[*]

所得格差　247

所得効果　158, 183[*]

所得消費曲線　**18**[*]

新経済地理学　66[*]

新・新貿易理論　**85**[*]

新貿易理論　85[*]

垂直的産業内貿易（VIIT）　**61**, 63, 64

垂直的直接投資（垂直的FDI）　**98**, 102, 104, 107

推　定　**282**

水平的産業内貿易（HIIT）　**61**, 63, 64

水平的直接投資（水平的FDI）　**98**, 107

数量競争（クールノー競争）　77, 205

数量制限　154, 156, 207

ストルパー＝サミュエルソン効果　133

ストルパー＝サミュエルソンの定理　**19**, 22, 133

頭脳流出　**257**

スピルオーバー　→波及

生産委託　114

生産可能性フロンティア（PPF）　150

生産技術　16, 35, 37, 41

生産者余剰　**158**

生産性　**84**, 89, 90, 130, 223, 249, 254, 299, 300

生産組織の選択　112

生産ネットワーク　→国際生産ネットワーク

生産要素　10, 16, 134

　——の〔産業内〕再配分　126[*], 131, 223

生存分析　106

製品差別化　41[*], **47**, 60, 128

世界貿易機関（WTO）　**4**, 73, **154**, 156, 174, 177

絶対優位　**9**, 15

説明変数（独立変数）　282

セーフガード　**154**, 156, 187

ゼロ貿易の問題　178

前方連関　**256**

全要素生産性（TFP）　86[*], **89**, 117[*],

210, 249, 254, **300**
——指数　302
戦略的貿易政策　**202**, 206
相関関係　269
相関係数　**281**
相互ダンピング・モデル　70, 77
相殺関税　**215**
操作変数　233
——法　**59**, **287**
相似拡大的　**17**, 18[※]
相対価格　**123**
総余剰　**158**
ソロー・モデル　**223**
ゾンビ企業　91

● た　行

大　国　**157**, 197
代替の弾力性一定型効用関数（CES 型効用
　関数）　**51**, 125
対立仮説　284
多角的貿易自由化　**155**, 161
多角的貿易抵抗指数　**178**
多項疑似最尤推定法　179[※]
多国間貿易自由化　4
多国籍企業（MNE）　**83**, 250, 255
多重共線性　**289**
タスクの貿易　74, 139[※]
ダミー変数　**101**, 174, 178, 231, **288**
多様性選好　**48**[※]
単位価値　**62**
単回帰　**282**
単純マルコフ過程　304
単純労働者　134, 140
ダンピング（不当廉売）　77, 156, 190,
　212
——マージン　**214**
地域経済統合　**5**
地域貿易協定（RTA）　**5**, 122, **155**,
　161, 163, 176, 181
知識資本ストック　226
知識伝播　227, 247
知的財産　**249**
中間財　**24**, 109, 136, 226, 256

直接投資　→海外直接投資
賃金格差　134, 142
定型化された事実　**10**
定常均衡　120
電子商取引　271
等価変分　124[※], **183**, 185, 208
投入係数　294
投入・産出表　→産業連関表
特殊要素モデル　133, **134**
独　占　202, 205, 212, 213
独占的競争　41[※], **48**, 49, 85
特　化　**124**, 223
——の利益　**125**
特　許　226, 248, 252[※]
——引用データ　**251**, 256
トービット・モデル　179[※]
トランスログ型生産関数　302

● な　行

内　延　179
　輸出の——　**95**, 96
内外価格比率　171
内国民待遇　156
内生性　178, 180, 233, 251, **285**, 286,
　305
内生的成長モデル　222, **224**, 247
南米南部共同市場（MERCOSUR, メルコ
　スール）　163, 243
2 段階最小二乗法（2SLS）　233, **287**
日米貿易摩擦　206
日本産業生産性データベース（JIP データ
　ベース）　32, 144, 277
日本標準産業分類（JSIC）　**277**
ニュメレール（価値尺度財）　150
農業保護　196

● は　行

ハウスマンの特定化検定　**289**
波及（スピルオーバー）　223, 247, 249
パネル・データ　178, **281**, 288
——分析　56
パラメータ　**282**
バランス・パネル　**282**[※]

反実仮想　**181**, 187, 211
半内生的成長モデル　229
比較優位　**9**, 15, 185, 264
　　——の原理　124, 266
東アジア地域包括経済連携（RCEP）
　163
非関税障壁　53, **153**, 169, 172[※], 183
被説明変数（従属変数）　282
氷塊型輸送費用　**54**, 242
標準誤差　285
標準産業分類（SIC）　130
標準偏差　**281**
品質差別化　98[※]
頻度比率　**170**, 195
フィールド実験　270[※]
付加価値貿易　**116**, **298**
不完全代替財　48
不完全特化　22
　　——錘（コーン）　**39**[※]
不完備契約　**109**
不均一分散　**285**
符号テスト　**34**
物価水準　178
不当廉売　→ダンピング
部分均衡モデル（部分均衡分析）　**157**,
　181
不偏性　285
フラグメンテーション　**102**
ブラックマーケット・プレミアム（BMP）
　231
フラット化　74
文化的多様性　149
分　散　**280**
紛争解決制度　214
平均関税率　→関税負担率
平均的処置効果　292
閉鎖経済　121
ヘクシャー＝オリーンの定理　**19**, 23,
　27
ヘクシャー＝オリーン＝バーネック・モデル
　25, 38, 266
ヘクシャー＝オリーン・モデル（ヘクシャー
　＝オリーン＝サミュエルソン・モデル）

16[※], 35, 41, 78
変量効果モデル　**57**, **289**
貿易赤字　1
貿易開放度　**221**, 230, 235
貿易黒字　28, 30
貿易シェア　**221**, 230, 233
貿易自由化　158, 173, 228, 236, 242
貿易収支　**18**, 28
貿易障壁　73, **122**
貿易制限度指数　**172**[※]
貿易政策　153
貿易創出効果／貿易転換効果　**161**, 180
貿易統計　61[※], **93**, 276
貿易費用　**53**, 67, 72
貿易利益　**121**, 123
北米自由貿易協定（NAFTA）　**73**, 163
保護売り出し中モデル　**193**
保護貿易　73, 153
補償変分　124[※], 208
ホールドアップ問題　**109**
ポワソン疑似最尤推定法（PPML）
　179[※]

● ま 行

マークアップ　50, 186
マーシャルの外部経済性　49[※]
ミクロデータ　271
ミシガン・モデル　184
無作為化比較実験（RCT）　**270**
名目値　**3**[※]
メッツラーの逆説　**200**[※]
メリッツ・モデル　**85**, 120, 126, 241,
　245, 266
メルコスール　→南米南部共同市場
モラル・ハザード　**109**

● や 行

有意水準　285
有効保護率（ERP）　**167**
誘導形　250
輸出供給曲線　192
輸出供給弾力性　201
輸出自主規制　**155**, 207

輸出数量制限　**155**
輸出税　**154**
輸出による学習仮説　**92**, 246
輸出プレミアム　**89**, 268
輸出補助金　**155**, 211
輸送費用　**53**, 265
輸入関税　→関税
輸入競争　144
輸入需要曲線　190
輸入数量制限　→輸入割当
輸入税　→関税
輸入代替工業化　**73**
輸入補助金　**154**
輸入割当（輸入数量制限）　**154**, 159
要素価格均等化　26, 38, 266
　　――定理　**19**, 21
要素コンテンツ　**21**, 32, 297
　　――・アプローチ　**27**
要素集約度　**17**
要素賦存　**16**, 20
幼稚産業保護　**208**, 210
予測値　**283**

● ら・わ　行

ランダム係数ロジット・モデル　186
リカード・モデル　**8**, 16, 41, 78, 264
　多数財の――　265
離散選択モデル　104, 186, 207
理想的特性アプローチ　48[*]
立地選択　104
リプチンスキーの定理　**19**, 20, 39
リーマーのテスト　29
略奪的ダンピング　**212**
レオンティエフ逆行列　**297**
レオンティエフのテスト　23
レオンティエフのパラドックス　**25**
レント　204
レント・シフティング　**205**
労働集約財（労働集約的な財）　19, 20,
　24, 30, 78
労働生産性　9[*], **84**, 89, 264, 300
労働投入係数　9[*]
労働分配率　117[*], 302

労働豊富国　17
割当レント　**160**
割引現在価値　**210**[*]

人名索引

Abe, K.（阿部顕三）　9[*], 19[*], 54[*],
　150[*], 157[*]
Acemoglu, D.　144
Ackerberg, D.　305[*]
Aitken, B. J.　250, 255
Alcacer, J.　252[*]
Anderson, J. E.　72, 172[*], 178, 179,
　268
Ando, M.（安藤光代）　106, 170
Andrews, Jr., W. H.　303
Antràs, P.　108[*]
Antweiler, W.　147, 150
Armington, P. S.　69[*]
Atkeson, A.　246
Atkin, D.　270[*]
Autor, D. H.（オーター，デービッド）
　136[*], 142, 144
Aw, B. Y.　246
Baier, S. L.　177, 178
Balassa, B.　47[*]
Baldwin, R.　62, 246
Bandyopadhyay, U.　196
Behrens, K.　179
Bergstrand, J. H.　177, 178
Berman, E.　135, 136[*]
Bernard, A. B.（バーナード，アンドリ
　ュー）　81, 92, 95, 102, 135,
　136[*], 267
Bernhofen, D. M.　127
Berry, S.　186, 207
Bertoli, S.　257
Billmeier, A.　234
Blalock, G.　256
Blomström, M.　255
Bound, J.　135
Bowen, H. P.　34
Brander, J. A.　77, 202

Branstetter, L. 251*, 256
Brecher, R. A. 31
Broda, C. 128, 201
Brown, D. K. 127, 184*
Burstein, A. T. 246
Bustos, P. 241
Castellani, D. 119
Chaney, T. 179
Choudhri, E. U. 31
Chung, H. (程 勳) 105
Cieślik, A. 57
Clemens, M. A. 4*, 235
Coe, D. T. 254, 255
Copeland, B. R. 146
Corden, W. 121*
Costantini, J. 246
Crinò, R. 142*
Criscuolo, P. 252*
Davis, D. R. 37, 47, 68, 78
Debaere, P. 59, 286
De Loecker, J. 93, 305
Detert, N. 116
Dobbelaere, S. 305
Docquier, F. 257
Dornbusch, R. 264
Dustmann, C. 257
Eaton, J. (イートン，ジョナサン)
　229, 252, 253, 265
Edwards, S. 165*, 172*, 230*
遠藤正寛 9*, 19*, 150*, 157*, 175*
Fadinger, H. 41
Falvey, R. E. 62
Feenstra, R. C. (フィーンストラ，ロバー
　ト) 70, 84*, 113*, 136, 140,
　176*, 197, 200*, 206, 207*, 276,
　297
Flam, H. 62
Fleiss, P. 41
Fontagné, L. 63
Francois, J. F. 54*
Frankel, J. A. 147, 233
Friedman, T. (フリードマン，トーマス)
　74

Fukao, K. (深尾京司) 64, 105, 107,
　172*
二神孝一 261*
Gallaway, M. P. 215
Gawande, K. 196
Gertler, P. J. 256
Girma, S. 256
Gittelman, M. 252*
Goldberg, P. K. 195
Gray, H. P. 47*
Greenaway, D. 93*, 101
Grossman, G. M. (グロスマン，ジーン)
　74, 139*, 146, 193, 225, 226, 228
Grubel, H. G. 47*
Guggenberger, P. 290*
Gustafsson, P. 246
Haddad, M. 255
Hall, R. E. 303
Hanson, G. H. (ハンソン，ゴードン)
　70, 113*, 136, 140, 292
Harimaya, K. (播磨谷浩三) 196
Harrigan, J. 62
Harrison, A. E. 250, 255
Hart, O. (ハート，オリバー) 109*
Haruna, S. (春名章二) 251*
Haskel, J. E. 255
Hayakawa, K. (早川和伸) 93*
Head, K. 68, 142, 179*, 211
Heckscher, E. (ヘクシャー，エリ)
　16*
Helpman, E. (ヘルプマン，エルハナン)
　54*-56, 62, 98, 104, 108*, 117,
　179, 193, 203*, 225, 226, 228, 254,
　267
Hertel, T. W. 184*
Hijzen, A. 102
Holmström, B. (ホルムストローム，ベン
　ト) 109*
堀 敬一 261*
星 岳雄 91*
細江宣裕 184*
Hummels, D. 56, 59, 96
Ichimura, S. (市村真一) 31

人名索引 329

Irwin, D. A. 214
石川城太 156, 163[※], 196
Ito, B.（伊藤萬里） 114, 197, 256
伊藤秀史 109[※]
伊藤元重 208[※]
Jacks, D. S. 73
Jaffe, A. B. 251
Javorcik, B. S. 256, 257
Jensen, J. B.（ジェンセン，J. ブラッドフォード） 92, 135, 136[※]
Jinji, N.（神事直人） 251[※], 255
Johnson, R. C. 116, 135, 298
Jones, C. 229, 303
Juhn, C. 135
神取道宏 158[※], 208[※]
Kashyap, A. K.（カシャップ，アニル） 91[※]
Katz, L. F. 135
Kawaguchi, D.（川口大司） 142[※], 143
Keller, W. 247, 248, 253, 255
Kemp, M. C. 121[※]
Kimura, F.（木村福成） 11, 100[※], 101, 106, 134, 275[※]
Kitano, T.（北野泰樹） 187
Kiyota, K.（清田耕造） 32, 34[※], 39[※], 40, 98[※], 100[※], 101, 144, 184
Klenow, P. J. 96
Kneller, R. 93[※], 101, 215, 235
小浜裕久 11, 154
小宮隆太郎 172[※]
近藤健児 257
Kortum, S.（コータム，サミュエル） 229, 252, 253, 265
Krueger, A. B. 146
Krueger, A. O. 210
Krugman, P. R.（クルーグマン，ポール） 47, 51, 53, 54[※], 66[※], 67[※], 77, 84[※], 203[※], 267
Leamer, E. E. 28, 170[※]
Leontief, W. W.（レオンティエフ，ワシリー） 23
Levinsohn, J. 56, 59, 305

Lewer, J. J. 257
Lileeva, A. 132, 236
Lin, P. 256
Lloyd, P. J. 47[※]
MacGarvie, M. 251[※], 255
Magee, C. S. P. 180, 201
Magee, S. P. 201
Maggi, G. 195
Mairesse, J. 305
Managi, S.（馬奈木俊介） 147, 149
Mankiw, N. G.（マンキュー，N. グレゴリー） 84[※]
Markusen, J. R. 168[※]
Marschak, J. 303
Martins, P. S. 93[※]
Maruyama, S.（丸山佐和子） 144
松浦克己 104[※]
Maurseth, P. B. 251[※]
Mayer, T. 82[※], 179[※]
McKenzie, C.（マッケンジー，コリン） 104[※]
Melitz, M. J.（メリッツ，マーク） 84, 246
宮沢健一 24[※]
水田岳志 196
Mokhtari, M. 21[※]
Moraga, J. F.-H. 257
森 悠子 142[※]
Morrow, P. M. 41
椋 寛 275[※]
Murphy, K. M. 135
中西訓嗣 48[※], 49[※], 150[※], 200[※]
Nannicini, T. 234
Neary, J. P. 172[※]
根岸広 172[※]
Noguera, G. 298
Obashi, A.（小橋文子） 106
Ohashi, H.（大橋弘） 187, 211
Ohlin, B.（オリーン，ベルティル） 16[※]
沖本竜義 234[※]
奥井亮 290
Olley, G. S. 304

Ottaviano, G. I. 82[*]
Pakes, A. 304
Peri, G. 257
Petrin, A.（ペトリン，アミル） 305
Prusa, T. J. 215
Rapoport, H. 257
Rassekh, F. 21[*]
Rauch, J. E. 257
Ricardo, D.（リカード，デービッド）
　8, 121, 264
Ries, J. 68, 142
Robert-Nicoud, F. 246
Rodriguez, F. 232, 233[*]
Rodrik, D. 232, 233[*]
Romer, P. M.（ローマー，ポール）
　224, 233
Rose, A. K. 147, 174[*], 177
Rossi-Hansberg, E. 74, 139[*]
Sachs, J. D. 135, 231
桜 健一 143
Samuelson, P. A.（サミュエルソン，ポー
　ル） 16[*], 54[*]
Santos Silva, J. M. C. 179[*]
佐々木仁 143
佐々波楊子 171, 183
佐藤泰裕 48[*], 53[*], 66[*]
Schott, P. K. 39
Segerstrom, P. 246
Shaked, A. 62
Shatz, H. J. 135
鹿野繁樹 104[*]
Shimomura, K.（下村耕嗣） 121[*]
Silva, A. 93[*]
Sjöholm, F. 255
Slaughter, M. J. 293
Solow, R.（ソロー，ロバート） 223
Spencer, B. J. 202
Squalli, J. 230
Stock, J. H. 287
Sutton, J. 62
Syrquin, M. 32
田中鮎夢 85[*], 175[*]
Tatemoto, M.（建元正弘） 31

Taylor, M. S. 146
Tinbergen, J.（ティンバーゲン，ヤン）
　173
Todo, Y.（戸堂康之） 91, 100[*], 101,
　229[*]
Tomiura, E.（冨浦英一） 82, 84[*],
　108[*], 113, 218[*], 303
Tomz, M. 177
Trajtenberg, M. 251[*]
Trefler, D. 35, 36, 38, 130, 236
Trindade, V. 257
Tuncer, B. 210
Urata, S.（浦田秀次郎） 32, 184
Vamvakidis, A. 235
van Biesebroeck, J. 301[*]
Van den Berg, H. 257
Vandenbussche, H. 177[*]
Vanek, J. 25
van Wincoop, E. 72, 178, 268
Verspagen, B. 251[*], 252[*]
Wacziarg, R. 232, 234
Wagner, J. 93[*]
若杉隆平 48[*], 49[*], 82[*], 90, 100[*],
　114, 134
Warner, A. 231
Weinstein, D. E. 37, 68, 128
Welch, K. H. 233, 234
Williamson, J. G. 4[*], 235
Wilson, K. 230
Wood, A. 135
Wooldridge, J. M. 178, 286, 289,
　290, 305
Wooton, I. 54[*]
Xiang, C. 70, 292
Xing, Y. 116
山本勲 290[*], 292[*]
Yang, Y. 93[*]
矢野誠 84[*]
Yeaple, S. R. 255
Yogo, M. 287
Zanardi, M. 177[*]
Zhu, S. C. 38

実証から学ぶ国際経済
Empirical International Economics

2017年12月15日 初版第1刷発行

著 者　清　田　耕　造
　　　　神　事　直　人

発行者　江　草　貞　治

発行所　株式会社　有　斐　閣

郵便番号 101-0051
東京都千代田区神田神保町 2-17
電　話　03(3264)1315〔編集〕
　　　　03(3265)6811〔営業〕
http://www.yuhikaku.co.jp/

印刷・大日本法令印刷株式会社／製本・牧製本印刷株式会社
ⓒ2017, Kozo Kiyota, Naoto Jinji.
Printed in Japan
落丁・乱丁本はお取替えいたします。
★定価はカバーに表示してあります。
ISBN978-4-641-16517-5

JCOPY　本書の無断複写(コピー)は,著作権法上での例外を除き,禁じられています。複写される場合は,そのつど事前に,(社)出版者著作権管理機構(電話03-3513-6969, FAX03-3513-6979, e-mail:info@jcopy.or.jp)の許諾を得てください。

本書のコピー，スキャン，デジタル化等の無断複製は著作権法上での例外を除き禁じられています。本書を代行業者等の第三者に依頼してスキャンやデジタル化することは，たとえ個人や家庭内での利用でも著作権法違反です。